Helga Buchter-Weisbrodt

Obst

Helga Buchter-Weisbrodt

Obst

Die besten Sorten für den Garten

132 Farbfotos
43 Zeichnungen
41 Tabellen

E.U.
VERLAG
EUGEN
ULMER

Umschlag: Apfelblüte (links) – Foto Presse Bild-Verlag Holder, Bad Urach
Apfelsorte 'Prinz Albrecht von Preußen' (rechts oben) – Foto Christl Eberle, Meersburg
Zwetschensorte 'Bühler' (rechts Mitte) – Foto Christl Eberle, Meersburg
Himbeersorte 'Rucami' (rechts unten) – Foto Christl Eberle, Meersburg

Die Deutsche Bibliothek – CIP-Einheitsaufnahme

Obst : Die besten Sorten für den Garten ; 41 Tabellen / Helga Buchter-Weisbrodt. – Stuttgart : Ulmer, 1993
(Kennen & Pflegen)
ISBN 3-8001-6519-8
NE: Buchter-Weisbrodt, Helga

Wollgrasweg 41, 70599 Stuttgart (Hohenheim)
Printed in Germany
Einbandgestaltung: A. Krugmann, Freiberg am Neckar
Herstellung: Heiko Reimold und Otmar Schwerdt
Lektorat: Sabine Reh und Gerhard Bley
Satz: Steffen Hahn, Kornwestheim
Druck und Bindung: Manfrini R. Arti Grafiche Vallagarina S.p.A.
Printed in Italy

Vorwort

„Mein eigentlich Wohlleben ist in Früchten" schrieb Johann Wolfgang von Goethe von seiner italienischen Reise. Lange Zeit war es selbstverständlich, sich damit aus dem Garten zu versorgen. Mit zunehmendem Marktangebot kamen Obstbäume im Garten aus der Mode. Unter dem Aspekt, gesunde, frische, naturnah erzeugte Früchte nicht nur essen zu können, sondern auch selbst mitzuerleben, wie sie sich entwickeln, haben Obstgehölze als Gartenpflanzen wieder ihren hohen Stellenwert gewonnen. Allerdings sind die Gärten kleiner geworden, Nutz- und Zierpflanzen konkurrieren um das begrenzte Platzangebot.

Dieses Buch will helfen, Obstarten und Sorten zu finden, die nicht nur gute Früchte tragen, sondern durch anhaltende Pflanzengesundheit bei möglichst geringem Pflegeaufwand den Garten schmücken und das Auge erfreuen.

Das Ziel, reiche Ernten an gutschmeckenden Früchten ohne übermäßigen Pflegeaufwand oder gar Pflanzenschutzmitteleinsatz zu erhalten, ist nur mit den richtigen Sorten erreichbar. Intensive Züchtungsarbeiten im In- und Ausland haben es ermöglicht, daß inzwischen bei nahezu allen Obstarten gute Sorten zur Verfügung stehen, die gegen die wichtigsten Krankheiten und Schädlinge weitgehend resistent sind.

In einigen Fällen kommen auch alte Sorten wieder zu Ehren. Leider sind alte Sorten nicht grundsätzlich besser, robuster, schmackhafter und gesünder als Neuzüchtungen. Viele Sorten von früher reagieren hoch empfindlich auf verschiedene Schaderreger, bringen nur geringe Erträge und schmecken deutlich schlechter als die Ergebnisse der züchterischen Bemühungen. Auch die alten Sorten waren einst Neuheiten, die sich vom damals bestehenden Sortiment abhoben. Die Frage, ob eine Sorte für den Hausgarten geeignet ist, darf im Zuge einer falsch verstandenen Nostalgie also nicht lauten: „Wie alt ist die Sorte?", sondern „Wie krankheitsanfällig ist sie?". Das vorliegende Buch gibt darauf für die in unseren Breiten anbaubaren Obstarten eine Antwort und zeigt somit auf, wie Obstgehölze im Garten auch ohne chemischen Pflanzenschutz über lange Jahre Freude bereiten können.

Das Buch gliedert sich in zwei Abschnitte. Im Teil „Kennen" sind die besten Sorten für den Hausgarten im Bild vorgestellt. Zugleich werden Möglichkeiten aufgezeigt, wie sich verschiedene, teilweise neue Obstarten in das ästhetische Gesamtkonzept des Gartens einfügen lassen. Der Teil „Pflegen" beschreibt die über 20 im Bild vorgestellten Obstarten und nennt jeweils die besten Sorten. Durch die zusätzliche Charakterisierung in Form von übersichtlichen Tabellen ist es möglich, rasch herauszufinden, welche Sorte für den eigenen Standort und Zweck optimal erscheint. Darüberhinaus wird darauf hingewiesen, wo die gewünschte Obstart erhältlich ist, wie sie gepflanzt wird und welche Ansprüche sie an die Pflege stellt. Zahlreiche Skizzen sollen helfen, leicht und schnell mit den notwendigen Pflegemaßnahmen vertraut zu werden.

„Obst – die besten Sorten für den Garten" richtet sich somit an alle, die ihren Gartenbereich schön gestalten und zugleich nutzen wollen, ohne übermäßig viel Zeit für Pflege bzw. Pflanzenschutz aufwenden zu müssen.

Helga Buchter-Weisbrodt
Frühjahr 1993

Inhaltsverzeichnis

KENNEN

PFLEGEN

Einführung

Obstgehölze sind Kulturpflanzen, die einer gewissen Pflege bedürfen. Dies sollte jedoch keinen davon abhalten, die eine oder andere Obstart in seinen Garten aufzunehmen. Für Neueinsteiger empfiehlt es sich, zunächst mit solchen Arten zu beginnen, die eine fehlende oder gar falsche Pflegemaßnahme nicht verübeln. Dazu gehören in erster Linie Walnüsse, Edelkastanien, Quitten, Sauerkirschen und Pflaumen, ferner Johannisbeeren und die kurzlebigen Erdbeeren. Welche Obstart für den Garten in Frage kommt, hängt aber auch davon ab, wieviel Platz zur Verfügung steht, wie der Boden beschaffen ist und welche Licht- und Wärmeverhältnisse gegeben sind. Die folgenden Ausführungen wollen helfen, die beste Wahl für die im Garten gegebenen Voraussetzungen zu treffen.

Standortbedingungen

Findet eine Obstart oder Sorte die jeweils für sie optimalen Bedingungen bezüglich Boden, Feuchte, Temperatur und Licht, ist es verhältnismäßig einfach, die Pflanze über lange Jahre gesund zu erhalten. Der Baum oder Strauch dankt mit reichem Ertrag, wenn er Verhältnisse vorfindet, die ihm zusagen.

Bodenansprüche

Wenn die gegebenen Bodenverhältnisse nicht optimal erscheinen, kann man auf zweierlei Art reagieren. Eine Möglichkeit besteht darin, den Boden mit reichlich organischem Material zu verbessern, versauerten Untergrund (erkennbar an Moosbildung) mehrmals zu kalken bzw. zu kalkhaltige Böden mit physiologisch sauren Düngemitteln zu behandeln. Es ist aber auch möglich, solche Obstarten und Sorten zu wählen, die mit den gegebenen Verhältnissen zurechtkommen. Deshalb sind bei jeder Obstart detaillierte Angaben über die Bodenansprüche aufgelistet, vielfach auch nach Sorten differenziert.

Ungünstigen Bodenbedingungen kann bei Kern- und Steinobst durch entsprechende Unterlagen begegnet werden. Es gibt Unterlagen, die bevorzugt auf trockenem oder sandigem Boden wachsen, andere kommen dagegen mit feucht-kaltem Untergrund zurecht. Die Wahl der Unterlage hat aber auch Einfluß darauf, wie groß der Baum letztendlich wird. Als Grundregel gilt dabei: je schwächer eine Unterlage wächst, desto kleinkroniger bleibt der Obstbaum, aber umso höher sind andererseits seine Pflegeansprüche.

Unterlagen:
Wer Obstgewächse aus Samen heranzieht, erlebt meist unliebsame Überraschungen. Unter Hunderten solcher Sämlinge sind nur wenige, die brauchbare Früchte tragen – es handelt sich dabei um neue Sorten mit unbekannten Eigenschaften. Um sortenechtes Pflanzenmaterial und damit die Qualität der Früchte erhalten zu können, werden die jeweiligen Sorten auf sogenannte Unterlagen veredelt (vegetative Vermehrung). Veredeln heißt, einen Teil einer Pflanze, genauer ein Edelreis (Triebabschnitt) oder ein Auge (Blattknospe), mit dem Wurzelteil einer verwandten Pflanze zu verbinden. Ein kultivierter Obstbaum besteht also meist aus zwei Teilen: einer Unterlage, die das Wurzelgerüst liefert und der Edelsorte, die den Kronenteil bildet.

Temperatur

Die Obstarten, aber auch die einzelnen Sorten stellen ganz unterschiedliche Ansprüche an die Temperatur. Für extrem winterkalte Regionen kommen nur wenige Obstarten in Frage: Äpfel, Birnen, Kirschen und Johannisbeeren. Normalerweise gilt, daß Obstarten wie Pfirsich, Aprikose, Tafeltraube, Walnuß und Edelkastanie nur im Weinbauklima gedeihen. Es gibt aber auch bei diesen Obstarten einzelne Sorten, die außerhalb des Weinbauklimas nicht erfrieren. Vorsichtshalber sollten sie einen geschützten Platz erhalten. Ein weiterer Faktor, den es bei der Arten- und Sortenwahl zu berücksichtigen gilt, ist die jeweilige Empfindlichkeit gegenüber Blütenfrösten.

Besonders gefährdet sind die Frühblüher. Dazu zählen Pfirsich, Aprikose, Pflaume, Kirsche und Johannisbeere. Bei diesen wie bei allen anderen Obstarten gibt es jedoch Sorten, die relativ spät ihre Blüten öffnen, so daß gegebenenfalls auch weniger spätfrostsichere Standorte in Frage kommen.

Feuchtigkeit und Wasserbedarf

In sommerfeuchten Gebieten sind viele Obstsorten für bestimmte Krankheiten anfällig, während sich andere Schaderreger am besten bei Trockenheit ausbreiten können. So tritt zum Beispiel in Norddeutschland die Scharkakrankheit der Pflaume kaum auf, während warme Regionen im Süden mit diesem Virus stark durchseucht sind. Dasselbe gilt auch in Bezug auf die Verbreitung der Kirschfruchtfliege. Der Schorfpilz bei Apfel und Birne bevorzugt feucht-warme Witterung, der Mehltaupilz und die Spinnmilbe treten verstärkt in heißen, lufttrockenen Klimaten auf.
Die Obstarten haben spezifische Wasseransprüche, die aber wiederum durch die Sorte und vor allem durch die Unterlage modifiziert werden. Im Garten besteht prinzipiell die Möglichkeit, die Obstkulturen zu wässern. Trotzdem sollten in regenarmen Regionen weniger wasserhungrige Vertreter bevorzugt werden. Mit Trockenheit kommen am ehesten Sauerkirschen, Pfirsiche, Quitten, Edelkastanien und Walnüsse zurecht, während die Beerenarten deutlich leiden, wenn sie mit Wasser unterversorgt sind.

Lichtverhältnisse

Damit die Früchte optimal ausreifen und gut schmecken, müssen bestimmte Lichtansprüche erfüllt sein. Gleichmäßige Sonneneinstrahlung ist grundsätzlich wünschenswert. Allerdings haben die wenigsten Gärten ausschließlich vollsonnige Standorte zu bieten. Es gibt aber einige Obstarten, mit denen auch halbschattige Plätze genutzt werden können.
Die geschütztesten, sonnenreichsten Stellen müssen Obstarten wie Aprikose, Pfirsich, Tafeltraube und spätreifen Birnensorten vorbehalten bleiben. Walnuß und Edelkastanie wollen ebenfalls geschützt stehen, dabei wird aber etwas Schatten vertragen. Himbeeren und Erdbeeren, die urspünglich in lichten Wäldern bzw. an Waldrändern beheimatet waren, gedeihen im Halbschatten, die Reife ist aber gegenüber vollsonnigen Plätzen verzögert, das Fruchtaroma kann eventuell weniger intensiv ausgeprägt sein.

Platzansprüche

Es gibt verschiedene Möglichkeiten, auf eng begrenztem Raum einige Obstbäume unterzubringen. Für Erdbeeren, eine schmale Himbeer- oder Brombeerhecke und auch für Sträucher wie Johannisbeeren, Stachelbeeren und Jostabeeren findet sich immer ein Plätzchen. Bei den Baumkulturen sind Sauerkirschen und Pfirsiche von Natur aus kleinwüchsig. Beim Apfel gibt es einige Sorten, die säulenartig wachsen, also nahezu mit dem Standraum einer Tomatenpflanze auskommen.

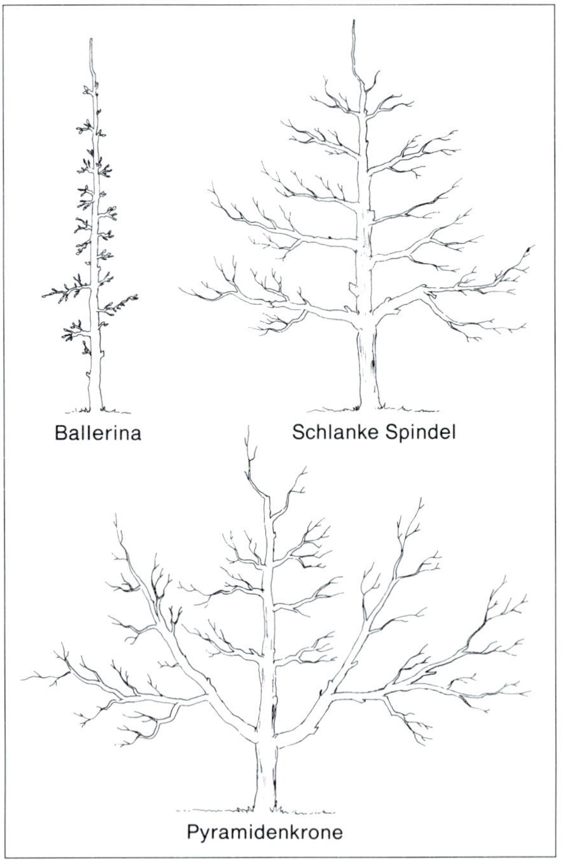

Platzansprüche verschiedener Kronenformen.

Bei Obstarten, die große Kronen bilden, kann der Wuchs durch schwache Unterlagen gebremst werden. Sie sind dann aber etwas anspruchsvoller bezüglich Bodenqualität, Wasser- und Nährstoffversorgung als auf stärkerwachsenden Unterlagen. In gewissem Umfang läßt sich die Baumgröße auch durch eine entsprechende Erziehungsform begrenzen. Äpfel, Birnen, Pflaumen und Süßkirschen können als Spindeln erzogen werden. Neueinsteigern fällt es aber meist leichter, eine Pyramidenkrone heranzuziehen.

Befruchtungsverhältnisse

Selbstfruchtbare Obstarten und Sorten sind in der Lage, vom eigenen Blütenpollen befruchtet zu werden. Eine Pflanze, die auf Fremdbestäubung, also auf Pollen einer anderen Sorte, angewiesen ist, wird als selbstunfruchtbar oder selbststeril bezeichnet. Prinzipiell ist es aber auch bei selbstfruchtbaren (selbstfertilen) Sorten vorteilhaft, wenn Pollen von anderen Sorten zur Verfügung stehen, da fremdbestäubte Pflanzen im Durchschnitt mehr und besser ausgebildete Früchte tragen.
Bietet der Garten also Platz für einen zweiten oder gar dritten Obstbaum bzw. Strauch derselben Obstart, sollten grundsätzlich verschiedene Sorten gepflanzt werden. Die Sortentabellen enthalten vorwiegend selbstfruchtbare Sorten, da nur wenige Gartenbesitzer über so große Flächen verfügen, daß jeweils mehrere Sorten einer Obstart Platz finden. Auch hat nicht jeder das Glück, daß in benachbarten Gärten passende Befruchtersorten stehen.

Pflanzengesundheit

Als Konrad Adenauer 1957 die Bundesgartenschau in Köln eröffnete, sah er in der Gartenarbeit an erster Stelle eine sinnvolle Freizeitbeschäftigung: „Die Arbeit im Garten schafft Werte, die zur inneren Bereicherung des Menschen beitragen". Inzwischen sehen immer mehr Gartenbesitzer im Grün rings um das Haus eine Möglichkeit, Tieren und Pflanzen einen Lebensraum zu bieten, also ein Stück Natur zu verwirklichen und die Vorgänge darin miterleben zu können. Entsprechend ist das Interesse an den Zusammenhängen in der Natur gestiegen.
Die entsprechende Auswahl der Pflanzen und die Art der Pflege tragen entscheidend dazu bei, daß sich zahlreiche Tierarten einfinden. Das Ökosystem Garten ist umso stabiler, je artenreicher es ist. Zu einem solchen Ökosystem gehören neben den Pflanzen die Schadorganismen an den Kulturen, natürliche Feinde dieser Schädlinge und neutrale (indifferente) Arten.
Nachfolgend sind die wichtigsten Zusammenhänge beschrieben und Wege aufgezeigt, wie die Obstkulturen gesund erhalten werden, ohne das Ökosystem Garten nachhaltig zu stören.

Vorbeugende Maßnahmen

Pflanzen, die im Garten optimale Voraussetzungen finden, werden weniger von Krankheiten und Schädlingen befallen als Pflanzen, die infolge von ungünstigen Standortbedingungen geschwächt sind. Neben den bereits besprochenen Faktoren Boden, Temperatur, Lichtverhältnisse, Nährstoffhaushalt und Wasserversorgung nimmt die richtige Sortenwahl eine Schlüsselstellung ein.
Jede Obstart hat spezifische Krankheiten und Schädlinge. Ziel der Pflanzenzüchtung ist es, jeweils gegen die Hauptschadorganismen unempfindliche Sorten zu finden. Daneben gibt es einige Schädlinge, die nahezu alle Obstarten befallen (z. B. Milben und Läuse). Eine resistente oder robuste Pflanze ist nicht grundsätzlich für jeden denkbaren Schaderreger unempfindlich, die geringe Anfälligkeit bezieht sich stets auf die für die jeweilige Obstart wichtigste Krankheit.

Robust ist eine Sorte, wenn sie für bestimmte Krankheiten und Schädlinge kaum anfällig ist oder nur unter Extrembedingungen Symptome zeigt.
Resistent ist eine Sorte, wenn sie von einer Krankheit oder einem Schädling nicht befallen wird bzw. wenn sich keine Symptome ausprägen.

Eine weitere vorbeugende Maßnahme besteht darin, pflanzenstärkende Mittel einzusetzen. Solche Präparate stärken die Widerstandskraft der pflanzlichen Zelle, vorwiegend gegen Pilzerkrankungen. Dazu zählen Kieselpräparate, Algenmittel, Schachtelhalmextrakte, Wildkräuterauszüge, natürliche Fett- und Aminosäuren. Solche Präparate sind allerdings nicht in der Lage, anfällige in robuste Sorten zu verwandeln.

Natürliche Gegenspieler

Im Ökosystem Baum sind normalerweise ein Viertel der vorkommenden Tiere Nützlinge, ein weiteres Viertel Schädlinge, die restliche Hälfte ist weder direkt schädlich noch nützlich, also indifferent. Wie bereits Johann Wolfgang von Goethe beobachtet hat, stellt sich normalerweise ein natürliches Gleichgewicht ein: In der Natur ist ein ewiges Auf und Ab von Nützlingen und Schädlingen. „Laßt sie nur alle, so frißt einer den anderen auf."

Alle Organismen, die als natürliche Feinde der Schädlinge auftreten, gelten als Nützlinge. Schädlinge sind Organismen, die das Wachstum und die Gesundheit der Kulturpflanze beeinträchtigen. Gemäß der Definition können auch Pflanzen als Nützlinge oder Schädlinge („Unkräuter") auftreten. Der Einfluß einer Pflanze auf eine andere (Allelopathie) läßt sich positiv zunutze machen.

Ausschlaggebend für ein niedriges Niveau an Schadorganismen ist aber vor allem ein ausreichendes Maß an tierischen Nützlingen. Die Aufgabe des Gärtners besteht darin, sie zu fördern, damit sie jederzeit in der Lage sind, sich stark vermehrende Schädlinge einzudämmen. Für Zeiten, in denen nur wenige Schädlinge im Garten sind, müssen den Nützlingen ausreichend Alternativen zur Verfügung stehen. Für einige Nützlinge können blühende Pflanzen als solche alternative Futterquellen („Nützlingsweiden") dienen. Bei zahlreichen Nutzinsekten ernährt sich nur die Larve von Schädlingen, während das ausgewachsene Tier von Nektar und Blütenstaub lebt. Auch deshalb ist ein reichhaltiges Angebot an Blütenpflanzen, vorzugsweise Doldenblütler, eine wichtige Grundlage für ein stabiles ökologisches Gleichgewicht. Biologischer Schutz der Kulturen im Garten bedeutet also nicht nur, auf

Obstarten und ihre wichtigsten Krankheiten

Obstart	Krankheiten
Apfel	Schorf, Mehltau, Obstbaumkrebs
Birne	Feuerbrand, Birnenschorf, Birnengitterrost
Quitte	Blattbräune, *Monilia*
Süßkirsche	Sprühflecken, Gummifluß, *Valsa*
Sauerkirsche	*Monilia,* Schrotschuß, Stecklenberger, Bakterienbrand
Pflaume	Scharka, Schrotschuß, Pflaumenrost, *Valsa*
Pfirsich	Kräuselkrankheit, Pfirsichmehltau, Gummifluß
Aprikose	*Monilia,* Schrotschuß, Apoplexie, Scharka
Walnuß	Bakterienbrand, Blattbräune
Edelkastanie	Kastanienkrebs
Tafeltraube	Echter und Falscher Mehltau, *Botrytis*
Johannisbeere	Blattfallkrankheit, Säulenrost
Stachelbeere	Amerikanischer Stachelbeermehltau, Blattfallkrankheit
Himbeere	Mosaik-Virus-Komplex, Rutensterben, Wurzelsterben, *Botrytis*
Brombeere	*Botrytis,* Brombeerrankenkrankheit
Erdbeere	Rhizomfäule, Wurzelfäule, Mehltau, *Botrytis*

bestimmte, stark schädigende Pflanzenschutzmittel zu verzichten, sondern darüberhinaus in Bezug auf die Einstufung von Pflanzen umzudenken. Kerbel, Brennessel und vor allem Wilde Möhre sollten in einer Ecke etwas Platz finden. Aufgeschossener Salat oder Kohl sollte durchaus zwei bis drei Wochen stehen dürfen, bis er zu blühen begonnen hat. Wer dafür sorgt, daß zeitig im Frühjahr Doldenblütler blühen, wird rechtzeitig soviele Schwebfliegen anlocken, daß eine Massenvermehrung von Blattläusen kaum zu befürchten ist. In diesem Zusammenhang ist es auch ganz wichtig, von dem „Herbstputz“ im Garten Abstand zu nehmen, also nicht alle Beete „leerzufegen“. Die Samen verbleibender Gräser und Stauden dienen als wertvolle Nahrungsgrundlage für Vögel. Zusammen mit Fallaub und Kompost auf den Beeten dienen nicht abgeräumte Pflanzen als Schlupfwinkel für allerlei Insektenarten. Es lohnt sich also, den „Herbstputz“ auf das Frühjahr zu verschieben.

Zusätzlich sollte aktiv weiterer Lebensraum geschaffen werden, indem kleine Stein- oder Holzhaufen aufgeschichtet, Nistkästen für Vögel und Harthölzer mit tiefen Bohrungen für Wildbienen und Hummeln aufgehängt werden. Der Aufenthalt in einem Garten, der für viele Arten Lebensraum bietet, kann geradezu ein Abenteuer werden, wenn man die wichtigsten Nützlinge kennenlernt und beobachten kann, wie sie unsere Kulturpflanzen von ihren Plagegeistern befreien. Ein Buch wie „Nützlinge im Garten“ (siehe Literaturhinweis) sollte also zur Grundausstattung eines Gartenliebhabers gehören.

Gegenspieler wichtiger Obstschädlinge

Schädlinge	Wichtige Gegenspieler
Blattläuse	Marienkäfer, Schwebfliegen, Florfliegen, Kamelhalsfliegen, Schlupfwespen, Blumenwanzen, Ohrwürmer, Spinnen, Vögel
Blutläuse	Marienkäfer, Schlupfwespen
Schildläuse	Marienkäfer, Schlupfwespen, Netzflügler
Spinnmilben	Raubmilben, Blumenwanzen, Kleiner Marienkäfer, Staubhafte
Gallmilben	Raubmilben
Gallmücken	Blumenwanzen
Borkenkäfer	Kamelhalsfliegen
Raupen	Baumwanzen, Ohrwürmer, Raupenfliegen, Kamelshalsfliegen
Schnecken	Laufkäfer, Spitzmäuse, Igel, Kröten, Eidechsen
Mäuse	Wiesel, Katzen, Eulen, Greifvögel

Nutzung der Allelopathie für den Pflanzenschutz

Feindpflanze	gegen Krankheit	der Nutzpflanze
Wermut	Säulenrost	Johannisbeere Stachelbeere
Knoblauch	Mehltau	Erdbeere
Tagetes	Nematoden	Erdbeere
Kapuzinerkresse	Läuse	Obstbäume
Steinklee Kaiserkrone	Mäuse	Obstbäume

Aktive Bekämpfung

Auf diese Weise naturnah gestaltete Gärten benötigen nur selten ein direktes Vorgehen gegen Schädlinge. Wenn aber das Gleichgewicht aus den Fugen gerät, gibt es immer noch Möglichkeiten, nützlingsschonend einzugreifen. Für fast jedes Problem sind selektiv wirkende Präparate auf dem Markt, die gezielt den Schadorganismus treffen, Nützlinge und Indifferente aber weitgehend schonen. Wer ein breitwirksames Mittel wie z. B. Pyrethrum einsetzt, hat zwar kurzfristig den Schädling beseitigt, zugleich aber alle anderen Organismen abgetötet. Als Folge davon verschiebt sich das natürliche Gleichgewicht rasch zugunsten der Schädlinge, der Befall wird stärker als je zuvor.

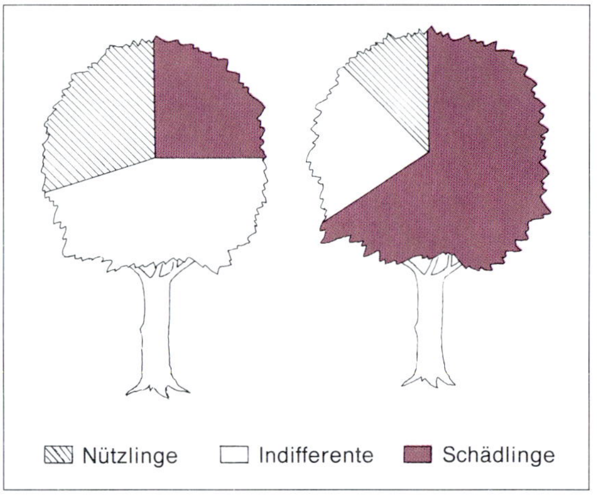

Nach Einsatz von breitwirksamen Insektiziden verschiebt sich das Gleichgewicht zwischen Nützlingen, Schädlingen und Indifferenten nach wenigen Wochen zugunsten der Schädlinge.

Neben den für jede Obstart spezifischen Schaderregern leiden nahezu alle Obstkulturen unter Läusen und Spinnmilben. An Obstgehölzen häufig auftretende Läusearten sind Blattläuse, Blutläuse und Schildläuse, an Milbenarten schädigen vor allem Spinnmilben, Rostmilben, Gallmilben und Weichhautmilben. In einem ökologisch stabilen Garten halten Raubmilben die schädigenden Spinnmilben problemlos in Schach. Auch die verschiedenen Blattlausarten haben zahlreiche natürliche Gegenspieler, Blutläuse werden von Marienkäfern und Zehrwespen ausreichend dezimiert. Trotzdem können sich vor allem Blattläuse vorübergehend stark vermehren, besonders im Frühjahr, wenn noch nicht ausreichend viele Nützlinge vorhanden sind. Dann kann mit einem nützlingsschonenden Präparat wie „Neudosan" (Salze natürlicher Fettsäuren) eingegriffen werden. „Neudosan" ist auch für den Menschen unschädlich.

Vielfach werden Blattläuse durch Ameisen gefördert. Sie lecken gerne Honigtau (zuckerhaltige Ausscheidungen der Blattläuse). Deshalb tragen sie die Läuse in die Baumkronen und schützen ihre Kolonien aktiv vor den natürlichen Feinden, so daß sich die Schädlinge rasch vermehren können. Wirksamstes Gegenmittel sind Leimringe, die um den Stamm befestigt werden. Dabei ist darauf zu achten, daß die Ameisen nicht unter dem Ring hindurch oder über einen Pfahl in die Baumkrone gelangen können.

Pflanzeneinkauf

Ist der Standort optimal vorbereitet, der Garten im ökologischen Gleichgewicht und eine robuste Sorte ausgewählt, entscheidet die Qualität der Jungpflanze darüber, wie kräftig und gesund sie sich entwickeln kann. Gemessen am erwünschten Lebensalter eines Obstgewächses darf der Preis nicht ausschlaggebend sein. Schlechtes Ausgangsmaterial läßt sich selbst mit einem Höchstmaß an Pflege nur selten wettmachen. Die wichtigsten Grundregeln für die Auswahl und den Kauf von Obstgehölzen sind nachfolgend beschrieben.

Auswahl der Obstart

Neben der Frage, ob sich die gewünschte Obstart in Bezug auf Klima und Boden für den eigenen Garten eignet, ist ein wesentliches Kriterium die Wuchshöhe und der benötigte Standraum des Baumes oder Strauches. Nicht selten wächst das beim Kauf noch recht kleine Gehölz über den ihm zugedachten Platz hinaus. In gewissem Umfang ist es möglich, die Pflanze zurückzuschneiden. Dies darf aber nur im Sommer geschehen. Wird im Winter geschnitten, treibt das Gehölz nur umso kräftiger aus. Allerdings verlieren die Obstbäume ihren typischen Wuchshabitus, wenn sie durch Rückschnitt übermäßig stark eingegrenzt werden.

Erreichbare Baumhöhe von Obstgehölzen*			
Obstart	Mindesthöhe auf extrem schwacher Unterlage (m)	normale Baumhöhe (m)	höchstmögliche Baumhöhe auf starker Unterlage (m)
Apfel	2	4	8
Birne	3	5	12
Quitte	3	4	4
Süßkirsche	3	5	12
Sauerkirsche	2	4	7
Pflaume	2	4	6
Pfirsich	2	3	4
Aprikose	2	3	4
Walnuß	6	8	12
Edelkastanie	6	8	20

* Richtwerte abhängig von Unterlage, Sorte, Standort, Schnitt

Besser ist es, wenn man sich vorher erkundigt, wie hoch und ausladend ein Baum auf der jeweiligen Unterlage in etwa wird. Es lassen sich aber nur grobe Richtwerte nennen.

Ein besonders wichtiger Faktor ist die Einhaltung von Grenzabständen. Sie sind gesetzlich festgelegt. Da das Nachbarschaftsrecht in den Bundesländern unterschiedlich geregelt ist, können keine allgemeingültigen Werte genannt werden. Grundsätzlich ist aber die zu erwartende Baumhöhe ausschlaggebend: Je höher ein Strauch, eine lebende Hecke oder ein Baum wird, desto weitere Abstände von der Grundstücksgrenze sind einzuhalten. Es ist aber möglich, sich mit dem Nachbarn auf engere Grenzabstände zu einigen, als das Nachbarschaftsrecht vorschreibt.

Pflanzmaterial und Pflanzzeitpunkt

Grundsätzlich gilt, daß der beste Zeitpunkt für Neupflanzungen im Herbst liegt, nachdem die Bäume und Sträucher das Laub abgeworfen haben, der Boden aber noch nicht gefroren ist. Nur bei stark holzfrostgefährdeten Gehölzen wie Walnuß, Pfirsich und Aprikose ist die Frühjahrspflanzung vorzuziehen, andernfalls muß der Jungbaum im ersten Winter einen Frostschutz erhalten. Im Prinzip können auch alle anderen Arten im zeitigen Frühjahr gesetzt werden. Vorteilhaft ist ein möglichst früher Zeitpunkt, also sobald die Erde nicht mehr gefroren ist, in jedem Fall aber, bevor die Knospen schwellen oder gar austreiben. Wird im Herbst gepflanzt, können die Wurzeln sich bereits etwas ausbilden, die Bäume haben einen deutlichen Wachstumsvorsprung.

Inzwischen bieten nicht nur Gartencenter, sondern auch Obstbaumschulen Bäume und Sträucher mit Topfballen, d.h. im Container oder Foliensack, an. Vorteile von solchen Containerpflanzen sind der nahezu beliebige Pflanzzeitpunkt und der problemlose Transport. Dem stehen aber teilweise schwerwiegende Nachteile gegenüber. Abgesehen vom deutlich höheren Preis beginnen die Wurzeln im Pflanzgefäß ringsum zu wachsen, sobald sie an die Wand stoßen. Es ist also äußerst wichtig, den Wurzelballen gründlich zu entfilzen und im Pflanzloch „schlaraffenlandähnliche" Bedingungen zu schaffen, damit die Wurzeln das Topfsubstrat rasch verlassen und sich im umgebenden Boden verankern.

Beim Entfilzen des Wurzelballens gehen zwangsläufig einige Wurzeln verloren. Von daher ist es letztlich auch bei Containerpflanzen nicht unbedingt sinnvoll, im Sommer zu pflanzen, da ein Verpflanzungsschock nicht auszuschließen ist. Für Bäume, die im Baumschulbeet und nicht im Container herangewachsen sind, spricht auch die meist kräftigere Pflanze.

Qualitätsnormen

Pflanzmaterial aus deutschen Baumschulen unterliegt gesetzlich festgelegten Qualitätsnormen. Viele Baumschulen haben sich im Bund deutscher Baumschulen (BdB) zusammengeschlossen, deren Mitglieder strengen Qualitätsmaßstäben unterliegen. Wer die sich ständig wiederholenden Qualitätsprüfungen besteht, ist berechtigt, die Bezeichnung „Anerkannte Markenbaumschule“ zu führen. Für den Titel einer „Gartenbaumschule“ müssen weitere Voraussetzungen erfüllt werden.

Wer seine Obstgehölze in anerkannten Baumschulen erwirbt, kann weitgehend sicher sein, daß die Pflanze hohe Qualitätsnormen erfüllt, daß die Veredlungen sortenecht sind und aus guten Selektionen stammen und nicht zuletzt, daß die Pflanzen frei von Krankheiten und Schädlingen sind. Dies ist umso wichtiger, als bei nicht einwandfreiem Material zunächst die betroffene Pflanze darunter leidet, dann aber auch im eigenen Garten bereits bestehende Obstkulturen angesteckt werden können. Leider immer wieder auftretendes Beispiel hierfür sind Weichhautmilben an gekauften Erdbeerpflanzen.

Ferner sollten nur virusfreie oder zumindest virusgetestete Pflanzen gekauft werden. Andernfalls können latent vorhandene Virosen den Baum schwächen beziehungsweise unter Streßbedingungen starke Schadsymptome ausbilden. Wen der etwas höhere Pflanzenpreis vom Einkauf in Marken- bzw. Gartenbaumschulen abhält, sollte sich überlegen, ob sich der Mehrpreis nicht auszahlt. Neben der fachkundigen Beratung und der garantierten Qualität ist meist auch nur in solchen spezialisierten Betrieben die wünschenswert breite Auswahl an Sorten- und Unterlagen-Kombinationen gegeben.

Ein Großteil der resistenten und robusten Sorten auf geeigneten Unterlagen ist von vornherein nur in Obstbaumschulen bzw. Baumschulen mit optimal sortierten Gartencentern erhältlich. Das Bezugsquellen-Register nennt für die meisten Regionen Verkaufsstellen, die eine gute Auswahl an resistenten Sorten anbieten – selbstverständlich erhebt die Liste keinen Anspruch auf Vollständigkeit.

Es kann durchaus vorkommen, daß die Sorten-Unterlagen-Kombination, die für den eigenen Standort optimal erscheint, nicht in allen Baumschulen erhältlich ist. Sie sollten also die Tabellen mit den Beschreibungen der Sorten und Unterlagen mitnehmen, um gemeinsam mit dem Verkäufer nach einer Alternativsorte oder -unterlage, die sich ebenfalls für den eigenen Standort eignet, suchen zu können.

Apfelblüte der Sorte 'Boskoop'. Obstbäume im Garten sollen reiche Ernten tragen. Bei geschickter Pflanzenwahl sind sie darüberhinaus eine Augenweide, besonders zur Blütezeit. Der Apfel gehört zu den beliebtesten Obstarten. Besonders schöne Blüten trägt die altbekannte, relativ robuste Sorte 'Boskoop'. Apfelbäume sind selbstunfruchtbar, können also nicht vom eigenen Blütenpollen bestäubt werden. Deshalb sollte im Umkreis von etwa 200 m eine andere Apfelsorte stehen, die im selben Zeitraum blüht. Ist dies nicht der Fall, und bietet auch der eigene Garten nicht genügend Platz für einen zweiten Apfelbaum, dann besteht die Möglichkeit, einen Ast mit einer geeigneten Bestäubersorte umzuveredeln.

Schorf an 'Golden Delicious'-Früchten. Die wichtigste Pilzkrankheit des Apfels ist der Schorf *(Venturia inaequalis)*. Er tritt bei feuchter Witterung besonders stark auf und kann dazu führen, daß anfällige Sorten wie 'Golden Delicious' bereits im Sommer die Blätter abwerfen. Die Früchte von kranken Bäumen bleiben klein, fad und sauer. Vielfach sind sie mit schwarzen Flecken überzogen. Da der Pilz, der diese Flecken hervorruft, Giftstoffe (Aflatoxine) abscheidet, sollten Schorffrüchte geschält werden. Schorfbefall läßt sich nur durch mehrmaliges Spritzen mit Fungiziden bekämpfen – je nach Witterung 6 bis 12 Behandlungen. Sinnvoller ist aber die Verwendung von Apfelsorten, die der Schorfpilz nicht befällt.

Schorfresistente Apfelsorte 'Florina' (Synonym 'Querina'). Zu den besten Sorten, die für Schorf nicht anfällig sind, zählt die Neuzüchtung 'Florina'. Die mittelgroßen, runden Früchte sind leicht beduftet und reifen Mitte Oktober. Das Fruchtfleisch ist fest, knackig, saftig und dabei angenehm süß-säuerlich. Da diese Sorte äußerst fruchtbar ist, also reichlich Früchte ansetzt, empfiehlt es sich, bei übermäßigem Behang einen Teil der Früchte zu entfernen (ausdünnen). Wird nicht ausgedünnt, bleiben die Früchte klein und der Baum erschöpft sich. Im Folgejahr entwickeln sich dann nur wenig Früchte, der Baum verliert das physiologische Gleichgewicht zwischen Holz- und Fruchtwachstum (Alternanz).

Schorfresistenter Herbstapfel 'Priam'. Wie 'Florina' stammt 'Priam' aus den ersten Generationen der Resistenzzüchtung. 'Priam' reift allerdings einen Monat früher, also Mitte September und ist entsprechend weniger lang lagerfähig. Diese Sorte sollte bis Ende November verbraucht werden, da sich das Aroma rasch verliert. Die Früchte sind länglich, fast walzenförmig. Die glatte Schale kann je nach Belichtung bis zu 80% intensiv rot gefärbt sein. Das Fruchtfleisch schmeckt feinsäuerlich und mild, das Aroma ist nicht stark ausgeprägt. Wie 'Florina' wird 'Priam' nicht von Schorf befallen. In heißen Sommern kann der Mehltaupilz die Triebspitzen beider Sorten mit einem weißen Belag überziehen.

Alte Apfelsorte 'Rote Sternrenette'. Nicht alle alten Apfelsorten sind so robust, daß sie ohne Pflanzenschutz gesund bleiben. Wie beim neuen Marktsortiment gibt es unterschiedlich anfällige Sorten. Relativ robust ist die 'Rote Sternrenette' mit ihren ausgeprägten, sternförmigen Lentizellen auf der dunkelroten Fruchtschale. Die kleinen, flachrunden Äpfel haben mittelfestes, saftiges Fruchtfleisch, das direkt unter der Haut rötlich gefärbt ist. Die 'Rote Sternrenette' schmeckt angenehm säuerlich und teilweise leicht parfümiert. Die Früchte reifen Anfang Oktober und lassen sich unter entsprechend günstigen Bedingungen bis zum Jahreswechsel lagern. Diese Sorte wird kaum von Schorf, Mehltau und Obstbaumkrebs befallen.

Koch- und Backapfel 'Roter Boskoop'. Zu den bekanntesten Apfelsorten gehört der 'Rote Boskoop', der um 1850 in Boskoop/NL gefunden wurde. Die säuerlichen Früchte eignen sich ideal als Backäpfel. Typisch ist die grüne, je nach Besonnung auch intensiv dunkelrote, teilweise berostete Fruchtschale mit ausgeprägten Lentizellen. Die Früchte werden recht groß. Allerdings neigt die Sorte stark zu Alternanz: übermäßiger Behang im einen, leere Äste im anderen Jahr. Die Sorte 'Roter Boskoop' ist nicht schorfresistent und hochanfällig für Blutläuse. Der Baum kommt mit schweren, nassen Böden zurecht, leidet aber bei Trockenheit. Die Blüten sind frostempfindlich, Spätfrost-Lagen müssen gemieden werden.

Frühsorte 'Arkcharm'. Wer bereits im August reife Äpfel ernten will, sollte robuste Frühsorten wie 'Piros', 'Katja' oder 'Arkcharm' wählen. Typisch für Frühsorten ist aber die geringe Haltbarkeit, die Äpfel lassen sich selbst im Kühlschrank bestenfalls 3 bis 4 Wochen aufbewahren. Bei Zimmertemperatur werden sie innerhalb weniger Tage weich und mehlig. 'Arkcharm' ist eine Neuzüchtung der Universität Arkansas/USA. Die Früchte sind mittelgroß, flachrund, rot beduftet und schmecken angenehm süß-säuerlich. Bislang liegen noch wenig Anbauerfahrungen vor. Auffallend ist die geringe Anfälligkeit für Schorf. Der Baum wächst relativ schwach, braucht also einen kräftigen Schnitt, um das Wachstum anzuregen.

Marktsorte 'Delbarestivale' (Synonym 'Delcorf'). Im Erwerbsanbau wird in den letzten Jahren verstärkt die ertragreiche, Ende August bis Anfang September reifende Frühsorte 'Delbarestivale' aus der Versuchsstation Delbard/Frankreich angepflanzt. Die großen, gelben Früchte sind saftig-knackig, der Geschmack ist leicht parfümiert. In spätfrostgefährdeten Lagen können durch Fröste zur Blütezeit Ertragseinbußen entstehen. Der Behang kann so reichlich ausfallen, daß es ratsam ist, etliche Früchte bei Kirschengröße zu entfernen, sonst fällt die Ernte im Folgejahr sehr gering aus (Alternanz). 'Delbarestivale' ist nur wenig anfällig für Schorf und Mehltau, kann bei starkem Infektionsdruck aber durchaus Befall zeigen.

Winterapfel 'Pinova'. An der Versuchsstation Dresden-Pillnitz wurden zahlreiche mehrfach resistente Apfelsorten gezüchtet. Absolut robust sind die sogenannten „Re-Sorten" wie der Winterapfel 'Rewena', der Herbstapfel 'Reglindis' und der Sommerapfel 'Retina'. Aber auch die „Pi-Sorten" weisen eine relativ gute Widerstandskraft gegen einige Krankheiten auf. Aus diesem Sortiment eignet sich der Winterapfel 'Pinova' am ehesten für den Hausgarten, da er auf Feuerbrand, Schorf und Frost nur wenig sensibel reagiert. Die leuchtend gelbroten, saftig-knackigen Früchte lassen sich lange lagern. 'Pinova' setzt normalerweise extrem viele Früchte an, ausdünnen ist also empfehlenswert, um die Qualität zu verbessern.

Aromaapfel 'Rubinette'. Die Eltern dieser Ende September reifenden, ertragreichen Apfelsorte aus der Schweiz sind vermutlich 'Cox Orange' und 'Golden Delicious'. Das Aroma von 'Cox Orange' wurde verfeinert durch die saftigesüße Frische von 'Golden Delicious', so daß 'Rubinette' bei Geschmackstests grundsätzlich einen der ersten drei Ränge einnimmt. Die langstieligen, intensiv rosa gefärbten Blüten schmükken den Baum wie bei kaum einer anderen Sorte. Sie sind auch nur wenig frostanfällig. Trotzdem eignet sich 'Rubinette' leider nicht für jeden Hausgarten, denn der Baum stellt hohe Ansprüche an den Boden, die Wasser- und Nährstoffversorgung und reagiert empfindlich auf den Schorfpilz.

Erwerbssorte 'Jonagold'. Den Neuzüchtungen 'Elstar' und 'Jonagold' ist es gelungen, die Hauptsorte 'Golden Delicious' etwas in den Hintergrund zu drängen. Beide Sorten schmecken äußerst gut, 'Jonagold' ist zudem ausgezeichnet lagerfähig. Für den Hausgarten können diese bekannten Erwerbssorten nicht empfohlen werden, da sie stark anfällig für Schorf sind und auch auf Mehltau, Obstbaumkrebs und Feuerbrand empfindlich reagieren. 'Jonagold' wurde in Geneva/USA aus Sämlingen der Kreuzung 'Golden Delicious' × 'Jonathan' ausgelesen. Die großen Früchte sind gelb mit roter Deckfarbe. Es gibt zahlreiche 'Jonagold'-Formen (Mutanten), die sich durch intensive Rotfärbung von der Stammsorte unterscheiden.

Mikroskopischer Querschnitt der Fruchtschale von 'Jonagold'. Werden Äpfel längere Zeit gelagert, verdunstet die Frucht vor allem bei zu geringer Luftfeuchtigkeit zunehmend Wasser. Um sich vor diesem Wasserverlust bzw. dem Schrumpfen zu schützen, sind einige Apfelsorten in der Lage, Wachsstoffe abzusondern, so daß kein Wasser aus dem Fruchtinnern verdunsten kann. Solche Äpfel fühlen sich insbesondere nach längerer Lagerung fettig an. Zu den Sorten, die Wachsauflagen ausbilden, gehören neben 'Jonagold' und 'Arlet' auch die alten Sorten 'Gravensteiner' und 'Ontario'. Im Bild sind die Wachsauflage, die Zellen der Fruchthaut (Epidermis) und die ersten darunterliegenden Fruchtfleischzellen zu sehen.

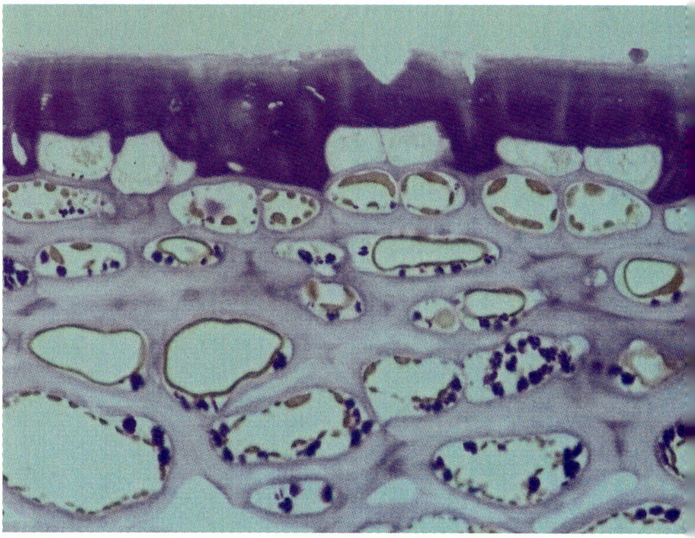

Ballerina – säulenförmiger Apfelbaum. In Kanada wurden säulenartige Apfelbäume ohne ausgeprägte Seitenäste entdeckt. Durch weitere Züchtungen entstanden in England mehrere Sorten mit Säulenwuchs. Sie erhielten die Namen von Tänzen. 'Bolero' reift im September und hat hellgrüne Früchte, die wie die rot-grüne Sorte 'Polka' nur für den Sofortverzehr geeignet sind. 'Waltz' ist dunkelrot gefärbt, wird Anfang Oktober reif und läßt sich einige Wochen lagern. Besonders schmückend ist die Zierapfelsorte 'Maypole' die ausdauernd und üppig blüht und äußerst dekorative Blätter hat. Ballerina-Bäume benötigen keinen regelmäßigen Schnitt. Sie sind aber nicht resistent gegen die Schorf- und Mehltaupilze.

Achtjährige Ballerina-Apfelbäume. Die säulenförmig wachsenden Ballerina-Bäume sind in Deutschland erst seit 1991 erhältlich und werden vielfach in Pflanzkübeln angeboten. Da sie keine Seitenäste ausbilden, bleiben die Säulenbäume zwar sehr schmal, können aber durchaus die stattliche Höhe von 3 m erreichen. Sie eignen sich somit auch als Solitärgruppe im Rasen, als Sichtschutzhecke oder Grundstücksabgrenzung. Die Früchte der verschiedenen Sorten schmekken nur durchschnittlich gut, können also keinesfalls mit beliebten Marktsorten wie 'Jonagold' oder 'Elstar' konkurrieren. Durch die besondere Wuchsform stehen eher die Eigenschaften „Extravaganz" und „hoher Zierwert" im Vordergrund.

Birnen-Spalier. Die Birne eignet sich besonders gut für die Erziehungsform als Spalier an der Hauswand oder an einer Mauer im Garten. Aber auch Obstarten wie Aprikose und Pfirsich sind für einen Platz an geschützten Hauswänden dankbar und lassen sich gleichfalls als Spalier erziehen. Da viele Gärten nur begrenzten Standraum bieten, sind Wandspaliere eine gute Möglichkeit, den verfügbaren Raum optimal auszunutzen. Zudem kann auf diese Weise eine öde Mauer in eine abwechslungsreiche Grünfläche verwandelt werden. Ist die Grunderziehung zu der gewünschten Form erst einmal abgeschlossen, benötigt ein Spalierbaum nur noch wenig Schnittarbeit. Allerdings eignen sich nicht alle Sorten gleich gut für diese Erziehungsform. Wichtiger als der genetisch fixierte Wuchshabitus ist die Krankheitsanfälligkeit der einzelnen Sorten. Es sollten grundsätzlich nur schorfresistente Birnensorten gepflanzt werden, da mehrmaliges Spritzen mit Fungiziden weder im Garten noch an der Hauswand wünschenswert ist. Sorten wie 'Williams Christ' oder 'Gellerts Butterbirne' kommen also keinesfalls in Frage. Es gibt unzählige Spalierformen. Am meisten verbreitet sind Palmetten mit senkrechten oder waagrechten Armen (Bild), Fächerformen und senkrechter Cordon. Abgesehen vom senkrechten Cordon gilt grundsätzlich: erst formieren, dann schneiden. Zur Erziehung von aufwendigeren Spalierformen ist also ein Latten- oder Drahtgerüst unumgänglich.

Sommersorte 'Frühe von Trevoux'. Frühreife Birnensorten schmecken wie Apfelfrühsorten am besten frisch vom Baum: Sie sind nur wenige Tage haltbar, können also kaum gelagert werden. Auch bei den Birnen bestehen große Unterschiede in Bezug auf die Krankheitsanfälligkeit der einzelnen Sorten. Bei den frühreifen Sorten zeigen vor allem die 'Bunte Julibirne' und die 'Salzburger Birne' kaum Befall mit Birnenschorf. Die weit verbreitete 'Frühe von Trevoux', die bereits seit 1860 bekannt ist, kann bei starkem Infektionsdruck deutlich vom Schorfpilz befallen werden. Hochanfällig reagiert die attraktive, wohlschmeckende 'Gute Luise', die nahezu 100 Jahre älter ist als die 'Frühe von Trevoux' und ebenfalls aus Frankreich stammt.

Herbstsorte 'Gellerts Butterbirne' (Synonym 'Beurre Hardy'). Viele der heute verbreiteten Birnensorten stammen aus dem 18. und 19. Jahrhundert und sind meist recht robust. Allerdings gibt es nur wenige Sorten, die kaum vom Schorfpilz befallen werden. Äußerst widerstandsfähig ist die 'Gute Graue', die selbst in rauhen Höhenlagen gedeiht. Allerdings sind die Fruchteigenschaften von weniger robusten Sorten wie 'Gellerts Butterbirne' besser. Diese im September reifende Birne hat eine zimtbraun berostete Fruchtschale, das Fleisch ist saftig, schmelzend und schmeckt hervorragend. Für Wandspaliere und Heckenerziehung ist 'Gellerts Butterbirne' aufgrund ihres Wuchscharakters weniger geeignet.

Winterbirne 'Madame Verte'. Diese alte Birnensorte gehört zu den wenigen Winterbirnen, die auch noch in kühleren Regionen die Vollreife erreichen. Alle anderen Spätsorten haben einen hohen Wärmeanspruch, um richtig ausreifen zu können. Wird dieses Wärmebedürfnis nicht erfüllt, schmecken die Birnen rübenartig. Die Früchte von 'Madame Verte' sind relativ klein, regelmäßig geformt, vollständig braun berostet und schmecken angenehm würzig. Die Winterbirne wird Ende Oktober geerntet, ist aber erst ab Dezember genußreif. Teilweise kann sie im Kernhausbereich bei zu langer Lagerung teigig werden. 'Madame Verte' eignet sich aufgrund der reichlichen Seitenverzweigung gut als Wandspalier.

Birnensorte 'Williams Christ' (Synonym 'Bartlett'). Diese wohl bekannteste Birnensorte war in England bereits um 1770 verbreitet. Die großen, grünen, bei Vollreife goldgelben Früchte haben gelbweißes, zartschmelzendes, saftiges Fleisch mit süßem, leicht muskatartigem Geschmack. Durch dieses ausgeprägte Aroma zählt sie zu den besten Verwertungssorten, vor allem für Obstbrände. Die Birnen reifen Mitte September und sind nur eine Woche lagerfähig. Nachteilig ist die Empfindlichkeit für zahlreiche Krankheiten wie Birnenschorf, Feuerbrand und Mehltau. Daher ist 'Williams Christ' für den Hausgarten kaum geeignet. Die Sorte verlangt eine geschützte Lage, da Holz und Blüten frostanfällig sind.

Winterbirne 'Olivier de Serres'. Die ausgezeichnet schmeckende Spätsorte 'Olivier de Serres' entstand um 1860 in Frankreich. Im Gegensatz zu 'Madame Verte' gedeiht sie außerhalb des Weinbauklimas nur als geschütztes Wandspalier. Damit die Früchte ihr hervorragendes Aroma ausbilden können, benötigt diese Winterbirne warmes Klima. Die Früchte sind mittelgroß, rundlich, grüngelb und vielfach zimtfarben berostet. Sie sollten erst Ende Oktober geerntet werden, sind aber nicht vor dem Jahreswechsel genußreif. Weitere Lagersorten sind 'Winterdechantsbirne', 'Passe Crassane', 'Esperens Bergamotte' und 'President Drouard', die aber ebenfalls extrem hohe Ansprüche an das Klima stellen.

Feuerbrandresistente Birnensorte 'Moonglow'. Feuerbrand *(Erwinia amylovora)* ist die gefährlichste Bakterienkrankheit des Kernobstes. Ursprünglich war diese Bakteriose nur in Amerika bekannt. 1971 wurde sie erstmals in Norddeutschland gefunden, inzwischen hat sie sich bis nach Süddeutschland ausgebreitet. Zum Wirtskreis des Feuerbrandes gehören auch Apfel, Quitte, Weißdorn und Eberesche. Die Birnensorten reagieren unterschiedlich empfindlich. Inzwischen gibt es feuerbrandresistente Unterlagen und Sorten, allerdings liegen erst wenig Anbauerfahrungen vor. Am bekanntesten sind die Züchtungen 'Moonglow', 'Harrow Sweet' und 'Dawne', die von Feuerbrand nicht befallen werden.

Blüten der Asienbirne (Pyrus pyrifolia). Asienbirnen oder Nashis stammen aus China. In Bezug auf ihre Standortansprüche und Baumeigenschaften sind sie mit der einheimischen Birne (*Pyrus communis*) vergleichbar. Aufgrund ihrer geringen Anfälligkeit für Krankheiten und Schädlinge, den hohen Erträgen an saftig-frischen, gut lagerfähigen Früchten und weil sie schmückende Blätter und Blüten haben, sind Nashis für den Hausgarten gut geeignet. Der Zierwert einiger Sorten ist besonders hoch, da sie ungewöhnlich lange blühen. Dazu zählen 'Nijisseiki', 'Shinko' und 'Suisei'. Nashis brauchen wie die einheimischen Birnensorten zur Befruchtung den Pollen einer anderen Nashi- oder Birnensorte.

Birnenförmige Nashi, Sorte 'Tsu Li'. Die meisten der in Europa verbreiteten Nashis sind apfelförmig und werden fälschlicherweise als Kreuzung zwischen Apfel und Birne vermarktet. Der Baum weist in Bezug auf Wuchshabitus, Ast-, Knospen- und Blattformen eindeutig auf die Zugehörigkeit zur Obstart Birne hin. Im Ursprungsland China gibt es zahlreiche Nashisorten mit birnenförmigen Früchten wie 'Tsu Li' oder 'Ya Li'. Da sie aber weitaus weniger attraktiv und „exotisch" als die apfelförmigen Sorten aussehen und vom Geschmack her mit den europäischen Birnensorten kaum mithalten können, sind sie in Europa nicht von Bedeutung und werden in den Baumschulen auch höchst selten angeboten.

Apfelförmige Nashi, Sorte 'Hosui'. Die apfelförmigen Nashis lassen sich in glattschalige und berostete Sorten untergliedern. Die gleichmäßig berosteten Sorten mit ihren ausgeprägten Lentizellen sehen attraktiver und fremdartiger aus, die Schale ist auch etwas weniger kratz- und druckempfindlich als die der glattschaligen Sorten. Zu den bekanntesten berosteten Formen zählen 'Chojuro', 'Hayatama', 'Hosui', 'Kosui', 'Kumoi', 'Shinko' und 'Shinsui'. Die hier abgebildete Sorte 'Hosui' („Überfluß") entwickelt große, saftig-süße Früchte, die Anfang September reifen und rechtzeitig geerntet werden sollten. Werden sie zu spät geerntet, zeigen sich im Fruchtinnern glasige Stellen. 'Hosui' ist in nahezu jeder guten Baumschule erhältlich.

Berostete Nashisorte 'Chojuro'. Die gleichmäßig runden, dunkelbronze berosteten Früchte der Sorte 'Chojuro' („Langes Leben") schmekken erfrischend. Das Fruchtfleisch ist etwas grobzelliger als bei anderen Sorten. Wer bei Nashis das Aroma der einheimischen Birnensorten erwartet, wird enttäuscht. Ihr Geschmack ist relativ neutral. Bei Nashis stehen die Attribute „saftig, knackig, frisch" im Vordergrund. Sie sollten wie Melonen gekühlt als fruchtig-frische Dessertfrucht genossen werden. In Bezug auf die Inhaltsstoffe sind Asienbirnen mit europäischen Sorten vergleichbar. Nashis enthalten allerdings aufgrund ihres hohen Wasseranteils nur 213 kJ/100 g Frucht, also knapp 10% weniger als Birnen.

Glattschalige Nashisorte 'Nijisseiki'. Die glattschaligen Sorten stehen in Bezug auf die hohe Fruchtbarkeit den berosteten Sorten keinesfalls nach. In Europa sind die glattschaligen Sorten 'Hakko', 'Nijisseiki', 'Shinseiki', 'Suisei' und 'Yakumo' am weitesten verbreitet. In den Baumschulen ist die Mitte September reifende Nashisorte 'Nijisseiki' („20. Jahrhundert") am ehesten erhältlich. Diese Sorte reagiert allerdings empfindlich auf die gefährliche Bakterienkrankheit Feuerbrand. Wie die meisten Nashisorten neigt 'Nijisseiki' zu übermäßigem Fruchtbehang. Überzählige Früchte sollten entfernt werden, wenn sie Kirschengröße erreicht haben, da die Früchte sonst sehr klein bleiben und fad schmecken.

Vogelfraßschaden bei Asienbirnen. Die glattschaligen, gelben Nashisorten sind bei Vögeln besonders beliebt. Haben die Vögel erst einmal entdeckt, wie saftig-süß die verlockend leuchtenden Früchte schmecken, können sie in kurzer Zeit große Schäden anrichten. Im Vergleich zu den europäischen Birnensorten weisen Nashis geringere Säurewerte bei vergleichbarem Zuckergehalt von ca. 12% auf. Der Wasseranteil liegt bei Nashis um 1,5% höher, der Rohfasergehalt ist mit 0,8% deutlich geringer. Birnen enthalten dreimal soviel Calcium wie Nashis, aber nur ein Drittel an Magnesium. Der Vitamin-C-Gehalt ist bei Nashis und einheimischen Birnen mit 2 bzw. 5 g/100 g Frucht gleichermaßen gering.

Quittenblüte der Sorte 'Champion'. Die Quitte ist die Krönung des Obstgartens. Der äußerst robuste Baum benötigt keinerlei Pflanzenschutz. Die einzeln aufrecht sitzenden, großen, weiß- bis zartrosa gefärbten Blüten haben eine lange Blütezeit. Da sie erst nach den kräftig dunkelgrünen, anfangs samtartigen Blättern erscheinen, sehen blühende Quittenbäume äußerst apart aus. Die meisten Sorten sind ausreichend selbstfruchtbar, setzen also auch ohne zweite Befruchtersorte Früchte an. Die beiden aus Serbien stammenden Quittensorten 'Riesenquitte von Leskovac' und 'Riesenquitte von Vranja' sind auf Fremdbefruchtung angewiesen und sollten somit nicht als Einzelbäume gepflanzt werden.

Fruchtlängsschnitt der Quittensorte 'Champion'. Bereits im 4. Jahrhundert bezeichnete Hippokrates Quitten als die für Heilzwecke nützlichsten Früchte. Quittenkerne waren lange Zeit in jeder Apotheke erhältlich. Sie besitzen die Fähigkeit, große Wassermengen in Schleim zu verwandeln. Dieser Schleim wirkt äußerlich angewendet bei Wunden, Verbrennungen, rissiger Haut und spröden Lippen kühlend und heilend. Als Trank eingenommen (1 Teelöffel Kerne auf 1 Tasse Wasser) hilft er bei Halsschmerzen, Schleimhautentzündung und Bronchitis. Im Vergleich zu anderen Kernobstarten enthalten Quitten überdurchschnittlich viele Samen im Kernhaus. In den 5 Fruchtblättern sitzen jeweils 8 bis 16 Samen.

Fruchtfleischbräune bei Quitten. Werden Quitten zu spät geerntet und sind am Baum einer Frostnacht ausgesetzt, tritt schon nach wenigen Tagen Fruchtfleischbräune auf. Auch bei zu langer Lagerzeit verfärbt sich das Fruchtinnere allmählich braun. Quitten sind je nach Sorte also maximal 10 Wochen haltbar. Die Birnenquitte 'Champion' zeigt erst sehr spät Fleischbräune, die 'Riesenquitte von Vranja' gilt als hochanfällig. Fleischbräune äußert sich in Form von hellbraunen Verfärbungen, wobei die Gefäßbündel sich meist als dunklere, netzartige Strukturen abzeichnen. Zwischen gesundem und krankem Gewebe besteht ein fließender Übergang, Kernhausbereich und Fruchtschale bleiben zunächst befallsfrei.

Birnenquitte 'Bereczki'. Die Quittensorten lassen sich nach ihrer Form in zwei Gruppen gliedern: Apfelförmige und birnenförmige Quitten. Das Fruchtfleisch der Birnenquitten gilt allgemein als saftiger, weicher und hat weniger Steinzellen als das der Apfelquitten. Sie fruchten auch etwas früher. Zu den bekanntesten Birnenquittensorten zählen 'Bereczki', 'Champion', 'Favre', 'Portugiesische', 'Reas Mammoth', 'Ronda', 'Smyrna' und 'Vranja'. Die aus Ungarn stammende 'Bereczki'-Quitte hat große und bis zu einem Kilogramm schwere, goldgelbe Früchte, die bereits in den ersten Oktobertagen reifen. Der Baum reagiert empfindlich auf hohe pH-Werte im Boden und ist weniger holzfrosthart als andere Sorten.

Apfelquitte 'Konstantinopeler'. Im Vergleich zu Birnenquitten haben apfelförmige Quitten etwas trockeneres und härteres Fruchtfleisch, das Aroma ist aber ausgeprägter. In den Baumschulen sind meist nur die Sorten 'Konstantinopeler' und 'Riesenquitte von Leskovac' erhältlich. Letztere ist aber nicht ausreichend selbstfruchtbar und anfällig für *Verticillium*-Fruchtfäule. Die empfehlenswerte Sorte 'Konstantinopeler' ist dagegen äußerst robust, sehr holzfrosthart und anspruchslos. Die hocharomatischen Früchte reifen Mitte Oktober. Sie sind goldgelb, mittelgroß, deutlich gerippt und mäßig stark befilzt. Diese Apfelquittensorte kann auch als Busch gezogen werden. Sie gedeiht selbst auf trockenen Standorten noch vorzüglich.

Zierquitten (Chaenomeles japonica). Fruchtform und Farbe der *Chaenomeles*-Arten haben ihnen den Namen „Zierquitten" eingetragen, sie sind aber nicht mit der eigentlichen Quitte *(Cydonia oblonga)* verwandt. Die kugeligen Zierquitten werden bestenfalls 100 g schwer. Durch die intensiv roten Blüten und die leuchtend gelben Früchte gelten sie als äußerst dekorative Gartenpflanzen. Inzwischen gibt es eine dornenlose Form, die in Lettland unter dem Namen 'Cido' als „Nordische Zitrone" im großen Umfang angebaut wird, da der Vitamin-C-Gehalt mit 130 mg/100 g Frucht doppelt so hoch wie bei der Zitrone liegt. Zierquitten schmecken hocharomatisch und lassen sich genauso vielseitig verwerten wie Quitten.

Blühender Süßkirschenast. Süßkirschen bilden große Baumkronen. Durch Schnittweise und Unterlagenwahl lassen sich aber auch in weniger großen Gärten Süßkirschen ziehen. Besonders reizvoll ist der Baum zur Zeit der Kirschenblüte. Die Blüten erscheinen vor den Blättern, so daß die Zweige wie weiß überzogen aussehen. Die meisten Sorten sind nicht selbstfruchtbar und brauchen Pollen einer anderen Sorte, um Früchte anzusetzen. Auf dem Markt sind nur wenige Sorten erhältlich, die ausreichend selbstfruchtbar sind. Dazu gehören die platzanfällige Sorte 'Stella', die relativ platzfeste und robuste 'Lapins' und die großfrüchtige 'Sunburst'. Diese drei selbstfertilen Sorten stammen aus Nordamerika.

Rötelfruchtfall bei Süßkirschen. Einige Sorten reagieren besonders empfindlich auf Störungen während der Blüte bzw. zu Beginn des Fruchtwachstums. Treten in dieser Phase naßkalte Tage oder extrem warme Nächte auf, verfärben sich etwa 60 bis 70 Tage nach der Blüte ein Teil der zu diesem Zeitpunkt erst kirschenkerngroßen Früchte rot und fallen ab. Dieser sogenannte „Rötelfruchtfall“ ist eine Folge von physiologischen Störungen und läßt sich durch Pflegemaßnahmen leider nicht verhindern. Bei anfälligen Sorten führt das Röteln zu erheblichen Ertragsausfällen. Besonders gefährdet sind die Süßkirschensorten 'Basler Adler', 'Schneiders Späte Knorpelkirsche' und die selbstfruchtbare 'Stella'.

Selbstfruchtbare Süßkirsche 'Lapins'. Es gibt nur wenige Kirschensorten, die ausreichend Früchte ansetzen, wenn die Blüten nicht vom Pollen einer anderen Sorte befruchtet wurden. Die meisten Kirschensorten sind selbststeril und brauchen eine geeignete Befruchtersorte in der Nähe. Zu den wenigen selbstfruchtbaren (selbstfertilen) Sorten gehört die kanadische Knorpelkirsche 'Lapins'. Sie ist aus einer Kreuzung zwischen 'Van' und der selbstfertilen 'Stella' hervorgegangen und ihre Früchte reifen in der 4. bis 5. Kirschenwoche. Die Früchte sind groß, knakkig-fest, recht süß und purpurrot gefärbt. Obwohl sie dicht hängen, sind sie nur wenig anfällig für Fruchtfäulen und neigen auch kaum zum Platzen.

Süßkirschen-Frühsorte 'Magda'. In wärmeren Regionen verursacht die Kirschfruchtfliege in Form von „wurmigen" Früchten sehr große Schäden. Die Kirschfruchtfliege legt ihre Eier aber erst relativ spät in die noch unreifen Früchte, so daß die Frühsorten nicht befallen werden. In Befallsregionen empfiehlt es sich also, ausschließlich Sorten anzupflanzen, die in den ersten vier Kirschenwochen reifen. Dazu gehören neben 'Magda', einer Züchtung aus der Schweiz, auch die Frühsorten 'Burlat', 'Early Rivers', 'Johanna' und 'Kassins Frühe'. Bei 'Magda' handelt es sich um einen Sämling von 'Basler Adler'. Die Früchte sind groß, braunschwarz, mittelfest und nicht platzempfindlich oder fäulnisanfällig.

Süßkirschen-Spätsorte 'Regina'. Aus Züchtungsarbeiten an der Obstversuchsanstalt Jork sind zahlreiche Kirschensorten hervorgegangen. Die spätreifende 'Regina' hat sich in kurzer Zeit in ganz Deutschland als Hauptsorte durchgesetzt. 'Regina', eine äußerst ertragreiche Kreuzung aus 'Schneiders Späte Knorpelkirsche' und 'Rube', hat große, feste, saftig-süße Früchte. Das volle Aroma entwickelt sich erst, wenn die Früchte tief schwarz gefärbt sind. Sie kann aber auch schon früher geerntet werden. 'Regina' neigt nicht zum Platzen oder zu Fruchtfäulnis. Als Spätsorte der 7. Kirschenwoche kann 'Regina' wie alle anderen Sorten, die nach der 4. Kirschenwoche reifen, von der Kirschfruchtfliege befallen werden.

Süßkirschensorte 'Hedelfinger'. Die um 1850 in Hedelfingen bei Stuttgart entstandene mittelspäte 'Hedelfinger' gehört zu den bekanntesten Süßkirschensorten. Da sie sehr platzempfindlich und etwas fäulnisanfällig ist und auch auf Bakterienbrand hochsensibel reagiert, kann sie für den Hausgarten nur noch in den sommertrockenen Regionen empfohlen werden. Im Erwerbsanbau hat sich der 'Hedelfinger'-Typ 'Froschmaul' durchgesetzt. Die Sorte ist an den deutlich sichtbaren, hellen Sprickeln auf der glänzend braunroten Fruchtschale erkennbar. Die großen, knackigen Früchte schmecken fruchtig-würzig. 'Hedelfinger' reift ebenso wie 'Stella' in der 5. bis 6. Kirschenwoche und ist sehr ertragreich.

Schrotschußkrankheit bei Sauerkirschen. Die Schrotschußkrankheit *(Stigmina carpophilum)* kommt bei allen Steinobstarten vor. Sie hat bei der Kirsche aber die größte Bedeutung und tritt in niederschlagsreichen Gebieten besonders stark auf. An den jungen Blättern bilden sich rote Flecken, das punktförmig abgetötete Blattgewebe fällt heraus, und so entstehen die für die Pilzkrankheit typischen „Schrotschußlöcher". Stark geschädigte Blätter fallen vorzeitig ab. Die Pilzsporen breiten sich durch Regentropfen im Baum aus, die unteren und inneren Kronenteile sind meist am stärksten befallen. An den Früchten verursacht der Pilz eingesunkene, dunkelbraune Stellen, die vielfach rötlich umrandet sind.

Weichselkirschensorte 'Schattenmorelle'. Die wichtigste Krankheit bei Sauerkirschen ist *Monilia*-Spitzendürre, die, bei für den Pilz günstigem Witterungsverlauf, die Bäume stark gefährden kann. Allerdings sind die einzelnen Sorten unterschiedlich anfällig. Extrem sensibel reagiert die sehr bekannte und verbreitete Hochertragssorte 'Schattenmorelle', die auch aufgrund ihrer hohen Ansprüche an den Baumschnitt für den Hausgarten nicht in Frage kommt. Die dunkelroten, feinpunktierten Früchte haben weiches, herb-saures Fruchtfleisch mit intensiv gefärbtem Saft. 'Schattenmorellen' sind selbstfruchtbar und gehören zu den spätesten Sauerkirschensorten. Die ersten Früchte reifen in der 7. Kirschenwoche.

Amarellensorte 'Ludwigs Frühe'. Die Echten Sauerkirschen lassen sich in Weichseln mit färbendem Saft und Amarellen mit farblosem Saft einteilen. Daneben gibt es Bastardkirschen, die in Süßweichseln und Glaskirschen gegliedert werden. 'Ludwigs Frühe' gehört zu den Amarellen. Sie reift bereits in der 2. bis 3. Kirschenwoche, ist moniliafest und frosthart. Die Früchte sind mittelgroß, haben eine leuchtend hellrote Fruchtschale und farblosen Saft. Das eher weiche Fruchtfleisch schmeckt angenehm süß-säuerlich. Die ertragreiche Sorte benötigt einen sehr gründlichen Schnitt, da die Früchte sonst klein bleiben. Sie ist nur teilweise selbstfertil. Mit einer geeigneten Befruchtersorte fällt der Ertrag daher höher aus.

Amarellensorten 'Aemli'. Die Sauerkirsche *(Prunus cerasus)* ist von Natur aus kleinwüchsig, also auch für kleine Hausgärten sehr gut geeignet. Sie gehört zu den anspruchslosesten Obstarten und gedeiht mit der entsprechenden Unterlage selbst auf trocken-sandigem Untergrund. Vernässung vertragen Sauerkirschen genausowenig wie Süßkirschen. Eine alte und genügsame Sorte stellt die in der Schweiz weit verbreitete, selbstfruchtbare Amarelle 'Aemli' dar. Sie hat mittelgroße, flachrunde Früchte mit leuchtend roter, leicht durchscheinender Haut und farblosem Saft. Die weichen, lockerfleischigen Früchte schmecken mildsäuerlich und angenehm würzig. Sie sind kaum regenempfindlich oder fäulnisanfällig.

Weichselkirsche 'Morellenfeuer' (Synonym 'Kelleriis 16'). Wie die 'Schattenmorelle' zählt 'Morellenfeuer' zu den Weichselkirschen mit rot gefärbtem Saft. Sie stammt aus Dänemark und kann als Einzelbaum gepflanzt werden, da sie ausreichend selbstfruchtbar ist. 'Morellenfeuer' reift in der 5.–6. Kirschenwoche, also deutlich vor der 'Schattenmorelle'. Die relativ großen, dunkelroten Früchte sind verhältnismäßig fest, sie schmecken mildsäuerlich und aromatisch. Die Sorte reagiert im Gegensatz zur 'Schattenmorelle' weitgehend unempfindlich auf die sehr verbreitete Pilzkrankheit *Monilia*-Spitzendürre. Sie benötigt aber wie die meisten Sauerkirschensorten einen regelmäßigen, gründlichen Schnitt.

Weichselkirsche 'Karneol'. An der Obstversuchsstation Dresden-Pillnitz wurden einige robuste Süß- und Sauerkirschensorten gezüchtet. Seit 1990 ist die Weichselkirsche 'Karneol' im Handel. Sie stammt aus einer Kreuzung von 'Köröser Weichsel' und 'Schattenmorelle'. Sie reift wenige Tage vor der 'Schattenmorelle' und neigt auch weniger zum Verkahlen. Die festen, dunkelroten Früchte haben einen stark färbenden Saft. Die durchschnittliche Größe von 'Karneol' liegt deutlich über der 'Schattenmorelle', auch ihr Geschmack ist weitaus süßer. 'Karneol' ist teilweise selbstfertil, bei Fremdbestäubung fallen die Erträge höher aus. Als Befruchter sind Süß- und Sauerkirschensorten gleichermaßen geeignet.

Pflaumenvielfalt. „Pflaume" ist der Oberbegriff für eine Vielzahl von untereinander stark vermischten Arten, die von verschiedenen Wildformen abstammen. Zum Formenkreis der Pflaume *(Prunus domestica)* zählen Echte Pflaumen, Zwetschen, Reineclauden und Mirabellen. Die Abgrenzungen sind nicht immer eindeutig vorzunehmen. Echte Pflaumen sind rundlich, weich und schlecht steinlösend. Den Zwetschen werden Sorten zugerechnet, die längliche, feste, gut steinlösliche Früchte aufweisen. Die Farbe variiert wie bei den Echten Pflaumen. Pflaumen gehören zu den relativ anspruchslosen Obstarten. Mit entsprechenden Unterlagen bzw. Erziehungsformen finden sie auch in kleinen Gärten Platz.

Scharkakrankheit bei 'Hauszwetsche'. In den 60er Jahren hat sich die aus dem Balkan eingeschleppte Scharka-Viruskrankheit in warmen Regionen ausgebreitet. An den Blättern zeigen sich vielfach hellgrüne Ringe, die Fruchtoberfläche ist pockennarbig, das Fruchtfleisch weist dunkelrote Streifen auf, die auf dem Stein dunkle Zeichnungen hinterlassen. Befallene Früchte sind ungenießbar und fallen meist 10 Tage vor der eigentlichen Reife ab. Hochanfällig ist die 'Hauszwetsche' (im Bild links gesunde, rechts kranke Früchte). Jungbäume sind besonders stark gefährdet. Da es keine Bekämpfungsmöglichkeit gibt, sollten erkrankte Bäume sofort entfernt und durch nicht anfällige Sorten ersetzt werden.

Zwetschensorte 'Ortenauer'. Wie die 'Hauszwetsche' gehört die etwas früher reifende 'Ortenauer' zu den scharkaanfälligen Sorten. Sie kann also nur in befallsfreien Lagen gepflanzt werden. Die Sorte eignet sich gut für Hecken oder kleinkronige Bäume und bevorzugt eher warme Klimate. 'Ortenauer' ist weitgehend selbstfruchtbar, benötigt also keine Befruchtersorte. Auffallend ist die intensive Blaufärbung und die gleichmäßige Beduftung. Die Früchte sind groß, länglich-oval und lösen gut vom Stein. Das Fruchtfleisch schmeckt angenehm süßsäuerlich. 'Ortenauer' bringt hohe Erträge, allerdings nur in blütenfrostsicheren Lagen. Der Baum ist neben der Scharka-Viruskrankheit auch für *Monilia* anfällig.

'Bühler Frühzwetsche'. Diese Sorte wurde 1894 in der Nähe von Bühl/Baden gefunden. Inzwischen sind mehrere Typen erhältlich, die zu unterschiedlichen Zeitpunkten reifen. Typ 'Ringwald' wird in der 4., Typ 'Schofer' in der 5. und 'Typ Schofer 319' in der 6. Zwetschenwoche reif. 'Bühler' gehört zu den robustesten Zwetschensorten. Der Baum zeigt keine Symptome der Scharkakrankheit. Die mittelgroßen Früchte sind dunkelviolett gefärbt mit leuchtend blauer Beduftung. Das feste, grüngelbe Fruchtfleisch löst relativ gut vom Stein und schmeckt saftig-frisch, dabei leicht säuerlich. In kühleren Lagen bleiben sie eher fad und sauer. Die 'Bühler Frühzwetsche' sollte nur in warmen Regionen angepflanzt werden.

Zwetschen-Neuzüchtung 'Hanita'. Am Institut für Obstbau der Universität Hohenheim wird intensiv nach Sorten gesucht, die keine Scharkasymptome zeigen. Seit 1992 ist eine scharkatolerante Züchtung im Handel, die vor allem durch das ausgezeichnete Aroma auffällt. Die großen, intensiv blau gefärbten Früchte haben kräftig gelbes Fleisch und lösen gut vom Stein. Die Kreuzung zwischen 'President' und 'Auerbacher' reift etwa 10 Tage vor der scharkaanfälligen, kleinerfrüchtigen 'Hauszwetsche'. 'Hanita' setzt sehr früh Früchte an und liefert regelmäßig hohe Erträge. Die Blüten sind recht frosthart und selbstfertil. 'Hanita' benötigt also keine zweite Befruchtersorte in der näheren Umgebung.

Frühzwetsche 'Katinka'. Die meisten frühreifenden Zwetschensorten haben eher pflaumenartigen Charakter, sie sind also wenig steinlösend und haben weiches Fruchtfleisch. Von daher eignen sich viele Frühzwetschensorten nicht zum Backen. Eine Ausnahme bildet die Neuzüchtung 'Katinka' von Dr. Walter Hartmann, Institut für Obstbau der Universität Hohenheim. Diese Frühsorte reift kurz vor der scharkatoleranten 'Ersinger', die aber nur in warmen Regionen gut gedeiht. 'Katinka' hat mittelgroße, eirunde, blauviolett gefärbte Früchte, die ausgezeichnet vom Stein lösen und beim Backen nicht saften, sondern ansprechend fest bleiben. Auch zum Frischverzehr ist diese ertragreiche Neuzüchtung gut geeignet.

Echte Pflaumensorte 'Ontario-Pflaume'. Aufgrund ihrer kugelrunden Form und der leuchtend gelben Fruchtfarbe wird die 'Ontario-Pflaume' vielfach mit Reineclauden – Sorten verwechselt. Diese Echte Pflaume ist ein Zufallssämling aus den USA und seit 1874 bekannt. Der Baum stellt geringe Ansprüche an Klima und Boden. Die Blüten sind ausreichend selbstfruchtbar und nur wenig spätfrostgefährdet. Die großen, runden Früchte haben relativ festes, gelbes, saftiges Fruchtfleisch, das gut vom Stein löst und äußerst süß schmeckt. Das Aroma ist eher schwach ausgeprägt. Der Baum trägt früh und bringt extrem hohe Erträge und benötigt deshalb einen gründlichen Fruchtholz- und Auslichtungsschnitt.

'Oullins Reineclaude'. Der Name „Reineclaude" wird zurückgeführt auf die Gattin des französischen Königs Franz I., die „Reine Claude", die im 15. Jahrhundert lebte. Das französische Wort erfuhr zahlreiche Abwandlungen wie „Reneklode" oder „Ringlotte". Von den etwa 10 bekanntgewordenen Sorten sind nur noch wenige im Handel. Zu den robustesten zählt die selbstfruchtbare 'Oullins', die noch in Höhenlagen bis 800 m gedeiht. Die Früchte reifen Mitte August und werden bis zu 50 g schwer. Die Haut ist gelbgrün bis orangegelb, das Fruchtfleisch ist weich, saftig und nur mäßig steinlösend. Bei zu starkem Behang oder ungenügender Fruchtreife schmecken 'Oullins Reineclauden' eher fad und wenig aromatisch.

'Graf Althans Reineclaude'. Dieser Zufallssämling der seit 1675 bekannten 'Großen Grünen Reineclaude' wurde 1867 in Böhmen entdeckt. Auffallend sind die großen, attraktiv blaurot bis purpurrot gefärbten Früchte. Wie die Stammsorte ist 'Graf Althans' nicht selbstfruchtbar, benötigt also einen geeigneten Befruchter in der näheren Umgebung. Als Befruchter kommen Reineclauden-Sorten, Echte Pflaumen, Zwetschen und Mirabellen in Frage. Die Früchte haben weiches, orangefarbenes, saftiges und sehr süßes Fruchtfleisch von ausgezeichnetem Geschmack. Diese gute Qualität entwickelt sich nur in mildem Klima. An den Boden stellt diese Reineclauden-Sorte geringe Ansprüche, sie neigt aber zu *Monilia*.

'Nancy-Mirabelle'. Die Mirabelle soll bereits im 15. Jahrhundert aus Westasien nach Frankreich gekommen sein. Die seit 1675 bekannte 'Nancy-Mirabelle' ist in jeder Gartenbaumschule erhältlich, Sorten wie die kleinfrüchtige 'Mirabelle von Metz' oder die großfrüchtige 'Mirabelle von Flotow' haben kaum noch Bedeutung. Die 'Nancy-Mirabelle' ist ausreichend selbstfruchtbar, reagiert aber empfindlich auf naßkaltes Blühwetter. Nach überreichem Behang ist im nächsten Jahr nur mit einer geringen Ernte zu rechnen (Alternanz). Die Früchte reifen Ende August, die Haut ist leuchtend gelb gefärbt und sonnenseits rot gepunktet. Das tiefgelbe Fruchtfleisch schmeckt sehr süß und außergewöhnlich aromatisch.

Japanische Pflaume, Sorte 'Shiro'. Die Japanische Pflaume (*Prunus salicina*) stammt aus Japan und China, ihre Früchte sind herzförmig. Aus Kreuzungen mit amerikanischen Pflaumen entstanden die heute verbreiteten, meist kugelförmigen Susinen. Die aprikosengroßen Früchte sind je nach Sorte gelb, rosa, lila, violett, blau oder schwarz gefärbt. Wie bei den Echten Pflaumen löst der Stein nur schlecht vom Fruchtfleisch. Die Sorten sind unterschiedlich selbstfruchtbar, einige bringen auch ohne Fremdbefruchtung gute Erträge. Da Susinen sehr frühzeitig blühen, können sie in Spätfrostlagen leicht erfrieren, der Ertrag bleibt dann aus. Sie sollten deshalb den geschütztesten Platz im Garten erhalten.

Japanische Pflaume, Sorte 'Santa Rosa'. Die rötlich gefärbte Sorte 'Santa Rosa' ist wie die in südlichen Anbauländern ebenfalls weit verbreitete Sorte 'Friar' selbstfruchtbar. Gelegentlich sind auch die Sorten 'Angeleno', 'Black Amber', 'Black Star', 'Ozark Premier' und 'Simka' im Handel. Keine der erhältlichen Sorten ist für rauhere Klimate geeignet. Hinzu kommt, daß Japanische Pflaumen *(Prunus salicina)* im Vergleich zu den europäischen Pflaumensorten *(Prunus domestica)* weniger widerstandsfähig gegen Krankheiten sind. Sie gehören also zu den heikleren Obstgehölzen und sind auch aus diesem Grund bislang in Deutschland wenig bekannt. Sie gelten als Spezialität, die nur in Liebhaberkreisen zu finden ist.

Frühreife Pfirsichsorte 'Dixired'. Die aus China stammenden Pfirsiche werden vorwiegend in südlichen Ländern angebaut. Es gibt jedoch winterfeste Sorten, die in Deutschland selbst außerhalb des Weinbauklimas gedeihen können. Sie sollten einen möglichst geschützten, sonnigen Platz erhalten. Die Bäume mit ihren rosaroten Blüten, feinen Zweigen und glänzendgrünen Blättern gelten als aparte Gartengehölze. Relativ robust ist die frühreife Pfirsichsorte 'Dixired', die 1939 als Abkömmling von 'Halehaven' in USA entstand. Diese Anfang August reifende Sorte bringt hohe Erträge an aromatischen, mittelgroßen Früchten mit intensiv gelb gefärbtem Fruchtfleisch. 'Dixired' gedeiht nur im Weinbauklima.

Eisenchlorose an Pfirsichblättern. Pfirsiche bevorzugen leicht sandhaltige, gut durchlüftete Böden. Wichtig ist, daß der pH-Wert zwischen 5,0 und 6,0 liegt. Auf hohe Kalkgehalte reagieren Pfirsichbäume mit starken Chlorosen. Auf kalkhaltigen Böden können die Wurzeln den Spurennährstoff Eisen nicht in ausreichendem Maß aufnehmen. Die Blätter reagieren darauf mit deutlichen Mangelsymptomen. Sie verfärben sich gelbgrün bis weißgelb und nur die Blattadern bleiben bis in ihre feinsten Verzweigungen grün. Bei extremem Mangel können Triebspitzen und auch ganze Astpartien absterben. Kurzfristig ist mit Eisengaben über das Blatt zu helfen, langfristig muß der pH-Wert des Bodens gesenkt werden.

Kräuselkrankheit beim Pfirsich. Hauptproblem beim Anbau von Pfirsichen ist ihre Anfälligkeit für die Kräuselkrankheit *(Taphrina deformans)*. Ursache ist ein Pilz, der auf dem Holz überwintert und im Frühjahr die austreibenden Blätter befällt. Sie verformen sich und sehen stark beulig und gekräuselt aus, viele fallen vorzeitig ab. Bei regnerischem, mildem Wetter zum Zeitpunkt des Austriebs können selbst weitgehend robuste Sorten Symptome zeigen. Bei anfälligen Sorten bzw. nach Jahren mit starkem Infektionsdruck müssen die Pfirsichbäume unmittelbar nach dem Blattfall im Herbst und kurz bevor die Knospen im Frühjahr aufbrechen mit Kupfer oder einem organischen Fungizid behandelt werden.

Pfirsichsorte 'Redhaven'. Zu den wenig für die Kräuselkrankheit anfälligen Sorten zählen 'Anneliese Rudolph', 'Cumberland', 'Proskauer' und 'Roter Ellerstädter'. Die am weitesten verbreitete gelbfleischige Sorte 'Redhaven' muß allerdings gegen die Kräuselkrankheit behandelt werden. Die Sorte entstand 1930 in South Haven/USA und ist so ertragreich, daß es sich empfiehlt, bei starkem Behang überzählige Früchte zu entfernen, wenn sie Kirschengröße erreicht haben. Ansonsten bleiben die Früchte klein, trocken und fad. 'Redhaven' reift ab Mitte August, die Früchte können über einen längeren Zeitraum geerntet und stets frisch verzehrt werden. Sie schmecken saftig-süß, aromatisch und lösen gut vom Stein.

Pfirsichsorte 'Suncrest'. Große Beliebtheit haben die neueren Pfirsichsorten 'Maycrest', 'Springcrest' und 'Suncrest' erlangt. Sie bilden sehr große, gelbfleischige, wenig behaarte Früchte aus. Die Bäume sind allerdings nicht resistent gegen die Kräuselkrankheit; *Monilia* und Bakterienbrand können ebenfalls auftreten. Behandlungen mit Kupfer oder organischen Fungiziden müssen erfolgen. 'Suncrest' ist nur mäßig anfällig für die Kräuselkrankheit. Diese Sorte reift Anfang August und bringt hohe Erträge an roten, flächig geflammten, leicht wolligen, überdurchschnittlich großen und festen Früchten. Sie schmecken harmonisch süß-säuerlich, das kräftig gelbe Fruchtfleisch löst sich gut vom Stein.

Nektarine 'Nectared'. Pfirsiche sind je nach Sorte mehr oder weniger behaart. Die glattschaligen Nektarinen *(Prunus nucipersica)* sind vermutlich eher aus einer Mutation des Pfirsichs hervorgegangen als aus einer Kreuzung zwischen Pfirsich und Pflaume. In südlichen Ländern hat die Nektarine große Flächenanteile im Erwerbsanbau auf Kosten des Pfirsichs gewonnen. Nektarinen sind allerdings nur für geschützte Lagen im Weinbauklima geeignet, da das Holz sehr empfindlich auf Winterfröste reagiert. Zudem sind die meisten Nektarinensorten hochanfällig für die Kräuselkrankheit. In deutschen Baumschulen stehen am ehesten die Sorten 'Fairlane', 'Nectared' und 'Nectarose' zur Verfügung.

Aprikosen-Wandspalier. Die Aprikose oder Marille (*Prunus armeniaca*) stellt hohe Ansprüche an den Standort. Sie war ursprünglich eine Steppenpflanze und bevorzugt gut durchlüftete Böden in sommertrockenen, warmen Regionen. Die Aprikose sollte den besten Platz an einer sonnigen Mauer erhalten. Im Prinzip sind Aprikosen holzfrosthärter als Pfirsiche. Da sie aber eine kürzere Winterruhe haben und früh Wasser ziehen, ist das Holz bei Kälteeinbrüchen zum Winterausgang gefährdet. Aprikosen blühen sehr früh. Es besteht die Möglichkeit von Ertragsausfällen durch Blütenfröste. Die meisten Aprikosensorten wachsen kräftig und lassen sich gut formieren. Am besten hat sich das Fächerspalier bewährt.

Aprikosensorte 'Luizet' (Synonym 'Walliser Aprikose'). Die meisten Aprikosensorten sind ausreichend selbstfruchtbar und können als Einzelbaum gepflanzt werden. Für rauhere Klimate kommen Sorten wie 'Ungarische Beste', 'Nancy-Aprikose' und 'Luizet' in Frage. Die Anfang August reifende Sorte 'Luizet' entwickelt mittelgroße Früchte, die bei Regen nicht platzen. Die orangegelbe Fruchtschale ist samtartig weich, das saftig-süße Fruchtfleisch löst gut vom Stein. 'Luizet' ist äußerst ertragreich und muß bei starkem Fruchtansatz ausgedünnt werden, um die Fruchtqualität zu gewährleisten. Aprikosen reagieren empfindlich auf häufige Sommerniederschläge, und die Blätter werden dann leicht von Pilzkrankheiten befallen.

Aprikosensorte 'Temporao de Vila Franca'. Neben den seit längerem bekannten Sorten wie 'Temporao de Vila Franca', 'Mombacher Frühe' oder 'Große Wahre Frühaprikose' sind seit einigen Jahren die großfrüchtigen, qualitativ hochwertigen Sorten 'Hargrand', 'Harlayne' und 'Orangered' auf dem Markt. Bei 'Hargrand' ist die extrem lange Ernteperiode über einen Zeitraum von mehr als 4 Wochen interessant. Die etwas kleinerfrüchtige 'Harlayne' wird wie 'Hargrand' nicht mehlig. Besonders saftig und würzig schmeckt die festfleischige, frühreife 'Orangered'. Wenn diese Sorten in den Baumschulen erhältlich sind, sollten sie im Weinbauklima die bisherigen Sorten wie 'Temporao de Vila Franca' ablösen.

Walnußsorte 'Franquette'. Walnußbäume bilden große Baumkronen und eignen sich von daher gut als Hofbaum. Die Walnuß treibt spät aus, läßt also die milde Frühlingssonne in den Hof fallen. Im Hochsommer dient der Baum als wertvoller Schattenspender, auch seine insektenabwehrende Wirkung wird geschätzt. Walnüsse brauchen keinerlei Pflege. Extrem winterkalte Regionen oder spätfrostgefährdete Standorte sind ungeeignet. Zwischen den zahlreichen Sorten bestehen deutliche Unterschiede in Bezug auf Geschmack, Fruchtgröße, Ertrag und Krankheitsanfälligkeit. Gut bewährt haben sich die Sorte 'Franquette' und die Selektion 'Scharsch'. Beide treiben spät aus und sind wenig krankheitsanfällig.

Weibliche Walnußblüte. Die Walnuß gehört zu den Windblütlern. Auf einem Baum sitzen männliche und weibliche Blüten getrennt. Die männlichen Blüten oder Kätzchen entwikkeln sich am zweijährigen Holz als etwa 10 cm lange Zotteln. Die weiblichen Blüten bilden sich endständig an den grünen Trieben, in der Regel im Dreierverband. An der geöffneten Blüte fallen die zwei großen, gefransten, klebrigen Narben auf. Weibliche Blüten können vom Pollen desselben Baumes bestäubt werden. Je nach Witterungsverlauf blühen die männlichen und weiblichen Blüten eines Baumes aber nicht gleichzeitig. Viele Sorten sind jedoch in der Lage, auch ohne vorherige Befruchtung Nüsse auszubilden (Apomixie).

Pockenmilbenschäden an Walnußblättern. Die Walnuß ist neben der Edelkastanie die pflegeleichteste Obstkultur, da sie keinen Schnitt benötigt und selten von Krankheiten befallen wird. In regenreichen Jahren bzw. feuchten Regionen können Blattbräune und Bakterienbrand Schäden verursachen. Die Walnußsorten sind allerdings unterschiedlich anfällig. In sommertrockenen Regionen treten verstärkt Gallmilben auf. Sie verursachen an den Blättern blasenförmige Aufwölbungen, die als „Pockenkrankheit" bezeichnet werden. Blattunterseits sind die entstandenen Vertiefungen mit einem dichten, weißlichen Filz bedeckt. Die darin lebenden Milben sind mit bloßem Auge aber nicht zu erkennen.

Edelkastanien – Blüte. Die Edelkastanie (*Castanea sativa*) ist nicht mit der Roßkastanie (*Aesculus hippocastanum*) verwandt. In geschützten Lagen gedeiht sie wie die Walnuß auch außerhalb des Weinbauklimas. Sie stellt keine Ansprüche an Standort und Pflege, kann also weitgehend sich selbst überlassen werden. Die üppigen Blüten der Edelkastanie erscheinen erst Ende Juni und stellen zu diesem Zeitpunkt eine wertvolle Bienenweide dar. Sie entstehen als duftende Kätzchen aus den Achseln der Blätter an den Triebspitzen, wobei die männlichen Blüten am oberen, die weiblichen am unteren Rispenteil sitzen. Die weiblichen Blüten weisen jeweils 5 bis 8 Narben auf, die von Deckblättern geschützt sind und zu einem Fruchtbecher verwachsen.

Edelkastanien-Fruchtstand kurz vor der Reife. Viele der im Handel angebotenen Sorten sind ausreichend selbstfruchtbar und können als Einzelbaum gepflanzt werden. Die Früchte sehen denen der Roßkastanie ähnlich. Sie entwickeln sich in der hellgrünen, dicht bestachelten, fleischigen Hülle. Meist entstehen zwei bis vier Samen, die mit einer zähen, hell- bis dunkelbraunen Schale überzogen sind. Bei Vollreife der Früchte, die je nach Standort und Sorte von Mitte bis Ende Oktober eintritt, platzen die stacheligen Hüllen auf und entlassen die Kastanien. Die Kastanienfrüchte sollten keinesfalls vorzeitig vom Baum geschlagen werden, da sie erst dann genügend reif sind, wenn die Hüllen von selbst aufspringen.

Reife Edelkastanien- und Maronen-Früchte. In südlichen Ländern gelten Edelkastanien aufgrund ihrer Zusammensetzung als vollwertiges Nahrungsmittel. Sie enthalten 50% Wasser, über 40% Kohlenhydrate, ferner Eiweiß, Fette und reichlich Mineralstoffe. Besonders beliebt sind geröstete Eßkastanien, die sogenannten „heißen Maroni". Es gibt derzeit in Südeuropa etwa 300 Sorten. Die großen, hellbraunen Sorten werden teilweise als Maronen bezeichnet. Abgrenzungen zu gewöhnlichen Edelkastaniensorten sind schwierig. Es empfiehlt sich aber, keine Wildsorte aus dem Wald, sondern eine veredelte Sorte anzupflanzen, da die Früchte größer werden (siehe Bild) und die Bäume deutlich kleiner bleiben.

Resistente Tafeltraube 'Muscat bleu'. Zu den besten blaufrüchtigen Tafeltrauben, die ohne Pflanzenschutz auskommen, gehört die Hybridrebe 'Muscat bleu'. Sie ist gegen Echten und Falschen Mehltau resistent und wird kaum von *Botrytis*-Fruchtfäule befallen. Auch Wespenfraß tritt nicht auf. Das Holz weist gute Winterfestigkeit auf. 'Muscat bleu' stellt keine hohen Ansprüche an den Standort. Die großen, blauen, rundovalen Beeren sitzen an langen, lockeren Trauben. Sie reifen Anfang bis Mitte September und schmecken angenehm süß und kräftig-fruchtig mit feinem Muskataroma. Fruchtschale und Fruchtfleisch sind fest, die Kerne stören wenig. Diese resistente Sorte bringt regelmäßig hohe Erträge.

Resistente Hybridsorte 'Regent'. An mehreren Versuchsanstalten werden pilzresistente Rebsorten für den Weinbau gezüchtet. 'Castor', 'Pollux', 'Phönix', 'Sirius' und zahlreiche Nummernsorten sind bislang bekannt geworden. Einige dieser Hybridreben haben ausgezeichnete Geschmackseigenschaften und eignen sich gut als Tafeltrauben. 'Regent' liefert nicht nur einen harmonischen Rotwein, sondern schmeckt gerade auch als Eßtraube aromatisch-süß und fruchtig. Die relativ kleinen Beeren sitzen an mittelgroßen, locker aufgebauten Fruchtständen. Die Schale ist leicht zäh, die Kerne sind deutlich spürbar. Auffallend ist die früh einsetzende Rotfärbung der im Vergleich zu anderen Sorten eher kleinen Blätter.

Robuste Tafeltraube 'Zalagyöngye'. Reben werden stark durch die Pilzkrankheiten Echter und Falscher Mehltau beeinträchtigt. Durch Kreuzung der frühreifen Sorte 'Perle von Czaba' mit der resistenten 'Seyve Villard 12.375' ist in Ungarn die gelbfrüchtige Tafeltraube 'Zalagyöngye' entstanden. Ihre großen, langen Fruchtstände sind locker aufgebaut. Die großen Einzelbeeren sind festfleischig und schmecken süßfruchtig ohne unangenehmen Beigeschmack. 'Zalagyöngye' ist frosthart und gegen Falschen Mehltau resistent. Die Anfälligkeit für *Botrytis*-Fruchtfäule ist gering. Gegen Echten Mehltau ist diese überaus ertragreiche Sorte mittel anfällig, besonders die Trauben werden vom Pilz geschädigt.

Kernlose, resistente Tafeltraube 'Lakemont' (Synonym 'New York 15.305'). Eine Besonderheit unter den resistenten Traubensorten ist die kernlose, mittelfrüh reifende Züchtung 'Lakemont'. Die relativ großen Beeren sind hellgrün beduftet, die lange Traube hat einen lockeren Aufbau. Die etwas weichen, feinschaligen Beeren schmecken harmonisch süß mit eher neutralem Aroma. Interessant ist die hohe Widerstandfähigkeit von 'Lakemont'. Sie wird weder vom Echten noch vom Falschen Mehltau befallen, die Früchte reagieren unempfindlich auf *Botrytis*. Wespenfraß kommt ebenfalls kaum vor. Diese kernlose Tafeltraube weist zudem eine gute Winterfrosthärte auf und neigt wenig zum Verrieseln.

Frühe Tafeltraube 'Perle von Czaba'. Die Reben gehören zu den ältesten Obstpflanzen. Sie haben nicht nur als Weintraube, sondern auch als Tafelfrucht eine lange Tradition. An geschützten Wänden wachsen Reben außerhalb der Weinbaugebiete bis in Höhenlagen um 500 m. Die zahlreichen Sorten unterscheiden sich in Bezug auf die Frosthärte. Die Reifezeiten differieren ebenfalls stark. Zu den frühesten Sorten gehört die aus Ungarn stammende 'Perle von Czaba', die bereits Mitte bis Ende August reift. Wie alle Frühsorten ist sie säurearm und schmeckt fruchtig-süß und wird gerade deshalb besonders stark von Vögeln und Wespen befallen. Ohne Einnetzung können kaum gesunde Früchte geerntet werden.

Tafeltraube 'Königin der Weingärten'. Gutschmeckende, ertragreiche Traubensorten, die nicht krankheitsanfällig sind, gibt es erst seit wenigen Jahren. Bislang dominierten im Anbau die sogenannten „Europäerreben", die zwar unterschiedlich stark anfällig, aber nicht resistent gegen die Pilzkrankheiten Echter und Falscher Mehltau sind und mehrmals mit Fungiziden behandelt werden müssen. Als eine verhältnismäßig wenig anfällige Europäerrebe gilt die aus Ungarn stammende, sehr großtraubige und lockerbeerige 'Königin der Weingärten'. Sie hat große, rundovale, grüngelbe und leicht muskatartig schmeckende Beeren. Diese Tafeltraubensorte reift erst Ende September und liefert regelmäßig hohe Erträge.

Weiße Johannisbeersorte 'Weiße Versailler'. Die Johannisbeere gehört zu den anspruchslosen Gartenpflanzen und kommt selbst mit einem Platz im Halbschatten zurecht. Sie hat geringe Wärmeansprüche, reagiert durch die frühzeitige Blüte aber empfindlich auf Spätfröste. Früher waren Weiße Johannisbeeren weit verbreitet. Da die alten Sorten nur geringe Erträge brachten, wurden sie trotz ihrer süßeren und aromatischer schmeckenden Beeren von rotfrüchtigen Sorten verdrängt. Aus dem alten Sortiment sollten 'Weiße aus Jüterbog' und 'Weiße Holländische' nicht mehr gepflanzt werden, sondern bestenfalls die seit 1850 bekannte Sorte 'Weiße Versailler'. Sie ist robust, verrieselt aber leicht.

Weiße Johannisbeersorte 'Zitavia'. In den letzten Jahren kamen zahlreiche Neuzüchtungen auf den Markt, die deutlich höhere Erträge als das alte Sortiment liefern. Seit Ende der siebziger Jahre sind 'Zitavia', 'Werdavia', 'Primus' und 'Blanka' registriert, 'Albatros' wurde 1990 zugelassen. Die slowakischen Sorten 'Primus' und 'Blanka' reifen erst von Ende Juli bis Anfang August. 'Zitavia' bringt bereits Ende Juni reife Früchte. Sie blüht früh und neigt zum Verrieseln. Im Gegensatz zu 'Werdavia' und 'Primus' ist 'Zitavia' stark anfällig für die Blattfleckenkrankheit und kann auch von Mehltau befallen werden. Sie schmeckt aber aromatischer und ist süßer als 'Werdavia' und 'Weiße Versailler'.

Heckenerziehung bei Johannisbeeren, Sorte 'Heros'. Starkwachsende Johannisbeersorten eignen sich gut für die Erziehung als Hecke. Johannisbeerhecken lassen sich leichter ernten und bringen qualitativ bessere, gleichmäßiger ausgereifte Früchte. Voraussetzung ist ein stabiles Gerüst mit drei Drähten, an denen die Haupttriebe befestigt werden. Gut bewährt haben sich die oben abgebildeten Dreiasthecken. Die Johannisbeerpflanzen sitzen im Abstand von etwa 80 cm, ihre drei Gerüstäste werden gleichmäßig verteilt. Bei der Heckenerziehung ist alljährlich ein kräftiger Fruchtholzschnitt wichtig. Vielfach wird erfolgreich mit einer Sonderform der Heckenerziehung experimentiert: mit der eintriebigen Spindel. Pro Pflanze bleibt nur ein senkrechter Trieb stehen, der sich kräftig mit Seitenholz garniert und im ersten Jahr 1,20 m hoch wachsen, im zweiten Jahr die Endhöhe von gut 1,90 m erreichen sollte. Die Garnierung mit Seitentrieben soll auf 50 cm Höhe beginnen. Das seitliche Fruchtholz wird jährlich auf Zapfen zurückgeschnitten. Für Spindeln, also Johannisbeerpflanzen, denen nur eine senkrechte Rute belassen wird, genügt ein Pflanzabstand von etwa 50 cm. Für die Erziehungsform der Dreiasthecke oder Spindel dürfen die Jungpflanzen im Gegensatz zu den üblicherweise verwendeten sechs- bis achttriebigen Johannisbeersträuchern knapp wurzelbedeckend gepflanzt werden. Stachelbeeren eignen sich ebenfalls für die Erziehung am Drahtgerüst.

Rote Johannisbeer-Frühsorte 'Jonkheer van Tets'. Es gibt bei den Roten Johannisbeeren nur wenige ertragreiche, robuste und gutschmeckende Frühsorten. Im Handel sind neben 'Jonkheer van Tets' die ebenfalls alten Sorten 'Red Lake' und 'Heros' sowie die Neuzüchtung 'Junifer' erhältlich. Frühsorten schmecken meist aromatisch, mildsäuerlich und saftig, platzen aber leicht bei Nässe. Durch die frühe Blüte neigt besonders 'Jonkheer van Tets', ein aus den Niederlanden stammender Sämling von 'Fays Prolific', stark zum Verrieseln. Der nomalerweise hohe Ertrag fällt dadurch deutlich geringer aus. Die Sorte leidet auch etwas unter Blattfall und kann zudem von der Rotpustelkrankheit befallen werden.

Rote Johannisbeersorte 'Rolan'. Die beste der mittelfrüh reifenden Sorten ist die 1969 in den Niederlanden gezüchtete, seit 1981 erhältliche Johannisbeere 'Rolan'. Ihre langen Träubchen sind gleichmäßig mit großen, leuchtend roten Beeren besetzt. Sie bringt Mitte Juli hohe Erträge an aromatischen, saftig-frischen Früchten. 'Rolan' ist nur mäßig platzempfindlich und wenig anfällig für die Blattfallkrankheit. Die zur gleichen Zeit reifenden Sorten 'Fays Prolific', 'Rote Vierlander' und 'Stanza' sollten insbesondere im Hausgarten nicht mehr gepflanzt werden, da sie die guten Eigenschaften von 'Rolan' nicht erreichen. Eine Besonderheit ist die ebenfalls Mitte Juli reife 'Rosa Sport', deren Beeren rosarot gefärbt sind.

Rote Johannisbeersorte 'Rotet'. Unter den im Juli reifenden Sorten weist die aus den Niederlanden stammende 'Rotet' neben 'Rolan' die besten Pflanzen- und Fruchteigenschaften auf. Die 'Rote Holländische' ist äußerst robust und auch für rauhe Lagen geeignet, schmeckt aber fad und sauer. 'Rosetta' befriedigt geschmacklich ebenfalls nicht. 'Rode Rebel' läßt sich besser essen, ist aber anfällig für die Blattfallkrankheit. Dasselbe gilt für die attraktiv aussehende, aber platzempfindliche 'Rovada'. Die häufig angebotene Sorte 'Rondom' sollte keinesfalls angepflanzt werden, da sie zwar wie 'Rotet' äußerst robust ist, sich für den Frischverzehr aufgrund der trockenen, samenreichen, faden, sehr sauren Beeren aber nicht eignet.

Schwarze Johannisbeere 'Fertöder 1'. Schwarze Johannisbeeren haben ungewöhnlich hohe Gehalte an Mineralstoffen und Vitaminen. Mit je nach Sorte 150 bis 250 mg/100 g enthalten sie drei- bis fünfmal mehr Vitamin C als die Zitrone. Es gibt einige Sorten, die so gut und mild schmecken, daß sie sich für den Frischverzehr eignen. Zu den geschmacklich besten gehört bei den resistenten Züchtungen neben der ungarischen Sorte 'Fertöder 1' die niederländische 'Leandra' und die deutsche 'Ometa'. Weniger gut schmecken 'Titania' und 'Ben Lomond'. Schwarze Johannisbeeren stellen in Bezug auf die Wasser- und Nährstoffversorgung höhere Ansprüche als rot- und weißfrüchtige Sorten, sind ansonsten aber ebenfalls genügsam.

Resistente Schwarze Johannisbeere 'Titania'. Für den Hausgarten ist das frühere Standardsortiment an Schwarzen Johannisbeeren ungeeignet, da die alten Sorten hochanfällig auf den Amerikanischen Stachelbeermehltau reagieren und teilweise stark unter Blattfallkrankheit und Gallmilben leiden. Einige bekannte Sorten wie 'Roodknop', 'Rosenthals', 'Silvergieters' und 'Wellington XXX' sollten also nicht angepflanzt werden. Die schwedische 'Titania' hat sehr große, Anfang Juli gleichmäßig reifende Beeren. Sie bringt hohe Erträge, ist aber für den Frischverzehr weniger geeignet. Vorteilhaft sind die geringe Anfälligkeit für Holz- und Blütenfrost und die Resistenz gegen Mehltau und Blattfleckenkrankheit.

Schwarze Johannisbeersorte 'Ometa'. Die pilzresistenten Sorten 'Titania' und 'Ben Lomond' reagieren empfindlich auf Johannisbeer-Gallmilben, 'Ometa', 'Leandra' und 'Fertöder 1' werden dagegen kaum befallen. Die Johannisbeer-Gallmilbe ruft kugelförmig aufgeschwollene Knospen hervor, die im Frühjahr nicht austreiben, sondern allmählich vertrocknen und abfallen, so daß die Sträucher verkahlen. Die gegen diesen Schädling weitgehend unempfindliche Sorte 'Ometa' bringt gute Erträge an langtraubigen und geschmacklich ansprechenden Früchten. Sie ist nicht spätfrostgefährdet und zudem resistent gegen den Amerikanischen Stachelbeermehltau, leidet aber etwas unter der Blattfallkrankheit.

Amerikanischer Stachelbeermehltau an Früchten. Anfang dieses Jahrhunderts wurde die Pilzkrankheit Amerikanischer Stachelbeermehltau nach Deutschland eingeschleppt. Befallene Früchte sind ungenießbar, die Sträucher werden nicht nur stark geschwächt, sondern bieten auch einen geradezu erbärmlichen Anblick. Der Pilz, der Triebe, Blätter und Früchte mit einem zunächst weißen, später bräunlichen Belag überzieht, läßt sich nur bekämpfen, indem alle befallenen Triebe weit ins gesunde Holz zurückgeschnitten werden. Mehrmalige Spritzungen mit Fungiziden zum jeweils richtigen Zeitpunkt sind bei anfälligen Sorten unerläßlich. Deshalb kommen für den Hausgarten nur resistente Stachelbeeren in Frage.

Blattfallkrankheit bei der Stachelbeere. Besonders nach regnerischem Wetter tritt nicht nur bei Johannisbeeren, sondern auch bei empfindlichen Stachelbeersorten die Blattfallkrankheit auf. Auf den Blättern entstehen kleine, runde, braungraue Flecken, die oft miteinander verschmelzen. Die befallenen Blätter vergilben, rollen sich dann ein und fallen schließlich ab. Durch diesen vorzeitigen Blattfall wird nicht nur die Pflanze geschwächt, sondern auch das optische Bild des Gartens erheblich beeinträchtigt. Viele der Sorten, die gegen den Amerikanischen Stachelbeermehltau resistent sind, reagieren gleichzeitig auch weitgehend unempfindlich auf den Schadpilz, der die Blattfallkrankheit verursacht.

Resistente Stachelbeersorte 'Invicta'. Die grünfrüchtige Züchtung 'Invicta' entstand 1967 in England und kam 1980 in den Anbau. Es handelt sich dabei um die bislang einzige resistente Sorte, die sich im Erwerbsanbau durchsetzen konnte, da sie geschmacklich und ertragsmäßig hinter den mehltauanfälligen Hochleistungssorten wie 'Achilles', 'Grüne Kugel', 'Maiherzog' oder 'Rote Triumph' nicht allzuweit zurückbleibt. 'Invicta' reift mittelfrüh und trägt große, elliptische Früchte. Die hellgrüne, deutlich geäderte Fruchtschale ist nur leicht behaart. Bei übermäßigem Behang bleiben die Beeren kleiner. Läßt man sie zu lange am Stock hängen, entwickelt sich zunehmend ein unangenehmer Beigeschmack.

Stammerziehung bei Stachelbeere, Sorte 'Invicta'. Stachelbeeren wachsen normalerweise als Büsche, können aber auch am Drahtgerüst als Hecke oder mit Pfahl als Stämmchen erzogen werden. Solche Stämmchen sehen dekorativ aus und lassen sich leichter beernten, benötigen aber intensiven, fachkundigen Schnitt und haben oft eine kürzere Lebensdauer als Sträucher. Die meisten Stämmchen werden auf die Goldjohannisbeere als Unterlage veredelt. Inzwischen hat sich gezeigt, daß Stachelbeerstämmchen mit der Jostabeere als Unterlage kräftiger wachsen und weitaus gesünder sind, da die Jostabeere ein reich verzweigtes Wurzelwerk bildet und mit der nahe verwandten Stachelbeere besser verträglich ist.

Resistente Stachelbeersorte 'Mucurines' (Synonym 'Malahit') mit mehltaubefallenen Triebspitzen. Die meisten der gegen den Amerikanischen Stachelbeermehltau resistenten Züchtungen zeigen selbst bei starkem Befallsdruck keine Pilzbeläge auf den Früchten. Bei einigen Sorten können aber die Triebspitzen deutlich mit weißen Mehltaubelägen überzogen werden. Dazu gehören neben 'Mucurines' auch die Sorten 'Invicta', 'Remarka' und 'Risulfa'. Letztere leidet zudem stark unter der Blattfallkrankheit. Wichtig ist, daß der Mehltaupilz die Früchte nicht befällt. Befallene Triebspitzen sollten bis in das gesunde Holz zurückgeschnitten werden. Eine Behandlung der Pflanzen mit Fungiziden ist nicht notwendig.

Mehltauresistente Stachelbeer-Frühsorte 'Remarka'. Aus der Züchtungsarbeit von Dr. Rudolf Bauer stammen zahlreiche robuste Sorten, nicht nur bei Stachelbeeren, sondern auch bei Erdbeeren und Himbeeren. Er hat schon frühzeitig erkannt, wie wichtig es für den Hausgartenbereich ist, wenig krankheitsanfällige Sorten zur Verfügung zu haben, so daß Pflanzenschutzmaßnahmen entfallen können. Einige seiner mehltauresistenten Stachelbeersorten haben sich im Garten gut bewährt. Zu ihnen gehört auch die sehr früh reifende, großfrüchtige und purpurrot gefärbte Sorte 'Remarka', die allerdings mittelstark anfällig auf den Erreger der Blattfallkrankheit reagiert und deren Triebe dicht bestachelt sind.

Resistente Stachelbeersorte 'Rokula' mit aufgeplatzten Früchten. Die frühreifende Sorte 'Rokula' stammt wie 'Remarka', 'Reflamba' und 'Rolonda' aus der Züchtungsarbeit von Dr. Rudolf Bauer. 'Rokula' trägt große, tief dunkelrot gefärbte Früchte, die aromatisch und angenehm süß schmecken. Diese Sorte ist gegen die Blattfallkrankheit weitgehend robust, zeigt aber bei starkem Infektionsdruck an den Blättern deutlichen Befall mit dem Amerikanischen Stachelbeermehltau. Auf den Früchten bildet der Pilz selten Beläge aus. Nachteilig ist die hohe Platzneigung. Nach Regenfällen reißt die Fruchtschale auf. Werden die Früchte dann nicht sofort geerntet und verwertet, so faulen sie innerhalb kurzer Zeit.

Resistente Stachelbeersorte 'Rolonda'. Die spätreifende, rotfrüchtige Stachelbeersorte 'Rolonda' wird kaum vom Erreger der Blattfallkrankheit befallen und zeigt selbst bei hoher Infektionsgefahr selten Mehltaubeläge an Trieben oder Früchten. Die Blätter können gelegentlich die hellgelben Pusteln des Säulenrostes aufweisen. Die Beeren sind mittelgroß, elliptisch bis birnenförmig und bei Vollreife tief purpurrot gefärbt. 'Rolonda' bringt hohe Erträge an gut schmeckenden Früchten, die nicht übermäßig stark zum Aufplatzen neigen. Wie bei 'Reflamba', 'Mucurines' und 'Lepac' sind die Triebe von 'Rolonda' relativ gering bestachelt und damit auch angenehmer zu pflücken als dicht bestachelte Sorten.

Jostabeere, Kreuzung zwischen Schwarzer Johannisbeere und Stachelbeere. Dr. Rudolf Bauer ist es gelungen, Schwarze Johannisbeeren und Stachelbeeren zu kreuzen. Daraus ist die neue, äußerst robuste Obstart Jostabeere *(Ribes × nidigrolaria)* entstanden. Die ersten Arthybriden züchtete Prof. Erwin Baur. Er nannte seine Kreuzung „Jochelbeere". Im Gegensatz zu den Jostabeeren sind Jochelbeeren anfällig für die Blattfallkrankheit und können auch von Mehltau befallen werden. An der Versuchsstation Dresden-Pillnitz entstanden weitere Arthybriden, die als Jochelbeeren mit den Sortennamen 'Jocheline' und 'Jochelbeere' 1983 auf den Markt kamen, aber ebenfalls weniger robust als die Jostasorten sind.

Jostabeere 'Jostine'. 1975 kamen die Jostasorten 'Jostine' und 'Jogranda' aus der Züchtungsarbeit von Dr. Rudolf Bauer in den Handel. Die Jostabeeren wachsen stärker als die Eltern-Arten. Sie tragen wie die Schwarze Johannisbeere keine Stacheln und sind ähnlich winterfest wie die Stachelbeere. Die Blätter stehen bezüglich Größe und Form zwischen denen der beiden Ausgangsarten. Die Blüten bilden sich bereits am einjährigen Holz, sie sind selbstfruchtbar. Die Träubchen bestehen aus 2 bis 4 Beeren, die bezüglich Größe und Form eine Mittelstellung zwischen Stachelbeeren und Schwarzen Johannisbeeren einnehmen. Geschmack und Inhaltsstoffe sind ebenfalls zwischen beiden Arten einzuordnen.

Jostabeere 'Jogranda'. Während die Jostasorte 'Jogranda' etwas schwächer und flacher wächst, zeigt 'Jostine' kräftige, aufrechte Triebe. Ihre Früchte schmecken etwas aromatischer, dafür aber weniger süß als bei der Sorte 'Jogranda'. Beide Jostasorten reifen Anfang Juli und sind größer und ertragreicher als die ersten Jostabeeren, die auf den Markt kamen. 'Jogranda' und 'Jostine' sind resistent gegen Rostpilze, Amerikanischen Stachelbeermehltau und Blattfallkrankheit. Da sie zudem von der Johannisbeer-Gallmilbe nicht befallen werden und auch kaum Virosen auftreten, gelten sie als die unverwüstlichste unter den Strauchbeerenarten. Hinzu kommt ihre gute Holz- und Blütenfrosthärte.

Resistente Himbeersorte 'Rusilva'. Die Himbeere ist eine beliebte Gartenpflanze, da sie sich relativ einfach ziehen läßt, aber trotzdem als besonders edle Obstart gilt. In vielen Gärten bauen Himbeerbestände aber rasch ab. Sie zeigen kaum Neuaustrieb und bringen nur geringe Erträge. Ursache sind durch Blattläuse übertragene Virosen. Inzwischen gibt es virustolerante bzw. blattlausresistente Sorten, die keine Abbauerscheinungen zeigen und bis zu 20 Jahre alt werden können. 'Rusilva' ist eine solche blattlausresistente Züchtung, die zudem auch auf Wurzelfäulen und Rutenkrankheiten weitgehend unempfindlich reagiert. Ihre mittelspät reifenden und eher kleinen Beeren schmecken säuerlicharomatisch.

Resistente Himbeersorte 'Rumiloba'. Neben 'Rusilva' hat Dr. Rudolf Bauer weitere blattlausresistente Himbeersorten wie 'Rumiloba', 'Rutrago' und 'Rucami' gezüchtet. 'Rumiloba' reift sehr spät, etwa 4 Tage nach der Standardsorte 'Schönemann'. Sie hat unter den Bauer-Züchtungen die größten Beeren. Aufgrund ihrer glänzend roten Farbe sehen sie sehr ansprechend aus. Die Früchte schmecken leicht säuerlich, haben aber ein intensives Himbeeraroma. 'Rumiloba' läßt sich ausgezeichnet einfrieren und bleibt beim Auftauen fest und saftet kaum. Im Gegensatz zu 'Rusilva' kann sie von Wurzelfäulen befallen werden. Sie ist anders als 'Rutrago' und 'Rucami' auch anfällig für Rutenkrankheiten.

Robuste Himbeersorte 'Meeker'. Aus Nordamerika stammen einige blattlausresistente bzw. virustolerante Sorten, die sich auch in Europa gut bewährt haben. Dazu gehören 'Meeker', 'Nootka' und 'Skeena'. Von den kanadischen Neuzüchtungen 'Algonquin' und 'Tulameen' liegen noch kaum Anbauerfahrungen vor. 'Meeker' ist bereits seit 1967 bekannt. Sie bildet extrem lange, stark stachelige Ruten und bringt regelmäßig hohe Erträge. Die mittelgroßen, festen Früchte reifen etwa 4 Tage vor 'Schönemann', schmecken aromatisch-frisch, sind gut haltbar und ausgezeichnet tiefkühlgeeignet. 'Meeker' wird kaum von Fruchtfäulen befallen und reagiert nicht übermäßig empfindlich auf Wurzelkrankheiten.

Relativ robuste Himbeersorte 'Himbostar'. Viele der Marktsorten sind nicht blattlausresistent, können also am Mosaik-Virus-Komplex erkranken und bauen dann innerhalb weniger Jahre je nach Sorte unterschiedlich stark ab. Zu den mäßig virusgefährdeten Marktsorten gehört 'Himbostar', eine Züchtung aus der Schweiz, die seit 1975 im Handel erhältlich ist und sich gut bewährt hat. Sie reagiert weitgehend unempfindlich auf Wurzelfäulen und *Botrytis*-Fruchtfäulen, gehört also wie die amerikanische 'Willamette' zu den robusten Sorten. 'Himbostar' bringt jährlich hohe Erträge an großen, festen, kugeligen, ansprechend roten, ausgezeichnet schmeckenden Früchten mit ausgeprägtem Himbeeraroma.

Großfrüchtige Himbeersorte 'Himboqueen'. Wie 'Himbostar' stammt die mittelfrüh reifende Sorte 'Himboqueen' von den Züchtern Walter und Peter Hauenstein aus der Schweiz. Auffallend an dieser seit 1989 erhältlichen Neuzüchtung sind die überdurchschnittlich großen, leuchtend hellroten Früchte, die ausgezeichnet schmecken. Fruchtfäulen treten kaum auf. Der Wuchs ist ausgesprochen kräftig. Nachteilig sind aber die langen Fruchttriebe, die leicht abknicken, wenn sie nicht durch längsgespannte Schnüre gestützt werden. Die Hochertragssorte erträgt Trockenheit und Winterkälte gut, ist auf feuchten Böden aber anfällig für Wurzelfäulen. Es besteht keine Blattlausresistenz, Virusbefall kann vorkommen.

Standardsorte 'Schönemann'. Im Erwerbsanbau ist die spätreifende, seit 1950 bekannte Himbeersorte 'Schönemann' weit verbreitet, da sie zu den ertragreichsten Sorten gehört. 'Schönemann' zeichnet sich durch kräftigen Wuchs aus und reagiert mäßig empfindlich auf Rutenkrankheiten. Nachteilig ist aber ihre Anfälligkeit für Mehltau, Fruchtfäulen und Virosen. Da diese Hochertragssorte zudem eine überdurchschnittliche Empfindlichkeit für *Phytophthora*-Wurzelfäule zeigt, kann sie für den Hausgarten nicht empfohlen werden. Besonders auf schweren, feuchten, schlecht durchlüfteten Böden kann die Wurzelfäule zum Absterben des gesamten Bestandes führen. Eine Bekämpfung ist nicht möglich.

Remontierende Himbeersorte 'Zefa 3' (Synonym 'Zefa Herbsternte'). Neben den einmaltragenden Sorten, die im Frühsommer reifen, gibt es remontierende Sorten wie 'Zefa 3', die an einer Fruchtrute zweimal tragen. Sie fruchten bereits im Herbst an den einjährigen Ruten und bringen im nächsten Frühsommer an denselben Ruten eine zweite Ernte. Sollen die Erträge der Herbsternte möglichst hoch ausfallen, müssen nach Abschluß der Ernte, meist Ende Oktober, die abgeernteten Ruten bodennah abgeschnitten werden, die Frühsommerernte entfällt dadurch. Entfernt man jedoch nur die oberen, abgetragenen Rutenteile, reifen am verbleibenden unteren Rutenteil im kommenden Juni–Juli nochmals Himbeeren.

Remontierende Himbeersorte 'Heritage'. Die herbsttragenden Sorten 'Lloyd George', 'Korbfüller' und 'Erntesegen' wurden von ertragreicheren und teilweise robusteren Sorten abgelöst. Im deutschsprachigen Raum sind die Sorten 'Zefa 3' aus der Schweiz, 'Heritage' aus USA und 'Autumn Bliss' aus England verbreitet. Bei 'Zefa 3' setzt die Herbsternte Ende August ein. Die Früchte sind relativ groß und schmecken angenehm, werden aber bei feuchter Herbstwitterung verstärkt von Fruchtfäulen befallen. Die weitaus ertragreichere 'Heritage' benötigt warme Lagen, da ansonsten bis Frosteintritt nicht alle Früchte ausreifen. 'Heritage' kann wie 'Zefa 3' von Wurzelfäulen und Virosen befallen werden.

Resistente, remontierende Himbeersorte 'Autumn Bliss'. Unter den herbsttragenden Himbeeren bringt 'Autumn Bliss' die höchsten Erträge. Sie eignet sich ideal für den Hausgarten, da sie gegen *Phytophthora*-Wurzelfäule und Blattläuse resistent ist. Virosen, die zum raschen Abbau von Himbeerbeständen führen, werden damit nicht auf diese Sorte übertragen. Wie die anderen Herbsthimbeeren wird 'Autumn Bliss' aufgrund der späten Blüte nicht vom Himbeerkäfer befallen, „wurmige" Früchte kommen also nicht vor. Die mittelgroßen, dunkelroten Beeren schmecken mild-säuerlich, allerdings ohne ausgeprägtes Himbeeraroma. Dank der kräftigen Ruten benötigt diese robuste Sorte nur ein einfaches Stützgerüst.

Stachellose Himbeersorte 'Framita'. Unter den Himbeersorten gibt es zahlreiche Besonderheiten. Bei den remontierenden Sorten zählt 'Fallgold' dazu, da ihre Früchte bei Vollreife leuchtend gelb gefärbt sind. Auch die sehr wärmebedürftige 'Bababerry' gilt aufgrund ihrer tief dunkelroten, wildbeerenartig schmeckenden Früchte als Kuriosität. Das Besondere an der im Frühsommer reifenden Himbeersorte 'Framita' sind die glatten, stachellosen Ruten. 'Framita' reift etwas früher als die seit 1960 bekannte 'Zefa 2', die aufgrund ihrer extremen Anfälligkeit für Wurzelfäulen nicht mehr angepflanzt werden sollte. 'Framita' hat große, runde, leuchtend rote Früchte und eignet sich zudem auch für höhere Lagen.

Robuste Himbeersorte 'Deep Purple'. Auf der Suche nach robusten Himbeersorten führte Dr. Rudolf Bauer zahlreiche Kreuzungen von hochwertigen Himbeersorten mit weitgehend krankheitsresistenten Wildformen durch. Neben den bewährten Gartensorten 'Rusilva', 'Rucami', 'Rutrago' und 'Rumiloba' entstanden auch Besonderheiten wie 'Deep Purple'. Es handelt sich dabei um eine überaus ertragreiche und robuste Pflanze. Ihre mittelgroßen, rundlichen Früchte schmecken mild-säuerlich und sind bei Vollreife purpurrot bis violett gefärbt. Sie geben dem Himbeerbestand durch den reichlichen Behang ein schmuckes Aussehen. 'Deep Purple' reift im selben Zeitraum wie die mittelfrühe Himbeersorte 'Meeker'.

Gelbfrüchtige Himbeersorte 'Blondie'. Bei Kreuzungen verschiedener Himbeersorten entstehen gelegentlich Pflanzen mit gelben Früchten. Sie haben aber meist nur Liebhaberwert, obwohl sie teilweise gute Erträge bringen und ausgezeichnet schmecken. Sorten wie die großfrüchtige 'Blondie' aus der Schweiz, 'Amber' aus USA oder 'Jaune de Metz' aus Frankreich sind im Handel kaum erhältlich. Einige gut sortierte Baumschulen führen neben der ebenfalls gelbfrüchtigen remontierenden Sorte 'Fallgold' die aus USA stammende 'Golden Queen'. Sie gehört zu den im Frühsommer tragenden Sorten, reift mittelfrüh und bringt zufriedenstellende Erträge an eher kleinen, runden, ausgezeichnet schmeckenden Früchten.

Rankende, bestachelte Brombeersorte 'Theodor Reimers' (Synonym 'Himalaya'). Die Brombeeren lassen sich je nach Wuchshabitus in aufrechtwachsende und rankende Sorten unterscheiden. Die aufrechtwachsenden tragen Stacheln, bei den rankenden gibt es auch stachellose („dornenlose") Sorten. Geschmacklich unübertroffen ist nach wie vor die rankende, bestachelte 'Theodor Reimers'. Die 1980 in USA ausgelesene Sorte stellt geringe Ansprüche an den Boden, ihre Ranken können aber in kalten Wintern erfrieren, so daß im Folgejahr der Ertrag ausfällt. 'Theodor Reimers' wird zudem bevorzugt von der Brombeer-Gallmücke befallen. Normalerweise reifen von Juli bis Mitte September reiche Ernten heran.

Blühende Brombeere, Sorte 'Theodor Reimers'. In Europa führte die Brombeere lange Zeit ein Schattendasein, in Deutschland wird sie erst seit 150 Jahren kultiviert und diente in den Gärten zunächst nur als undurchdringliche Grundstücksabgrenzung. Inzwischen wird sie aufgrund ihrer äußerst inhaltsstoffreichen, gesundheitsfördernden Früchte geschätzt. Zur Blütezeit hat die Brombeere einen besonders hohen Zierwert und stellt zu diesem Zeitpunkt eine wertvolle Bienenweide dar. Die zwittrigen Blüten sind selbstfruchtbar, eine zweite Sorte ist also nicht zwingend erforderlich, kann aber die Fruchtbarkeit trotzdem erhöhen. Fachgerecht geschnittene Pflanzen können bis zu 20 Jahre alt werden.

Stachellose, rankende Brombeersorte 'Loch Ness' (Synonym 'Nessy'). Da stachellose Brombeeren leichter geschnitten und geerntet werden können, wurden sie züchterisch verstärkt bearbeitet. Entsprechend viele Sorten sind bekannt. Vielfach angepriesene Sorten wie 'Black Satin', 'Jumbo' und 'Smoothstem' eignen sich nicht für den Hausgarten, da sie extrem stark fäulnisanfällig sind. Sorten wie 'Thornless Evergreen' und 'Thornfree' befriedigen geschmacklich nicht. Seit 1988 ist die schottische 'Loch Ness' im Handel. Die äußerst robuste Pflanze bringt von Anfang August bis Mitte September hohe Erträge an großen, festen Früchten, die im Vergleich zu anderen stachellosen Sorten recht gut schmecken.

Aufrechtwachsende Brombeersorte 'Oregon Thornless'. Neben den rankenden Brombeersorten gibt es einige nichtrankende Formen. Ihr Wuchscharakter gleicht dem der Himbeere. Besonders dekorativ ist die aufrechtwachsende 'Oregon Thornless' aufgrund ihrer geschlitzten Blätter. Die frostharte Pflanze bringt ab Mitte August mittelgroße, feste Früchte, die relativ gut schmecken. Auch unter den rankenden Brombeeren gibt es eine Sorte mit dekorativ geschlitzten Blättern: die 'Farnblättrige', eine äußerst frostharte Sorte aus der Schweiz, die bereits Anfang August fruchtet. Sie bringt regelmäßig hohe Erträge an gutschmeckenden Früchten und ist weniger krankheitsanfällig als 'Theodor Reimers'.

Blühender Fruchtstand bei aufrechtwachsenden Brombeeren. Die großen Einzelblüten der aufrechtwachsenden Brombeersorten 'Cheyenne' und 'Shawnee' geben der Hecke zur Blütezeit eine besondere Note. Im Gegensatz zu den rankenden Sorten entwickeln sich bei einigen nichtrankenden, großfrüchtigen Sorten pro Fruchtstand nur 4 bis 5 Blüten. Der Ertrag fällt trotz ihrer Großfrüchtigkeit unbefriedigend gering aus, wenn die Anzahl der Fruchtstände durch die Erziehungsweise nicht gefördert wird. Dazu entfernt man die Spitzen der Jungruten (Pinzieren), wenn sie etwa 1,50 m hoch gewachsen sind. Aus den Achselknospen wachsen Seitentriebe, die auf etwa 30 cm Länge begrenzt werden müssen.

Fruchtgrößenvergleich verschiedener Brombeerformen. Das typische, intensive Brombeeraroma der rankenden, bestachelten Sorte 'Theodor Reimers' mit ihren relativ kleinen Früchten (rechts) wird von den stachellosen Formen kaum erreicht. Sorten wie 'Loch Ness' (Mitte) bilden jedoch deutlich größere Früchte aus. Bis zu 5 cm lang werden die Beeren einiger aufrechtwachsender Sorten wie 'Cheyenne' (links). Es gibt aber auch bei diesen nichtrankenden Brombeeren einige kleinerfrüchtige Sorten. Dazu zählen 'Wilsons Frühe' und 'Eldorado'. Extrem große Früchte entwickeln sich bei 'Cheyenne', 'Choctaw' und 'Shawnee'. Diese Sorten tragen aber meist nicht mehr als 4 bis 5 Beeren pro Fruchtstand.

Beerenhybride Taybeere. Die *Rubus*-Untergattungen *Eubatus* und *Idaeobatus* lassen sich beliebig kreuzen, von daher gibt es zahlreiche Mischformen (Hybriden) zwischen den Himbeer- und Brombeerarten. Viele dieser Hybridbeeren sind aber relativ holzfrostempfindlich und benötigen einen geschützten Standort im Garten. Die Taybeere ist eine Mischform zwischen der Brombeersorte 'Aurora' und einer tetraploiden Himbeere. Ihre purpurrot gefärbten, bis zu 4 cm langen Früchte schmecken bei Vollreife angenehm süß-säuerlich. Ein Abkömmling der Taybeere ist die frosthärtere Tummelbeere. Ihre etwas kleineren, rundlichen, eine Woche später reifenden Früchte haben weniger Aroma als die Taybeere.

Beerenhybride Boysenbeere. Bei der Boysenbeere handelt es sich vermutlich um eine Mischform zwischen der Loganbeere (Brombeersorte 'Aughinbaugh' × Himbeersorte 'Red Antwerp') und einer Brombeerart. Sie wurde 1920 in Kalifornien selektiert. Ihre purpur- bis schwarzrot gefärbten Früchte enthalten wenig Samen und sind doppelt so groß wie Himbeeren. Sie schmecken angenehm süß-säuerlich. In Neuseeland fand sich ein qualitativ verbesserter Klon, die 'Riwaka'-Boysenbeere. Boysenbeeren stellen hohe Ansprüche an das Klima und sind nur bis –12 °C frosthart. Dieser Beerenhybride recht ähnlich ist die frosthärtere Youngbeere, deren Früchte etwas kleiner und weniger intensiv gefärbt sind.

Blütenstände der Japanischen Weinbeere. Die Japanische Weinbeere ist mit den Himbeeren und Brombeeren nahe verwandt, stellt aber eine eigenständige Art dar *(Rubus phoenicolasius)*. Sie bildet dünne, lange Ruten, die dicht mit roten Drüsenborsten besetzt sind. Besonders attraktiv wirkt die Pflanze zur Zeit der Blüte. Aus den zahlreichen, vielblütigen Rispen entwickeln sich kleine, leuchtend hellrote, kugelige Beerchen, die im Juli und August reifen. Sie schmecken leicht weinsäuerlich und sind gegen jeglichen „Wurm"-Befall resistent. Japanische Weinbeeren werden in gleicher Weise wie rankende Brombeeren erzogen, sind aber weniger winterhart und benötigen in kühlen Regionen einen Frostschutz.

Alte Erdbeersorte 'Direktor Paul Wallbaum'. Die Erbeere ist eine alte, weltweit verbreitete Obstkultur. Bei den heutigen Gartenerdbeeren handelt es sich um eine Arthybride zwischen der südamerikanischen *Fragaria chiloensis* und der nordamerikanischen *Fragaria virginiana*. Die meisten Sorten sind selbstfruchtbar. Es gibt jedoch Sorten mit unterentwickelten männlichen Blütenorganen. Dazu zählen die alten Sorten 'Direktor Paul Wallbaum', 'Mauerauchs Späternte' und 'Mieze Schindler'. Sie benötigen eine Befruchtersorte, die im selben Zeitraum blüht. Diese Sorten sind nach wie vor in Liebhaberkreisen zu finden, da die weichen, dunkelrot gefärbten Früchte ein nahezu walderdbeerartiges Aroma haben.

Resistente Erdbeersorte 'Darrow'. Besonders auf schweren, eher feuchten Böden treten bei zahlreichen Erdbeersorten verstärkt Wurzelkrankheiten auf. Ganze Bestände können innerhalb kurzer Zeit absterben. Seit Jahren werden resistente Sorten gezüchtet, die aber bislang in Bezug auf ihre Erträge hinter Hochleistungssorten des Erwerbsanbaus wie 'Elsanta' zurückbleiben. Auch die amerikanische Züchtung 'Darrow' bringt nur mittlere Erträge, ist aber gegen Rote Wurzelfäule, *Verticillium*-Welke, Blattfleckenkrankheiten und Fruchtfäulen sehr widerstandsfähig. Der Geschmack der mittelspät reifenden 'Darrow' läßt wie bei der gleichzeitig reifen, ebenfalls resistenten Sorte 'Delite' zu wünschen übrig.

Robuste Erdbeersorte 'Polka'. Für Fruchtfäulen, Mehltau, Blattfleckenkrankheit und *Verticillium*-Welke nur wenig anfällig ist die 1977 aus 'Induka' und 'Sivetta' gekreuzte und 1987 in den Handel gekommene niederländische Züchtung 'Polka'. Sie reift im selben Zeitraum wie 'Elsanta' und besticht durch ihre ausgezeichneten Geschmacks- und Aromawerte. 'Polka' gehört zu den ertragreichen Sorten und hat regelmäßig geformte, allerdings nur mittelgroße Früchte. Sie sind durchgehend dunkelrot gefärbt und ausreichend fest. Von Roter und Schwarzer Wurzelfäule kann diese ansonsten robuste Neuzüchtung befallen werden. Sehr ähnliche Eigenschaften werden auch der französischen Neuheit 'Majoral' zugeschrieben.

Robuste Gartenerdbeere 'Thuriga'. Seit 1992 ist die schweizerische Neuzüchtung 'Thuriga' im Handel erhältlich. Sie wurde von der Züchterin Gertrud Spiegler aus einer Kreuzung der Sorten 'Belrubi' × 'Maxim' selektiert. 'Thuriga' fällt durch ihr außergewöhnlich gutes Aroma auf. Die relativ weichen Früchte sind durchgehend dunkelrot gefärbt. Interessant ist die geringe Anfälligkeit für Blatt- und Wurzelkrankheiten. Aufgrund der geringen Bestockung der Pflanze eignet sich diese Neuzüchtung für den mehrjährigen Anbau. 'Thuriga' bringt gute Erträge an mittelgroßen Früchten. Da es sich bei Erdbeeren um kurzlebige Kulturen handelt, sollte mit neuen Sorten durchaus experimentiert werden.

Frühreifende Marktsorte 'Honeoye'. Erdbeerpflanzen stehen meist nur zwei bis maximal drei Jahre im Garten und nehmen wenig Platz in Anspruch. Es ist also möglich und empfehlenswert, mehrere Sorten zu testen, ob sie auf dem eigenen Standort gut gedeihen und ob die Fruchteigenschaften und Ertragsleistung den Erwartung entsprechen. Die relativ ertragreiche schottische Frühsorte 'Honeoye' sollte unbedingt ausprobiert werden. Sie besticht durch ihre großen, leuchtend dunkelroten, relativ festen Früchte, die gut schmecken und bei Vollreife ein ausgeprägtes Erdbeeraroma aufweisen. 'Honeoye' wird kaum von *Botrytis*-Fruchtfäule befallen. Nachteilig ist die hohe Anfälligkeit für Rote und Schwarze Wurzelfäule.

Erdbeer-Neuzüchtung 'Petrina'. Ebenfalls aus der Schweiz stammt die 1981 von Peter Hauenstein selektierte, mittelspät reifende Erdbeersorte 'Petrina'. Auffallend an der kräftig wachsenden Pflanze sind die überreichlichen, großen, über das Laub hinausragenden Blüten. Die großen, gleichmäßig geformten, nur mittelfesten Früchte sehen durch die leuchtend rote, stark glänzende Farbe äußerst attraktiv aus und bestechen durch ihr frisch-süßes, ausgeprägtes Erdbeeraroma. Interessant ist neben dem hohen Ertrag die geringe Anfälligkeit für Wurzelkrankheiten. Blattfleckenkrankheiten können allerdings auftreten. Die wüchsige Neuzüchtung 'Petrina' sollte nur sehr verhalten mit Stickstoff gedüngt werden.

Remontierende Erdbeersorte 'Rapella'. Wie die einmaltragenden Sorten fruchten remontierende Erdbeeren im Frühsommer, bringen aber nach einer kurzen Ruhepause eine zweite Ernte. Die Auswahl an remontierenden Sorten ist groß. Das frühere Sortiment 'Ada Herzberg', 'Mauerauchs Dauerernte', 'Revada', 'Rabunda' und 'Ostara' wurde von leistungsfähigeren Sorten abgelöst. Im Erwerbsanbau spielen 'Selva' und 'Rapella' nach wie vor eine große Rolle. Die großfrüchtige und ertragreiche Sorte 'Rapella' aus den Niederlanden ist stark krankheitsanfällig und winterfrostgefährdet. Die amerikanische 'Selva' gilt als weitgehend robust und trägt große Früchte, die jedoch fad und sauer schmecken.

Remontierende Erdbeersorte 'Muir'. Interessant an remontierenden Sorten ist die Tatsache, daß sie bis Frosteintritt Früchte bringen. Die mögliche erste Ernte im Frühsommer hat insofern weniger Bedeutung, als die zu diesem Zeitpunkt reifenden einmaltragenden Sorten vielfach bessere Frucht- und Ertragseigenschaften aufweisen. Damit die gewünschte Herbsternte möglichst hoch ausfällt, sollten die ersten Fruchtstände bis Anfang Juni laufend ausgebrochen werden. Die Folgefrüchte, die dann von August bis Oktober reifen, fallen größer aus, die Erträge sind höher. Die amerikanischen Neuzüchtungen 'Muir' und 'Mrak' reagieren gut auf diese Erziehungsweise und fruchten bis weit in den Spätherbst hinein.

Resistente remontierende Erdbeersorte 'Tribute'. Aus USA stammen eine Reihe immertragender Erdbeersorten. Die beiden Neuzüchtungen 'Tribute' und 'Tristar' sind gegen Rote Wurzelfäule und *Verticillium*-Welke resistent. Auch von *Botrytis*-Fruchtfäulen und Mehltau werden sie kaum befallen, die Winterfestigkeit ist gut. 'Tribute' schmeckt etwas säuerlicher als 'Tristar', bringt aber höhere Erträge und größere Früchte. Die bei beiden Sorten festen Früchte sind dunkelrot gefärbt und attraktiv glänzend. Wer vorwiegend Wert auf gute Geschmackseigenschaften legt, sollte die hocharomatische Sorte 'Mara des Bois' pflanzen. 'Marastil' schmeckt ebenfalls gut, leidet aber stark unter Fruchtfäulen.

Vescana-Erdbeerwiese, Sorte 'Florika'. Der Züchter Dr. Rudolf Bauer kreuzte Monatserdbeeren und Gartenerdbeeren. Die daraus hervorgegangenen Sorten bilden bereits im Pflanzjahr so viele Ausläufer, daß ein dichter, wiesenartiger Bestand entsteht. Eine solche Erdbeerwiese kann gut 8 Jahre lang genutzt werden. Da die Fruchtstände aufrecht stehen, sind Vescana-Erdbeeren leicht zu ernten und werden kaum von Fruchtfäulen oder Schnecken befallen. Die äußerst robusten Pflanzen benötigen nur wenig Dünger. 1972 kam die hocharomatische Sorte 'Spadeka' in den Handel. Seit 1989 ist die größerfrüchtige, ertragreichere und leichter pflückbare, aber etwas weniger aromatische 'Florika' erhältlich.

Monatserdbeere 'Alexandria'. Vescana-Erdbeeren bilden rasch dicht geschlossene Bestände. Das Laub gleicht dem der normalen Gartenerdbeere. Weitaus feinblättriger und zarter wirkt eine Bodenbedeckung mit Walderdbeeren. Die aus den Walderdbeeren hervorgegangenen Monatserdbeeren haben zwar ähnlich feines Laub, bilden aber keine Ausläufer. Sie lassen sich nur durch Aussäen von Samen vermehren. Um dichte Bestände zu erhalten, müssen also zahlreiche Pflanzen gesetzt werden. Die Sorte 'Rügen' ist weit verbreitet. 'Alexandria' bringt mehr und größere Früchte, die ausgezeichnet schmecken und von Juli bis Oktober reifen. Von der Sorte 'Baron von Solem' gibt es auch eine gelbfrüchtige Variante.

Walderdbeere 'Bianca'. Walderdbeeren sind als ausgezeichnete Bodendecker vielseitig verwendbar und wachsen selbst im Halbschatten gut. Sie bilden zahlreiche Ausläufer. Ihre Blätter gelten als wertvoller Grundbestandteil von Kräutertee-Mischungen. Walderdbeeren sind nicht nur äußerst robust, sie werden auch aufgrund der außergewöhnlichen Geschmackseigenschaften geschätzt. Weit verbreitet ist die Sorte 'Forstina'. Wie bei den Monatserdbeeren gibt es auch bei den Walderdbeeren Sorten, deren Früchte bei Vollreife gelb gefärbt sind. Die robuste gelbfrüchtige 'Bianca' bringt im Zeitraum von Mitte Juni bis Ende Juli an aufrecht stehenden Fruchtständen zahlreiche kleine, sehr süße, hocharomatische Beeren.

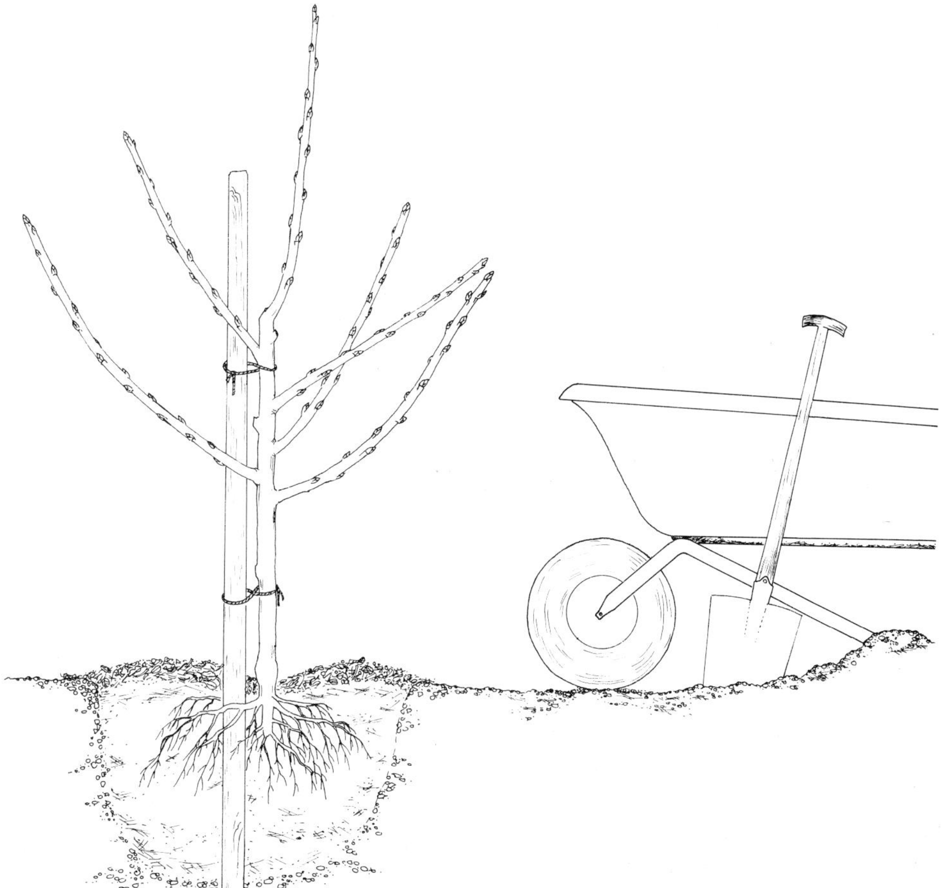

Allgemeine Pflegehinweise

Wer in seinem Garten auf Obstgehölze nicht verzichten will, muß sich bewußt sein, daß es sich um Kulturpflanzen handelt, die ein Mindestmaß an Pflege brauchen. Es läßt sich aber viel Arbeit ersparen, wenn man nur robuste Sorten wählt und darauf achtet, daß sie für den eigenen Standort, also die Boden-, Klima-, Licht- und Platzverhältnisse, geeignet sind. Die einzelnen Obstarten sind unterschiedlich pflegebedürftig – nur Walnußbäume, Edelkastanien und Quitten gedeihen auch ohne lenkende Hand.
Die für jede Obstart speziellen Standortansprüche und Pflegehinweise sind im jeweiligen Kapitel über die einzelnen Obstarten erläutert, an dieser Stelle erfolgen allgemeingültige Regeln und Maßnahmen – kurzum, grundsätzliche Erfolgstips für den Obstgarten.

Pflanzung

Obstgehölze stehen meist viele Jahre. Deshalb lohnt es sich, gute Voraussetzungen zu schaffen, sich also mit dem Pflanzen etwas Mühe zu machen. Die nachfolgend beschriebenen Handgriffe gelten gleichermaßen für Bäume und Sträucher. Angaben über den Pflanzzeitpunkt sind der Einführung zu entnehmen.

Boden- und Pflanzenvorbereitung

Bei leichten, sandigen und extrem schweren, tonhaltigen Böden muß das Pflanzloch besonders sorgfältig vorbereitet werden. Sandböden benötigen reichliche Humusgaben, damit das Wasser gebunden wird und der Boden nicht so rasch austrocknet. Bei schweren Böden verbessert die Humuszufuhr die Bodenstruktur bzw. Luftführung. Pflanzen reagieren nicht nur empfindlich auf Trockenheit, sondern auch auf mangelnde Durchlüftung des Wurzelraumes.
Vor dem Pflanzen werden die Obstgehölze in einem Eimer gründlich gewässert. Es ist wichtig, die Hauptwurzeln etwas einzukürzen und alle eingetrockneten oder verletzten Wurzeln zu entfernen.

Nun wird die Erde aus dem Pflanzloch gehoben und reichlich mit Komposterde vermischt. Die Pflanzgrube muß mindestens 50 bis 60 cm tief und deutlich breiter als der Wurzelballen sein, damit nicht nur der unmittelbare Wurzelbereich lockere, kompostreiche Erde erhält. Soll der Obstbaum einen Pfahl erhalten – was auch bei stärker wachsenden Gehölzen empfehlenswert ist – sollte er vor der Pflanze gesetzt und so tief eingeschlagen werden, daß er einen festen Stand hat. Nun wird das junge Gehölz im Pflanzloch dicht an den Pfahl gestellt, die Wurzeln gleichmäßig ausgebreitet und dann mit dem Erde/Kompost-Gemisch zugedeckt. Bei veredelten Bäumen muß die Veredlungsstelle, die meist als Wulst erkennbar ist, über der Erdoberfläche liegen, da der Baum sonst an dieser Stelle neue Wurzeln bildet und die Unterlage überwächst.
Die Pflanze vorsichtig festtreten, anbinden ohne die Rinde einzuschnüren, reichlich wässern und die Baumscheibe mit organischem Material bedecken sind die abschließenden Arbeiten.

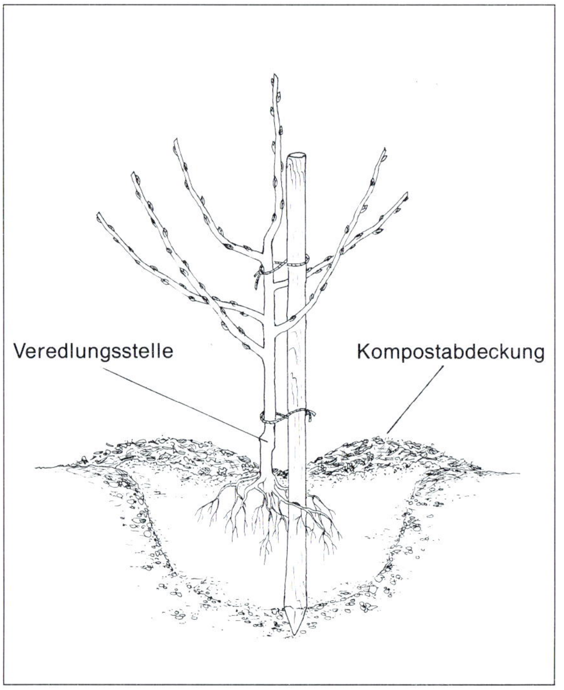

Pflanzen eines Baumes: die Veredlungsstelle darf nicht mit Erde bedeckt sein.

Schnitt der Obstgehölze

Es gibt zahlreiche Theorien über den Obstbaumschnitt. Wer sich die Mühe macht, die wichtigsten biologischen Grundlagen der Obstgehölze kennenzulernen, wird problemlos eine Baumkrone oder einen Strauch aufbauen und erhalten können.

Biologische Grundlagen

Bäume und Sträucher entwickeln sich nach einem erblich festgelegten Muster, es entstehen also jeweils art- und sortentypische Wuchsbilder. Der Schnitt soll den Aufbau fördern, die natürliche Form erhalten und das Alters- und Abgangsstadium hinauszögern. Als Grundregel gilt: Rückschnitt im Winter fördert den Neuaustrieb und Wuchs, Rückschnitt während der Vegetationsperiode (Sommer) beruhigt das Wachstum allmählich. Es ist einfacher, einen Baum im Gleichgewicht zwischen Holz- und Fruchtproduktion zu halten, wenn im Sommer geschnitten wird. Nur wenn Gehölze schwach austreiben oder bereits vergreist sind, sollte im Winter stark zurückgeschnitten werden.

Für einen sachgerechten Kronenaufbau ist es wichtig, die einzelnen Ast- und Knospenformen zu kennen. Langtriebe sind kräftige, lange Triebe, die innerhalb eines Sommers wachsen. Einige Kernobstsorten können im mittleren Triebbereich Blütenknospen ausbilden und im folgenden Jahr fruchten. Bei Süßkirschen und Pflaumen sitzen an der Triebbasis von Langtrieben stets Blütenknospen, Sauerkirschen und Pfirsiche blühen oft an der gesamten Trieblänge. Die Kurztriebe (Fruchtholz) sind beim Kernobst ein- bis mehrjährige Sprosse, die an der Endknospe blühen und fruchten. Beim Steinobst ist die Endknospe von Kurztrieben stets eine Blattknospe. Die Kurztriebe an zwei- und dreijährigen Abschnitten sind bei Pflaumen und Aprikosen meist die fruchtbarsten Bereiche. Pfirsiche und Sauerkirschen dagegen blühen nahezu ausschließlich an einjährigen Langtrieben.

Ein aufmerksamer Beobachter kann rasch die deutlichen Art- und Sortenunterschiede kennenlernen und feststellen, an welchen Trieben und Astabschnitten die meisten und schönsten Früchte wachsen. Die Ausrichtung der Äste wird durch die Schwerkraft und das Licht bestimmt. Bei den meisten Obstarten und Sorten wächst die Stammverlängerung am stärksten. Solange die Triebspitze wachsen kann, werden die tieferstehenden Triebe und Knospen gehemmt. Dies gilt in gleicher Weise für die Seitenäste: der Leittrieb hemmt die untergeordneten Seitentriebe.

Wird ein aufrechtstehender Langtrieb waagrecht gebunden, erfolgt das Längenwachstum langsamer. Aus den obenliegenden Knospen entwickeln sich Neutriebe, deren Länge von der Basis zur Spitze des waagrecht gebundenen Astes hin abnimmt.

Schnitt

Obstgehölze durchlaufen verschiedene Phasen bei der Kronenentwicklung. Im Jugendstadium

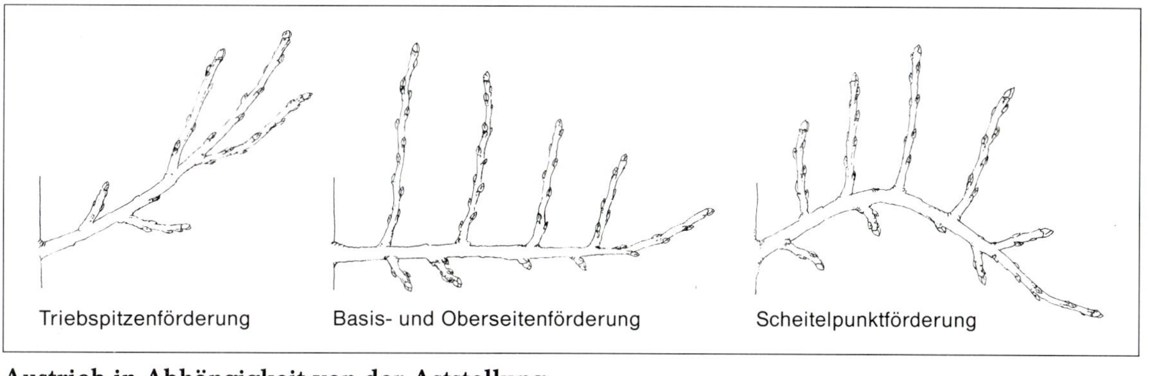

Austrieb in Abhängigkeit von der Aststellung.

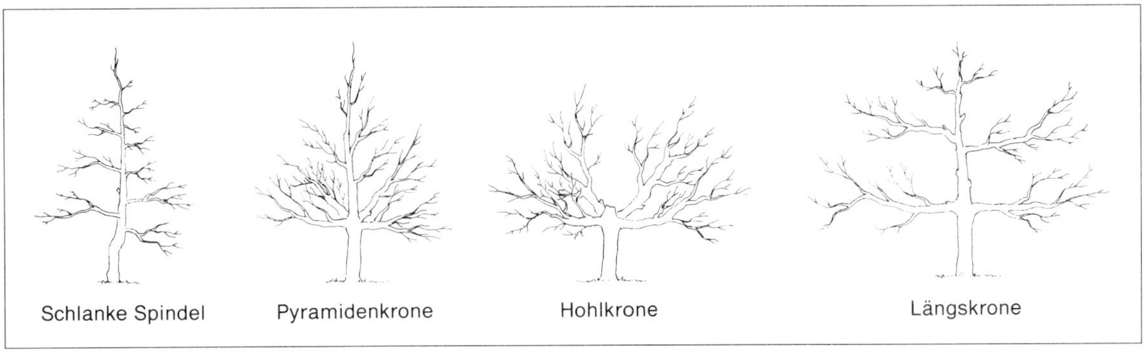

Erziehungsformen für Baumkronen.

wachsen die Triebe kräftig, die ersten Erträge setzen ein. Die Dauer dieser Phase hängt von der Sorte, aber auch von der Unterlage ab. Im Ertragsstadium wird vorwiegend Fruchtholz ausgebildet. Allmählich nehmen Wuchs und Ertrag ab, die Pflanze hat das Altersstadium erreicht.
Für jede dieser drei Phasen gibt es allgemeingültige Schnittregeln. Wie der Schnitt jeweils ausgeführt wird, hängt von der gewünschten Baumform ab. Grundprinzip für viele Formen ist die Pyramidenkrone mit ihren abgewandelten Kronentypen Längskrone, Hohlkrone und Spindelbusch bzw. Schlanke Spindel. Da für die zahlreichen, stets attraktiven Spalierformen eigene Gesetzmäßigkeiten gelten, wird im Literaturverzeichnis auf Spezialliteratur verwiesen (siehe auch S. 86).
Bereits beim Pflanzen erfolgt der erste Rückschnitt der einjährigen Krone. Dabei werden bei der Rundkrone neben der Stammverlängerung 3 bis 4 ringsum verteilte Seitentriebe ausgewählt. Damit sie sich gleichmäßig entwickeln, werden alle Triebe auf eine außenstehende Knospe in vergleichbarer Höhe um ein Drittel zurückgeschnitten.
Der Astabgangswinkel sollte mindestens 45° betragen. Steiler stehende Triebe müssen flachgestellt werden. Dazu gibt es verschiedene Möglichkeiten. Wird diese Maßnahme versäumt, entstehen sogenannte Schlitzäste, die bei Belastung leicht ausbrechen. Bei Steinobst bildet sich bei zu steilem Astabgangswinkel zudem verstärkt Gummifluß.

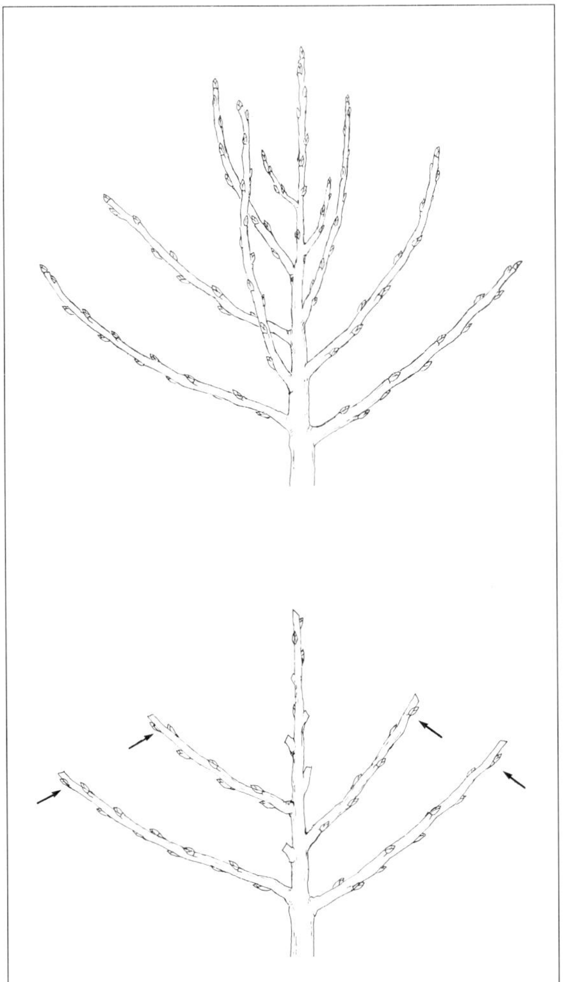

Krone eines Jungbaumes vor und nach dem Pflanzschnitt: Anschnitt auf unten liegende Knospe (Pfeil).

In der auf die Pflanzung folgenden Vegetationsperiode entstehen neben der Triebverlängerung an jedem angeschnittenen Leittrieb 3 bis 4 kräftige Seitentriebe. Der unmittelbare Konkurrenztrieb zur Astverlängerung und zu steile Austriebe werden weggeschnitten. Bei Arten und Sorten, die nur schwach austreiben, erfolgt ein starker Rückschnitt der Verlängerungstriebe.
In den folgenden zwei bis drei Jahren wird ähnlich verfahren, bis die Krone aufgebaut ist. Der Baum erreicht nun die Vollertragsphase. Jährlicher Fruchtbehang bremst das Triebwachstum. Das Ziel des Instandhaltungsschnittes in diesem Entwicklungsstadium ist es, das Gleichgewicht zwischen Frucht- und Triebwachstum möglichst lange zu erhalten. Zu steile Astpartien werden auf flachere Äste abgeleitet, stark hängende Teile sind durch steilere Neutriebe zu ersetzen.
Damit sich leistungsfähiges Fruchtholz bildet, lichtet man zu dicht stehende Äste, steil aufrechtwachsende Triebe und altes, abgetragenes Holz aus. Die gesamte Krone sollte locker mit Ästen garniert sein, damit alle Teile gleichmäßig Licht erhalten.

Kronenformen

Freistehende Bäume erhalten meist eine runde Pyramidenkrone. Nach etwa 5 Jahren kann die Mittelachse entfernt werden, es entsteht eine umgestellte Hohlkrone. Es ist aber auch möglich, gleich beim Pflanzschnitt den Mitteltrieb wegzuschneiden. Dies wird vorwiegend bei Pfirsich und Sauerkirsche praktiziert.
Die Längskrone ist ebenfalls eine Sonderform der Pyramidenkrone. An der Mittelachse sind die Leitäste nur in Längsrichtung angeordnet. Eine Erziehung am Drahtrahmen ist sinnvoll,

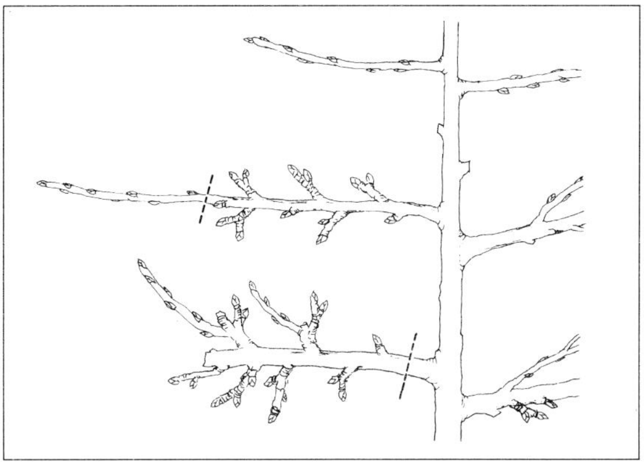

Fruchtholzschnitt bei der Schlanken Spindel: Der einjährige Trieb bleibt unbeschnitten (oben), am zweijährigen Trieb wird die einjährige Sproßverlängerung zurückgeschnitten (Mitte), der dreijährige Ast wird bis auf einen Zapfen eingekürzt (unten).

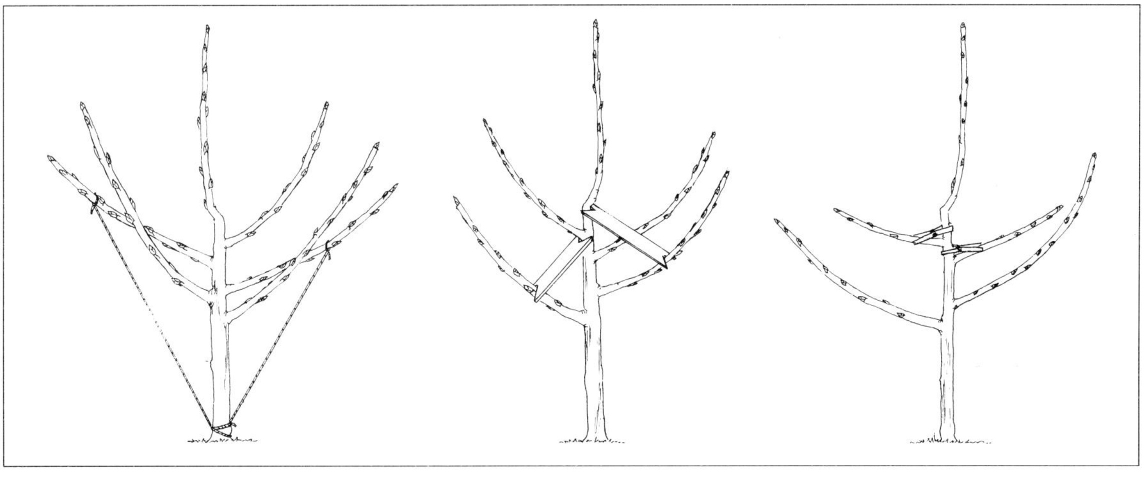

Formieren des Jungbaumes zur Korrektur der Aststellung mit Schnüren, Holzlatten oder mit Wäscheklammern bei dünnen Trieben.

um dem Baum ausreichend Stabilität zu geben. In Verbindung mit schwachwachsenden Unterlagen hat sich die Erziehungsform der Schlanken Spindel gut bewährt. Ausgangsmaterial sind meist einjährige Veredlungen mit guter Seitenverzweigung. Prinzip der Schlanken Spindel ist es, das Fruchtholz konsequent und vom Stamm ausgehend zu erneuern.
Als Grundschema gilt:

- einjährige, flache Triebe bleiben unbehandelt
- bei zweijährigen Trieben wird die einjährige Verlängerung entfernt
- dreijährige Seitenäste werden auf einen ca. 5 cm langen Zapfen zurückgeschnitten, damit ein neuer Ast austreibt.

(siehe Seite 69 oben.)

Pflanzenernährung

In Bezug auf die Höhe der Nährstoffversorgung haben die einzelnen Obstgehölze recht unterschiedliche Ansprüche. Bei gut mit Humus versorgten Böden, vor allem, wenn die Auflage mit organischem Material im Stammbereich jährlich erneuert wird, treten kaum Mangelerscheinungen auf. Walnuß, Edelkastanie und Quitte sind besonders anspruchslos.
Um Nährstoff-Ungleichgewichte rechtzeitig beheben zu können, sollten grundsätzlich alle drei bis vier Jahre Bodenproben entnommen und im Bodenlabor analysiert werden.

Kalkung

Für das Wachstum der Pflanzen und für die Erhaltung der Bodenstruktur sind neben der Humuszufuhr regelmäßige Kalkungen wichtig, da jährlich 30–40 g/m² Calciumoxid ausgewaschen werden. Infolgedessen reichern sich Wasserstoffionen an, der Boden versauert. Der Säuregrad des Bodens wird als pH-Wert von 1 bis 14 angegeben. Ein pH-Wert von 7 gilt als neutral, höhere Werte zeigen alkalische Böden, tiefere Werte zeigen saure Böden an. Für die einzelnen Bodenarten sind unterschiedliche pH-Bereiche optimal:

- Ton- und Lehmboden pH 6,5–6,9
- Sandige Lehme pH 6,3–6,7
- Lehmige Sande pH 5,8–6,2
- Humusarme Sande pH 5,3–5,7
- Anmoorige Böden pH 4,3–5,0

Die jährliche Kalkgabe ist so zu bemessen, daß der für die jeweilige Bodenart optimale pH-Bereich erhalten bleibt. Zu niedrige pH-Werte führen dazu, daß im Boden festgelegte, pflanzentoxische Elemente wie Aluminium freigelegt werden und daß die Wurzeln wichtige Nährstoffe wie Magnesium nicht aufnehmen können. Bei zu hohem pH-Wert kommt es zu Bor-, Mangan-, Zink- und Eisenmangel. Besonders Obstarten wie Birne, Pflaume, Pfirsich, Rebe, Erdbeere und Brombeere reagieren auf hohe pH-Werte mit Chlorosen infolge von Eisenmangel.
Vielfach werden Erhaltungskalkungen im Abstand von 3 Jahren empfohlen. Es wirkt sich jedoch positiv auf das Nährstoffgleichgewicht im Boden aus, wenn man alljährlich geringe Gaben streut. Für leichte Böden sind langsam wirksame Kalkdünger wie Kohlensaurer Kalk (jährlich 50 g/m²) vorteilhaft, schwere Böden erhalten schnell wirkende Kalkformen wie Branntkalk (jährlich 70 g/m²). Der beste Zeitpunkt für die Kalkung ist der Herbst.

Düngung

Im Prinzip ist es der Pflanze egal, in welcher Form – organisch oder mineralisch – der Boden mit Nährstoffen angereichert wird. Aber für die Bodenstruktur als solche sind grundsätzlich organische Dünger von Vorteil. Sie führen dem Boden nicht nur die notwendigen Nährstoffe zu, sondern verbessern die Durchlüftung, das Wasserhaltevermögen und das Bodenleben.
Den höchsten Nährstoffbedarf haben Gehölzpflanzen zum Zeitpunkt des Austriebes und im Juni, wenn die Pflanze ihre Blütenknospen für das folgende Jahr anlegt. Danach dürfen keine stickstoffhaltigen Düngemittel gestreut werden. Die verspätete Stickstoffgabe führt dazu, daß die Triebe erst spät ihr Wachstum abschließen und somit die Frosthärte herabgesetzt ist.

Wichtige Düngemittel

Düngemittel	N %	P_2O_5 %	K_2O %	Ca %	Mg %	Bemerkungen
Blaukorn	12	12	17	–	2	mineralischer Dünger
Kalimagnesia	–	–	30	–	10	entspricht Patentkali
Thomasmehl	–	20	–	45	–	im Herbst ausstreuen
Holzasche	–	3	8	30	–	viele Spurenelemente
Knochenmehl	4	25	0,2	30	–	etwas Spurenelemente
Blutmehl	12	1,5	0,8	0,8	–	65 % organische Substanz
Hornmehl	12	5	–	6	–	70 % organische Substanz
Rindermist (getrocknet)	1,6	1,6	4,2	4,2	–	45 % organische Substanz
Rindermist (frisch)	0,4	0,2	0,5	0,5	–	25 % organische Substanz
Rhizinusschrot	5	2,5	1,5	–	–	75 % organische Substanz

Blattdüngung

Die Wurzeln nehmen den überwiegenden Teil der mineralischen Nährstoffe auf, aber auch Blätter und Früchte sind dazu in der Lage. Es ist also möglich, den Baum in Form von Spritzungen mit Nährelementen zu versorgen. Da die Blätter empfindlich reagieren, können nur geringe Nährstoffmengen gespritzt werden, meist in maximal einprozentiger Lösung. Die Blattdüngung gibt die Möglichkeit, akute Mängel kurzfristig zu beheben, bzw. den Baum gezielt mit Spurenelementen zu versorgen. Der Bedarf an Hauptnährstoffen ist über das Blatt kaum zu dekken.

Am häufigsten werden die Nährstoffe Eisen und Calcium gespritzt. Calcium ist ein wichtiger Faktor für die Fruchtqualität, gelangt aber über die Wurzeln oft nicht in ausreichender Menge in die Früchte. Bekanntestes Calcium-Mangelsymptom sind Stippeflecken bei Äpfeln, also einzelne korkartig vertrocknete Zellengruppen unter der Fruchtschale.

Akuter Eisenmangel im Baum entsteht, wenn die Wurzeln bei Trockenheit oder zu hohem pH-Wert nicht in der Lage sind, dieses Spurenelement aufzunehmen.

Blattdüngung

Dünger	Spritzlösung	Anwendung
Harnstoff	0,5 %	bis zu 4 × bei zu schwachem Wuchs
Calciumnitrat Calciumchlorid	0,5 %	bis zu 4 × ab Juni, v.a. beim Apfel
Magnesiumsulfat	1,5 %	4 × ab Juni bei akutem Magnesiummangel
Eisenchelat	0,05 %	bei Chlorose mehrmals wiederholen
Solubor	0,1 %	bei akutem Bormangel, v.a. Apfel, Birne, Reben
Blattvolldünger z. B. Basfoliar	0,5 %	4 × von Anfang Mai bis Ende Juni
Spurennährstoffe z. B. Fetrilon-Combi	0,1 %	2 × (im Mai und Juni)

Apfel

Es gibt vom Apfel *(Malus domestica)* „so viel und mancherlei Geschlecht, unmöglich ist, dieselben alle zu erzählen und zu beschreiben“ stöhnt 1731 Tabernaemontanus in seinem Kräuterbuch über die Vielzahl der Apfelsorten. Heute würde er erst recht stöhnen, denn inzwischen gibt es weltweit schätzungsweise 100.000 Apfelsorten.
Die in Europa wichtigste Obstart stammt von den Urformen *Malus pumila* und *Malus sylvestris* ab. Die Sortenfülle bietet eine Variationsbreite, die es ermöglicht, für viele Standorte, Reifezeiten und Verwendungszwecke etwas Passendes zu finden. Selbst für Höhenlagen innerhalb der gemäßigten Zonen sind besonders frostharte Sorten bekannt. Die unterschiedlichen Eigenschaften der Apfelsorten bezüglich Reifezeit und Haltbarkeit machen es möglich, daß diese Frucht aus eigenem Anbau das ganze Jahre über verfügbar ist.

Standortansprüche und Pflanzmaterial

Dank der Vielzahl der Apfelsorten und Veredlungsunterlagen läßt sich beinahe auf jedem Standort ein Apfelbaum pflanzen. Um jedoch über einen langen Zeitraum einen optisch ansprechenden, gesunden Baum im Garten nutzen zu können, sollten möglichst günstige Voraussetzungen geschaffen werden.

Boden und Klima

Je weniger Standraum ein Apfelbaum im Garten zur Verfügung hat, desto schwächer ist die Unterlage zu wählen, desto höher sind aber auch die Bodenansprüche: humos, gut strukturiert und leicht sauer (pH-Wert 5,5 bis 6,5). Für schlechtere Standorte kommen starkwüchsige Unterlagen in Frage, da nur ein kräftiger Baum mit starkem Wurzelwerk robust und pflegeleicht ist.
Neben einer guten Bodenstruktur sind Niederschläge von jährlich mindestens 700 mm vorteilhaft, bei großer Trockenheit oder deutlich geringeren Niederschlägen bzw. ungünstiger Verteilung sollte vor allem in den ersten Standjahren zusätzlich bewässert werden.
Bei Wintertemperaturen unter –25 °C besteht die Gefahr, daß Frostschäden am Holz auftreten. Frosteinbrüche nach Blühbeginn im Frühjahr führen (ab –2 °C) zu Ertragsausfällen, beeinträchtigen aber nicht die Baumgesundheit.
Ertragseinbußen können auch auftreten, wenn im Umkreis von etwa 500 m keine anderen

Apfelunterlagen, nach Wuchsstärke geordnet

Unterlage	Baumhöhe (m)	Kronendurchm. (m)	Ertragsbeginn (Standjahr)	Baumalter (Jahre)	Robust gegen
M 27	< 2	1,5	1.–2.	15(–20)	
M 9	< 3	2	(1.–)2.	20(–25)	
M 26	3	2,5	2.	25(–30)	
MM 106	< 4	3,5	2.(–3.)	30(–35)	Blutlaus
M 7	4	4	3.	35(–40)	Kragenfäule Trockenheit Nässe
A 2	< 5	6	4.	40(–50)	Trockenheit Frost
Sämling	6	8	5.	60(–80)	Trockenheit Frost

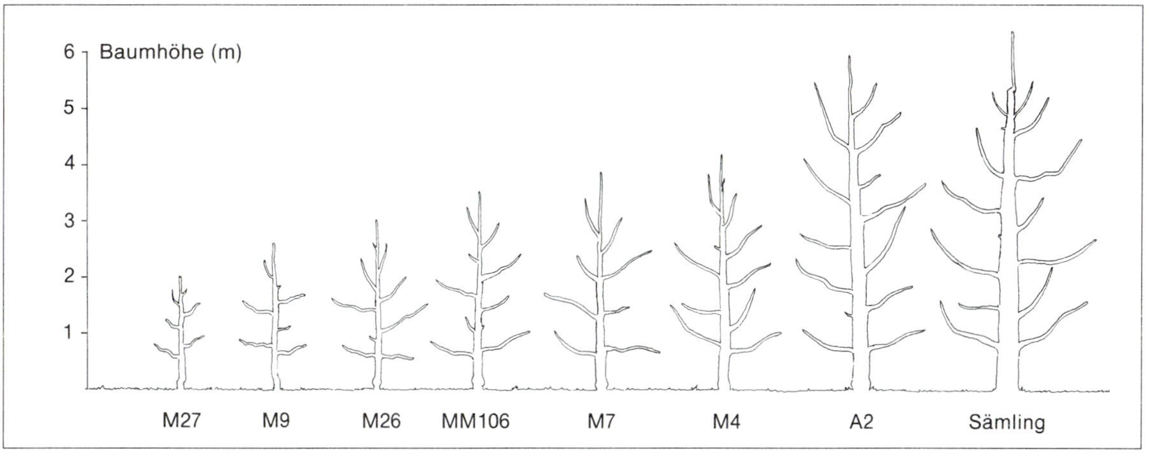

Wuchsstärke wichtiger Apfel-Unterlagen.

Apfelbäume stehen oder wenn die Witterung während der Blüte längerfristig naß und kalt ist, so daß keine Hummeln oder Bienen die Pollen übertragen.

Unterlagen

Die Unterlage, also der Wurzelteil des Apfelbaumes, beeinflußt neben der Standfestigkeit und der Wuchsstärke bzw. Größe des Apfelbaumes auch die Reaktion auf die Witterungsverhältnisse, die Fruchtausbildung und die Widerstandskraft gegenüber Schaderregern.

Eine extrem schwachwachsende Unterlage wie M27 oder M9 ist für den Hausgarten nur dann vertretbar, wenn der Baum aus Platzgründen extrem klein bleiben muß (maximal 2,50 m Höhe bei 1,50 m Kronendurchmesser). Diese Bäume brauchen dann optimale Bedingungen bezüglich Bodenstruktur, Wasser- und Nährstoffversorgung sowie Schutz vor Krankheiten und Schädlingen. Einige Apfelsorten neigen von sich aus zu schwächerem Wuchs und sollten keinesfalls mit diesen schwachen Unterlagen kombiniert werden.

Normalerweise bleiben Apfelbäume mit der Unterlage M26 ausreichend klein, zumal die Endgröße eines Baumes auch durch entsprechende Schnittmaßnahmen steuerbar ist.

Problemlos sind die etwas stärker wachsenden Unterlagen MM106, M7 und M4. Soll der Baum wie in einer Streuobstwiese eine ausladende Krone erhalten und auf hohem Stamm als Schattenspender dienen, sollte als Unterlage A2 oder der noch stärker wachsende Sämling verwendet werden.

Unterlagenwahl:
Vereinfacht gilt die Regel: Je stärker die Unterlage gewählt wird, desto geringer ist die Empfindlichkeit gegenüber Trockenheit, Nässe, Kälte, schlechtem Boden und einigen Krankheiten und Schädlingen, desto umfangreicher und höher wird der Baum, desto mehr Jahre vergehen zwischen Pflanzung und Ertragsbeginn, aber desto älter kann der Baum werden.

Sorten

Aus der Fülle an derzeit verfügbaren Apfelsorten sind für den Hausgarten nur solche empfehlenswert, die auf Krankheiten weitgehend unempfindlich reagieren. Gängige Marktsorten wie 'Cox Orange', 'Jonagold', 'Elstar', 'Gloster' oder 'Golden Delicious' neigen in regenreicheren Regionen zu starkem Schorfbefall, bei trockenwarmem Wetter teilweise zu Mehltau. Abgesehen vom Schaden an den Früchten und der Schwächung der Bäume ist auch der Zierwert stark herabgesetzt.

Robuste alte Apfelsorten

Sorte (nach Reifezeit) Herkunft	Erntemonat Genußreife	Apfelschorf	Mehltau	Anfälligkeit für Krebs	Stippe	Holzfrost	Blütenfrost
		(h = hoch, m = mittel,		g = gering)			
'Jacob Fischer' D	A–M9 9–11	g	g	m	g	sg	m
'Dülmener Herbstrosenapfel' D	M–E9 9–12	g	g	g	h	g	g
'Danziger Kantapfel' D	E9–A10 10–1	g	sg	g	g	sg	sg
'Prinz Albrecht von Preußen' D	E9–A10	sg	sg	g	g	sg	sg
'Rote Sternrenette' unbekannt	M10 10–1	g	g	g	h	g	g
'Roter Boskoop' NL	M10 11–4	m	g	g	m	h	h

Ansprüche B = Boden K = Klima	Frucht Größe Farbe	 Geschmack	Ertrag Beginn Höhe Alternanz	Baum Wuchs Eignung H = Hochst. N = Niederst. S = Spalier	Hinweise
B gering K auch rauhe Lagen	groß gelbrot	saftig wein-säuerlich	spät hoch Alternanz	sehr stark H, N	Hoher Zierwert (Blätter)
B gut K auch Höhen-lagen	mittel gelbrot streifig	saftig süß-säuer-lich	spät mittel Alternanz	mittel H, N, S	gründlicher Schnitt
B gering K sehr rauhe Lagen	klein karmin-rot	sehr saftig	spät mittel	mittel H, N	lange Blütezeit Zierde!
B reich feucht K rauhe Lagen	klein gelbrot	süß-säuerlich aromatisch	früh hoch regelmäßig	schwach N, S	altes Fruchtholz entfernen
B reich feucht K mittlere Lagen	mittel dunkel-rot	süß-säuerlich flach	mittel mittel Alternanz	mittel H, N	nur auslichten
B reich feucht K frost-geschützt	groß berostet braunrot	säuerlich aromatisch	spät mittel Alternanz	stark H, N, S	gut auslichten Blutläuse!

Resistente Apfelsorten

Sorte (nach Reife-zeit) Herkunft	Ernte-monat haltbar bis	Resistent gegen Apfel-schorf	Mehl-tau	Feuer-brand	Holz-Blüten-frost	Frucht -größe -farbe	Geschmack	Ertrag Wuchs	Hinweise
		r = resistent	x = gering anfällig						
'Remo' (Dresden)	A9 E10	r	r	r	x	mittel weinrot	herb säuerlich	sehr hoch schwach	nur im Weinbauklima eßbar
'Retina' (Dresden)	A9 A10	r	x	x	x	groß dunkelrot	saftig mildsäuerlich	mittel stark	nicht anfällig für Spinnmilben
'Priam' (USA/F)	M9 M12	r	r			mittel gelbrot	fest, saftig neutral	hoch mittel	etwas mehltauanfällig, Feuerbrand!
'Reglindis' (Dresden)	M9 M11	r	x	x		mittel streifig	saftig mildsäuerlich	hoch mittel	nicht anfällig für Spinnmilben
'Florina' (USA/F)	A10 E12	r				mittel dunkelrot	fest, saftig harmonisch	hoch stark	Ausdünnen! etwas mehltauanfällig
'Rewena' (Dresden)	A10 M2	r	r	r	x	mittel hellrot	saftig süß-säuerlich	hoch schwach	resistent gegen Bakterienbrand
'Vanda' (Prag)	A10 M2	r	r			mittel gelbrot	saftig mild	mittel mittel	stippeanfällig

Ballerina-Sorten mit Säulenwuchs

Sorte	Reife	Frucht	Blüte	Eignung
'Bolero'	M9	hellgrün saftig-fest ähnlich 'James Grieve'	weiß – leicht rosa A–M5	Sofortverzehr
'Polka'	E9	rot auf grünem Grund ähnlich 'Spartan'	tiefrosa sehr dekorativ A–M5	Sofortverzehr
'Waltz'	M10	dunkelrot saftig-süß ähnlich 'Red Delicious'	violett-weiß A–M5	Lagerung möglich
'Maypole'	M9	purpurrote Zieräpfel	karminrotes Blütenmeer, dekorative Laubblätter	Zierwert (Blüte, Frucht, Laub) Gelee

Seit geraumer Zeit wird bei der Züchtung neuer Apfelsorten darauf geachtet, daß sie gegenüber verschiedenen Schaderregern widerstandsfähig sind. In den nächsten Jahren ist mit deutlichen Verbesserungen im Bereich robuster bzw. resistenter Apfelsorten zu rechnen. Aber auch im derzeit verfügbaren Spektrum wenig anfälliger Sorten sind für alle Reifegruppen gute Vertreter zu finden. Die interessantesten Sorten sind in den Sortentabellen beschrieben, auf die Darstellung hochempfindlicher Sorten wurde verzichtet.

Sonderformen

In Kanada wurde eine Apfelbaumform entdeckt, die sich durch besonders kompakten, säulenartigen Wuchs ohne Seitenäste auszeichnet. Nach langjährigen Züchtungsarbeiten in England gibt es inzwischen bereits mehrere Sorten mit Säulenwuchs.

Diese als Ballerina-Bäume bezeichneten Wuchsformen werden maximal 4 m hoch bei einem Durchmesser von 40 bis 60 cm. Sie eignen sich als Abgrenzung und Sichtschutz, als Solitär im Blumenbeet oder auch als dekorativer Terrassen- und Balkonschmuck im Pflanzkübel.

Die Pflege ist denkbar einfach. Ballerinas werden meist auf die Unterlage MM 106 veredelt, Pfahl oder sonstige Stütze entfallen. Da die verfügbaren Sorten nicht übermäßig anfällig für Krankheiten und Schädlinge sind, besteht die einzige Pflegearbeit im Wässern und gegebenenfalls düngen. Normalerweise sind durch die strenge Wuchsform keinerlei Schnitteingriffe erforderlich. Gelegentlich können Seitenäste erscheinen, die im Winter auf 2 Augen zurückgeschnitten werden müssen.

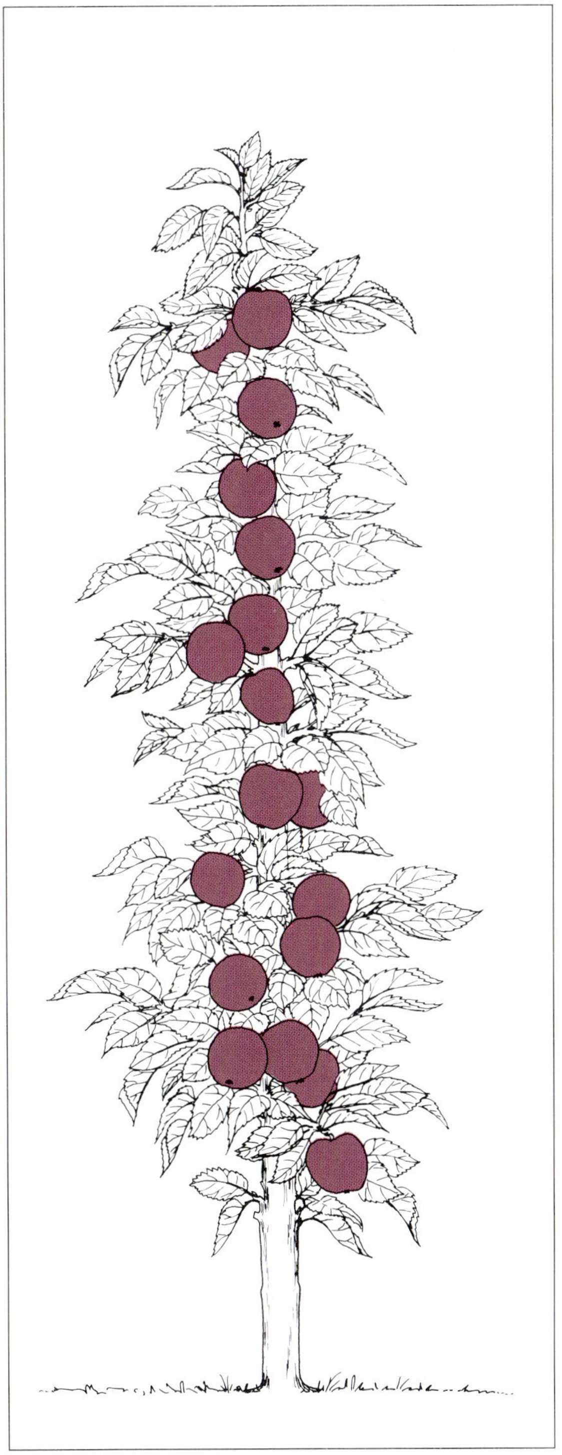

Ballerina-Apfelbaum mit säulenförmigem Wuchshabitus.

Pflegehinweise

Allgemeine Pflegehinweise und Pflanzanleitungen sind der Einführung zu entnehmen. Nachfolgend werden Pflegemaßnahmen erläutert, die darüberhinaus speziell für den Apfel zu beachten sind.

Relativ robuste Marktsorten

Sorte (nach Reifezeit) Herkunft	Ernte-monat Genuß-reife	robust gegen Schorf Mehltau	robust gegen Feuerbrand Frost	Frucht -größe -farbe	Geschmack	Ertrag Wuchs	Hinweise
'Piros' D	A8 A8–A9	x x	 x	mittelgroß hellrot	süß-säuerlich frisch	hoch mittel	auf Aststummel schneiden
'Arkcharm' USA	A–M8 A–E8	x		mittel rot beduftet	saftig fein säuerlich	hoch schwach	auf Aststummel schneiden
'Katja' S	E8 E8–E9	x	 x	mittel gelb-rot	frisch würzig	mittel mittel	Ausdünnen
'Delbar-estivale' ('Delcorf') F	E8–A9 E8–E9	x x		groß gelb	knackig-saftig parfümiert	hoch (Alternanz) mittel	Ausdünnen Blüten frost-empfindlich
'Alkmene' D	A9 9–11	x x	 x	klein-mittel gelb-orange	süß-säuerlich aromatisch	mittel (Alternanz) mittel	anfällig für Spinnmilben
'Rubinette' CH	E9–A10 E9–1	 x	 x	klein-mittel gelb-rot gestreift	harmonisch hoch-aromatisch	hoch mittel	Ausdünnen! gut düngen, wässern nicht für Schorflagen
'Pinova' D	M10 2–4	x	x x	mittel leuchtend rot	fest saftig-knackig	sehr hoch mittel	nicht für große Baumkronen Ausdünnen
'Pilot' D	M10 2–5	x	x x	mittel leuchtend orangerot	sehr fest spritzig	hoch schwach	geringer Schnittaufwand Ausdünnen!

Schnitt

Einige Apfelsorten wachsen von Natur aus sehr stark und brauchen deshalb einen vorsichtigen Schnitt zum richtigen Zeitpunkt, damit dieses starke Wachstum nicht zusätzlich angeregt wird. Andere Sorten und vor allem ältere Bäume zeigen oft nur geringe Triebzuwächse.

Beim ausgewachsenen Apfelbaum ist ein jährliches Triebwachstum von maximal 30 cm anzustreben. Dann steht der Baum im physiologischen Gleichgewicht zwischen Holz- und Fruchtwachstum. Ist der Triebzuwachs deutlich stärker, muß der Baum im August zurückgeschnitten werden und auch in den Folgejahren darf nur im Sommer zur Schere gegriffen werden. Schnitteingriffe im Winter regen dagegen das Wachstum des Holzes an. Neigt ein Baum alters- oder sortenbedingt zum Vergreisen, ist der Winter die richtige Zeit für den Rückschnitt.

den Wuchs fördern	den Wuchs hemmen
– Schnitt im Winter	– Schnitt im Winter
– stärkere N-Düngung	– keine N-Düngung
– gute Wasserversorgung	– Wassermangel
– fruchtbarer Boden	– geringe Bodenfruchtbarkeit – Herunterbinden von Ästen
– geringer Fruchtbehang	– starker Fruchtbehang – Unkraut-Konkurrenz
– starke Unterlage	– schwache Unterlage
– starkwachsende Sorte	– schwachwachsende Sorte

Einteilung der empfohlenen Sorten nach Wuchsstärke

stark	mittelstark	schwach
Blenheim	Bohnapfel	Alkmene
Boskoop	Delbarestivale	Arkcharm
Brettacher	Katja	Berlepsch
Jacob Fischer	Priam	Pilot
Kaiser Wilhelm	Reglindis	Pinova
	Rubinette	Piros
	Vanda	Remo
		Rewena

Nährstoffversorgung

Neben den allgemeinen Grundsätzen für das Düngen von Obstgehölzen ist beim Apfel besonders darauf zu achten, daß Kalium und Calcium im richtigen Verhältnis verfügbar sind, daß Magnesium und Mangan von der Pflanze gut aufgenommen werden können und daß der Stickstoff nicht zu reichlich bemessen wird. Im Pflanzjahr sollten etwa 20 g Rein-Stickstoff je Baum zugeführt werden, aber auch bei Vollertrag sollten 25 g nicht überschritten werden, da überversorgte Bäume winterfrostgefährdet sind. Beim Apfel reagieren die Früchte besonders empfindlich auf zu hohe N-Gaben: sie verlieren an Aroma, färben schlecht aus und sind wenig lagerfähig.

Ist der Apfelbaum mit Kalium überversorgt, leidet darunter die Aufnahme von Calcium und Magnesium. Steht dem Baum zuwenig Kalium zur Verfügung – vor allem bei hohem Fruchtbehang – bilden sich Blattrandnekrosen, die Bäume sind weniger trockenheitstolerant und frosthart. Bei normal mit Kalium versorgten Böden sind jährliche Gaben von 30 g Kalium je Baum ausreichend, möglichst in Form chloridarmer oder chloridfreier Düngerarten.

Auf Magnesiummangel reagiert der Apfel besonders empfindlich. Auf sauren Böden empfehlen sich karbonathaltige Magnesiumdüngemittel, ansonsten ist Kalimagnesia gut geeignet. Normalerweise reichen jährlich 10 g Magnesium je Baum aus.

Nährstoffmangelsymptome an Apfelblättern: Magnesium-Mangel (links), Kalium-Mangel (rechts).

Krankheiten

Beim Apfel treten Virosen und Mykoplasma-Krankheiten meist nur dann auf, wenn kein einwandfreies Pflanzmaterial verwendet wird. Eine nachträgliche Infektion über Zikaden kann die Hexenbesen-Mykoplasmose auslösen. Eine gefürchtete bakterielle Krankheit ist Feuerbrand *(Erwinia amylovora)*. Sie trat 1971 erstmals im Norden und 10 Jahre später im Süden Deutschlands auf. Viele Apfelsorten sind nur wenig anfällig. Inzwischen gibt es gegen Feuerbrand resistente Züchtungen wie die Sorten 'Remo' und 'Rewena'. Sind Bäume erst einmal von Feuerbrand befallen, ist eine Bekämpfung kaum noch möglich, der Baum muß gerodet und verbrannt werden.

Pilze sind die wichtigsten Krankheitserreger beim Apfel. Da die Bekämpfung meist sehr aufwendig ist, sollte über die Sortenwahl vorgebeugt werden. In niederschlagsreichen Regionen wird der Schorf *(Venturia inaequalis)* zum Hauptproblem, in warmen, trockenen Gebieten breitet sich Mehltau *(Podosphaera leucotricha)* aus. Während Mehltau durch Rückschnitt der mit weißem Pilzrasen überzogenen Triebspitzen bekämpft werden kann, gibt es für Schorf im Hausgarten kaum erfolgreiche Maßnahmen. Je nach Witterungsverlauf müßten acht- bis zehnmal Fungizide gespritzt werden. Von daher ist es ratsam, nur gegenüber Schorf unempfindliche Sorten zu pflanzen.

Schadbild des Feuerbrandes:
Blüten, junge Früchte und benachbarte Blätter vertrocknen wie von Feuer versengt. Im Sommer kann der Befall auch von jungen Triebspitzen ausgehen, die sich dann hakenförmig herunterbiegen. Aus erkrankten Zweigen treten zähflüssige Tropfen hervor. Das Holz ist unter der Rinde meist rötlichbraun verfärbt.

Schädlinge

Herrscht im Garten ein gutes biologisches Gleichgewicht, tritt kein Schädling so stark auf, daß Bäume oder Früchte ernsthaft gefährdet werden. Abgesehen von den allgemeinen Obstschädlingen wie Spinnmilben und Blattläusen sind speziell beim Apfel der Apfelwickler, verschiedene Schalenwickler und Blutläuse zu beachten.

Der Befall mit dem Apfelwickler *(Cydia pomonella)* zeigt sich in Form von Bohrlöchern an Früchten, die dann vorzeitig abfallen. Im Garten ist es schwierig, den Apfelwickler chemisch zu bekämpfen. Am ehesten sind biologische Präparate mit *Bacillus thuringiensis* vertretbar, da sie sowohl für die Nützlinge als auch für den Menschen ungefährlich sind.

Blutläuse *(Eriosoma lanigerum)* überziehen als weiße, wollige Kolonien junge Triebe und älteres Holz. Sie verursachen knotenartige Wucherungen, den Blutlauskrebs. Befallene Triebe vertrocknen allmählich. Einige Apfelsorten wie 'Boskoop', 'Cox Orange', 'Goldparmäne' und 'Jonathan' sind besonders anfällig.

In wärmeren Gebieten werden die Blutläuse meist durch die Blutlauszehrwespe *(Aphelinus*

Vorbeugende Maßnahmen gegen den Apfelwickler:

- die von der ersten Faltergeneration befallenen Früchte auflesen und vernichten
- Spritzen mit Wermut- und Rainfarnbrühe ab Juni, da der Geruch die Falter abweist
- Wellpappegürtel mit der glatten Seite nach außen um den Baumstamm binden und wöchentlich die darunter befindlichen Raupen und weiß eingesponnen Puppen vernichten

Ausdünnen:
Bei zu starkem Fruchtbehang muß ein Teil der Früchte, wenn sie die Größe von Kirschen oder Zwetschen erreicht haben, entfernt werden. Der so entlastete Baum ist in der Lage, Fruchtknospen für das kommende Jahr auszubilden. Wird bei übermäßigem Fruchtansatz nicht ausgedünnt, bleiben die Früchte klein, der Baum wird geschwächt und somit anfälliger für negative Einflüsse wie Winterfrost. Im Folgejahr gibt es kaum Ertrag (Alternanz).

mali) begrenzt. Nur bei sehr starkem Befall ist eine Bekämpfung erforderlich. Um die Nützlinge zu schonen, sollte damit aber bis September gewartet werden. Im Winter sind Spritzungen mit biologischen Präparaten wie Neudosan oder Promanal möglich.

Ausdünnen

Einige Apfelsorten neigen dazu, übermäßig viele Früchte anzusetzen und dann im Folgejahr kaum Ertrag zu bringen (Alternanz). Um von diesen Sorten jedes Jahr Früchte guter Qualität ernten zu können, muß spätestens nach dem Junifruchtfall, bei dem sich die Bäume von kleinen, zurückgebliebenen Früchten selbst befreien, ausgedünnt werden.

Dabei sollte pro Fruchtstand nur eine Frucht stehenbleiben. Sitzen die Fruchtstände über 20 cm auseinander und ist der Gesamtbehang nicht übermäßig hoch, können auch zwei Früchte belassen werden. Schattenfrüchte sind bevorzugt zu entfernen.

Langstielige Sorten lassen sich gut von Hand ausknipsen, der Stiel verbleibt dabei am Fruchtstand. Es ist aber auch möglich, den Stiel mit einer stabilen Schere abzuschneiden. Sorten mit dickem, kurzem Stiel können vorsichtig samt Stiel ausgebrochen werden.

Ernte und Lagerung

Besonders bei späten Lagersorten besteht ein Unterschied zwischen Pflück- und Genußreife. Frühe Sorten schmecken bereits direkt vom Baum, sehr spätreife Wintersorten entfalten ihr volles Aroma erst nach einer gewissen Lagerzeit.

Ernte

Um festzustellen, ob Äpfel bereits erntereif sind, wird eine Frucht aufgeschnitten. Bei frühreifen Sorten kann die Ernte bereits beginnen, wenn die Samenkerne erste Ansätze der Braunverfärbung zeigen. Spätreife Sorten sollten erst dann geerntet werden, wenn die Samen deutlich braun sind.

Grundsätzlich ist es empfehlenswert, mehrmals zu pflücken und dabei jeweils die am besten ausgefärbten Früchte mit leicht aufgehellter Grundfarbe zu ernten. Die in Sortenlisten aufgeführten Reifezeiten können nur Richtwerte sein, je nach Unterlage, Standortverhältnissen und jährlichem Witterungsverlauf kann der Erntezeitpunkt um 2 bis 3 Wochen variieren.

Beim Ernten ist darauf zu achten, daß die Früchte nicht gedrückt oder mit den Fingernägeln verletzt werden. Obst, das für die Lagerung bestimmt ist, sollte nur bei trockenem Wetter abgenommen werden. Spätreifende Äpfel vertragen am Baum durchaus Minustemperaturen von –2 oder –3 °C, dürfen aber erst berührt werden, wenn die Temperatur deutlich über 0 °C gestiegen ist.

Lagerung

Einige Apfelsorten wie 'Jonagold' oder 'Gravensteiner' bilden eine Wachsschicht, um sich vor dem Austrocknen zu schützen. Aber selbst solche Sorten müssen kühl und bei hoher Luftfeuchtigkeit aufbewahrt werden, um möglichst lange knackig und saftig zu bleiben. Optimal sind Lagertemperaturen von 2 bis 4 °C und 90 % relativer Luftfeuchte.
Steht nur ein etwas wärmerer, trockener Raum zur Verfügung, können die Äpfel im Folienbeutel aufbewahrt werden. Die Temperatur sollte aber trotzdem nicht über 10 °C steigen. Die Folienbeutel – zweckmäßig sind 5 kg-Säcke – werden dicht verschlossen. Nach etwa 10 Tagen muß mit einer dünnen Stricknadel je 1 kg Inhalt ein Loch in den Sack gestochen werden, damit das durch die Fruchtatmung angereicherte CO_2 die Äpfel nicht schädigt.

Hinweis zur Lagerung:
Wenn Äpfel möglichst lange lagern sollen, dürfen im selben Raum keine Kartoffeln aufbewahrt werden, da deren Atmungsprodukte die Reifung der Äpfel beschleunigen.

Birne

Die Birne *(Pyrus communis)* ist wie der Apfel eine sehr alte Kultur. Bereits den Griechen ist es gelungen, die Wildformen Holzbirne *(Pyrus pyraster)* und Schneebirne *(Pyrus nivalis)* soweit zu „veredeln", daß aus den kleinen, bitteren Früchten genießbares Obst entstand. Die Römer kultivierten die Birne weiter und kannten bereits im 1. Jahrhundert n.Chr. über 40 Birnensorten.
Die Birne und der Apfel sind das „Paar" im Obstgarten. Der Apfelbaum versinnbildlicht seit Urzeiten das weibliche Element, der Birnenbaum das männliche. Durch ihre Symbolik als Paar dienten beide als Liebesorakel für Verliebte. In der Medizin hatte die Birne früher eher einen negativen Ruf; rohe Birnen sind denn auch schwerer verdaulich als Äpfel. Als Kompott oder Saft zubereitet gelten Birnen inzwischen aber als Heilmittel. Sie wirken harntreibend, desinfizierend und magenstärkend. Als Diätkost bei Bluthochdruck, Herz- und Kreislauferkrankungen, Blasen- und Nierenleiden, Rheuma, Gicht und Arthritis werden Birnen ebenfalls eingesetzt.

Standortansprüche und Pflanzmaterial

Birnen haben etwas höhere Wärmeansprüche als Äpfel. Dies betrifft besonders spätreife Lagersorten. Durch entsprechende Sortenwahl ist es aber in fast jedem Garten möglich, einen Birnenbaum zu ziehen.

Boden und Klima

Die Bodenansprüche der Birne ähneln denen des Apfels, wobei die Birne wechselfeuchte oder staunasse Böden und Luftmangel im Wurzelbereich weniger gut verträgt als der Apfel. Auf Quitten veredelte Birnen zeigen nach Nässeperioden und auf kalkreichen Böden verstärkt Chlorosen. Der pH-Wert des Bodens sollte möglichst nicht über 6,5 liegen.
Vor allem spätreifende Lagersorten haben einen hohen Wärmeanspruch. Solche Sorten erreichen nur in sonnenreichen Jahren bzw. an sonnigen Wänden oder in Regionen mit Weinbauklima gute Fruchtqualitäten. Ansonsten bleiben die Birnen nicht nur geschmacklich flach, sondern haben auch trocken-zähes Fruchtfleisch und Steinzellen im Kernhausbereich.
Birnen blühen frühzeitig und sind deshalb stärker blütenfrostgefährdet als der Apfel. Auch das Holz der meisten Birnensorten reagiert empfindlicher gegenüber Winterfrösten als das vieler Apfelsorten.

Unterlagen

Im Gegensatz zum Apfel sind bei der Birne nur einige Unterlagen im Handel. Bei weniger guten Bodenverhältnissen dienen Sämlinge, meist 'Kirchensaller Mostbirne', als Unterlage. Sie vermitteln einen kräftigen Wuchs, gute Standfestigkeit, lange Lebensdauer und hohe Widerstandsfähigkeit gegenüber Holzfrost. Auf Sämlingsunterlagen fruchten die Bäume aber relativ spät, und auch die Fruchteigenschaften bleiben hinter denen auf Quittenunterlagen zurück.
Weitere Vorteile der Quitte als Unterlage sind der deutlich schwächere Wuchs und somit kleinere Bäume, ein günstiger Einfluß auf die Reife, Größe und Qualität der Früchte, der frühere Ertragsbeginn und weniger Alternanz. Birnenbäume auf Quitte als Unterlage haben jedoch eine kürzere Lebensdauer (maximal 40 Jahre), sie sind nicht standfest, weniger winterhart und auf kalkhaltigen Böden oder nach Nässeperioden deutlich anfälliger für Chlorosen.
Am meisten verbreitet ist die aus England stammende Unterlage 'Quitte MA' ('Quitte aus Angers'). Noch schwächer wachsen die Unterlagen 'Quitte MC' ('Rheinlandquitte') und die belgische Selektion 'Quitte Adams'. Für den Hausgarten eignet sich vor allem 'Quitte MA', da diese Unterlage auf Winterfröste weniger empfindlich reagiert.
Seit kurzem gibt es Unterlagen, die gegen Feuerbrand und Birnenverfall resistent sind. Die kanadischen Kreuzungen wurden in Frankreich selektiert. Vielfach ist nur die frostharte Unterlage 'OHF 333' erhältlich. Birnen auf OHF-Unterlagen wachsen etwas stärker als auf 'Quitte MA'.

Birnensorten für den Hausgarten

Sorten nach Reifezeit geordnet (Herkunft/Jahr)	Erntemonat Genußreife	Anfälligkeit für Birnenschorf	Feuerbrand	Holzfrost	Blütenfrost (h = hoch, m = mittel, g = gering)	Ansprüche an Klima	Boden
'Bunte Julibirne' (F, 1857)	M7–A8 M7–A8	sg	h	g	g	warme Lagen	warm reichhaltig feucht
'Frühe aus Trévoux' (F, 1962)	A–M8 E8–A9	m	h	g	g	auch rauhes Klima	warm durchlässig
'Salzburger Birne' (A)	A–E8 8–A9	g		g	g	rauhes Klima	gering
'Williams Christ' (GB, 1770)	E8 A9–M9	m	h	h	m	Weinbau oder Südseite	warm bester Boden
'Gute Graue' (F, 1750)	A9 M9–E9	g	g	m	m	auch sehr rauhes Klima	humos feucht
'Gellerts Butterbirne' (F, 1820)	M9 9–10	m	m	sg	sg	rauhes Klima	feucht durchlässig
'Conference' (GB, 1894)	M–E9 M9–A10	g	m	m	h	auch etwas rauheres Klima	warm gut
'Harrow Sweet' (Can, 1965)	E9 E9–12	g	sg	g	g	nicht zu rauhes Klima	durchlässig
'Madame Verte' (B, 1810)	M–E10 E11–M1	g	g	g	g	auch etwas rauheres Klima	warm feucht humos
'Vereinsdechant' (= 'Doyenne du Comice') (F, 1849)	M10–A11 A–E11	g	m	g	m	nicht zu rauhes Klima	kalkarm
'Präsident Drouard' (E, 1870)	E10–A11 12–2	g		g	g	warmes Klima	warm durchlässig
'Olivier de Serres' (F, 1847)	E10–A11 1–3	m		m	g	Weinbau oder Südwand	warm reichhaltig

Frucht Größe Schale Farbe	Geschmack	Ertrag: Beginn Höhe Alternanz	Baumwuchs Eignung: H = Hochstamm N = Niederstamm S = Spalier	Hinweise	Empfehlung
mittelgroß glatt grün-rot	saftig säuerlich neutral	mittel mittel regelmäßig	schwach H, N	laufend schneiden	sehr früh aber nicht haltbar
mittelgroß glatt gelb-rot	saftig mild frisch	früh hoch regelmäßig	mittel H, N, S	normaler Schnitt	nicht bei Feuer- brandgefahr
klein glatt grün-gelb	saftig süß würzig	spät hoch regelmäßig	stark H	robust wenig Pflege	Hochstamm für rauhe Lagen
mittelgroß glatt gelb	sehr saftig aromatisch süß	früh hoch regelmäßig	schwach H, N, S	gründlich schneiden	nein, anfällig für Frost, Schorf, Mehltau
mittelgroß berostet grau-braun	sehr saftig süß feinwürzig	spät mittel regelmäßig	mittel-stark H, N	pflegeleicht	nicht für trockene Standorte
mittelgroß berostet grün	sehr saftig schmelzend aromatisch	mittel hoch Alternanz	sehr stark H, N	nicht stark schneiden krebsanfällig	ja für rauhe Lagen
mittelgroß berostet grün-gelb	sehr saftig süß würzig	früh sehr hoch regelmäßig	mittel H, N, S	Chlorosen Ausdünnen Parthenocarpie	ja auf gutem Boden
mittelgroß l. berostet grün	saftig süß würzig	früh hoch s. regelmäßig	mittel N, S	leicht formier- bar	ja bei Feuer- brandgefahr
klein-mittel berostet mattgelb	süß aromatisch saftig	spät hoch regelmäßig	schwach-mittel H, N, S	laufend schneiden	ja, sehr robust
groß berostet grün-braun	sehr saftig sehr süß würzig	spät mittel regelmäßig	mittel-stark N, S	Triebe mittellang schneiden	nein bei Feuer- brandgefahr
sehr groß dünnschalig gelbgrün	sehr saftig schmelzend würzig	früh hoch regelmäßig	stark N, S	druck- empfindlich verjüngen	ja, in guten Lagen (Südwand)
mittel berostet grün-gelb	saftig schmelzend würzig	früh hoch regelmäßig	schwach N, S	gründlicher Schnitt	nur für sehr trocken-warmes Klima

Sorten

Auch bei Birnen steht ein breites Spektrum von früh- bis spätreifen Sorten zur Verfügung. Zahlreiche Birnensorten sind etwas weniger krankheitsanfällig als viele Apfelsorten. Es empfiehlt sich aber, im Hausgarten nur solche Sorten zu pflanzen, die für Schorf und mit zunehmender Verbreitung des Feuerbrandes auch für diese Krankheit unempfindlich sind. Deshalb werden nur weitgehend robuste Birnensorten beschrieben. Feuerbrandresistenten Neuzüchtungen wie 'Dawn', 'Harrow Sweet' und 'Moonglow' sind noch nicht in allen Baumschulen erhältlich.

Ebenso wie Apfelsorten sind Birnen selbstunfruchtbar, die Blüten müssen also mit den Pollen einer anderen Birnensorte bestäubt werden. Stehen im weiten Umkreis keine Birnenbäume, sollten mindestens zwei Sorten gepflanzt werden, die im selben Zeitraum blühen. Bei einigen Sorten können sich Früchte ohne vorherige Befruchtung entwickeln (Parthenokarpie). Birnen bilden solche Jungfernfrüchte vor allem nach Blütenfrösten oder unzureichender Fremdbefruchtung aus.

Parthenokarpie:
Jungfernfrüchtigkeit ist die Ausbildung von Früchten ohne Befruchtung der Samenanlage. Die Form von parthenokarpen Früchten ist meist nicht sortentypisch ausgeprägt, Samenkerne fehlen.

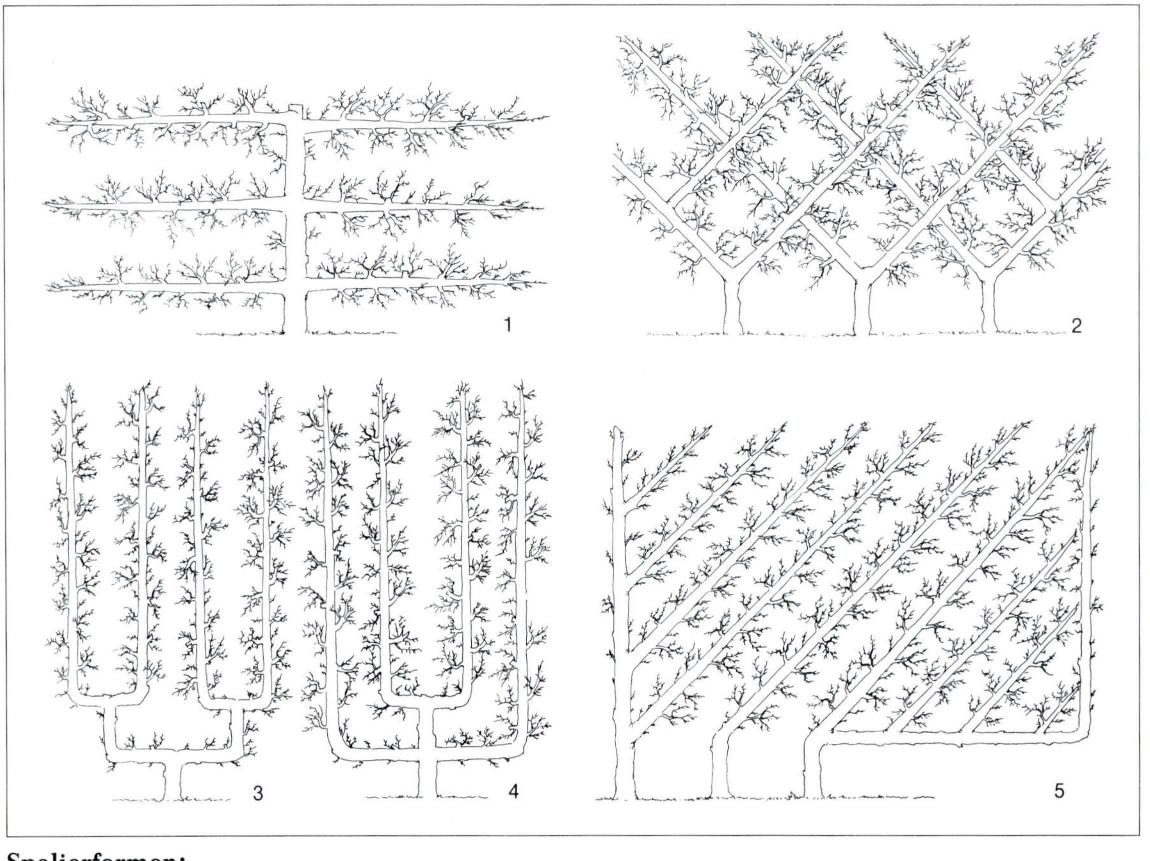

Spalierformen:
1 = Palmette mit waagrechten Cordons **2 = Belgische Hecke**
3 = Verrier-Palmette **4 = Doppel-U-Palmette** **5 = Spalierwand aus schrägen Cordons**

Pflege- und Erntehinweise

Für die Birne gelten ähnliche Grundsätze wie für den Apfel. Nachfolgend werden Hinweise gegeben, die speziell bei der Birne zu beachten sind.

Schnitt

Stärker als der Apfel neigen die meisten Birnensorten zu ausgeprägtem Höhenzuwachs bzw. Betonung der Mittelachse. Dies kommt der Erziehungsform als Wandspalier entgegen. Soll der Baum eine freistehende Krone erhalten, ist besonders darauf zu achten, daß die Höhe der Mittelachse durch Rückschnitt auf den nächsten Konkurrenztrieb begrenzt wird.
Um Birnenbäume als Spaliere zu formieren, sind entsprechende Draht- oder Lattengerüste erforderlich. Die Triebe werden im Frühjahr, wenn der Saftfluß bereits begonnen hat, vorsichtig in die gewünschte Richtung gebogen und befestigt.

Ernährung

Birnen auf Sämlingsunterlagen entwickeln ein tiefes Wurzelsystem, während die Wurzeln der Quittenunterlagen relativ flach liegen. Sie sollten deshalb in den ersten Jahren gut mit Wasser versorgt werden. Es empfiehlt sich zudem, den Boden mit organischer Substanz abzudecken.
Der Kalkbedarf ist etwas geringer als beim Apfel. Der pH-Wert sollte im Bereich von 5,5 bis 6,5 liegen. Besonders die Quittenunterlage reagiert empfindlich auf höhere pH-Werte bzw. zu hohe Kalkgehalte; hellgelbe bis weißliche Blätter (Chlorosen) sind die Folge.
Gleichzeitig wird bei hohem pH-Wert das Spurenelement Bor im Boden festgelegt und kann von der Pflanze nicht aufgenommen werden. Der dadurch bedingte Bormangel zeigt sich in Form von gelblich-brüchigen Blättern im Bereich der Triebspitzen, die Früchte sind verkrüppelt und bilden verstärkt Steinzellen aus. Der pH-Wert muß (nach Bodenanalyse) durch physiologisch saure Dünger gesenkt werden, kurzfristig kann Bormangel auch durch 10g/m² Borax behoben werden.
Birnen benötigen wie der Apfel wenig Stickstoff. Auch für die übrigen Nährstoffe gelten entsprechende Mengenangaben (siehe S. 77).

Krankheitsanfälligkeit von Birnensorten

Sorte	Anfälligkeit für Schorf	Feuerbrand	Sonstiges
'Harrow Sweet'	○	r	
'Dawn'	○	r	
'Condo'	○	○	Krebs
'Conference'	○	◐	Krebs, Chlorose
'Highland'	○	◐	Fruchtfall
'Triumph von Wien'	○	◐	Bleiglanz
'Bunte Julibirne'	○	●	Frost
'Dr. Jules Guyot'	○	●	Obstmade
'General Leclerc'	○	●	Pockenmilbe
'Bristol Cross'	○	●●	Chlorose
'Doppelte Philippsbirne'	○	●●	
'Vereinsdechant'	◐	●	Chlorose
'Moonglow'	◐	r	Chlorose
'Abate Fetel'	◐	◐	Frost, Chlorose
'Alexander Lucas'	◐	◐	Chlorose
'Gellerts Butterbirne'	◐	◐	Krebs
'Boscs Flaschenbirne'	◐	●	Frost
'Tongre' (= 'Tongern')	◐	●	Krebs
'Williams Christ'	◐	●	Frost
'Frühe von Trevoux'	◐	●●	
'Pierre Corneille'	●	◐	
'Clapps Liebling'	●	●	Frost
'Edelcrassane'	●	●	Frost
'Gräfin von Paris'	●	●	Pockenmilbe
'Gute Luise'	●	●	Chlorose
'Köstliche aus Charneux'	●	●	Frost
'Packhams Triumph'	●	●	Frost
'Nordhäuser Winterforelle'	●	●●	Virosen

○ = gering ◐ = mittel ● hoch r = resistent

Krankheiten

Als gefährlichste Krankheit bei Birnen gilt der Feuerbrand (siehe S. 80), da eine Bekämpfung kaum möglich ist. Deshalb sollten nur wenig anfällige oder resistente Sorten gepflanzt werden. Dies gilt auch für den Birnenschorf: möglichst robuste Sorten wählen.

Eine häufige Krankheit ist der Birnengitterrost, deutlich erkennbar an den orangeroten Blattflekken. Als Zwischenwirt für diesen Pilz dient der Sadebaum (*Juniperus sabina*). Besteht die Möglichkeit, solche Pflanzen in der Umgebung zu entfernen, sind weitere Bekämpfungsmaßnahmen nicht mehr erforderlich. Ansonsten können bis zu 5 Flecken pro Blatt ohne Schaden für den Baum geduldet werden, der Zierwert ist aber herabgesetzt. Werden Birnenbäume und der Zwischenwirt mehrmals mit biologischen Kräuter-Netzschwefel-Präparaten wie Bio-S oder Ledaxsan behandelt, läßt sich der Befall vermindern.

Schädlinge

Außer den in der Einführung beschriebenen Schadtieren wie Spinnmilben, Blatt- und Schildläuse, ist speziell bei der Birne auf den Befall mit dem Birnblattsauger zu achten. Je nach Region treten verschiedene Arten des Birnblattsaugers auf. Erste Symptome sind von Honigtau und Rußtau überzogene Triebe, Blätter und Früchte. Bei starkem Befall sterben ganze Zweige ab.

Der Birnblattsauger läßt sich nur schwer bekämpfen. Wirksame Gegenspieler sind Blumenwanzen. Sie halten in ökologisch stabilen Gärten den Schädling normalerweise in Schach. Bei extrem starkem Befall sollte nur unter Anleitung der örtlichen Pflanzenschutzbehörde chemisch bekämpft werden, am besten zu Beginn der zweiten Birnblattsauger-Generation, etwa Anfang Juni. Ernsthafte Schäden durch Birnenblattgallmükken, Birnengallmücken und Birnenknospenstecher kommen nur selten vor.

Ernte und Lagerung

Frühreife Birnensorten werden geerntet, wenn die Grundfarbe sich leicht aufhellt. Nach einigen Tagen sind sie genußreif. Sommerbirnen, die bis zur Vollreife am Baum verbleiben, werden sofort mehlig oder matschig-braun im Kernhausbereich. Die lagerfähigen Winterbirnen sind erntereif, wenn sich die Samenkerne braun verfärben. Genußreif sind ausgesprochene Spätsorten vielfach erst nach Weihnachten.

Sommer- und Herbstbirnensorten lassen sich selbst bei tiefen Lagertemperaturen nur wenige Tage bis Wochen aufbewahren. Die späten Lagerbirnen, die nur im Weinbauklima richtig ausreifen, sind in einem kalten, feuchten Raum durchaus bis Februar haltbar. Für längere Lagerzeiten sind 0 bis 1 °C und 90 % Luftfeuchtigkeit erforderlich.

Nashi

Weltweit werden die aus China stammenden Nashis oder Asienbirnen (*Pyrus pyrifolia*, früher *P. serotina*) öfter gegessen als die in Europa heimische Birne *(Pyrus communis)*. Da viele Nashi-Sorten eine apfelähnliche Form haben, werden sie fälschlicherweise als Kreuzung zwischen Apfel und Birne vermarktet. Aufgrund der geringen Anfälligkeit für Krankheiten und Schädlinge sowie durch das schmucke Aussehen der glänzend grünen Blätter, dem überreichen Besatz mit großen, schneeweißen Blüten und dem hohen Ertrag an attraktiven, saftig-frischen Früchten ist diese Obstart für den Hausgarten gut geeignet. Bei Nashis stehen die Attribute „saftig, knackig, frisch“ im Vordergrund. Der Geschmack ist eher neutral und darf keineswegs mit der einheimischen Birne verglichen werden. Er wird meist als „melonenartig“ beschrieben. Die Dessertfrucht sollte – wie die Melone – gekühlt als saftige Erfrischung gegessen werden.
Die Inhaltsstoffe der verschiedenen Nashisorten variieren nicht stark. Im Vergleich zur einheimischen Birne schmecken Nashis süßer. Ursache ist der deutlich geringere Säuregehalt bei in etwa vergleichbaren Zuckerwerten.

Inhaltsstoffe von Nashis und Birnen

Inhaltsstoffe (je 100 g Frischgewicht)		Nashi *(Pyrus pyrifolia)*	Birne *(Pyrus communis)*
kcal/kJ		51/213	56/234
Wasser	(g)	85,8	84,3
Eiweiß	(g)	0,5	0,5
Fett	(g)	0,2	0,3
Kohlenhydrate	(g)	11,7	12,8
Rohfaser	(g)	0,8	1,8
Calcium	(mg)	40	122
Magnesium	(mg)	35	10
Eisen	(mg)	0,2	0,3
Vitamin C	(mg)	2,0	5,0

Standortansprüche und Pflanzmaterial

In ihrem Ursprungsgebiet im fernen Osten werden Nashis in den klimatisch gemäßigten Zonen angebaut. Sie haben ähnliche Ansprüche wie die europäischen Birnen und gedeihen somit an allen Standorten, die für Birnen geeignet sind. Tiefe Wintertemperaturen werden ebenfalls bis –20 °C vertragen. Der Standort sollte allerdings windgeschützt sein, da Triebe und Früchte empfindlich reagieren. Nashis blühen etwas früher als Birnen, deshalb ist die Gefahr für Blütenfröste größer. Nashis bevorzugen leichte, fruchtbare Böden mit einem pH-Wert zwischen 5,0 und 6,5. Ähnlich wie bei der Birne sind tonige oder kalkhaltige Böden zu meiden, da sie Eisenchlorose und Magnesiummangel hervorrufen. Nashis reagieren darauf besonders empfindlich.

Sorten

Von den weit über 100 Sorten dieser Obstart sind vorwiegend die apfelförmigen im Anbau. Es gibt zwei Typen: glattschalige und gleichmäßig berostete Früchte. Die Fruchtgröße variiert je nach Fruchtbehang und Sorte zwischen Aprikosen- und Apfelgröße. Im größeren Umfang werden in den deutschsprachigen Ländern nur eine Handvoll Sorten angebaut. Einige haben aufgrund

Apfelförmige Nashi-Frucht im Längsschnitt.

ihrer ungewöhnlich langen Blühperiode einen besonders hohen Zierwert. Dazu gehören 'Nijisseiki', 'Shinko' und 'Suisei'. Die Eigenschaften der wichtigsten Nashisorten sind in der Tabelle beschrieben. Für den Hausgarten sind die glattschalige 'Shinseiki' und die äußerst attraktiven, bronzefarben berosteten 'Chojuro' und 'Hosui' zu empfehlen, da sie nicht nur robust, sondern auch weit verbreitet und somit verfügbar sind.

Befruchtung

Die in Europa angebauten Nashisorten sind untereinander als Befruchter geeignet. Nashis und europäische Birnen können sich gegenseitig befruchten. Wichtig ist allerdings, daß der Blühzeitpunkt übereinstimmt. Ohne Befruchtung durch eine andere Nashi- oder Birnensorte entwickeln sich nur wenige, meist verkrüppelte Früchte.

Beschreibung der wichtigsten Nashisorten

Sorte nach Reifezeit (Übersetzung)	Aussehen	Fruchtgröße (in g)	Geschmack	Wuchs	Anfälligkeit
'Shinsui' (Frisches Wasser)	berostet mittelbronze	mittel (170)	gut saftig	stark	krebsanfällig
'Kosui' (Wohltuendes Wasser)	berostet mittelbronze	mittel (190)	sehr gut saftig-süß	sehr stark	krebsanfällig
'Shinseiki' (Neues Jahrhundert)	glattschalig hellgelb	groß (210)	gut saftig-süß	mittel	kein Schorf
'Hosui' (Überfluß)	berostet dunkelbronze	groß (230)	sehr gut aromatisch	stark	Glasigkeit bei zu später Ernte
'Chojuro' (Langes Leben)	berostet dunkelbronze	groß (230)	gut grobzellig	mittel	kaum Schorf
'Nijisseiki' (20. Jahrhundert)	glattschalig grüngelb	groß (220)	mäßig saftig neutral	mittel	empfindlich für Feuerbrand
'Shinko' (Frisches Vergnügen)	berostet mittelbronze	groß (230)	gut zart-süß	schwach	relativ hohe Säurewerte
'Okusankichi'	berostet mittelbronze	groß (240)	mäßig saftig-frisch	sehr stark	warme Regionen

Befruchtungsverhältnisse bei Nashis

Sorte	Befruchtersorte
Chojuro	Hosui, Shinko
Hosui	Nijisseiki, Shinseiki, Shinsu, Shinko, Chojuro
Kosui	Hosui, Nijisseiki, Shinseiki, Chojuro
Nijisseiki	Chojuro, Shinseiki, Hosui, Kosui, Shinsui
Shinseiki	Chojuro, Hosui, Kosui, Nijisseiki, Shinko
Shinsui	Hosui, Nijisseiki, Shinseiki, Shinko

Unterlagen

Nashis sind mit Quittenunterlagen unverträglich. In Japan wird der Sämling von *Pyrus pyrifolia*, also die Nashi selbst, als Unterlage verwendet. Sie ist kältetolerant bis –30 °C, feuerbrandtolerant, verträgt aber keine naßkalten Böden. Nashis auf eigenen Sämlingsunterlagen bringen früh Ertrag, der Wuchs ist aber sehr schwach. In Europa werden Nashis vorwiegend auf 'Kirchensaller' Birnensämlinge *(Pyrus communis)* veredelt. Sie sind allerdings nicht für kalkhaltige Böden und bei Feuerbrandgefahr geeignet. Deshalb sollten bei *Pyrus communis*-Unterlagen eher die feuerbrandresistenten OHF-Selektionen verwendet werden.

Für extreme Böden (schwer oder sandig, salzhaltig oder kalkreich) ist die Unterlage *Pyrus betulifolia* gut geeignet. Der Ertragseintritt erfolgt aber später, der Wuchs ist ein Drittel stärker als auf der Birnenunterlage *Pyrus communis*. Derzeit werden zahlreiche andere Birnenarten als mögliche Nashiunterlagen geprüft, sind aber am Markt noch nicht erhältlich.

Pflege- und Erntehinweise

Die Pflegeansprüche entsprechen weitgehend den Anforderungen der europäischen Birnensorten. Die Düngungsempfehlungen können übernommen werden. Nashis reagieren allerdings auf hohe Kalkgehalte noch sensibler als Birnen.

Schnitt

Da Nashis, besonders auf der Unterlage *Pyrus communis*, mit zunehmendem Alter schwächer wachsen, müssen sie stärker als europäische Birnen zurückgeschnitten werden. Dies gilt vor allem für schwächer wachsende Sorten wie 'Shinko' oder 'Shinseiki'. Hier darf bereits am jungen Baum kräftig geschnitten werden.

Nashis sind äußerst fruchtbar, die meisten der zahlreichen Blüten setzen Früchte an. Im Gegensatz zu den europäischen Birnensorten gibt es auch kaum Verluste durch den Junifruchtfall. Wird der überreiche Fruchtansatz nicht ausgedünnt, bleiben die Früchte klein und ungenießbar, im Folgejahr gibt es keinen Ertrag. Pro Fruchtbüschel sollte maximal eine Frucht stehenbleiben. Bei gleichmäßigem Fruchtbehang gilt als Faustregel ein Abstand von mindestens 15 cm zwischen den einzelnen Früchten.

Krankheiten und Schädlinge

Nashis sind weniger krankheitsanfällig als die einheimische Birne. Auf Feuerbrand reagiert nur die Sorte 'Nijisseiki' hochsensibel. Auf feuchtkühlen Standorten kann das Holz, vorwiegend bei den Sorten 'Shinsui' und 'Kosui', mit dem Krebspilz *(Nectria galligena = Cylindrocarpon mali)* befallen werden. Unter extrem feuchten Klimabedingungen kann an Blättern und Früchten Schorf auftreten. Die Sorten 'Shinseiki' und 'Chojuro' reagieren weitgehend unempfindlich auf den Schorfpilz.

Die auffälligsten Schädlinge sind Vögel, die von den saftigen, golden leuchtenden Früchten angelockt werden. In trocken-heißen Regionen können sich Spinnmilben ausbreiten, sofern nicht genügend Raubmilben im Garten vorhanden sind. Vereinzelt treten auch Blattläuse auf.

Ernte und Lagerung

Die Haut der Nashis ist äußerst empfindlich, besonders bei glattschaligen Sorten. Es entstehen leicht Kratzer, die nach kurzer Zeit dunkel werden. Da die meist dünnen, langen Stiele hart und starr sind, können sich die Früchte gegenseitig verletzen.

Nashis sind erntereif, wenn sich die Grundfarbe deutlich aufgehellt hat und die Früchte bereits süßlich schmecken. Reife Früchte fallen nicht ab. Einige Sorten wie 'Hosui' und 'Chojuro' bekommen allerdings einen penetranten Parfümgeschmack, wenn sie zu spät geerntet werden. Es ist ratsam, in mehreren Pflückgängen jeweils die reifsten Früchte zu entnehmen. Für die Lagerung bestimmte Früchte müssen einige Tage vor der Genußreife geerntet werden.

Nashis sind bei Zimmertemperatur über 2 Wochen haltbar, Birnen nur wenige Tage. Die spätreifen Sorten 'Nijisseiki', 'Chojuro', 'Shinseiki' und 'Okusankichi' können bei frühzeitiger Ernte bis zu 7 Monate im Kühllager (0 bis 1 °C) aufbewahrt werden, reif geerntete Früchte sind 2 bis 3 Monate haltbar. Frühsorten lassen sich maximal 10 Wochen kühllagern. Im Naturlager halten sich Nashis ebenfalls länger als Birnen.

Quitte

Die Quitte *(Cydonia oblonga)* wird seit über 4000 Jahren kultiviert und gehört zu den ältesten Obstarten. Diese von den Römern als „wolliger Apfel“ bezeichnete Frucht stammt aus Südwestasien, vermutlich Transkaukasien.

Völlig zurecht hat die Quitte den Titel „Krönung des Obstgartens“ erhalten. Quittenbäume sind eine ausgesprochene Zierde für den Hausgarten: die einzeln aufrecht sitzenden, großen, zartrosa gefärbten Blüten erscheinen nach den dunkelgrünen, schöngeformten Blättern. Die leuchtend gelben Früchte gelten ebenfalls als aparter Baumschmuck.

Quitten benötigen nur geringe Pflege und sind kaum anfällig für Schaderreger. Die Quitte ist somit die ideale Obstart für den Hausgarten, da sie wie kaum eine andere Gehölzpflanze Nutz- und Zierwert in sich vereint.

Standortansprüche und Pflanzmaterial

Die Quitte ist äußerst genügsam und paßt sich nahezu jedem Standort an. Für den Erwerbsanbau sind allerdings warme, geschützte Lagen wünschenswert, damit regelmäßig hohe Mengen großer Früchte geerntet werden können.

Boden und Klima

Quitten haben ähnliche Wärmeansprüche wie Birnen. Unter –20 °C im Winter können die Fruchtknospen erfrieren, bei noch tieferen Temperaturen wird auch das Holz geschädigt. Da Quitten sehr spät blühen – die Blätter erscheinen zuerst – besteht kaum Blütenfrostgefahr.

An die Bodenqualität stellen Quittenbäume geringe Ansprüche und gedeihen selbst auf wenig fruchtbaren, trockenen Standorten. Nur extrem kalte, staunasse Böden sind zu meiden. Auf kalkreichem Untergrund können Chlorosen auftreten.

Unterlagen

Quitten wachsen von Natur aus strauchförmig. Für Bäume wird als Unterlage größtenteils die 'Quitte MA' verwendet, da die Unterlage 'Quitte MC' frostempfindlicher ist. Die früher gebräuchlichen Weiß- oder Rotdorn-Unterlagen reagieren auf die Bakterienkrankheit Feuerbrand hochanfällig. Aus demselben Grund scheidet auch die Eberesche als Unterlage aus. Bäume, die auf 'Quitte MA' veredelt sind, brauchen in den ersten Jahren einen Pfahl.

Sorten

Von den etwa 200 Sorten, die weltweit angebaut werden, sind viele selbstfruchtbar, bringen also ohne eine andere Sorte in der Umgebung gute Erträge. Die Quittensorten werden nach ihrer Form in zwei Gruppen gegliedert:

- apfelförmige Quitten mit trocken-hartem, aber hocharomatischem Fruchtfleisch und
- birnenförmige Quitten mit weichem, steinzellenarmem Fruchtfleisch.

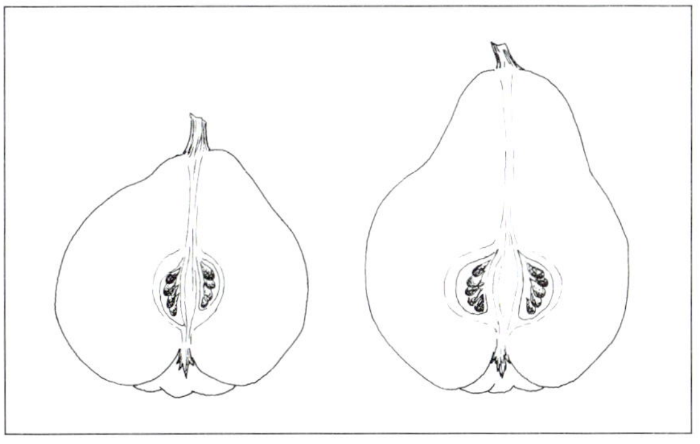

Apfel- und Birnenquitte im Längsschnitt.

Am bekanntesten sind die Apfelquittensorten 'Konstantinopeler' und 'Riesenquitte von Leskovac'. Letztere ist nicht ausreichend selbstfruchtbar und anfällig für *Penicillium*-Fruchtfäule und somit für den Hausgarten ungeeignet.

Bei den Birnenquittensorten 'Bereczki', 'Champion', 'Ronda', 'Portugiesische Quitte' und 'Riesenquitte von Vranja' ist letztgenannte aufgrund ihrer Frost- und Mehltauanfälligkeit sowie der Neigung zu Fleischbräune für den Hausgarten nicht empfehlenswert. Die 'Portugiesische Quitte' eignet sich infoge der geringen Winterfrosthärte nur für warme, gute Böden in milden Klimaten.

Quittensorten für den Hausgarten

Sorte	Frucht		Erntemonat	Klima	Anfälligkeit	Empfehlung
(Gruppenzugehörigkeit) Herkunft	-größe -form -farbe	-fleisch -Geschmack	Genußreife	Boden		
'Bereczki' (Birnenquitte) Ungarn	sehr groß bauchig goldgelb filzarm	gelblich gekocht: rosa fest mild	E9–A10 bis M11	holzfrost- empfindlich kalk- empfindlich	robust gesundes Laub	nur für warme Lagen
'Champion' (Birnenquitte) USA	mittel-groß gleichmäßig zitronengelb graufilzig	hellgelb fest, saftig würzig stark duftend	A10 bis A12	relativ holz- frosthart geringe Bodenansprüche	sehr robust kaum Fleischbräune	ja
'Konstantin- opeler' (Apfelquitte) Orient	mittel-groß gerippt hellgelb filzarm	weißgelb feinkörnig saftreich hocharomatisch	M10 bis E11	sehr holz- frosthart relativ geringe Bodenansprüche	sehr robust	ja
'Ronda' (Birnenquitte) Schweiz	groß mittelbauchig goldgelb filzig	gelblich fest intensiv aromatisch	M10 bis E11	relativ holz- frosthart relativ geringe Bodenansprüche	robust mäßig für Blattbräune	bedingt

Pflege- und Erntehinweise

Für Pflanzung und Erziehung der Quittenbäume gelten ähnliche Grundsätze wie für Apfel und Birne. Besonderheiten werden erläutert.

Pflanzung und Schnitt

Während für Apfel- und Birnenbäume eine Herbstpflanzung vorteilhaft ist, sollten Quitten in rauheren Klimaregionen im Frühjahr gepflanzt werden, da junge Quittenbäume besonders frostgefährdet sind.

In den ersten Standjahren wird der für Kernobstbäume übliche Erziehungsschnitt durchgeführt. Quitten bilden aber auch ohne jeglichen Schnitt eine lockere, strauchförmige Baumkrone. Um die Verzweigung zu fördern, können stärkere Triebe eingekürzt werden. Bei älteren Bäumen wird nur noch ausgelichtet, da sich im dunklen Kroneninnern keine Früchte entwickeln. Wie bei Johannisbeersträuchern sollten gelegentlich alte Fruchtäste weggeschnitten und neues Holz herangezogen werden.

Bodenpflege und Düngung

Die Quittenunterlage bildet flache Wurzeln, der Boden sollte deshalb nicht tief gehackt werden. Quitten wachsen und fruchten auch auf nährstoffarmen Böden, sie können also verhaltener als Äpfel und Birnen gedüngt werden. Stickstoff sollte allenfalls im Frühjahr gegeben werden. Kaliummangel kann bei starkem Fruchtbehang gelegentlich auftreten.

Krankheiten und Schädlinge

Krankheiten und Schädlinge kommen bei Quitten nur selten vor. Gegen Schädlinge wie Frostspanner, Apfelwickler, Grüne Apfellaus und Rosenzikade sind keine Behandlungen erforderlich, da sie höchst selten so stark auftreten, daß der Baum in seinem Zier- oder Gesundheitswert beeinträchtigt wird.

An Pilzerkrankungen sind Blattbräune und *Monilia* bekannt. Der Erreger der Quittenblattbräune *Diplocarpon soraueri* zeigt sich in Form von rötlich-braunen Flecken, die dazu führen können, daß die Blätter vorzeitig abfallen. Gelegentlich sind auch an den Früchten krustige, schwarze Beläge zu sehen.

Monilia oder Spitzendürre wird durch *Sclerotinia cydoniae* hervorgerufen. Die Blätter der Triebspitzen verbräunen und auch die befallenen Jungfrüchte vertrocknen. Die Pilzkrankheit kann bekämpft werden, indem kranke Triebe mindestens 10 cm weit ins gesunde Holz zurückgeschnitten werden.

Rund um die Ernte

Je nach Sorte und Standort liegt die Pflückreife der Quitten zwischen Anfang und Ende Oktober. Wenn die grüne Grundfarbe in kräftiges Gelb umschlägt, sind die für das Lager vorgesehenen Früchte pflückreif. Auch für Gelee bestimmte Quitten sollten nicht zu spät geerntet werden, da das für die Gelierwirkung notwendige Pektin mit zunehmender Reife abgebaut wird.

Lagerung

Obwohl das Fruchtfleisch der Quitten hart ist, haben sie eine empfindliche Schale. Sollen Quitten einige Wochen aufbewahrt werden, müssen sie beim Farbumschlag von grün nach gelb vorsichtig geerntet werden. Bleiben sie ohne weiteres Berühren im kühlen Raum liegen, können sie je nach Sorte bis zu 10 Wochen lagern. Vor allem bei der Sorte 'Champion' verfärbt sich das Fruchtfleisch erst sehr spät (Fleischbräune).

Inhaltsstoffe

Der Gehalt an Vitamin C entspricht mit 30 mg pro 100 g Frischgewicht in etwa dem Apfel, der Zuckergehalt ist etwas niedriger. Besonders hoch ist der Pektin-Anteil (bis 1,8 %) und der Gerbstoffgehalt (bis 0,35 %). Die Schleimstoffe wirken sich wohltuend auf die Schleimhäute aus, den Pektinen wird eine wichtige Funktion beim Entgiften des Körpers von radioaktiven Elementen zugeschrieben.

Je nach Sorte sind Quitten unterschiedlich stark mit einem filzigen Belag überzogen, der den Geschmack der Quittenprodukte beeinträchtigen kann. Deshalb sollten die Früchte abgebürstet werden, ehe man sie kocht oder abpreßt.

Verwendung

In Mittelasien gibt es Sorten (z.B. 'Shirin'), die roh wie Äpfel gegessen werden können. Die in Mitteleuropa angebauten Sorten liefern vorrangig Verarbeitungsfrüchte. Obwohl Quitten hart und trocken wirken, haben sie eine gute Saftausbeute. Aufgrund des hohen Gerbstoffgehaltes sollte Quittensaft allerdings mit Birnen- oder Apfelsaft gemischt werden. Besonders beliebt ist Quittengelee. Zusammen mit Äpfeln entsteht Kompott mit unvergleichlichem Aroma. Mitgekocht bei Fleischgerichten verfeinern Quitten nicht nur deren Geschmack, sondern sind selbst auch eine bekömmliche Beilage.

Bereits im 4. Jahrhundert v. Chr. hat Hippokrates die Quitte als die für Heilzwecke nützlichste Frucht bezeichnet. Sie wirkt durch ihre hohen Gehalte an Gerb- und Schleimstoffen entzündungshemmend und reizmildernd. Der Schleim aus aufgeweichten Quittenkernen kühlt und heilt spröde Lippen, rissige Haut, Verbrennungen und Entzündungen. Neben der äußeren Anwendung hilft Quittenschleim als Trank eingenommen gegen Bronchitis und Magenschleimhautentzündung. Die getrockneten Samen der Quitte geben auch beim Lutschen Schleimstoffe ab, die lindernd bei Halsschmerzen und Husten wirken.

Früher wurden die vielseitigen Früchte auch als sogenannte „Schmeckbirnen" verwendet: Duftspender, die in Wäscheschränken ihren Wohlgeruch auf Kleider übertragen und Motten fernhalten. Im Wohnzimmer verbreitet die Quitte durch ihren feinen Geruch eine behagliche Atmosphäre.

Zierquitten

Die quittenähnlich aussehenden Früchte haben den *Chaenomeles*-Arten den Namen „Zierquitten" eingetragen. Die bekannteste Form ist *Chaenomeles japonica*, die Japanische Zierquitte, ein knapp meterhoher Busch mit eiförmigen Blättern, langen Dornen und intensiv roten, äußerst attraktiven Blüten. Im Herbst werden die je nach Sorte 20 bis 150 g schweren, kugeligen Früchte sichtbar.

Inhaltsstoffe der Zierquitte 'Cido' im Vergleich zu Quitte und Zitrone

Inhaltsstoffe (je 100 g Frischgewicht)	Zierquitte 'Cido'	Zitrone	Quitte
Vitamin C (mg)	bis 145	bis 65	bis 30
Zucker (%)	2–3	7	10
org. Säure (%)	3,5–7	3,5–7	0,8
Pektin (%)	bis 1,8		bis 1,8

Sorten

Seit einiger Zeit werden die Zierquitten züchterisch bearbeitet, es entstanden Sorten mit besonders hohen Gehalten an wertvollen Inhaltsstoffen. In Lettland werden Zierquitten als „Nordische Zitronen" bezeichnet und großflächig angebaut. Der Vitamin C-Gehalt der dort verbreiteten, dornenlosen Sorte 'Cido' ist doppelt so hoch wie bei der Zitrone. In Berlin wurden die Zierquitten-Klone 'Fusion' und 'Crimson and Gold' selektiert, die besonders attraktive Blüten haben und gute Erträge liefern.

Verwendung

Abgesehen vom hohen Zierwert im Garten und der Verwendung für Sträuße und Gestecke sind die Blüten wertvolle Nektar- und Pollenspender für Bienen. Auch die zunächst gelbgrünen, später leuchtend hellgelben Früchte aller *Chaenomeles*-Arten sind nicht nur dekorativ, sondern lassen sich genauso vielseitig verwerten wie Quitten. Ihr intensives Aroma verfeinert Säfte, Kompott und Gelee.

Süßkirsche

Ursprünglich stammt die Süßkirsche *(Prunus avium)* aus Kleinasien, hat sich aber schon in der Jungsteinzeit in Europa verbreitet. Früher galt der Kirschbaum als unheimlich. Besonders bei Mondlicht sollen sich dort blasse Geister und Elfen versammeln. Die christliche Symbolik hat die Kirsche zu einer verbotenen, sündigen Frucht gestempelt. Es gab zahlreiche Kirschbaum-Bräuche, übriggeblieben ist nur die Tradition der „Barbarazweige": Kirschzweige, die am Barbara-Tag, dem 4. Dezember, in einem warmem Raum ins Wasser gestellt werden, blühen an Weihnachten.

In Japan wird kein anderer Baum so verehrt wie der Kirschbaum. Ihm zu Ehren wird seit 1000 Jahren das Kirschblütenfest gefeiert. Daß bei den Japanern die Blüte im Vordergrund steht, wird daraus deutlich, daß sie zahlreiche Zierkirschen züchteten, die keine Früchte tragen.

Wie die Urform Vogelkirsche bilden die heute angebauten Süßkirschensorten große Baumkronen. Inzwischen gibt es aber einige schwächerwüchsige Unterlagen, so daß sich auch im kleinen Hausgarten für diese wunderschön blühende Obstart mit ihren begehrten Früchten ein Platz findet. Ähnlich wie beim Apfel ist die ökologische Anbaubreite der Kirsche verhältnismäßig groß. Entsprechend ist diese Obstart in Europa von Süditalien bis Südschweden vertreten.

Standortansprüche und Pflanzmaterial

Da die Süßkirsche in Bezug auf die Wärme nicht besonders anspruchsvoll ist, gedeiht sie auch in Höhenlagen. Tiefe Wintertemperaturen unter −25 °C führen zu Frostschäden am Holz. Die frühzeitig erscheinenden Blüten reagieren empfindlich auf Spätfröste. Kühle Witterung im Frühjahr fördert das „Röteln" (vorzeitiger Fruchtfall).

In Regionen mit hohen Niederschlägen in der Ernteperiode entstehen je nach Sorte große Ertragsausfälle, weil die Früchte platzen. Festfleischige Knorpelkirschen sind besonders gefährdet. Freie, dem Wind zugängliche Standorte sollten bevorzugt werden, damit die Baumkronen rasch abtrocknen und die Früchte somit weniger faulen.

Kirschen gedeihen auch auf trockenen Böden. Auf feuchteren Standorten ist eine gute Bodenstruktur und damit ausreichende Durchlüftung wichtig, da die Süßkirsche empfindlich auf staunasse und wechselfeuchte Böden reagiert. Die Bäume sind auf solchen Standorten verstärkt anfällig für Gummifluß, Winterfrost und *Monilia*. Vor allem Jungpflanzen sterben auf nassen Böden rasch ab. In Bezug auf den pH-Wert sind Kirschen gut anpassungsfähig und gedeihen im Bereich von pH 5,3 bis 7,5.

Röteln:
Der vorzeitige Fruchtfall ist die Folge von physiologischen Störungen während des Fruchtwachstums und tritt verstärkt nach naßkalter Witterung oder sehr warmen Nächten in der kritischen Entwicklungsphase auf. Der Rötel-Fruchtfall erfolgt meist 60 bis 70 Tage nach der Blüte und kann durch Pflegemaßnahmen nicht verhindert werden. Einige Sorten wie 'Schneiders Späte' sind besonders anfällig. Das Röteln kann den Ertrag deutlich verringern.

Pflanzmaterial

Neben dem altbewährten Standardsortiment gibt es einige interessante Neuzüchtungen. Auf geeigneten Standorten liegen erste positive Erfahrungen mit schwachwachsenden Unterlagen und somit kleinkronigen Kirschenbäumen vor. Aber auch auf den robusteren, stärkerwüchsigen Unterlagen ist es möglich, durch entsprechende Baumerziehung die Höhe und das Kronenvolumen zu beschränken.

Unterlagen

Nach wie vor werden hauptsächlich starkwüchsige Vogelkirschen-Unterlagen verwendet. In

Unterlagen für Süßkirschen

Unterlage (Abstammung)	Baumhöhe Wuchsstärke	Eigenschaften	Empfehlung
'Hüttners Hochzucht' (*Prunus avium* Sämling)	5–8 m 100 %	später Ertragsbeginn wenig Gummifluß ausreichend frosthart nicht virusfrei	ja, sehr robust, aber große Baumkrone (in kleinen Gärten nur bei guter Schnittkenntnis)
'F12/1' (*Prunus avium* vegetativ)	5–8 m 100 %	etwas weniger frosthart, etwas mehr Gummifluß, spitzere Astwinkel als 'H. Hochzucht'; virusfrei	s. o.
'Colt' (*Prunus avium* × *Prunus pseudocerasus*)	4–6 m 70 %	früher Ertragsbeginn, frostempfindlich, bei Trockenheit etwas kleinere Früchte als auf *Prunus avium*	für feuchte, nicht extrem winterkalte Standorte
'Gisela 5'	3–4 m 50 %	früher Ertragsbeginn frosthart, flache Astwinkel	nur für kleine Gärten mit guten Böden, pflegeintensiv
Weirootgruppe (*Prunus cerasus*) - 'W 13' - 'W 158'	2–4 m 70 % 50 %	sehr früher Ertragsbeginn, hohe Fruchtbarkeit	nur für kleine Gärten mit trocken-warmen Böden, pflegeintensiv

einigen Regionen hat sich die um ein Drittel schwächer wachsende Unterlage 'Colt' (*Prunus avium* × *Prunus pseudocerasus*) durchgesetzt. 'Colt' eignet sich nicht für jeden Standort. In winterkalten Gebieten sind besonders Jungpflanzen auf 'Colt' holzfrostgefährdet, bei Trockenheit bleiben die Früchte klein.

Weitere schwachwachsende Unterlagen sind die 'Gisela'-Selektionen aus Gießen und die GM-Unterlagen ('Damil', 'Camil', 'Inmil') aus Belgien. Die sogenannten 'Weiroot'-Unterlagen stammen aus Weihenstephan und sind Selektionen von *Prunus cerasus*. Süßkirschen auf 'Weiroot' sind je nach Typ extrem schwachwüchsig, die Bäume werden teilweise nur 2 bis 3 m hoch.

Eine Empfehlung für schwachwüchsige Unterlagen kann bislang nur bedingt ausgesprochen werden, da wenig Erfahrungen mit der Verträglichkeit zwischen Unterlage und Sorte und dem allgemeinen Baumverhalten vorliegen. Je schwächer die Unterlage gewählt wird, desto empfindlicher reagiert der Baum auf negative Einflüsse.

Sorten

Die Süßkirschen werden in weiche Herzkirschen und feste Knorpelkirschen unterteilt und je nach Reifezeit sogenannten Kirschenwochen zugeordnet. Für warme Regionen, in denen die Kirschfruchtfliege auftritt, sind nur Sorten der ersten 4 Kirschenwochen geeignet, da diese nicht befallen werden.

Süßkirschensorten

Sorte (Herkunft)	Reifezeit (Kirschenwoche)	Blühzeit Befruchtersorten	Frucht -größe -farbe -saft	Fruchtfleisch Geschmack	Eigenschaften
1 'Burlat' (F)	1–2	mittelfrüh 6, 7, 1, 2	groß dunkelrot hell	fest saftig-süß aromatisch	Vogelschutz nötig platzt leicht
2 'Magda' (CH)	2–3	mittelfrüh 7, 1	groß braunschwarz dunkel	mittelfest sehr saftig angenehm	platzfest robust
3 'Merton' Glory (GB)	3	mittelfrüh 6, 7	groß rot hell	weich süß erfrischend	fault leicht Baum robust
4 'Johanna' (D)	3–4	mittelspät 7	groß schwarzrot dunkel	mittelfest saftig-süß aromatisch	folgernde Reife möglich robust
5 'Sam' (Can)	4	mittelspät 7	mittelgroß rotbraun hell	fest saftig würzig	platzfest fault leicht
6 'Lapins' (USA)	5	mittel selbstfertil	sehr groß dunkelrot hell	sehr fest knackig-süß angenehm	relativ platzfest robust
7 'Stella' (Can)	6	mittelspät selbstfertil	groß braunschwarz hell	fest saftig-frisch mild	platzt leicht rötelt robust
8 'Oktavia' (D)	6	spät 7	groß dunkelrot hell	mittelfest saftig würzig	folgernde Reife platzt und fault kaum robust
9 'Viola' (D)	6–7	spät 6	groß schwarz dunkel	weich frisch würzig	folgernde Reife platzt nicht robust
10 'Regina' (D)	7	spät 7	groß braunrot mittel	fest saftig-süß aromatisch	folgernde Reife platzt und fault kaum robust
11 'Schauenburger' (D)	7–8	spät 7	mittelgroß braunrot mittel	fest saftig-frisch angenehm	folgernde Reife robust fault kaum

Befruchtung

Mit Ausnahme weniger Sorten sind alle Süßkirschen selbstunfruchtbar, also auf die Bestäubung mit Pollen einer anderen Sorte angewiesen. Parthenokarpie (Fruchtwachstum ohne Befruchtung) ist bei Steinobst nicht möglich. Im Umkreis von maximal 100 m sollte eine geeignete Befruchtersorte stehen.

Bei Süßkirschen tritt das besondere Problem der Kreuzungsunverträglichkeit bzw. Gruppenunfruchtbarkeit (Intersterilität) auf. Die Kirschensorten, die sich gegenseitig nicht befruchten können, werden in Intersterilitätsgruppen zusammengefaßt. Sofern sich die Blühzeiten entsprechen, ist zwischen den einzelnen Gruppen eine Befruchtung möglich. Bei allen für den Hausgarten empfohlenen Sorten sind geeignete Befruchter aufgeführt.

Steht keine passende Befruchtersorte im Umkreis und ist im eigenen Garten nur ein Kirschbaum vorgesehen, bieten sich die selbstfertilen Sorten 'Stella', 'Lapins' und 'Sunburst' an, die als spätreife Sorten aber in gefährdeten Regionen von der Kirschfruchtfliege befallen werden können.

Pflegehinweise

Kirschenbäume brauchen in den ersten Jahren gründliche Pflege, sind bei günstigen Startbedingungen dann aber vital und pflegeleicht. In den ersten zwei Standjahren sollte die Konkurrenz anderer Pflanzen vermieden und vor allem die Baumscheibe freigehalten werden. Die Nährstoffansprüche sind relativ gering, es genügen ähnliche Düngermengen wie beim Apfel. Jungbäume auf schwachwachsenden Unterlagen müssen ausreichend mit Wasser versorgt werden.

Schnitt

Je nach Standort, Unterlage und gewünschter Baumgröße bieten sich bei der Süßkirsche unterschiedliche Schnittmethoden an. In feuchtkühlen Regionen hat es sich bewährt, die robusten, starkwachsenden Unterlagen 'Hüttners Hochzucht' oder 'Colt' zu wählen. Die Krone kann dann durch die sogenannte „stärkebezogene Schnittbehandlung" kleingehalten werden.

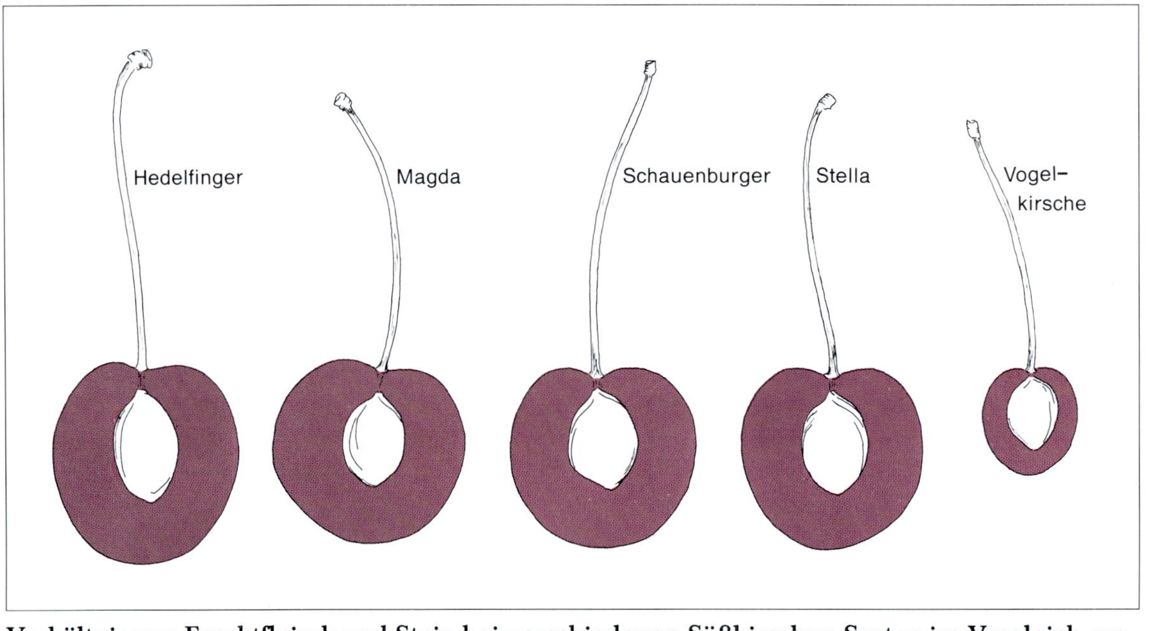

Verhältnis von Fruchtfleisch und Stein bei verschiedenen Süßkirschen-Sorten im Vergleich zur Wildform Vogelkirsche.

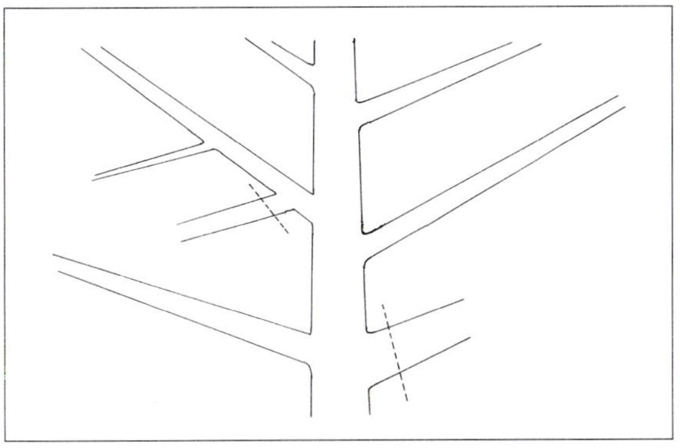

Stärkenbezogener Schnitt: Seitenäste, die dikker sind als die Hälfte des Stammes bzw. Hauptastes oberhalb der Ansatzstelle, müssen bis auf einen Zapfen zurückgeschnitten werden.

Für den Aufbau einer typischen Vier- bis Fünfast-Krone gelten ähnliche Schnittregeln wie beim Apfel. Bei der Süßkirsche ist es besonders wichtig, beim Jungbaum auf den Astabgangswinkel zu achten und zu steile Leitäste im Juni durch Wäscheklammern, Gewichte oder Schnüre flachzuhalten (siehe S. 69).

Später genügt es bei den meisten Sorten, den Baum auszulichten und gelegentlich junges Fruchtholz heranzuziehen. Der beste Zeitpunkt, Süßkirschenbäume zu schneiden, ist während oder kurz nach der Ernte. Keinesfalls darf bei Frost geschnitten werden. Größere Wunden sollte man stets mit einem Wundverschlußmittel behandeln.

Grundregel der stärkebezogenen Schnittbehandlung (nach F. Zahn)
Ein Seitenast darf nicht dicker als die Hälfte des Stammes vor der Austrittsstelle des Seitenastes sein. Ist der Seitenast stärker, muß er auf 10 bis 20 cm Länge eingekürzt werden (Zapfenschnitt). Die Mittelachse darf beim Pflanzen des Baumes keinesfalls zu tief angeschnitten werden, da ansonsten die Seitenäste zu stark werden. Auf diese Weise entsteht ein schmaler, kleinvolumiger Baum (Schlanke Spindel) mit guten Erträgen.

Schwachwachsende Bäume können im zeitigen Frühjahr geschnitten werden, um den Wuchs anzuregen; der Sommerschnitt während bzw. nach der Ernte bremst den Wuchs.

Krankheiten und Schädlinge

Die Kirschfruchtfliege *(Rhagoletis cerasi)* kann in warmen Regionen je nach Witterungsverlauf die gesamte Ernte vernichten. Sie überwintert als Puppe im Boden und schlüpft meist Anfang Juni. Mitte Juni legt die Fliege ihre Eier unter die Haut halbreifer Kirschen. Die weißen „Maden" fressen sich bis zum Kern durch.

In starken Befallsgebieten sollten deshalb nur frühreifende Kirschensorten (bis maximal 3./4. Kirschenwoche) gepflanzt werden, da diese durch die Kirschfruchtfliege nicht gefährdet sind. Einen gewissen Schutz bieten mit Leim bestrichene Gelbtafeln, die Mitte Mai aufgehängt werden. Je nach Baumgröße sind 5 bis 10 Fallen ausreichend.

Die Schrotschußkrankheit *(Stigmina carpophila)* verursacht auf den Blättern aller Steinobstarten scharf umgrenzte, dunkle Flecken, die später herausfallen und sogenannte „Schrotschußlöcher" hinterlassen. Auf den Früchten und Zweigen entstehen eingesunkene Stellen. Der Pilz überwintert in den Zweigwunden und wird im Frühjahr durch Regentropfen im Baum verbreitet.

Deutliche Schäden entstehen meist nur in niederschlagsreichen Gebieten. Im Extremfall, wenn jedes Jahr starke Blatt- und Fruchtsymptome auftreten, kann zum Austrieb mit Kupfer sowie vor und nach der Blüte mit Netzschwefel oder einem organischen Fungizid gespritzt werden.

Auf schweren, nassen, stickstoffreichen Böden neigen Kirschenbäume zu Gummifluß. Dabei tritt in Astwinkeln und aus Verletzungen eine harzartige, zähe Masse aus. Gummifluß läßt sich nur vorbeugend bekämpfen: robuste Sorten wählen, naßkalte und schwere Böden meiden, keine großen Wunden schaffen, Wunden stets sorgfältig mit Verschlußmittel behandeln. Spitze Astabgangswinkel sind zu verhindern, indem die Seitenäste beim Jungbaum flachgebunden werden.

Sauerkirsche

Die Sauerkirsche *(Prunus cerasus)* ist genauso lange in Kultur wie die Süßkirsche und hat ihren Ursprung ebenfalls im Kaukasus. Sie ist sehr anspruchslos und von Natur aus kleinwüchsig. Die Sauerkirschen werden in Weichseln mit färbendem Saft ('Schattenmorelle') und Amarellen mit farblosem Saft ('Ludwigs Frühe') eingeteilt. Neben diesen „Echten Sauerkirschen“ gibt es „Bastardkirschen“, die sich in Süßweichseln mit färbendem Saft ('Köröser') und Glaskirschen mit nichtfärbendem Saft ('Diemitzer') unterteilen.

Wichtige Inhaltsstoffe (bezogen auf 100 g Frischgewicht)

Inhaltsstoffe	Süßkirsche	Sauerkirsche	Pflaume
Wasser (%)	83	85	84
Kalium (mg)	227	114	167
Magnesium (mg)	8	1	13
Calcium (mg)	16	8	13
Phosphor (mg)	25	7	23
Eisen (mg)	0,4	0,6	0,4
Vitamin C (mg)	15	12	6
Energiegehalt (kJ/kcal)	280/67	251/60	260/62

Standortansprüche und Pflanzmaterial

Die Sauerkirsche gehört zu den genügsamsten Obstarten. Mit der Steinweichsel *(Prunus mahaleb)* als Unterlage gedeiht sie selbst auf mageren, trockenen Böden. An frische Böden läßt sich die Sauerkirsche mit *Prunus avium* als Unterlage anpassen. Allerdings sind die Erträge auf guten Böden deutlich höher. Mangelnde Bodendurchlüftung und zeitweilige Vernässung verträgt die Sauerkirsche genausowenig wie die Süßkirsche. An das Klima stellt die Sauerkirsche ebenfalls keine hohen Ansprüche. Das Holz ist extrem winterfrosthart und auch die Blüten sind weniger empfindlich als bei der Süßkirsche. Windige Lagen sind eher zu- als abträglich, auch leichter Halbschatten schadet nicht.

Im Gegensatz zur Süßkirsche stehen bei der Sauerkirsche weitaus weniger Sorten und Unterlagen zur Auswahl. Wird für die jeweiligen Standortbedingungen die richtige Kombination von Unterlage und Sorte gewählt, ist die Sauerkirsche nicht nur durch den Ertrag, sondern auch durch das schmucke Aussehen zur Blütezeit und das kräftig grüne Laub an den hängenden Ästen ein Gewinn für den Garten.

Unterlagen

Obwohl die Süßkirschen-Unterlagen auch für Sauerkirschen verwendet werden können, haben sich einige spezielle Selektionen als besser geeignet erwiesen. Neben der Standardunterlage *Prunus avium*, meist 'F12/1', die auch für kühlere Böden geeignet ist, werden auf leichten und flachgründigen Böden bevorzugt Sämlinge der Steinweichsel *(Prunus mahaleb)* verwendet. Im Handel ist die Selektion 'Hüttners Heimann 10' verbreitet. Trocken-warme, kalkhaltige Böden können mit der Steppenkirsche *(Prunus fruticosa)*, Selektion 'Oppenheim', erschlossen werden.

Sorten

Am bekanntesten sind die Weichselkirschen mit ihrem dunkelroten Saft. Hauptvertreter ist die 'Schattenmorelle', die aber im Garten nicht gepflanzt werden sollte, da sie für *Monilia* hochanfällig ist und intensiven, fachgerechten Schnitt benötigt. Die qualitativ hochwertigen Weichseln 'Beutelspacher Rexelle' und 'Heinemanns Rubinweichsel' ('Fanal') sind allenfalls für sehr trocken-warme Klimate zu empfehlen, da sie in feucht-kühlen Gebieten stark von Bakterienbrand befallen werden können.

Bei den Sauerkirschen gibt es selbstfruchtbare und selbstunfruchtbare Sorten. Selbstfruchtbare sind ertragssicherer und vor allem dann zu bevorzugen, wenn im näheren Umkreis keine geeignete Befruchtersorte steht. Die geschmacklich ausgezeichnete, gegen *Monilia* resistente

'Köröser Süßweichsel' ist leider selbstunfruchtbar und braucht eine Befruchtersorte.

Pflegehinweise

Die Sauerkirsche ist eine äußerst anspruchslose Obstart, dankt aber gute Standortbedingungen und Pflege mit hohen Erträgen. Für das Pflanzen und die Bodenpflege gelten die allgemeinen Hinweise.

Düngung

Die Sauerkirsche kommt mit wenig Nährstoffen zurecht. Vorteilhaft für Baumgesundheit und Fruchtentwicklung sind jährliche Gaben von 200 g/Baum eines organischen Volldüngers mit Langzeitwirkung. Reichtragende Sorten (auf mageren Böden) verlangen zusätzlich zu dieser Frühjahrsdüngung im März eine weitere Stickstoffgabe nach der Blüte.

Schnitt

Nach dem Pflanzschnitt und dem Aufbau der Krone in den ersten Standjahren muß jährlich im August ausgelichtet werden. Allerdings unterscheiden sich die Sorten im Wuchshabitus, der Schnitt kann nicht bei allen Sorten nach demselben Schema durchgeführt werden. 'Schattenmorelle' und 'Morellenfeuer' haben einen hängenden Wuchscharakter und fruchten vorwiegend an einjährigen Langtrieben, abgetragene Äste treiben nicht neu aus, die Krone verkahlt. Diese

Selbstfruchtbare, robuste Sauerkirschensorten

Sorte (Gruppen-zugehörigkeit)	Reifezeit (Kirschen-woche)	Frucht -größe -farbe -saft	Geschmack	Ansprüche	Anfälligkeit
'Ludwigs Frühe' (Amarelle)	2–3	mittel hellrot farblos	sehr weich süß-säuerlich	gründlich schneiden	*Monilia*-fest frosthart
'Diemitzer' (Amarelle)	3	mittel hellrot farblos	weich sehr saftig süß-säuerlich	gut düngen folgernde Abreife	*Monilia*-resistent frosthart
'Schwäbische Weinweichsel' (Weichsel)	3–4	klein-mittel mittelrot hell	weich sauer aromatisch	anspruchslos große Krone	robust frosthart kaum Gummifluß
'Aemli' (Amarelle)	4	mittel orangerot farblos	weich mildsäuerlich würzig	Fruchtholz regelmäßig verjüngen	relativ robust kaum Gummifluß
'Morellenfeuer' (= 'Kelleriis 16') (Weichsel)	5	mittel-groß dunkelrot dunkel	mäßig fest mildsäuerlich aromatisch	regelmäßig schneiden gut düngen	wenig *Monilia*
'Karneol' (Weichsel)	6	groß dunkelrot dunkel	fest mildsäuerlich fruchtig	regelmäßig schneiden	relativ robust

nahezu blattlosen „Peitschentriebe" sollten daher bis zur nächsten Blattknospe zurückgeschnitten werden, um den Neuaustrieb zu veranlassen.
Dagegen wachsen Sorten wie 'Köröser' und 'Heimanns Rubinweichsel' steil aufrecht, verzweigen gut und verkahlen kaum. Starker Rückschnitt würde die Bäume dazu anregen, noch stärker auszutreiben und sollte deshalb möglichst nur zum Aufbau der Gerüstäste vorgenommen werden. Ansonsten sind lediglich dünne und nach innen wachsende Triebe zu entfernen.

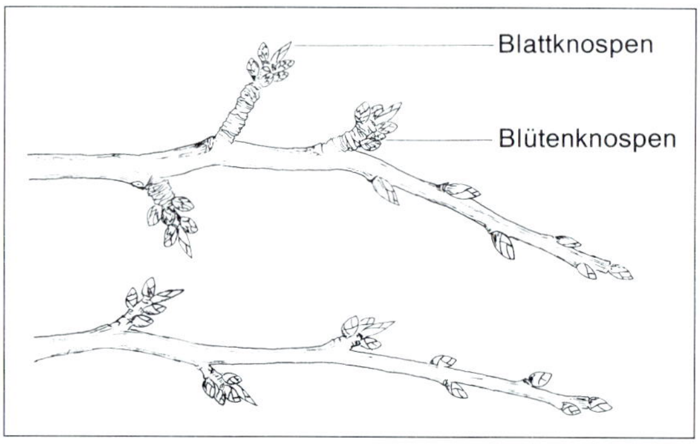

Fruchttriebe von Süßkirsche (oben) und Sauerkirsche (unten) mit Blatt- und Blütenknospen.

Der Wuchshabitus von 'Ludwigs Frühe', 'Diemitzer', 'Schwäbische Weinweichsel' und 'Aemli' liegt zwischen den beiden beschriebenen Formen, ähnelt aber eher dem hängenden Charakter der 'Schattenmorelle'. Allerdings werden mehr kurze Fruchttriebe gebildet. Zum Aufbau der Krone bietet sich ein kurzer Rückschnitt an. Später genügt es, gründlich auszulichten und einzelne Triebe einzukürzen, um die Bildung neuer Triebe anzuregen.

Krankheiten

Monilia-Spitzendürre *(Monilia laxa/Sclerotinia laxa)* ist eine gefürchtete Pilzkrankheit der Sauerkirsche, die bei feuchter Witterung zur Blütezeit die Bäume extrem stark schädigen kann. Am anfälligsten ist die 'Schattenmorelle'. Da der Pilz im Garten kaum bekämpfbar ist, sollten nur gegen *Monilia* weitgehend resistente Sauerkirschensorten gepflanzt werden.
Bakterienbrand *(Pseudomonas syringae)* äußert sich in Form von abgestorbenen Zweigen und Kronenpartien. Zunächst entstehen in Knospennähe eingesunkene rötliche Flecken und verstärkter Gummifluß. An den grünen Früchten bilden sich schwarze Flecken. Da auch diese Krankheit nur schwer bekämpft werden kann, können hochanfällige Sorten wie 'Heimanns Rubin' und 'Beutelspacher Rexelle' nicht empfohlen werden.
In feuchten Jahren kann die Sprühfleckenkrankheit *(Blumeriella jaapii)* verstärkt an Süß- und Sauerkirschen auftreten. An der Unterseite der oberseits gesprenkelten Blätter entstehen Sporenlager in Form von weißlichen Belägen. Die Blätter fallen vorzeitig ab, der Baum kann nicht genügend Reservestoffe bilden und wird geschwächt. Da der Pilz auch am Fallaub überwintert, müssen die Blätter spätestens zum Winterende entfernt werden.

Pflaume

Der Oberbegriff „Pflaume" umfaßt eine Reihe untereinander stark vermischter Arten, die von verschiedenen Wildformen abstammen. Im deutschen Sprachgebrauch hat dieser Begriff vielfach eine negative Bedeutung; „Du Pflaume" ist ein abschätziges Urteil. Ursache ist die Abgrenzung von Zwetschen zu Pflaumen im engeren Sinne: Zwetschen sind länglich, festfleischig und gut steinlöslich, Echte Pflaumen dagegen rundlich, weich und lösen meist schlecht vom Stein.

Frische und getrocknete Pflaumen dienen als altbewährtes Abführmittel. Die Wirkung beruht auf dem hohen Sorbitanteil an der Zuckerfraktion. Aufgrund ihres hohen Gesundheitswertes, den vielfältigen Verwendungsmöglichkeiten und ihrer recht geringen Ansprüche im Garten gelten die verschiedenen Pflaumenarten als gern gesehene Gäste. Diese sehr alte Obstart hat ihren Ursprung im Kaukasus.

Allmählich entstanden Kulturformen, die durch die Römer bis nach Germanien kamen. In Japan und Amerika haben sich dagegen andere Formenkreise entwickelt *(Prunus salicina)*.

Formenkreis der Pflaume (Prunus domestica)

Echte Pflaume: Rundliche Früchte mit weichem, saftigem Fruchtfleisch, z. B. 'Ontariopflaume', 'Magna Glauca'.
Reineclaude: Rundliche, grüne bis rote, mittel- feste, süße, schlecht steinlösliche Früchte, z. B. 'Graf Althans', 'Große Grüne', 'Oullins'.
Mirabelle: Kleine, runde, gelbrote Früchte mit festem, sehr süßem, aromatischem Fruchtfleisch, z. B. 'Nancy-Mirabelle'.
Zwetsche: Längliche, meist blaue, stark beduftete Früchte mit festem, würzigem Fruchtfleisch, z. B. 'Hauszwetsche', 'Bühler'.
Die Grenzen zwischen Zwetschen und Echten Pflaumen sind fließend.

Standortansprüche und Pflanzmaterial

Viele Pflaumensorten haben eine große Anpassungsfähigkeit an verschiedene Standortverhältnisse. Tiefe Wintertemperaturen können Totalausfälle verursachen. Einige Sorten haben ein hohes Wärmebedürfnis, um gute Fruchtqualitäten auszubilden. Auch in Bezug auf den Boden sind die Ansprüche der einzelnen Sorten unterschiedlich. Grundsätzlich sind humose, nährstoffreiche, feuchte, gut durchlüftete Böden vorteilhaft. Mit entsprechenden Unterlagen können auch weniger gute Böden genutzt werden.

Unterlagen

Für Pflaumen steht ein breites Spektrum an Unterlagen zur Verfügung. Die sehr schwachwüchsigen Unterlagen aus dem Formenkreis *Prunus pumila, P. besseyi* und *P. tomentosa* bilden kleine Baumkronen, können aber für den Hausgarten trotzdem kaum empfohlen werden. *P. pumila* ('Mircronette') und *P. besseyi* ('INRA GF 2037' und '2038') sind sehr frosthart und trokkenresistent, aber mit vielen Sorten unverträglich. *P. tomentosa* ('Weito'), ebenfalls hochresistent gegen Holzfrost und Trockenheit, ist scharkasensibel. Die für die unterschiedlichen Bodenarten geeigneten Unterlagen sind in der Tabelle beschrieben.

Sorten

Weltweit sind über 2000 verschiedene Pflaumensorten bekannt, jährlich kommen zahlreiche Neuzüchtungen hinzu. Seit sich die Scharka-Viruskrankheit in warmen Regionen ausgebreitet hat, werden verstärkt wenig anfällige bzw. tolerante Sorten gezüchtet. In feuchtkühlen Gebieten tritt diese Virose kaum auf. Da scharkakranke Bäume gefällt werden müssen, ist auf die Anfälligkeit der einzelnen Sorten zu achten.

Die klassische Sorte 'Hauszwetsche' ist hochempfindlich und sollte in Befallsregionen durch die genauso wohlschmeckenden, großfrüchtigen, scharkatoleranten Sorten 'Hanita' oder 'Valjevka' ersetzt werden. Bekannte Sorten

Pflaumen-Unterlagen

Art	Sorte	Wuchs	Bodenansprüche	Empfehlung
Prunus domestica	'Brompton'	stark	schwer, feucht, kalt	nur für schwere Böden in kühlen, scharkafreien Regionen
	'Ackermann'	mittel	sehr guter Boden	nein ('655/2' besser)
	'INRA GF 43'	mittel	nur beste Böden	nein, Unverträglichkeiten trockenempfindlich
Prunus insititia	'St. Julien A'	mittel	guter Boden	nein ('655/2' besser)
	'St. Julien INRA 1'	mittel	hoher pH-Wert möglich (chlorosefest)	nur für extrem kalkhaltige Böden
	'Pixy'	schwach	guter, feuchter Boden	nein (kleinere Früchte)
	'INRA 655/2'	mittel	nährstoffreicher Boden	ja
Prunus cerasifera	'Myruni'	mittel	leichter Boden	ja für sandige Böden
	'Myrobalana B'	sehr stark	trockener, leichter Boden	ja für steinige, trocken-sandige Böden
Prunus marianna	'GF 8/1'	stark	schwerer, staunasser oder extrem leichter Boden	ja für Extremstandorte
Prunus tomentosa	'Weito'	schwach	guter, trockener Boden	nein (nur in scharkafreien Regionen)

wie 'Auerbacher', 'Cacaks'-Typen, 'Chrudimer', 'Czernowitzer', 'Lützelsachser', 'President', 'Stanley' und 'The Czar' können aufgrund mangelnder Fruchtqualität bzw. weil sie teilweise für Fruchtfäule, *Valsa* oder Spinnmilben anfällig sind, nicht empfohlen werden. Einige dieser Sorten sind zudem selbststeril, benötigen also eine geeignete Befruchtersorte in der näheren Umgebung. In der Tabelle sind nur selbstfruchtbare Sorten beschrieben.

Pflegehinweise

Pflaumenbäume gedeihen auch, wenn sie kaum gepflegt werden. Sie sind aber wesentlich vitaler, widerstandsfähiger und tragen deutlich mehr Früchte, wenn sie ein gewisses Maß an Pflege erfahren.

Wichtig ist vor allem eine gute Durchlüftung des Bodens. Dazu genügt es, die Baumscheibe im Frühjahr flach zu hacken und Ende Mai mit einer Humusschicht zu bedecken. Auf diese Weise wird zudem verhindert, daß zuviel Wasser verdunstet. Im Herbst kann weiteres organisches Material aufgelegt werden.

Schnitt

Bei Pflaumenbäumen sind je nach Unterlage, Sorte und gewünschter Baumform verschiedene Schnittsysteme möglich: Spindeln (starke Mittelachse mit kurzen Seitenästen), Pyramiden- oder

Gegen Scharka tolerante und resistente Pflaumen-Sorten
(nach Reifezeit geordnet)

Ruth Gerstetter	Cacaks Schöne
Herman	Centenar
Jalomita	Chrudimer
Cacaks Frühe	Hanita
Czernowitzer	Cacaks Beste
St. Hubertus	Valor
Ersinger	Stanley
Bühler	Kirkes Pflaume
Ontariopflaume	Sultan
Opal	Valjevka
Pitestean	President
Carpatin	Anna Späth

Selbstfruchtbare Zwetschensorten

Sorte	Reifemonat Zwetschen- woche	Scharka- anfälligkeit	Frucht- -größe -farbe	Geschmack Stein- löslichkeit	Bemerkungen
'Herman'	M7 2	tolerant	groß violett	gut mäßig	folgernde Reife, Früchte fallen leicht
'Katinka'	E7 3	vermutlich tolerant	mittel violett	gut gut	ausgezeichnete Back- eigenschaften
'Ersinger' Typ Kiefer'	E7 3	tolerant	groß violett-blau	sehr gut gut	warme Lagen, geeigneter Befruch- ter vorteilhaft
'Bühler' Typ Ringwald Typ Schofer Typ Schofer 319	A–M8 4 5	hoch- tolerant	mittel violett-blau	mittel-gut gut	in kühlen Regionen Geschmack mäßig, robuste Sorte
'Hanita'	E8 7	tolerant	groß dunkelblau	sehr gut gut	ertragreich, ausgezeichnete Fruchteigenschaften
'Ortenauer'	M9 9	anfällig	groß blau	mittel-gut gut	warme Regionen, leichte Böden
'Hauszwetsche' Typ Wolff'	M9 10	hoch- anfällig	mittel dunkelblau	sehr gut sehr gut	nur für kühlere Regionen (Scharka)
'Valjevka'	M9 10	tolerant	groß dunkelblau	gut gut	Ersatz für 'Haus- zwetsche' in Scharkaregionen

Hohlkronen. Für die Form der Spindel müssen die Schnittmaßnahmen konsequent durchgeführt werden. Dabei gelten ähnliche Grundsätze wie für die Spindelerziehung von Süßkirschen.
Weniger aufwendig und vor allem für einzeln stehende Bäume ist die Pyramidenkrone. Um eine solche Krone aufzubauen, werden beim Jungbaum drei bis vier Seitentriebe ausgewählt. Die Mittelachse sollte die Seitentriebe etwa 20 cm überragen. In den folgenden Jahren wird die Krone aufgebaut: jährlich die Verlängerungstriebe der Leitäste einkürzen und starkes Oberseitenholz entfernen. Im Ertragsalter muß ausgelichtet und das Fruchtholz durch Rückschnitt verjüngt werden.

Krankheiten

Seit den 60er Jahren hat sich die Scharka-Krankheit in warmen Regionen ausgebreitet. Je nach Jahreswitterung und Sorte prägen sich die Symptome unterschiedlich aus. Am auffälligsten sind die Fruchtsymptome. Die Früchte fallen 10 Tage vor der Reife ab und sind nicht mehr verwertbar (siehe S. 34). Die Blattsymptome in Form von ring- oder netzartigen Aufhellungen sind oft nur schwer zu erkennen. Einige Sorten zeigen auch Holzrisse und haben veränderte Wurzeln.
Das Scharkavirus wird von Blattläusen übertragen. Das Virus lebt nicht nur in *Prunus*-Arten, sondern auch in krautigen Pflanzen wie Weißklee, Saatwicke, Kreuzkraut, Hahnenfuß, Steinklee und Taubnessel. Der einzige wirksame Schutz vor dem Befall mit der Scharka-Krankheit besteht darin, eine tolerante oder resistente Sorte anzupflanzen.
Die Schrotschußkrankheit *(Stigmina carpophila)* kann auch die Pflaume befallen, Schäden entstehen aber normalerweise nur in Regionen mit sehr feuchter Frühjahrswitterung (siehe S. 32).
Nach feuchtkühler Witterung zur Blütezeit entwickeln sich bei Befall mit der Narren- oder Taschenkrankheit *(Taphrina pruni)* einige Früchte besonders schnell. Nach und nach verkrümmen sie sich bananenförmig. Diese Pilzkrankheit befällt nur wenige Sorten, z.B. die 'Hauszwetsche'; frühreife Sorten sind kaum betroffen. Kranke Früchte sollten entfernt und vernichtet werden. Tritt die Krankheit wiederholt auf, empfiehlt es sich, auf eine nicht anfällige Sorte auszuweichen.

Reaktion von Pflanzen auf Virusbefall (Scharka):
Gegenüber Viren kann eine Pflanze hoch anfällig reagieren oder immun sein. Zwischen diesen Extremen liegen Resistenz und Toleranz.
Anfälligkeit: Viren können sich in der Pflanze ungehindert vermehren und Krankheitssymptome werden deutlich sichtbar.
Toleranz: Das Virus vermehrt sich in der Pflanze, es zeigen sich aber nur geringe Krankheitssymptome.
Resistenz: Das Virus wird gehemmt und bei der Pflanze zeigen sich keine Symptome.
Immunität: Die Pflanze zeigt unabhängig von der Infektionsart keine Reaktion, das Virus kann sich nicht vermehren.

Schädlinge

Bei Pflaumen können verschiedene Schädlinge vorkommen. Die größten Schäden rufen Blattläuse und Milben hervor (siehe S. 14). Schäden an den Früchten verursachen vor allem Pflaumensägewespe *(Hoplocampa minuta, H. flava)* und Pflaumenwickler *(Cydia funebrana)*. Vereinzelt kann auch der Pflaumenbohrer *(Rhynchytes cupreus)* auftreten.
Die Pflaumensägewespe legt die Eier zur Blütezeit ab. Die Larve frißt sich in die jungen Früchte, die bereits nach kurzer Zeit abfallen. Extrem starker Befall ist aber selten.
Der Pflaumenwickler befällt vorwiegend Spätsorten wie die 'Hauszwetsche'. Die rötliche Raupe („Made") lebt im Fruchtinnern, die Pflaumen fallen vorzeitig ab. Wie bei der Sägewespe sollten die abgefallenen Früchte regelmäßig vernichtet werden. In extremen Befallsgebieten ist es ratsam, nur frühreife Pflaumensorten anzupflanzen.

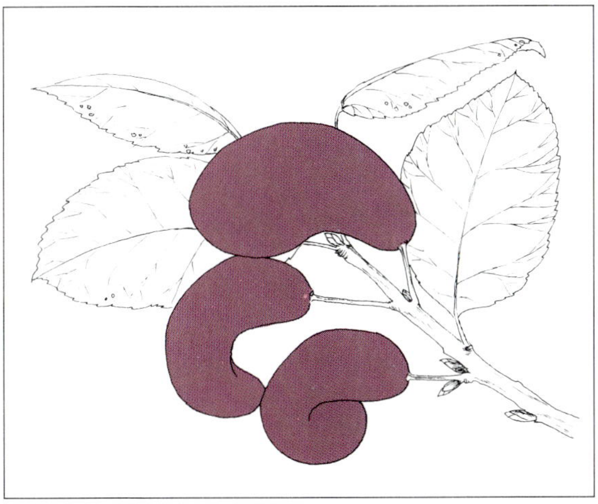

Bei Befall mit dem pilzlichen Erreger der Narren- oder Taschenkrankheit verkrümmen sich die Früchte bananenförmig.

Sonderformen

Die Untergattung der pflaumenartigen Obstarten *(Prunophora)* umfaßt neben den typischen Zwetschen und Pflaumen im engeren Sinne unter anderem Varietäten wie die Mirabelle *(Prunus domestica* ssp. *insititia* var. *cerea)* und die Reineclaude *(P. domestica* ssp. *italica* var. *claudiana)*. Eine weitere *Prunus*-Art ist die Japanische Pflaume *(P. salicina)*.

Mirabelle

Die kleinen, gelben Früchte sind im Vergleich zu Zwetschen extrem süß und würzig-aromatisch, die Steine lösen sich ausgezeichnet vom Fruchtfleisch. Mirabellen bevorzugen warme Klimate und gute Böden, sie sind selbstfruchtbar und wenig anfällig für Krankheiten. In Baumschulen ist meist nur die vergleichsweise großfrüchtige, aromatische 'Nancy-Mirabelle' erhältlich. Daneben gibt es als frühreifende Sorte die kleinfrüchtige 'Mirabelle aus Metz' und die spätreifende, extrem zuckerreiche 'Mirabelle de Septembre'.

Reineclaude

Die früher weit verbreiteten Reineclauden sind weitgehend vom Markt verschwunden, da sich die kugelrunden, weichen Früchte schlecht vom Stein lösen. Die bekanntesten Sorten sind selbststeril, benötigen also eine geeignete Befruchtersorte in der näheren Umgebung.

'Graf Althans Reineclaude': Würzige, blaurote, große Frucht, die Anfang September reift. Sie bevorzugt warme Lagen, ist nicht selbstfruchtbar und neigt zu *Monilia*.

'Große Grüne Reineclaude': Die ebenfalls selbstunfruchtbare Sorte hat mittelgroße, grüngelbe Früchte und benötigt Weinbauklima. Sie ist *monilia*anfällig und platzt leicht.

'Oullins Reineclaude': Die Mitte August reifende, großfrüchtige Sorte ist äußerst robust und selbstfertil, benötigt also keine Befruchtersorte und kann auch in rauhen Lagen angepflanzt werden. Die grün-gelben Früchte sind saftig-süß und wohlschmeckend.

Japanische Pflaume

Die in Japan und China beheimatete Japanische Pflaume *(Prunus salicina)* war ursprünglich herzförmig. Die heutigen Sorten, meist Kreuzungen mit Amerikanischen Pflaumen, sind aprikosengroß, kugelrund und gelb, rosa, blau, lila, violett oder schwarz gefärbt. Der Geschmack ist edel, allerdings löst der Stein meist schlecht. Einige Sorten wie 'Santa Rosa' und 'Friar' sind selbstfruchtbar. Im allgemeinen sind Japanische Pflaumen wenig widerstandsfähig gegen Krankheiten wie Scharka und Bakterienbrand.

Pfirsich

In seinem Herkunftsland China ist der Pfirsich *(Prunus persica)* seit 4000 Jahren bekannt. Er wird hauptsächlich in südlichen Regionen angebaut, es gibt aber winterharte Sorten, die in Deutschland auch außerhalb der Weinbaugebiete gepflanzt werden können. Da die Früchte ausgezeichnet schmecken und die Bäume nicht nur zur Blütezeit einen hohen Zierwert haben, ist der Pfirsich ein wertvolles Gartengehölz.
Neben den mehr oder weniger behaarten Pfirsichsorten gibt es die vom Pfirsich abstammenden glattschaligen Nektarinen *(Prunus nucipersica)*. Sie sind allerdings nur für geschützte Lagen im Weinbauklima geeignet, da das Holz empfindlicher auf Winterfröste reagiert als die Rebe. Nektarinen sind zudem anfällig für die Kräuselkrankheit.

Standortansprüche und Pflanzmaterial

Die meisten Pfirsichsorten haben hohe Wärmeansprüche; weinklimatische Bedingungen sind wünschenswert, da das Holz ähnlich frostempfindlich wie bei der Rebe ist. Da die rosaroten Blüten früh erscheinen, sind sie stark spätfrostgefährdet. Damit die Früchte ein gutes Aroma entwickeln können, ist eine hohe Lichtintensität nötig – der Pfirsichbaum sollte also den sonnigsten Platz im Garten erhalten.
Pfirsiche bevorzugen leichte, sandhaltige, nährstoffreiche, gut durchlüftete Böden. Auf zu mageren, trockenen Standorten erschöpfen sich die Bäume rasch. Der pH-Wert sollte zwischen 5,0

Robuste Pfirsichsorten

Sorte	Reifemonat	Fruchtgröße	Fleisch -farbe -geschmack	Standort- und Klimaansprüche	Anfälligkeit für Kräuselkrankheit, Frost
'Amsden'	E7	mittel	gelb-weiß sehr gut	gering (auch rauhe Lagen)	relativ robust frosthart
'Dixired'	A8	mittel	gelborange s. aromatisch	mittel	etwas Kräuselkrankheit relativ frosthart
'Anneliese Rudolph'	M-E8	klein-mittel	grün-weiß mild	gering (auch rauhe Lagen)	robust sehr frosthart
'Cumberland'	M-E8	groß	weiß aromatisch	gering (auch rauhe Lagen)	robust kaum *Monilia* frosthart
'Rekord aus Alfter'	E8-A9	groß	gelb-weiß angenehm	relativ gering	relativ robust frosthart
'Proskauer'	E8-A9	mittel	grün-weiß süß-sauer	anspruchslos (auch rauhe Lagen)	robust frosthart
'Roter Ellerstädter'	M9	mittel	weiß-grün herb faserig	relativ gering (auch etwas rauhere Lagen)	robust relativ frosthart

und 6,0 liegen, auf hohe Kalkgehalte reagiert der Pfirsich mit starken Chlorosen. Auf kühlen, schweren und schlecht durchlüfteten Böden treten verstärkt Gummifluß, Kräuselkrankheit und *Monilia* auf. Solche Böden sind nur mit *Prunus domestica* – Unterlagen erschließbar.
Auf den Wasseranspruch während des Fruchtwachstums muß besonders auf leichten Böden geachtet werden, da die Früchte vorzeitig abfallen oder klein und pelzig bleiben, wenn in Trokkenzeiten nicht ausreichend gegossen wird.

Pflanzmaterial

Wie bei der Pflaume sind unzählige Sorten und Unterlagen bekannt. Für den Hausgarten bieten sich aber nur wenige an, da die meisten Sorten sehr anspruchsvoll und pflegebedürftig sind. Auch unter den robusten Sorten gibt es einige, die ausgezeichnet schmecken, meist werden sie jedoch nicht so groß wie die erwerbsmäßig angebauten, bevorzugt gelbfleischigen Sorten.

Unterlagen

Auf warmen Sandböden hat sich die standfeste und wenig winterfrostempfindliche Pfirsichsämlings-Unterlage bewährt. Für alle übrigen Böden ist die *Prunus domestica* – Unterlage 'St. Julien INRA 655/2' geeignet. 'Brompton', ebenfalls eine *P. domestica* – Unterlage, sollte nur für schwere und kalkreiche Böden verwendet werden. In Frankreich wurden einige neue, leistungsfähige Unterlagen gezüchtet, es liegen jedoch noch kaum Anbauerfahrungen vor.

Sorten

Die Pfirsichsorten werden in weiß-, gelb- und rotfleischige Sorten unterteilt. Die rotfleischigen Blutpfirsiche wie 'Admira' oder 'Weinbergspfirsich' haben kaum noch Bedeutung. Neben der Fleischfarbe sind die Beschaffenheit der Haut und die Steinlöslichkeit weitere Merkmale, um Pfirsichsorten zu klassifizieren.
Hauptproblem beim Pfirsichanbau ist die Kräuselkrankheit. Da sie nur dann zu bekämpfen ist, wenn genaue Spritztermine eingehalten werden, eignen sich sensible Sorten nicht für den Garten. Bekannte gelbfleischige Sorten wie 'Fairhaven', 'Redhaven', 'Red Wing', 'South Haven', 'Springcrest' oder 'Suncrest' sind anfällig für die Kräuselkrankheit, teilweise auch für *Monilia*. Die weißfleischige Sorte 'Früher Roter Ingelheimer' ist ebenfalls nicht ausreichend robust.
An Nektarinen sind nur wenige Sorten in den Baumschulen erhältlich. 'Silver Lode', 'Nectarose', und 'Stark Redgold' reifen in der zweiten Augusthälfte, 'Nectared', 'Fairlane' und 'Sunking' im September. Als extrem frühreifende Sorte ist 'Starmay' auf dem Markt. Sie kann ab Anfang Juli geerntet werden. Nektarinen sind anfällig für die Kräuselkrankheit, vorbeugende Pflanzenschutzmaßnahmen sind unerläßlich.

Pflegehinweise

Da Pfirsiche und Nektarinen besonders als Jungpflanzen stark winterfrostgefährdet sind, sollten sie erst im März gepflanzt werden. Im Herbst gesetzte Bäume benötigen einen gründlichen Schutz aus Reisig oder Stroh. Bei jungen Pfirsichbäumen ist es besonders wichtig, darauf zu achten, daß der Wurzelbereich stets ausreichend Wasser erhält.
Auf sandigen Böden müssen Pfirsiche gut mit Nährstoffen versorgt werden. Im zeitigen Frühjahr und nach der Blüte sind auf leichten Böden jährlich 20 g/m^2, auf schweren Böden 5 bis 10 g/m^2 Stickstoff zu düngen.

Schnitt

Pfirsichbäume tragen am einjährigen Holz und müssen jährlich stark zurückgeschnitten werden, damit neues Fruchtholz austreibt. Alle schwachen, vorzeitigen Triebe sind zu entfernen, da sie absterben und an der Basis Gummifluß zeigen. Der Pfirsich sollte kurz vor der Blüte geschnitten werden. Um die gesamte Krone zu verjüngen, ist kurz nach der Ernte der beste Zeitpunkt.
Am einjährigen Jungbaum werden nach dem Pflanzen alle vorzeitigen Triebe entfernt. Im 2. Jahr sind die 3 bis 4 ausgewählten Leitäste zurückzunehmen. Auf dieselbe Weise zieht man

1 Sommerschnitt beim Pfirsich: oberhalb des Zweiges werden stärkere, unterhalb schwächere Triebe entfernt. 2 Nach der Ernte werden vorzeitige bzw. schwache Triebe und abgetragenes Fruchtholz weggeschnitten.

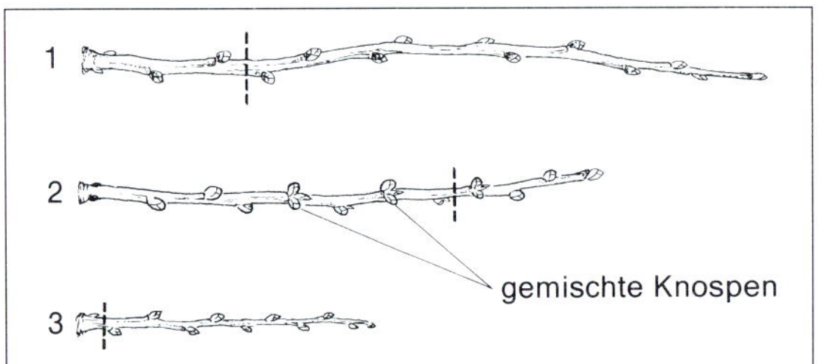

Triebarten des Pfirsichs: 1 = Holztrieb, 2 = wahrer Fruchttrieb, 3 = falscher Fruchttrieb.

in den folgenden Jahren Nebenäste. Dabei werden die Verlängerungstriebe dieser zukünftigen Leit- und Nebenäste bis zum 5. Standjahr jeweils im März auf die halbe Länge zurückgeschnitten und im August die falschen Fruchttriebe und starken Langtriebe auf den Astoberseiten entfernt. Unmittelbar nach der Ernte ist das abgetragene Fruchtholz bis zu einem kräftigen Jungtrieb in Basisnähe des Leit- oder Nebenastes wegzuschneiden.

Da Pfirsiche im allgemeinen sehr fruchtbar sind, erschöpfen sich die Bäume nach gutem Blühwetter durch übermäßigen Behang und die Früchte bleiben klein, pelzig und wenig aromatisch. Wenn die Pfirsiche etwa kirschengroß sind, müssen überzählige Früchte entfernt werden, so daß nur alle 10 cm eine Frucht stehenbleibt.

Krankheiten

Beim Pfirsich entstehen die größten Schäden durch die Kräuselkrankheit *(Taphrina deformans)*. Die Blätter verformen sich bereits kurz nach dem Austrieb. Die stark beuligen, gekräuselten Blätter können nicht ausreichend Reservestoffe bilden, viele fallen vorzeitig ab. Ursache ist ein Pilz,

Sensible, gelbfleischige Pfirsichsorten mit hoher Fruchtqualität

(Behandlungen gegen Käuselkrankheit erforderlich)

'Springcrest': Reife Ende Juli, orangegelbes Fruchtfleisch, wohlschmeckend

'Early Red Haven': Reife Anfang August, gelboranges Fruchtfleisch, saftig-süß, stark behaart

'Red Haven': Reife Mitte August, dunkelgelbes Fruchtfleisch, saftig, wohlschmeckend

'Suncrest': Reife Ende August, sehr groß, fest, aromatisch, gelbfleischig

'Redwing': Reife Ende August, sehr groß, aromatisch, wenig behaarte Früchte

'Redcal': Reife Ende September, gelbfleischig, aromatisch, wenig behaart

der auf den Zweigen überwintert und im Frühjahr die austreibenden Blätter befällt. Ist das Wetter regnerisch, während die Knospen austreiben, können selbst weitgehend robuste Sorten Symptome zeigen.
Anfällige Sorten müssen grundsätzlich im Herbst, unmittelbar nachdem die Blätter abgefallen sind, und kurz bevor die Knospen aufbrechen mit Kupfer oder einem Fungizid behandelt werden. Eine stark anfällige Sorte bzw. bei pilzförderndem, naßkaltem Wetter sollte ein drittes Mal gespritzt werden, wenn die Knospen austreiben. Sind die Blätter bereits befallen, ist keine Bekämpfung mehr möglich. Das Fallaub muß entfernt und die Blattfall-Spritzung darf dann keinesfalls vergessen werden.
Die *Monilia*-Spitzendürre kann unter günstigen Witterungsbedingungen auch beim Pfirsich Schäden hervorrufen. Die abgestorbenen Zweigenden müssen bis ins gesunde Holz zurückgeschnitten werden. Sehr selten kommt Pfirsichschorf vor, der die Früchte, nicht aber die Blätter mit schwarzen Flecken überzieht.
Bei besonders warmem Sommerwetter breitet sich der Pfirsichmehltau aus. Auf Zweigen, Blättern und Früchten zeigt sich ein weißlicher Pilzbelag. Befallene Triebe sollten weggeschnitten werden.

Aprikose

Wie der Pfirsich stammt die Aprikose oder Marille *(Prunus armeniaca)* aus Zentralasien. Obwohl die Früchte ausgezeichnet schmecken und vielseitig verwendbar sind, ist die Aprikose keine weitverbreitete Obstart. Ursachen hierfür sind die hohen Ansprüche an den Standort, die Anfälligkeit für Scharka und die kurze Lebensdauer der Bäume. Auf ungünstigen Standorten sterben einzelne Kronenpartien oder der ganze Baum plötzlich ab. Dieses „Schlagtreffen" (Apoplexie) ist die Folge verschiedener Einflüsse wie pilzliche, bakterielle und viröse Infektionen, Frostwirkungen sowie physiologischer Störungen.

Standortansprüche und Pflanzmaterial

Die Aprikose war urspünglich eine Steppenpflanze und gedeiht somit am besten in sommertrockenen, warmen Regionen. In Gebieten mit hohen Niederschlägen im Sommer sind Aprikosen durch Pilzkrankheiten wie *Monilia* und Schrotschuß gefährdet. Im Garten sollten Aprikosenbäume einen Platz an sonnigen Mauern oder Wänden erhalten. Wichtig ist, daß die Baumkrone stets rasch abtrocknen kann. Auch die Wurzeln dürfen nicht naß stehen. Der Boden muß gut durchlüftet sein, die Baumscheibe sollte mit Kompost abgedeckt werden.

Aprikosen blühen sehr früh und sind deshalb besonders spätfrostgefährdet. Das Holz leidet weniger unter Winterfrösten als beim Pfirsich. Allerdings haben Aprikosen eine kurze Winterruhe und ziehen früh Saft – in diesem Stadium verursachen Kälterückschläge bei Winterende große Schäden.

Unterlagen

Die arteigene Sämlingsunterlage 'Millionär' ist genau wie die schwachwachsende Pfirsich-Sämlingsunterlage anfällig für *Verticillium*. Wird eine schwachwachsende Unterlage benötigt, sollte *Prunus pumila* gewählt werden. Als robuste Unterlage mit guter Anpassungsfähigkeit hat sich 'St. Julien INRA 655/2' bewährt. Auf dieser Unterlage kommt es weitaus seltener zu Apoplexie als auf Aprikosensämling oder wurzelechter 'Hauszwetsche'.

Robuste Aprikosensorten

Sorte	Reifemonat	Fruchtgröße	Geschmack	Standort- und Klimaansprüche	Robustheit
'Nancy-Aprikose'	M-E7	groß	süß schmelzend aromatisch	relativ gering	regenfest rel. frosthart
'Temporao de Vila Franca'	M-E7	mittel	fest saftig-süß feine Säure	hoher Wärmebedarf geschützte Lagen	spätfrostanfällig Ausdünnen
'Ungarische Beste'	M-E7	mittel	fest leicht säuerlich	relativ gering	Holz und Blüte relativ frosthart sehr robust platzempfindlich
'Luizet'	E7-A8	mittel	saftig-süß	auch rauhere Lagen	relativ frosthart robust

Sorten

Die meisten Aprikosensorten sind selbstfruchtbar. 'Luizet' und 'Ungarische Beste' sind auch für etwas rauhere Klimate geeignet. Für den erwerbsmäßigen Anbau werden die Sorten 'Hargrand', 'Harlayne', 'Orangered' und 'Sweetheart' empfohlen, da sie ausgezeichnete Fruchteigenschaften besitzen. Für den Hausgarten bieten gute Baumschulen die weitgehend robusten Sorten 'Nancy-Aprikose', 'Ungarische Beste' und 'Luizet' an, in guten Lagen sind aber auch die Erwerbssorten geeignet.

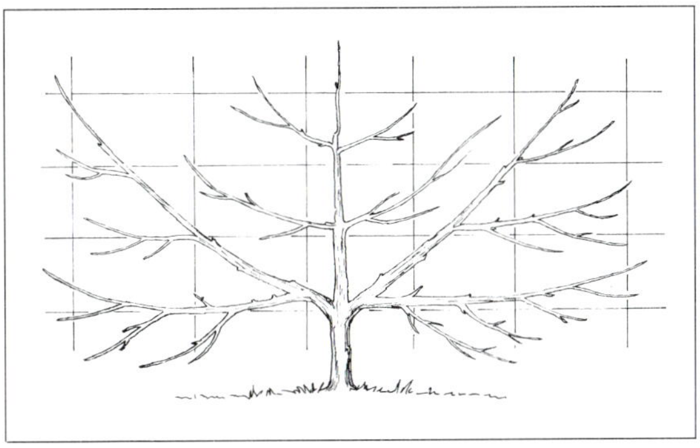

Fächerspalier für Aprikose.

Pflegehinweise

Die Aprikose benötigt ähnliche Pflegemaßnahmen wie der Pfirsich. Die beste Pflanzzeit liegt ebenfalls im März. Es ist vorteilhaft, den Boden rings um den Stamm mit Kompost abzudecken. Organische Langzeitdünger werden im Spätherbst ausgebracht, Mineraldünger im März. Der Stickstoffbedarf ist ähnlich wie beim Pfirsich. Nach Blütenfrösten bzw. wenn nur wenige Früchte angesetzt haben, genügt die halbe Nährstoffmenge.

Schnitt

Der Aprikosenbaum kann wie der Pfirsich als Wandspalier (Fächer), Spindel oder Rundkrone erzogen werden. Aprikosen fruchten ebenfalls am einjährigen Holz, das Fruchtholz muß also laufend erneuert werden. Da die meisten Aprikosensorten stärker wachsen und weniger verkahlen als Pfirsiche, ist verhaltener zu schneiden.

Um die Krone aufzubauen, werden 3 bis 4 Leitäste auf gleiche Höhe geschnitten und die Mittelachse ca. 5 bis 8 Augen länger belassen. Der Aufbauschnitt erfolgt nach denselben Regeln wie beim Pfirsich (siehe S. 111). Später wird nur noch jeweils im August ausgelichtet und abgetragenes Seitenholz auf basisnahe Jungtriebe zurückgeschnitten.

Krankheiten

Die Aprikose kann in feuchten Regionen von der Schrotschußkrankheit (siehe S. 32), von *Monilia*-Spitzendürre und *Monilia*-Fruchtfäule befallen werden. Wie bei der Sauerkirsche sind befallene Zweige und Fruchtmumien zu entfernen.

Eine besondere Erscheinung bei der Aprikose ist „Schlagfluß" oder „Schlagtreffen" (Apoplexie). Dabei sterben plötzlich Kronenteile ab, der Baum geht ein. Ursache ist ein Komplex von negativen Einflüssen wie Trockenheit, schlechte Durchlüftung, verstärkter Harzfluß infolge von Verletzungen oder Frösten sowie Schaderreger wie *Valsa* und *Verticillium*. Diesem Aprikosensterben kann nur vorbeugend begegnet werden mit widerstandsfähigen Unterlagen und guten Bodenbedingungen.

Walnuß

Die aus Zentralasien stammende Walnuß oder Baumnuß *(Juglans regia)* konnte sich im warmen Tertiär bis nach Grönland verbreiten, starb aber in der Eiszeit weitgehend aus und wurde erst durch die Römer wieder über die Alpen gebracht. Früher waren die Walnußbäume wertvolle Holzlieferanten, aus den Nüssen wurde Öl gewonnen. Auf landwirtschaftlichen Höfen dienen die Bäume nicht nur als Schattenspender, der arteigene Geruch der Blätter hält auch Fliegen und Stechmücken fern.

Für die meist kleinen Hausgärten kommen allenfalls auf Unterlagen veredelte Bäume in Frage, da Walnußsämlinge zu 20, gelegentlich sogar bis zu 30 m hohen Bäumen heranwachsen und erst nach 10 bis 15 Jahren Nüsse tragen.

Als Hofbaum ist die Walnuß attraktiv, weil sie im Frühjahr erst spät austreibt und die milde Frühlingssonne somit in den Hof fallen kann. Im Hochsommer wird die schattenspendende und insektenabwehrende Wirkung geschätzt, im Herbst die Nußernte.

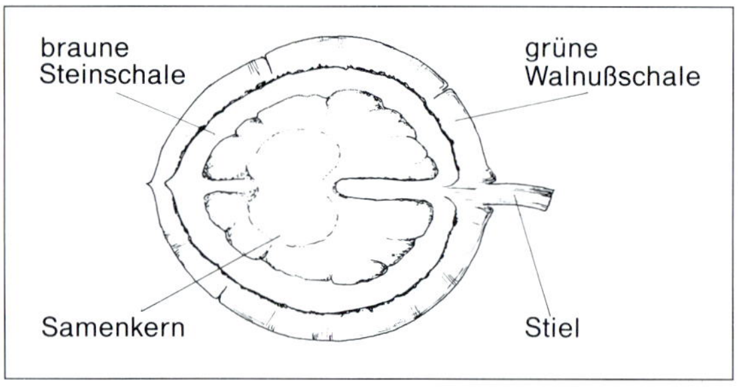

Walnuß-Frucht im Längsschnitt.

Standortansprüche und Pflanzmaterial

Die Walnuß verlangt warme Standorte, da sie nicht nur wärmeliebend, sondern auch frostempfindlich ist. Tiefe Wintertemperaturen verursachen starke Holzfrostschäden, Spätfröste zerstören den Austrieb und die Blüten. Allerdings erfolgt rasch ein zweiter Austrieb, jedoch ohne neue Blüten. Inzwischen gibt es winterfrostharte Sorten und einige Typen, die erst nach den Eisheiligen austreiben, wenn keine Spätfrostgefahr mehr besteht.

An den Boden stellt die Walnuß keine hohen Anforderungen. Sie wächst auf anmoorigen und tonigen, auf sandigen, steinigen und kalkreichen Standorten. Der Jungbaum entwickelt zunächst eine tiefe Pfahlwurzel, erst danach bilden sich Wurzeln im Oberboden. Soll der Baum rasch wachsen, ist eine gute Nährstoffversorgung nötig. Die Walnuß gedeiht auch auf mageren, trockenen Böden, wächst dann aber nur langsam. Unter der Krone eines Nußbaumes wächst nur spärlich Gras, Blumen gehen ein.

Pflanzmaterial

Lange Zeit wurde die Walnuß durch das Aussäen von Nüssen vermehrt – im Prinzip stellt jeder Sämling eine neue Sorte dar. Es ist also äußerst ungewiß, ob die so gewonnene neue Pflanze gute oder schlechte Baum- und Fruchteigenschaften aufweist. Aus solchen Sämlingen wurden spätaustreibende Sorten mit hoher Frostresistenz und geringer Anfälligkeit für Krankheiten selektiert. Diese robusten Sorten werden heute durch Veredlung auf Schwarznuß- oder Walnuß-Sämlinge vermehrt.

Die Erfahrungen mit Schwarznuß-Unterlagen *(Juglans nigra)* sind widersprüchlich. Walnußbäume können über die Blüten mit einem Virus infiziert werden, das sich allmählich im Baum ausbreitet. Erreicht es die Wurzel, sterben auf Schwarznuß veredelte Bäume ab, während Bäume mit der Walnuß als Unterlage nicht reagieren.

Da der Walnußanbau weltweit eine große Bedeutung hat, gibt es zahlreiche Sorten, die sich bezüglich Standortansprüchen, Robustheit, Fruchtqualität und Ertragsleistung deutlich unterscheiden. Es sind sogar rotkernige Sorten wie z. B. 'Rote Donau' und 'Geisenheim 1239' bekannt. Allerdings treiben sie früh aus, so daß häufig mit spätfrostbedingten Ertragsausfällen zu rechnen ist. Zu den spätfrostsicheren Sorten zählen 'Geisenheim 26', 'Parisienne', 'Franquette', 'Ronde de Montignac', 'Mayette' und 'Meylannaise'. Die beiden letztgenannten sind

Robuste Walnuß-Sorten					
Sorte	Austrieb	Anfälligkeit	Ertrag	Fruchtgröße	Geschmack
'Scharsch'	mittel-spät	gering	sehr hoch	mittel	gut
'Esterhazy II'	mittel-spät	gering	hoch	groß	ausgezeichnet
'Ronde de Montignac'	spät	sehr gering	relativ hoch	mittel-klein	gut
'Franquette'	spät	gering	hoch	mittel	sehr gut
'Parisienne'	sehr spät	gering	hoch	mittel	gut
'Geisenheim 26'	sehr spät	gering	hoch	mittel	gut

wenig widerstandsfähig gegen Krankheiten. Als äußerst robust gelten die Sorten 'Ronde de Montignac' und 'Geisenheim 26'. Für den Hausgarten eignen sich 'Weinsberg 1' und 'Geisenheim 120' weniger, da sie einen zweiten Baum als Befruchtersorte benötigen und relativ krankheitsanfällig sind.

Walnüsse sind selbstfruchtbar. Sie tragen männliche und weibliche Blüten auf einem Baum, die Blüten können vom eigenen Pollen befruchtet werden. Allerdings blühen die männlichen und weiblichen Blütenstände witterungs- und sortenbedingt nicht immer gleichzeitig, wodurch die Befruchtung verhindert wird. Viele Sorten sind aber in der Lage, auch ohne Bestäubung vollkernige Samen auszubilden (Apomixie).

Pflege- und Erntehinweise

Wie alle holzfrostgefährdeten Obstarten sollten Walnußbäume im Frühjahr gepflanzt oder bei Herbstpflanzung im ersten Winter mit Reisig geschützt werden. Ein Pflanzschnitt ist nicht nötig. Soll der Walnußbaum einen langen Stamm erhalten, werden die Seitenäste zunächst belassen, da sie zum Dickenwachstum des Stammes beitragen. Nach und nach sind die Äste wegzuschneiden und die Schnittstellen mit Wundverschlußmittel zu verstreichen. Schnitteingriffe bei Walnußbäumen dürfen nur im belaubten Zustand erfolgen.

Die Walnuß bildet auch ohne Schnitt eine lockere Krone. Es ist also möglich, hohe Bäume sich selbst zu überlassen, zumal sich die weiblichen Blüten stets an den Triebenden entwickeln und somit beim Schnitt das eigentliche Fruchtholz entfernt würde. Gelegentliches Auslichten von dürren oder zu dicht stehenden Astpartien schadet allerdings nicht.

Krankheiten

Walnußbäume erkranken kaum, sofern robuste Sorten gewählt wurden. Empfindliche Sorten können in feuchten Regionen von Bakterienbrand und Blattbräune befallen werden. Beim Bakterienbrand *(Xanthomonas juglandis)* entstehen auf den Blattstielen und -adern dunkle Flecken. Auch auf der Blattfläche und den jungen Nüssen zeigen sich Symptome, der Nußkern schrumpft zusammen.

Wie beim Bakterienbrand ist es bei der Blattbräune *(Marssonia juglandis = Gnomonia leptostyla)* im Hausgarten nicht möglich, den Schaderreger wirksam zu bekämpfen. Der Pilz überzieht Blätter und Triebe mit graubraunen Flecken. Infolgedessen fällt das Laub vorzeitig ab, die Früchte sind trockenfaul.

In sommertrockenen Regionen ist die Gefahr für Bakterienbrand und Blattbräune geringer, dafür können Gallmilben *(Eriophyes erineus)* verstärkt auftreten. Sie verursachen an den Blättern als „Pockenkrankheit" bezeichnete blasige Aufwölbungen. Großer Schaden entsteht meist nicht.

Ernte und Lagerung

Sobald die Walnüsse reif sind, springt die grüne Hülle auf, die Früchte fallen zu Boden. Sie sollten alle zwei bis drei Tage eingesammelt und von Schalenresten befreit werden. Die Nüsse trocknen am besten an der Sonne oder in einem trokken-warmen Raum. Bei Trocknungstemperaturen über 35 °C schrumpfen die Kerne und schmecken bitter. Werden die Nüsse in luftdurchlässigen Netzen oder Gittern an einem kühlen Ort aufbewahrt, sind sie bis zu 15 Monate haltbar.

Getrocknete Nüsse enthalten nur 5 % Wasser und haben einen hohen Energiewert von 3000 kJ pro 100 g Frischgewicht (ca. 700 kcal). Ursache hierfür ist der Fettanteil von 60 %. Der Mineralstoff- und Vitamingehalt ist hoch. Walnüsse sind wertvolle Vitamin B – Spender.

Edelkastanie

Die aus Kleinasien stammende Edelkastanie *(Castanea sativa)* ist mit der Buche, nicht aber mit der Roßkastanie verwandt. Sie wächst entgegen der landläufigen Meinung nicht nur in ausgesprochenen Weinbauregionen, sondern auch in nördlichen Gebieten wie Mecklenburg, England und Südschweden sowie in höheren Lagen von Harz und Westerwald – in der Südschweiz bis in 1300 m Höhe.

Die Ansprüche an den Boden sind gering. Edelkastanien bevorzugen schwach saure Böden mit pH-Werten von 4,5 bis 6,0, gedeihen aber auch auf trockenen, kalkhaltigen Standorten. Da Edelkastanien sehr spät austreiben und erst im Juni blühen, sind sie nicht durch Spätfröste gefährdet und stellen zu diesem Zeitpunkt eine wertvolle Bienenweide dar.

Edelkastanien haben wie die Walnuß auf einem Baum getrennte männliche und weibliche Blüten, die aber nicht zur selben Zeit blühen. Viele Kastaniensorten sind selbstunfruchtbar, benötigen also eine geeignete Befruchtersorte in der Umgebung. Es gibt aber auch ausreichend selbstfruchtbare Sorten.

Kastanienbäume erreichen ein hohes Alter, vielfach weit über 300 Jahre. Sämlingsbäume wachsen 20, gelegentlich 30 m hoch, Edelsorten auf Unterlagen nur 6 bis 8 m. Edelkastanien werden unterteilt in die meist kleinfrüchtigen Eßkastanien und in die großfrüchtigen, rundlichen Maronen. Die Edelsorten oder Maronen schmecken teilweise besser und lösen sich leichter aus der Schale als wilde Eßkastanien.

Edelkastanien-Blüte mit weiblichen und männlichen Blütenteilen.

Pflanzmaterial

Da Sämlingsbäume bis 30 m Höhe erreichen und erst nach 15 Jahren die ersten Früchte tragen, sollten im Hausgarten veredelte Bäume gepflanzt werden. Als Unterlage dienen Sämlinge von selektierten Mutterpflanzen. Die Sorten 'Doreé de Lyon', 'Verdale' und 'Combale' gelten als relativ frosthart. Aus der slowakischen Obstversuchsstation Bojnice kommen zwei robuste, großfrüchtige Maronensorten auf den Markt: 'Bojar' (früh) und 'Mistral' (mittelfrüh). In Frankreich werden die Sorten 'Belle Epine', 'Bouche Rouge', 'Portaloune', 'Camberoune' und 'Nouzillard' empfohlen.

Seit der Kastanienkrebs große Ausfälle verursacht hat, wurden die europäische *Castanea sativa* und die resistente japanische *Castanea crenata* gekreuzt. Solche robusten Hybridsorten sind 'Bournette', 'Marigoule', 'Marsol' und 'Precoce Migoule'.

Pflege- und Erntehinweise

Der beste Pflanzzeitpunkt für Edelkastanien ist der Herbst. Die Bäume erhalten keinen Pflanzschnitt. Erst im folgenden Winter werden etwa 4 kräftige Leitäste ausgewählt und überzählige Äste entfernt. Ein Jahr später sind diese Leitäste um ein Drittel einzukürzen. Für den Aufbauschnitt, der bei der Kastanie wie bei der Walnuß nicht zwingend erfolgen muß, liegt der beste Zeitpunkt vor dem Austrieb im Frühjahr. Nach dem Kronenaufbau werden nur noch zu dicht stehende oder dürre Äste entnommen, am besten im Sommer.

Seit einigen Jahren tritt verstärkt Kastanienkrebs *(Cryphonectria* früher *Endothia parasitica)* auf, infolgedessen die Bäume absterben können. Der Pilz kann gestoppt werden, wenn befallene Holzpartien ausgeschnitten und mit fungizidhaltigem Wundverschlußmittel bestrichen werden. Inzwischen stehen gegen Kastanienkrebs resistente Hybridensorten zur Verfügung.
In den Mittelmeerländern ist die Tintenkrankheit *(Phytophthora cinnamoni)* stark verbreitet. Die von dem Schadpilz befallenen Wurzeln färben sich tintenblau, einzelne Astpartien sterben ab. Schäden entstehen meist nur auf nassen, verdichteten Böden. Der Frühe *(Pammene juliana)* und der Gewöhnliche Kastanienwickler *(Laspeyresia splendana)* befallen die Früchte. Ihre Raupen ernähren sich vom Fruchtinneren. „Wurmige" Kastanien sollten nicht unter dem Baum liegenbleiben, sondern vernichtet werden.

Verwendung

Sobald die Früchte reif sind, fallen sie samt der stacheligen Hülle vom Baum. Die Hüllen sind dann meist offen. Sie sollten nicht vorzeitig vom Baum geschlagen werden. Wie bei der Walnuß werden die heruntergefallenen Maronen jeden zweiten Tag eingesammelt und in einem warmen, luftigen Raum zum Trocknen aufgestellt. Gut getrocknete Früchte sind bis Januar oder Februar haltbar. Frische Kastanien enthalten 50 % Wasser, 40 % Kohlenhydrate, je 3 % Eiweiß und Fette, sowie je 2 % Rohfaser und Mineralstoffe. Der Energiegehalt liegt bei 880 kJ (210 kcal) je 100 g frischer Samen. Aufgrund dieser Zusammensetzung dienen Edelkastanien in vielen südlichen Ländern als vollwertiges Nahrungsmittel. Nördlich der Alpen werden sie hauptsächlich als „heiße Maroni" gegessen.

Tafeltraube

Die ältesten Hinweise auf die Wildreben reichen 130 Millionen Jahre zurück. Im warmen Tertiär war die Rebe *(Vitis vinifera)* bis Grönland verbreitet. Die Römer brachten die Kultur nach der Eiszeit wieder über die Alpen. Die Rebe stammt von der Wild- oder Waldrebe *(Vitis silvestris)* ab, die als Lianengewächs in lichten Auwäldern wächst. Mit dem Wilden Wein *(Parthenocissus sp.)* ist die Rebe nicht verwandt.

Die Rebe hat als Weintraube und als Hausrebe eine lange Tradition. Bereits die Römer wußten um den Gesundheitswert der Trauben. Nebem dem rasch wirksamen Energielieferanten Traubenzucker machen die Mineralstoffe Kalium, Calcium, Phosphor und Eisen sowie der hohe Gehalt an Vitamin B Trauben zu einem vollwertigen Lebensmittel. Sie regen die Darm- und Nierentätigkeit an und wirken hohem Blutdruck, Gicht und Arteriosklerose entgegen. Auch der Zierwert der knorrigen Rebstöcke mit den attraktiven Blättern und Früchten trägt dazu bei, daß die Rebe als Gartenpflanze beliebt ist.

Bereits im Mittelalter wurden in Deutschland bis hoch in den Norden Rebstöcke an Südwänden spalierartig gezogen. Viele Sorten gedeihen auch außerhalb der Weinbaugebiete bis in Höhenlagen um 500 m, wenn sie eine geschützte Südost- bis Südwestlage erhalten. An den Boden stellt die Rebe äußerst geringe Ansprüche. Sie wurzelt sehr tief. Ältere Pflanzen können sich deshalb aus dem Untergrund ausreichend mit Wasser versorgen. Nur in den ersten zwei bis drei Jahren sollte an trockenen Standorten ausreichend bewässert werden.

Standortansprüche und Pflanzmaterial

In Weinbaugebieten müssen Pfropfreben, also auf reblausresistente Unterlagen veredelte Sorten, gepflanzt werden. Außerhalb von Weinbauregionen sind auch bewurzelte Steckhölzer als Pflanzmaterial denkbar. Mit entsprechenden Unterlagen ist es besser möglich, den jeweiligen Bodenverhältnissen gerecht zu werden.

Unterlagen

Als Unterlagen werden reblausresistente Kreuzungen amerikanischer Reben verwendet. Für alle Bodenarten gibt es geeignete Unterlagen. Bei Hausreben, die meist ein umfangreiches Stockgerüst aufbauen sollen, sind starkwachsende Unterlagen zu bevorzugen.

'Kober 5 BB': sehr starkwachsende, gut kalkverträgliche Unterlage, auch für arme, trockene Böden gut geeignet.

'Kober 125 AA': starkwachsend, gut kalkverträglich, nicht für extrem magere Standorte geeignet.

'SO 4': für stark kalkhaltige, nährstoffreiche Böden, Unterlage mit nur mittelstarkem Wuchs.

Sorten

Bislang wurden als Hausreben vorwiegend Weinrebensorten verwendet. Keine dieser Sorten ist resistent gegen Echten und Falschen Mehltau. Werden solche Reben nicht regelmäßig mit Fungiziden behandelt, überziehen sich Holz, Blätter und Früchte mit Pilzbelägen, die Pflanze wird geschwächt und verliert ihren Nutz- und Zierwert. Es ist für die meisten Hausgartenbesitzer auch nicht wünschenswert, je nach Infektionsdruck alle 14 Tage an Hauswänden oder im Garten spritzen zu müssen.

Seit Jahren bemüht sich die Rebenzüchtung um pilzresistente Sorten. Die ersten robusten Hybridreben (interspezifische Sorten) befriedigten durch den sogenannten „Foxton“ der eingekreuzten resistenten Amerikanerreben geschmacklich nicht. Inzwischen stehen aber qualitativ ausgezeichnete Sorten zur Verfügung. Aus weinrechtlichen Gründen werden diese hochwertigen Neuzüchtungen als „Zierreben“ gehandelt. Sie sind bislang nur in guten Markenbaumschulen oder Rebschulen erhältlich.

Pflegehinweise

Keine der empfohlenen Sorten benötigt Spritzungen gegen Pilzkrankheiten. Sie können an der Hauswand als Spalier, im Hof als Pergola, im

Garten als Hecke oder Einzelstock am Pfahl erzogen werden. Sollen die Reben an Wänden oder Mauern stehen, ist beim Pflanzen mindestens 25 cm Abstand von der Mauer einzuhalten.

Pflanzung

Obwohl die Rebe nur geringe Ansprüche an den Boden stellt, ist es vorteilhaft, das Pflanzloch wie beim Pflanzen von Bäumen gut vorzubereiten. Die beste Pflanzzeit für Pfropfreben liegt im April. Herbstpflanzungen brauchen einen Winterschutz. Containerpflanzen können auch im Sommer gesetzt werden. Pfropfreben benötigen einen Rückschnitt der Wurzeln auf 15 cm Länge und des Triebes bis zum zweiten sichtbaren Auge oberhalb der Veredlungsstelle. Die Pfropfrebe wird so tief ins Pflanzloch hineingestellt, daß die Veredlungsstelle knapp über der Bodenoberfläche liegt. Bis die Rebe ausgetrieben hat, sollte der gesamte Kopf angehäufelt, also mit feiner Erde bedeckt sein. Nach dem Austrieb muß die Veredlungsstelle aber wieder freistehen, damit sich keine Wurzeln oberhalb der Veredlungsstelle entwickeln.

Robuste Tafeltrauben

Sorte	Fruchtfarbe Beere	Traube	Geschmack	Anfälligkeit – Falscher Mehltau (P) – Echter Mehltau (O) – Fruchtfäule (B)	Standortansprüche und Frosthärte	Bemerkungen
'Zala-gyöngye'[1]	gelb groß	groß locker	fruchtig festfleischig	P sehr gering O mittel B gering	gering sehr frosthart	aus Ungarn
'Reflex'[2]	grüngelb mittelgroß	mittelgroß rel. locker	neutral feinschalig	P sehr gering O sehr gering B sehr gering	mittel rel. frosthart	Neuzüchtung aus Ungarn
'Phoenix'[1]	grüngelb klein	klein kompakt	Muskatton feinschalig	P resistent O gering B mittel	mittel Weinbauklima	Beeren platzen leicht
'Lakemont' (= 'New York 15.305')[1]	hellgrün mittelgroß	groß locker	neutral kernlos	P resistent O resistent B sehr gering	rel. gering sehr frosthart	kernlos
'Regent'[2]	dunkelblau klein	klein locker	aromatisch festschalig	P resistent O gering B sehr gering	gering rel. frosthart	frühe Laubrotfärbung
'Muscat[1] bleu'	blau mittelgroß	groß locker	feiner Muskatton	P resistent O gering B sehr gering	gering frosthart	Blätter klein
'Boskoop[1] Glorie'	blau mittelgroß	mittel locker	süß fruchtig	P resistent O sehr gering B sehr gering	mittel frosthart	dekoratives Laub

[1] im Fachhandel erhältlich (siehe Bezugsquellen); [2] in absehbarer Zeit erhältlich

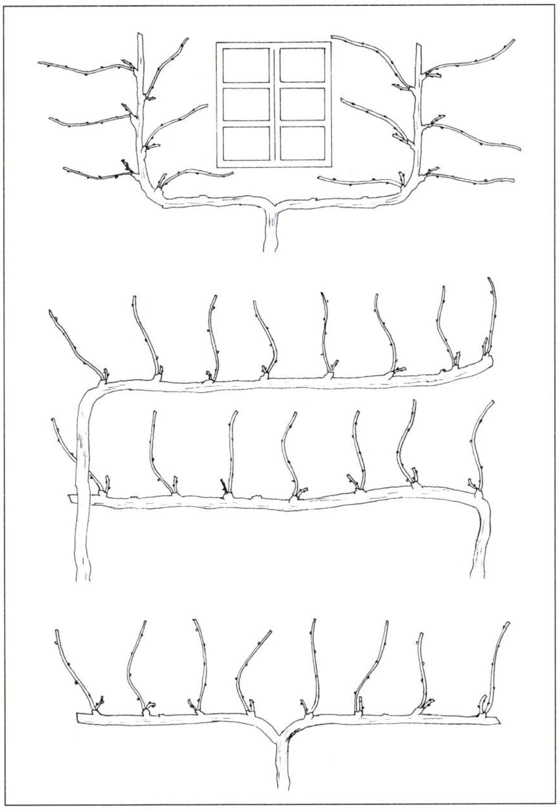

Spalierformen für Tafeltrauben.

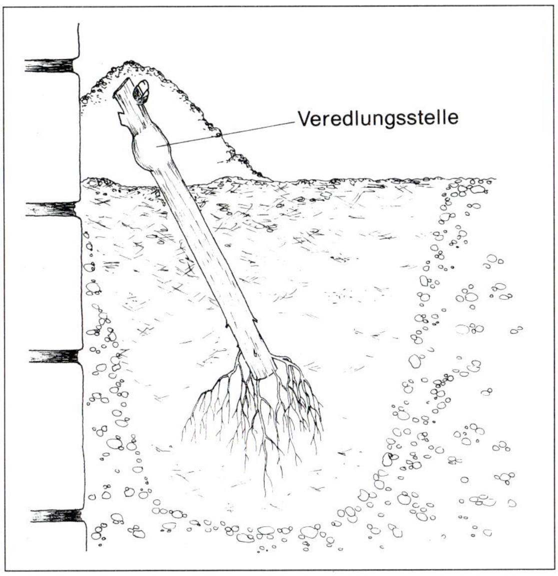

Pflanzung einer Jungrebe: Nach Ende der Frostperiode muß die Veredlungsstelle freiliegen.

Erziehung

Bilden sich mehrere Triebe, werden Anfang Juni alle bis auf den kräftigsten weggebrochen. Dieser Trieb wird laufend am Pflanzstab festgebunden, da in diesem jungen Stadium die Gefahr groß ist, daß er abbricht. Entstehen in den Blattachseln Nebentriebe, werden sie bis zur gewünschten Stammhöhe sorgfältig ausgebrochen. Weiter oben wachsende Nebentriebe sind auf 3 Blätter einzukürzen, damit sich der Haupttrieb kräftig entwickelt und gut verholzen kann.

Für die weiteren Schnittmaßnahmen liegt der günstigste Zeitpunkt im März. Die Schnittstelle sollte stets 2 bis 3 cm über einem Auge liegen. Im ersten Frühjahr nach der Pflanzung wird begonnen, das Grundgerüst des Rebstockes (Altholz) zu erziehen. Sind die Jungpflanzen schwach und schlecht verholzt, muß nochmals bis auf wenige Augen über der Veredlungsstelle zurückgeschnitten und ein neuer Stamm gezogen werden.

Ist der Vorjahrestrieb gut verholzt, wird er auf die Höhe eingekürzt, auf der die waagrechten Seitentriebe verlaufen sollen. Je nach Erziehungsform (ein- oder zweiarmiger Kordon) werden alle austreibenden Fruchtruten bis auf eine bzw. zwei entfernt und waagrecht gebunden. Mehrere Etagen entstehen am schnellsten und einfachsten, wenn für jede Etage ein eigener Rebstock verwendet wird.

Als Grundregel für die weitere Erziehung gilt, daß Trauben nur an einjährigem Holz wachsen, das zweijährigem Holz entspringt. Auf den Kordonarmen (Altholz) entstehen Zapfen, indem der Vorjahrestrieb auf 2 Augen zurückgeschnitten wird. Aus dem oberen Auge wächst die Fruchtrute, die den Ertrag liefert, aus dem unteren Auge die Ersatzrute, aus der im folgenden Jahr die Fruchtrute wächst. Jeweils im Frühjahr wird die abgeerntete Fruchtrute direkt am Zapfen weggeschnitten und mit der Ersatzrute ein neuer Zapfen gebildet, indem man sie auf 2 Augen einkürzt. Wird ein solcher Zapfen im Lauf vieler Jahre zu lang, kann ein „Wasserschoß" (Jungtrieb, der direkt dem Altholz entspringt) als neuer Zapfen gezogen und der alte, verholzte Höcker abgesägt werden (verjüngen).

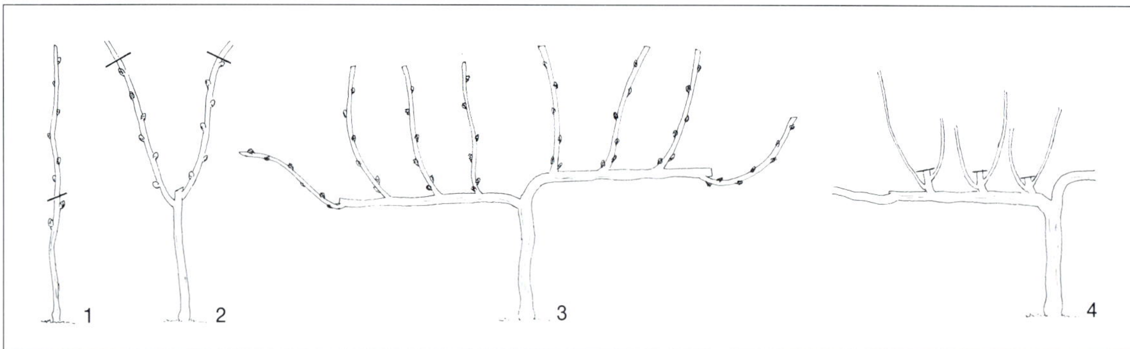

Erziehung der Jungrebe: 1 Rückschnitt auf zwei Knospen (Augen), 2 Rückschnitt des Austriebes auf maximal zehn Augen und Waagrechtbinden, 3 Rückschnitt des Austriebes auf sechs Augen, 4 Zapfenschnitt.

Der Abstand zwischen den Zapfen sollte etwa 25 cm betragen.

Im Lauf der Vegetationszeit sind einige Laubarbeiten durchzuführen. Die Wasserschosse aus dem Stamm sollte man entfernen und zu lang gewordene Jahrestriebe einkürzen. Bei einigen Sorten wachsen aus den Blattachseln Seitentriebe (Geiztriebe), die bei zu dichter Laubwand weggeschnitten werden können. Das Entspitzen der Jahrestriebe Ende August fördert die Verholzung und damit die Winterhärte.

Düngung

Die Rebe bevorzugt einen pH-Wert zwischen 6 und 7, es sollte also gelegentlich gekalkt werden. Die Nährstoff-Richtwerte je Stock liegen bei 10 g Stickstoff, 7g Phosphat, 20 g Kalium und 5 g Magnesium. Dies entspricht in etwa 80 g Volldünger. Der beste Zeitpunkt liegt im März vor dem Austrieb. Organische Dünger werden im Herbst ausgebracht.

Krankheiten

Die gefürchtetsten Rebkrankheiten sind Echter und Falscher Mehltau. Zu den empfindlichen Sorten zählen unter anderem 'Gutedel', 'Müller-Thurgau', 'Dornfelder', 'Portugieser' und 'Trollinger'. Auch die bislang empfohlenen Tafeltraubensorten wie 'Perle von Czaba', 'Königin der Weingärten' oder 'Magdalenentraube' sind nicht ausreichend robust. Da für den Hausgartenbereich nur noch weitgehend pilzresistente Hybridsorten (interspezifische Sorten) empfohlen werden, spielen diese Pilzkrankheiten keine große Rolle mehr und werden deshalb nur kurz beschrieben.

Echter Mehltau *(Oidium tuckeri)* entwickelt sich am besten an warmen Tagen mit hoher Luftfeuchtigkeit. Blätter, Triebe und Beeren überziehen sich mit dem mehligen Pilzmycel. Die Beeren platzen im unreifen Zustand, die Samenkerne werden sichtbar (Samenbruch).

Falscher Mehltau *(Peronospora, Plasmopara viticola)* benötigt Wassertropfen, um sich ausbreiten zu können. Der Pilz verursacht ölig durchscheinende Flecken und nur auf der Blattunterseite zeigt sich später ein weißer Belag. Die Blätter vertrocknen und fallen vorzeitig ab, die Beeren schrumpfen zu kleinen, braunen Beuteln (Lederbeeren).

Graufäule *(Botrytis cinerea)* befällt Wunden oder schwaches Gewebe, vorwiegend bei anhaltender Feuchte. Besonders gefährdet sind Sorten mit kompakten Trauben, also dicht sitzenden Beeren.

Schädlinge

An Schädlingen treten gelegentlich Blattgallmilben bzw. Pockenmilben *(Eriophyes vitis)* auf, die durch ihre Saugtätigkeit pockenartige Blattaufwölbungen hervorrufen. Ist der Befall in der frühen Wachstumsperiode so hoch, daß nahezu alle

Blätter befallen sind, sollte man ein nützlingsschonendes Akarizid einsetzen.
Die Kräuselmilben *(Calepitrimerus vitis)* schädigen nur den jungen Austrieb im Frühjahr, vor allem bei kühler Witterung, wenn die jungen Blätter der Milbe nicht „davonwachsen" können. Spinnmilbenarten (Rote Spinne und Bohnenspinnmilbe) werden normalerweise durch Raubmilben und andere Nützlinge im Gleichgewicht gehalten.
Häufiger Schädling, vor allem in warmen Lagen, ist der Traubenwickler *(Clysia ambiguella, Polychrosis botrana)*. Die erste Generation der Räupchen schlüpft zur Heuzeit (Heuwurm), die zweite Generation vor der Fruchtreife, wenn die Beeren noch sauer sind (Sauerwurm). Während die Heuwürmer nur einige Blütenknospen zerstören, verursachen die Sauerwürmer durch die Fraßstellen an den Beeren Fäulnis, die vor allem bei kompakt gebauten Fruchtständen auch auf gesunde Beeren übergehen kann. Im Hausgartenbereich ist es normalerweise nicht nötig, den Traubenwickler zu bekämpfen, da er selten große Schäden anrichtet.

Johannisbeere

Die Roten und Weißen Johannisbeeren stammen von den in Mittel- und Südeuropa heimischen Wildarten *Ribes silvestre, R. spicatum, R. petraeum* und *R. rubrum* ab. Aus Einkreuzungen mit der im Mittelmeerraum beheimateten *R. multiflorum* entstanden verschiedene langtraubige und spätreifende Sorten.

Die Kultursorten der Schwarzen Johannisbeere stammen aus der Untergattung *Coreosma,* der außer *Ribes nigrum* weitere Arten wie die vielfach als Unterlage verwendete Goldjohannisbeere *(R. aureum)* und der weit verbreitete Zierstrauch Blutjohannisbeere *(R. sanguineum)* angehören.

Johannisbeeren sind nicht nur anspruchslose Gartenpflanzen, die sich selbst mit einem Platz im Halbschatten begnügen, ihre Früchte sind auch vielseitig verwertbar und sehr gesund. Die Beeren wirken blutreinigend, der hohe Säuregehalt stabilisiert den Bereich der Mundhöhle.

Besonders reich an Mineralstoffen und Vitaminen ist die Schwarze Johannisbeere. Der Gehalt an Vitamin C liegt je nach Sorte mit 150 bis 250 mg pro 100 g Frischgewicht drei- bis fünffach über dem der Zitrone. Die Schwarze Johannisbeere ist geradezu als Arznei anzusehen, da sie aufgrund ihrer besonderen Inhaltsstoffe Herz und Kreislauf stärkt. Unter der Bezeichnung „Cassis" ist sie Bestandteil von Likören, Marmeladen, Speiseeis und Bonbons.

Standortansprüche und Pflanzmaterial

Rote und Weiße Johannisbeeren bevorzugen humose, feuchte, mittelschwere Böden und kommen selbst auf anmoorigen Standorten zurecht. Die Schwarze Johannisbeere ist etwas anspruchsvoller in Bezug auf Nährstoffgehalt und Wasserversorgung. Johannisbeersträucher gedeihen auch im Schatten und auf minderen Böden, bringen dann aber nur wenig Früchte. Da sie sehr früh blühen, sollte der Standort spätfrostgeschützt sein. Ansonsten sind ihre Wärmeansprüche gering.

Unterlagen und Sorten

Um den Zierwert zu erhöhen, werden Rote und Weiße Johannisbeeren vielfach auf eine stammbildende Unterlage veredelt, meist auf die Goldjohannisbeere *(Ribes aureum).* Solche Halb- und Hochstämmchen benötigen einen Pfahl und intensive Pflege: guter Boden, ausreichend Wasser und sachgerechten Schnitt, da sie leicht vergreisen. Je länger das Stämmchen ist, desto schwächer wächst die Krone. Wer nicht übermäßig viel Pflege investieren will, sollte auf veredelte Stämmchen verzichten. Schwarze Johannisbeeren eignen sich weniger für diese Erziehungsform, da sie noch rascher vergreisen als Rote Johannisbeeren.

Die meisten Johannisbeersorten sind ausreichend selbstfruchtbar. Eine zweite Befruchtersorte fördert allerdings Beerenanzahl und -größe. Vor allem unter den Schwarzen Johannisbeeren gibt es Sorten, die so gering selbstfruchtbar sind, daß ohne Fremdbestäubung ein Großteil der Beeren verrieselt (vorzeitiger Fruchtfall).

Verrieseln: In den ersten 4 Wochen nach der Blüte fallen junge Früchte ab. Bei schwachem Verrieseln fehlen nur einzelne Beeren an den Träubchen, bei starkem Fruchtfall sind sie nahezu beerenlos.
Neben der genetischen Veranlagung (unterschiedliche Sortenanfälligkeit) tragen ungenügende Befruchtung, zu dichte Pflanzen und schlechte Standortbedingungen – vor allem Trockenheit während der Blüte – zum Verrieseln bei. Fehlstellen an den Trauben werden auch durch Spätfröste zur Blütezeit hervorgerufen.

Weiße Johannisbeeren

Die weiß- bzw. gelbbeerigen Sorten erleben in den letzten Jahren eine Renaissance. Dem trägt das stark gestiegene Angebot an ertragsstabilen Neuzüchtungen Rechnung. Obwohl Weiße Johannisbeeren aromatischer und süßer schmekken, wurden sie aufgrund der unsicheren Erträge von den rotfrüchtigen Sorten verdrängt.

Sorten wie 'Weiße aus Jüterbog', 'Weiße Holländische' und 'White Pearl' sollten nicht mehr gepflanzt werden. Aus dem alten Sortiment kann allenfalls 'Weiße Versailler' mit den Neuzüchtungen Schritt halten. Allerdings neigt sie stark zum Verrieseln und ist auch anfällig für die Blattfallkrankheit. Seit Ende 1976 sind die Sorten 'Zitavia' und 'Werdavia' auf dem Markt. 'Werdavia' erwies sich insgesamt als robuster, schmeckt aber relativ sauer. 1977 wurden die slowakischen Sorten 'Primus' und 'Blanka' registriert. 'Blanka' ist geschmacklich besser als 'Primus', leidet aber etwas unter der Blattfallkrankheit. Da 'Albatros' erst seit 1990 zugelassen ist, liegen bis heute noch wenig Anbauerfahrungen vor. Bestechend an dieser Sorte ist der ausgezeichnete, süße Geschmack.

Rote Johannisbeeren

Die Rote Johannisbeere wurde in den letzten Jahren vorwiegend in den Niederlanden züchterisch bearbeitet, wobei hauptsächlich nach spätreifen Ersatzsorten für 'Heinemanns Rote Spätlese' gesucht wurde. Die Züchtungen 'Roodneus' und 'Augustus' reifen wie 'Rote Spätlese' erst Anfang bis Mitte August und sind bezüglich Geschmack und Ertrag besser zu bewerten, aber mit der aromatisch-saftigen Frische von früher reifenden Sorten können auch diese Neuzüchtungen nicht konkurrieren.

Sehr frühreifende Sorten blühen meist so zeitig, daß sie stark spätfrostgefährdet sind und verrieseln. Besonders empfindlich reagieren die weit verbreitete Sorte 'Jonkheer van Tets', die zudem stark unter der Rotpustel-Krankheit leidet, und

Weiße Johannisbeersorten

Sorte	Abstammung	Reifemonat	Beerengröße Traubenlänge	Geschmack	Wuchs Ertrag	Anfälligkeit
'Zitavia' (1976)	Zufallssämling aus Deutschland	E6	groß lang	mild aromatisch	stark hoch	stark Blattfall verrieselt etwas Mehltau
'Werdavia' (1976)	Selektion aus 'Weiße Holländische'	A7	groß mittellang	relativ sauer	stark mittel	gering Blattfall robust frosthart
'Weiße Versailler' (1850)	Züchtung aus Frankreich	M7	groß lang	mild aromatisch	mittel mittel	stark Blattfall verrieselt stark
'Albatros' (1990)	vermutlich 'Red Lake' × 'Fays Profilic'	M7	groß lang	süß hoch aromatisch	mittel rel. hoch	stark Blattfall
'Primus' (1977)	'Heinemanns Rote Spätlese' × 'Red Lake'	E7	klein lang	sauer saftig	stark hoch	gering Blattfall frosthart
'Blanka' (1977)	'Heinemanns Rote Spätlese' × 'Red Lake'	A8	groß sehr lang	fest saftig	stark sehr hoch	mittel Blattfall frosthart

Rote Johannisbeersorten

Sorte (Herkunft)	Reifemonat (Blütezeit)	Frucht -Beere -Traube	Geschmack	Ertrag Wuchs	Anfälligkeit	Bemerkungen
'Jonkheer van Tets' (NL)	E6 (früh)	groß lang	saftig aromatisch	hoch stark	Verrieseln Regen	Spätfrost etwas Blattfall
'Red Lake' (USA)	A7 (früh)	groß sehr lang	mildsäuerlich aromatisch	mittel mittel	Mehltau	stark schneiden
'Rolan' (NL)	M7 (spät)	groß lang	säuerlich aromatisch	hoch stark	robust Regen	attraktive Früchte
'Rotet' (NL)	M-E7 (früh)	groß lang, voll	säuerlich aromatisch	hoch stark	Blattfall	attraktive Früchte
'Rovada' (NL)	A8 (spät)	sehr groß lang, voll	fest, gut aromatisch	hoch rel. stark	Blattfall Regen	attraktive Früchte
'Roodneus' (NL)	A-M8 (spät)	groß, dunkel lang, voll	sauer mäßig	hoch s. stark	robust	lange hängenlassen, dann wohlschmeckend
'Augustus' (NL)	M8 (mittel)	klein, dunkel sehr lang	sauer mäßig	s. hoch stark	robust	lange hängenlassen, sonst sehr sauer

die früher verwendeten Sorten 'Fays Profilic' und 'Heros'. Diese Sorten sind, wie auch die etwas später reifenden 'Stanza' und 'Rote Vierländer', zwar geschmacklich ausgezeichnet, aber stark regenempfindlich. Die Beeren platzen leicht und faulen dann sofort. Aber auch neuere Sorten wie 'Rosetta' und 'Rovada' sind platzgefährdet. Eine Kuriosität stellt die rosafrüchtige Sorte 'Rosa Sport', eine Knospenmutation von 'Heros', dar. Sie ist aber ebenfalls spätfrostanfällig, regenempfindlich und wie 'Heros' nicht übermäßig ertragreich.

In der folgenden Tabelle sind Vertreter aller Reifegruppen beschrieben, die sich geschmacklich oder ertragsmäßig vom früheren Sortiment abheben und gegen wichtige Krankheiten weitgehend robust sind. Die bereits 1665 erwähnte Sorte 'Rote Holländische' sollte nur in extrem rauhen Lagen gepflanzt werden, da sie zwar äußerst robust und kälteverträglich ist, aber sehr sauer und herb schmeckt. Die slowakische Neuzüchtung 'Hron' soll für rauhe Klimate gleichermaßen geeignet sein, aber deutlich besser schmecken, attraktiver aussehen und mehr tragen. Weitere Neuheiten aus der Slowakei sind die frühreife 'Detvan', die mittelfrüh reifende 'Maraton' und die spätreifende 'Tatran'. Mit diesen Sorten gibt es im deutschsprachigen Raum allerdings kaum Anbauerfahrungen.

Schwarze Johannisbeeren

Die früheren Standardsorten wie 'Roodknop', 'Rosenthals', 'Silvergieters' und 'Wellington XXX' sind für den Hausgarten ungeeignet, da sie hoch sensibel auf den Amerikanischen Stachelbeermehltau reagieren. Auch neuere Sorten wie 'Baldwin', 'Otelo', 'Phoenix', 'Tenah', 'Tsema', 'Troll' und 'Viola' sind mehltauanfällig. Inzwischen sind zahlreiche resistente Sorten auf dem Markt. Einige davon zeigen zudem eine gute

Widerstandfähigkeit gegen weitere Blattkrankheiten und Gallmilben. Neben dem bereits bewährten, in der Tabelle beschriebenen Sortiment an robusten Schwarzen Johannisbeeren werden weitere Sorten wie 'Andega', 'Hedda', 'Lissil', 'Polen 76/69', 'Stor Klas', 'Tifon' und zahlreiche schottische Züchtungen wie 'Ben Adler', 'Ben Nevis', 'Ben Sarek', und 'Ben Tirran' geprüft.

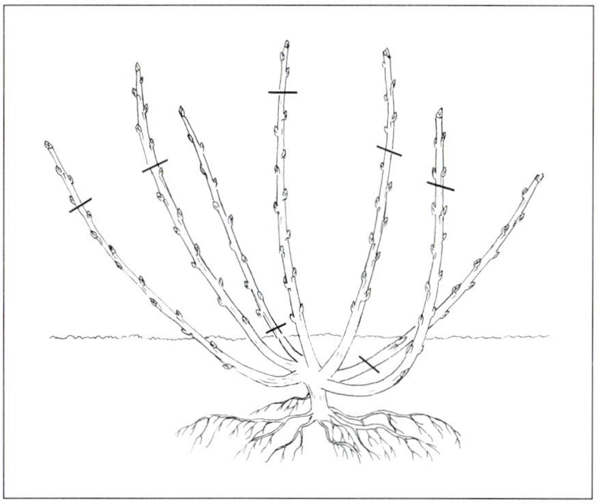

Pflanzschnitt und Pflanztiefe des Johannis-beer-Strauches: Die kräftigsten fünf Triebe werden auf maximal zehn Augen angeschnitten, überzählige Triebe sind an der Basis zu entfernen.

Pflegehinweise

Johannisbeeren sind relativ anspruchslose Gartenpflanzen. Werden die wichtigsten Pflegemaßnahmen sorgfältig durchgeführt, bleiben die Sträucher jedoch länger gesund und bringen hohe Erträge von guter Qualität.

Robuste Schwarze Johannisbeersorten

Sorte (Herkunft)	Reife-monat	Frucht – Gramm/Beere – Traubenlänge	Geschmack	Ertrag	Anfälligkeit für* Mehltau	Blattfall	Gallmilben	Blütenfrost	Bemerkungen
'Fertöder 1' (H)	A7	0,8 g lang	sehr gut aromatisch süß	mittel-gering	sg	m	g	h	wenig Schnittarbeit Beeren lange am Stock haltbar
'Ben Lomond' (GB)	M7	0,9 g mittel	mäßig fad	mittel-gering	g	m	m	m	anfällig: Spinnmilben verrieselt
'Titania' (S)	M7	1,0 g mittel	mäßig fad farbintensiv	sehr hoch	sg	g	h	sg	schwierig zu pflücken wenig Schnittaufwand anfällig: Spinnmilben, Läuse
'Leandra' (NL)	K7	0,8 g lang	sehr gut aromatisch farbintensiv	hoch	sg	sh	g	h	Geschmack ausgezeichnet
'Ometa' (D)	E7	0,7 g lang	gut süßlich farbintensiv	hoch	sg	m	g	g	nicht spätfrost-gefährdet

* s sehr g gering m mittel h hoch

Pflanzung und Düngung

Es ist vorteilhaft, Johannisbeeren im Herbst zu pflanzen, da die Sträucher dann noch anwurzeln können und im Frühjahr kräftiger austreiben. Die Pflanzstelle ist gründlich zu lockern und mit Kompost anzureichern (zur Pflanztiefe siehe Abbildung S. 129). Da Johannisbeeren zu den Flachwurzlern gehören, dürfen sie nicht tief gehackt werden. Wird der Boden mit einer Mulch- oder Kompostschicht gut abgedeckt, verdunstet weniger Wasser, das Hacken entfällt.

Johannisbeeren sind dankbar für ausreichend Bodenfeuchtigkeit. Für gute Erträge ist eine ausgewogene Düngung erforderlich. Schwarze Johannisbeeren haben einen etwas höheren Stickstoffbedarf. Wichtig sind Phosphor und Kalium. Organische Dünger wirken sich positiv auf die Bodenstruktur aus. An mineralischem Volldünger kann 50g/m² bis zum 4. Standjahr und 80 g/m² im Vollertrag als Richtwert gelten, möglichst von März bis Mai in mehrere Gaben aufgeteilt. In Einzelnährstoffen werden im Vollertrag etwa 8 g Stickstoff, 4 g Phosphor, 12 g Kalium und 4 g Magnesium/m² benötigt. Jungpflanzen erhalten ein Drittel weniger. Da Johannisbeeren empfindlich auf Chlor reagieren, sind chloridfreie Düngemittel zu bevorzugen.

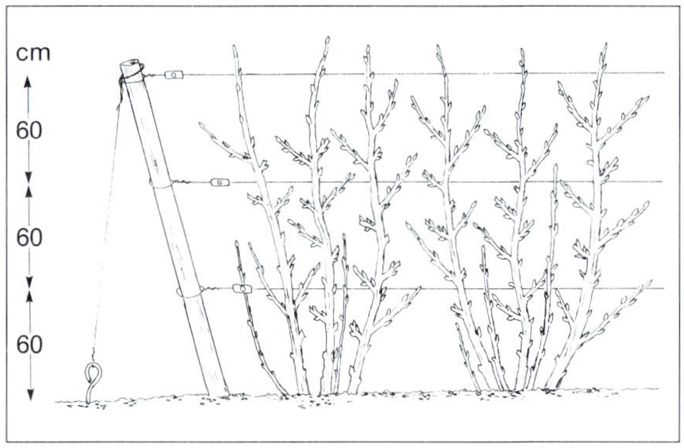

Erziehungssystem der Dreiast-Hecke.

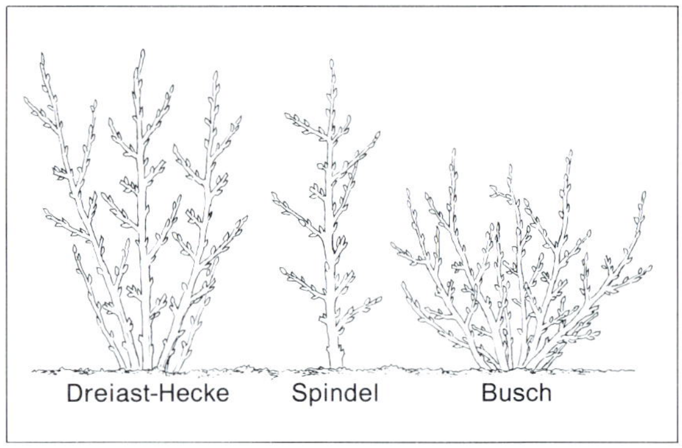

Erziehungsformen der Johannisbeere.

Schnitt

Beim Pflanzen eines Strauches werden die 5 kräftigsten Triebe auf die halbe Länge eingekürzt und die restlichen entfernt. Hat die Jungpflanze weniger als 5 Triebe, sind diese auf 2 bis 3 Augen zurückzuschneiden, damit weitere Triebe aus dem Stock austreiben. In den beiden Folgejahren

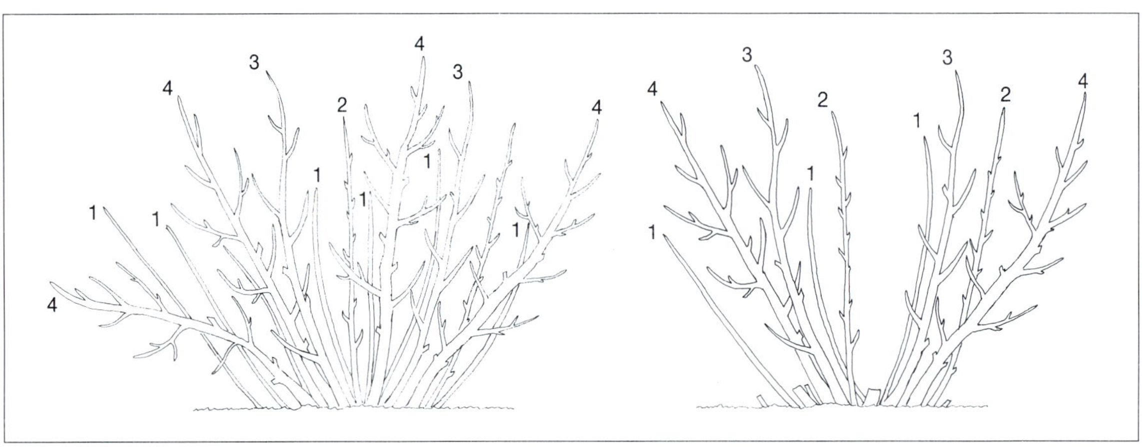

Johannisbeer-Strauch vor und nach dem Schnitt mit 1-, 2-, 3- und 4jährigen Trieben.

werden spätestens bis Februar die Verlängerungstriebe um etwa ein Drittel eingekürzt und schwache oder zu dicht stehende Bodenneutriebe weggeschnitten.

Als Faustregel für die weiteren Schnittmaßnahmen gilt: möglichst nach der Ernte, spätestens aber im Februar alle Basistriebe entfernen, die älter als 4 Jahre sind.

Für einen Strauch reichen 8 bis maximal 10 Basistriebe, in jeder Altersstufe 2 bis 3. Bei einem so aufgebauten Strauch müssen jährlich also nur die 2 bis 3 ältesten Fruchtäste und bis auf 3 alle einjährigen Triebe aus der Stockbasis weggeschnitten werden. Die Sträucher erreichen auf diese Weise problemlos ein Alter von 20 Jahren.

Bei Stämmchen wird eine Krone mit 6 Leitästen gezogen. Deren Verlängerungstriebe sind jährlich auf 5 Augen und die Seitentriebe der Verlängerungen auf 3 Augen einzukürzen. Johannisbeer-Stämmchen neigen früh zum Vergreisen, gute Kenntnisse und intensiver Schnitt sind erforderlich, um 10 bis maximal 15 Jahre einen ausreichenden Ertrag zu erzielen.

Starkwachsende Sorten eignen sich gut für Hekken. An einem Gerüst mit drei Drähten in 50, 100 und 150 bis 160 cm Höhe werden im Abstand von 80 cm Johannisbeer-Sträucher (Kombination mit Stachelbeeren möglich) gepflanzt. Die Seitentriebe der Gerüstäste sind stark einzukürzen. Weitere Basistriebe müssen entfernt werden, sofern sie nicht als Ersatz für alte Gerüstäste dienen sollen. Die einzelnen Sorten haben etwas unterschiedliche Schnittansprüche. Gut gepflegte Hecken können 12 bis 15 Jahre reiche Ernten bringen.

Im Erwerbsanbau werden teilweise Hecken im Pillar-System gezogen: pro Johannisbeerpflanze nur ein senkrecht stehender Trieb, der allerdings nicht so tief wie ein Busch sitzen darf.

Krankheiten und Schädlinge

Neben den auch beim Kernobst auftretenden Schädlingen wie Spinnmilben, Schildläuse und Blattläuse können bei der Johannisbeere Schäden durch Gallmilben und Glasflügler entstehen. Die empfohlenen Schwarzen Johannisbeer-Sorten sind resistent gegen den Amerikanischen Stachelbeermehltau (siehe S. 50).

Die Blattfallkrankheit *(Drepanopeziza ribis)* wird von einem Pilz verursacht und führt bei anfälligen Sorten besonders in feuchten Jahren und Regionen zu vorzeitigem Abwurf der Blätter. Befallene Blätter sind mit grauen Flecken überzogen. Das abgefallene Laub muß spätestens im Spätwinter entfernt werden. Einige Sorten sind nur wenig anfällig (siehe Tabellen).

Dasselbe gilt auch für die ähnlich aussehende Blattfleckenkrankheit *(Septoria ribis)*, die gelegentlich bei anfälligen Schwarzen Johannisbeersorten zur vorzeitigen Entblätterung führt.

Ebenfalls bei der Schwarzen Johannisbeere kann Säulenrost *(Cronartium ribicola)* an der Blattunterseite hellgelbe und braune Pusteln hervorrufen, die befallenen Blätter fallen vorzeitig ab. Da verschiedene Kiefernarten als Zwischenwirt für den Pilz dienen, tritt der Befall verstärkt in deren Umgebung auf.

Schäden können auch durch die Blattrandkrankheit entstehen. Die Blattränder verbräunen und vertrocknen, die Blätter fallen vorzeitig ab. Es handelt sich dabei um physiologische Störungen, meist durch Kalimangel oder chloridhaltige Dünger hervorgerufen.

Der Erreger der Rotpustelkrankheit *(Nectria cinnabarina)* kann viele Obstarten befallen, bevorzugt aber Johannisbeeren. Der Pilz dringt durch Wunden ein, die befallenen Zweige sterben ab. Auf dem toten Holz zeigen sich orangerote Pusteln. Durch kräftigen Rückschnitt bis ins gesunde Holz ist die Krankheit bekämpfbar. Die abgestorbenen Zweige dürfen nicht im Garten verbleiben.

Die Johannisbeergallmilbe *(Cecidophyopsis ribis)* ruft kugelig aufgeschwollene Knospen hervor, die im Frühjahr nicht austreiben, allmählich vertrocknen und abfallen. Die Sträucher verkahlen. An Roten Johannisbeeren und Stachelbeeren schwellen die Knospen nur wenig an, der Befall kann leicht übersehen werden. Einige Sorten sind nur gering anfällig. Stark befallene Sträucher sollten verbrannt und durch robuste Sorten ersetzt werden.

Stachelbeere

Die heutigen Kultursorten der Stachelbeere gehören zur Art *Ribes uva-crispa*. Sie wächst in Eurasien und im Mittelmeerraum wild in lichten Wäldern. Die Stachelbeere wird seit über 400 Jahren kultiviert, in nennenswertem Umfang aber erst seit Mitte des 18. Jahrhunderts, vorwiegend in England. Nur 100 Jahre später waren nahezu 1000 Sorten bekannt, darunter auch die heute noch weit verbreiteten Sorten 'Rote Triumph' und 'Weiße Triumph'.

Stachelbeeren sind anspruchslos und gedeihen selbst im Halbschatten gut. Auch aufgrund ihrer Inhaltsstoffe sind sie als wertvolles Gartenobst einzustufen. Sie haben einen hohen Vitamin- und Mineralstoffgehalt, aber nur 160 kJ (38 kcal) je 100 g Früchte und wirken blutreinigend, herz- und kreislauffördernd sowie rheumalindernd.

Die meisten der bislang im Handel angebotenen Stachelbeersorten sind hochanfällig für den Amerikanischen Stachelbeermehltau, eine Pilzkrankheit, die um 1900 nach Deutschland eingeschleppt wurde. Ein Anbau im Garten ist nur möglich, wenn die Pflanzen mehrmals zum richtigen Zeitpunkt mit Fungiziden behandelt werden. Es gibt aber resistente Neuzüchtungen, die den empfindlichen Sorten bezüglich Geschmack, Fruchtgröße und Ertrag entsprechen, aber keinerlei Fungizid-Spritzungen benötigen. Da die Früchte von mehltaubefallenen Sträuchern ungenießbar sind, die Pflanzen stark geschwächt werden und einen geradezu erbärmlichen Anblick bieten, werden für den Hausgarten nur noch resistente Sorten empfohlen.

Standortansprüche und Pflanzmaterial

Stachelbeeren sind holzfrosthart, aufgrund ihrer frühen Blüte aber spätfrostgefährdet. Als Pflanzen lichter Wälder vertragen sie Halbschatten, bei intensiver Sonneneinstrahlung leiden die Früchte unter Sonnenbrand.

Die Ansprüche an den Boden liegen etwas höher als bei der Johannisbeere. Die Stachelbeere bevorzugt mittelschwere, nährstoffreiche Böden, die ausreichend feucht sind. Auf Trockenheit und stauende Nässe reagiert diese Beerenart empfindlich. Leichte Böden müssen gut mit Humus versorgt werden.

Unterlagen

Stachelbeeren wachsen als Büsche, können aber auch auf stammbildende Unterlagen veredelt werden. Die Goldjohannisbeere *(Ribes aureum)*, meist die Sorte 'Brechts Erfolg', ist die bislang häufigste Unterlage. Erst allmählich setzen sich die weitaus besseren Erfahrungen mit der Jostabeere *(Ribes × nidigrolaria)* als Unterlage durch. Der Wuchs ist deutlich stärker, und die gesamte Pflanze bleibt gesünder als auf der Goldjohannisbeere, da die Jostabeere ein kräftiges, reich verzweigtes Wurzelwerk bildet.

Sorten

Die zahlreichen Stachelbeersorten werden nach ihrer Fruchtfarbe in rote, gelbe und grüne Sorten unterteilt. Die derzeitigen Hauptsorten im Erwerbsanbau sind 'Achilles', 'Maiherzog', 'Rote Triumph', 'Weiße Triumph', 'Weiße Neckartal' und 'Grüne Kugel', allesamt hoch anfällig für den Amerikanischen Stachelbeermehltau. Für den Hausgarten kommen grundsätzlich nur resistente Sorten in Frage.

Neben den in der Tabelle genannten Sorten gibt es weitere resistente Züchtungen, die aber vielfach nachteilige Eigenschaften haben. Die frühreife, gelbgrüne 'Reverta' befriedigt bezüglich Geschmack und Ertrag nicht, die ebenfalls sehr frühe, gelbe Sorte 'Risulfa' ist zudem stark anfällig für die Blattfallkrankheit. 'Hinnonmäki' kann bei starkem Befallsdruck Mehltau zeigen, bei 'Rixanta' ist die Resistenz gebrochen, die Sorte ist als hoch mehltauanfällig einzustufen.

Pflegehinweise

Für Stachelbeeren gelten beim Pflanzen, Bodenbearbeiten und Düngen dieselben Hinweise wie für Johannisbeeren. Sie wünschen also eine kalibetonte Nährstoffversorgung mit chloridfreien

Düngemitteln. Zusätzliche Magnesiumgaben, z. B. mit Kieserit, sind ratsam. Der Wasserbedarf von Stachelbeeren liegt etwas höher als bei Johannisbeeren.
Bei der Pflanztiefe bestehen wesentliche Unterschiede. Rote Johannisbeer-Sträucher müssen tief gesetzt werden, dagegen sollte der Stockgrund bei Stachelbeeren ebenerdig liegen.

Schnitt

Während Rote Johannisbeeren auch noch an etwas älterem Holz Früchte tragen, muß bei Stachelbeeren wie bei Schwarzen Johannisbeeren altes Holz konsequent ausgeschnitten werden, da die besten Früchte an vorjährigen Seitentrieben wachsen. Beim Schnitt von Büschen sind überzählige Basis- und Seitentriebe jährlich zu entfernen. Zu dichte Büsche sind anfällig für Krankheiten, schlecht beerntbar und die Fruchtqualität leidet.
Um die Verzweigung nicht zusätzlich zu fördern, kürzt man Langtriebe nur dann ein, wenn die Triebspitzen Mehltaubefall zeigen. Ansonsten werden wie bei Johannisbeersträuchern 6 bis 7 Gerüstäste aufgebaut und nach maximal 3 bis 4 Jahren durch neu herangezogene Äste ersetzt.

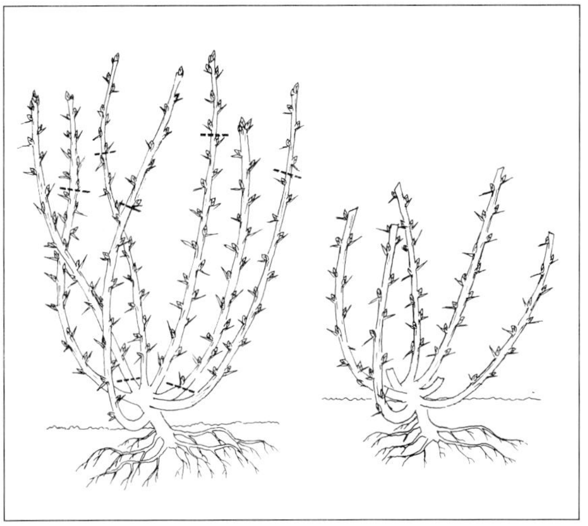

Pflanzschnitt und Pflanztiefe des Stachelbeer-Strauches.

Resistente Stachelbeersorten

Sorte (Herkunft)	Reifezeit Blütezeit	Frucht -größe -farbe	Geschmack	Ertrag Wuchs	Bestachelung Platzneigung	Anfälligkeit – Mehltau – Blattfall
'Remarka' (D)	sehr früh früh	groß purpur	aromatisch süßsäuerlich	mittel mittel	stark hoch	rel. gering mittel
'Rokula' (D)	früh früh	groß schwarzrot	süß aromatisch	hoch mittel	mittel mittel	gering gering
'Invicta' (GB)	mittelfrüh früh	groß weißgrün	süßsäuerlich aromatisch	sehr hoch mittel	stark mittel	sehr gering mittel
'Reflamba' (D)	mittelspät spät	mittel weißgrün	säuerlich mild	sehr hoch sehr stark	mittel gering	keine gering
'Mucurines' = 'Malahit'	spät spät	mittel grün	süß aromatisch	hoch mittel	mittel gering	sehr gering rel. gering
'Rolonda' (D)	spät mittel	mittel dunkelrot	säuerlich angenehm	hoch schwach	gering gering	sehr gering rel. gering
'Lepac' (SF)	sehr spät spät	mittel grüngelb	säuerlich mild	hoch schwach	gering gering	sehr gering gering

Während dies bei der Schwarzen Johannisbeere durch Neutriebe aus dem Boden erfolgt, stammen Jungtriebe zum Aufbau neuer Gerüstäste bei der Stachelbeere aus dem Basisbereich älterer Gerüstäste.
Viele Stachelbeersorten haben einen hängenden Wuchs. Stark zur Erde geneigte Triebe müssen auf waagrechte, besser noch auf nach oben strebende Triebe abgeleitet werden. Dem überhängenden Wuchs wirkt auch entgegen, wenn der Rückschnitt nicht auf eine unten liegende, sondern auf eine oben stehende Knospe erfolgt.

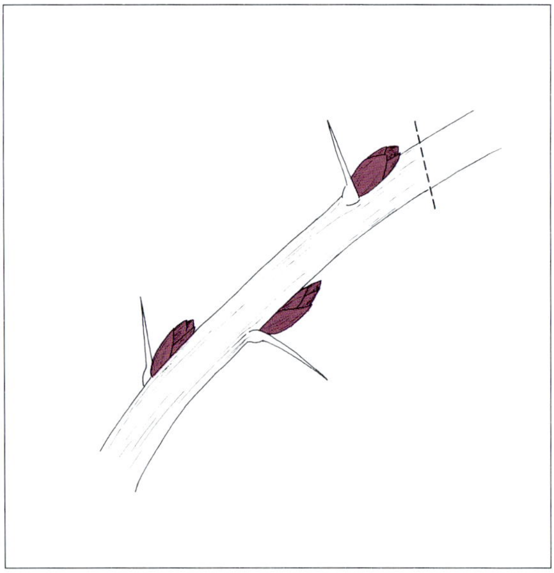

Rückschnitt auf obenliegende Knospe bei überhängendem Wuchs.

Krankheiten und Schädlinge

Neben Blattläusen und Spinnmilben können gelegentlich die Raupen von Stachelbeer-Blattwespen *(Nematus ribesii, Pristophora pallipes)* die Blätter bis auf die Blattrippen abfressen. Die Raupen treten zunächst im Strauchinnern auf. Werden sie rechtzeitig entdeckt und abgesammelt, entwickeln sich keine weiteren Generationen, es entsteht kaum Schaden. Extremer Befall kann zu Kahlfraß führen. Besonders nach regnerischem Wetter tritt bei anfälligen Sorten die Blattfallkrankheit auf. Der durch den Pilz *Drepanopeziza ribis* hervorgerufene vorzeitige Blattfall schwächt die Pflanze und beeinträchtigt das optische Bild eines Gartens erheblich (siehe S. 50).
Weitaus schlimmer ist der Amerikanische Stachelbeermehltau, der durch den Pilz *Sphaerotheca mors uvae* verursacht wird. Anfällige Sorten zeigen auf Trieben, Blättern und Früchten einen weißen, später bräunlichen Belag. Vielfach wird die gesamte Ernte unbrauchbar. Bei weniger anfälligen Sorten ist es möglich, die Krankheit durch gründlichen Rückschnitt ins gesunde Holz zu bremsen. Meist sind aber mehrmalige Spritzungen mit Fungiziden erforderlich. Auf Netzschwefel als Behandlungsmittel reagieren viele Stachelbeersorten empfindlich. Da die chemische Bekämpfung äußerst schwierig und im Garten nicht wünschenswert ist, sollten grundsätzlich nur resistente Sorten gepflanzt werden.

Jostabeeren

Prof. Erwin Baur führte 1922 die ersten Kreuzungen zwischen verschiedenen Beerenobstarten (Arthybriden) durch. Aus der mehltauresistenten Wildjohannisbeere *(Ribes succirubrum)*, gekreuzt mit mehltauanfälligen Stachelbeersorten, ging eine starkwachsende Pflanze mit traubigen Fruchtständen hervor. Diese neue Obstart nannte Erwin Baur „Jochelbeere" (**Jo**hannisbeere × Sta**chel**beere).
Dr. Rudolf Bauer züchtete weitere Arthybriden mit dem Ziel, möglichst robuste Sorten zu erhalten. Aus Kreuzungen zwischen Schwarzen Johannisbeeren, Stachelbeeren und der Wildart *Ribes divaricatum* entstand die „Jostabeere" (Schwarze **Jo**hannisbeere × **Sta**chelbeere), die den botanischen Namen *Ribes × nidigrolaria* erhielt. Aus Rudolf Bauer's Züchtungsarbeit sind seit 1975 die Jostasorten 'Jogranda' und 'Jostine' auf dem Markt.
In Dresden-Pillnitz wurden ebenfalls Arthybriden zwischen Schwarzen Johannisbeeren und Stachelbeeren gezüchtet, die zu Ehren von Prof. Erwin Baur unter dem Begriff „Jochelbeere" und

den Sortennamen 'Jochina' und 'Jocheline' 1983 zugelassen wurden.

Eigenschaften

Jostabeeren wachsen deutlich stärker als die Eltern-Arten. Die Ruten tragen wie bei der Schwarzen Johannisbeere keine Stacheln. Das Holz ist ähnlich winterfest wie das der Stachelbeere. Am mehrjährigen Holz wachsen Kurztriebe in dichten Abständen, wie Stachelbeeren verkahlen sie also kaum. Die Blätter stehen bezüglich Form und Größe zwischen denen der beiden Ausgangsarten und fallen im Herbst erst spät ab.

Jostabeeren sind resistent gegen den Amerikanischen Stachelbeermehltau und die Blattfallkrankheit. Die Johannisbeer-Gallmilbe meidet Jostabeeren, ruft also weder Rundknospigkeit hervor, noch überträgt sie Virosen bzw. Mykoplasmakrankheiten.

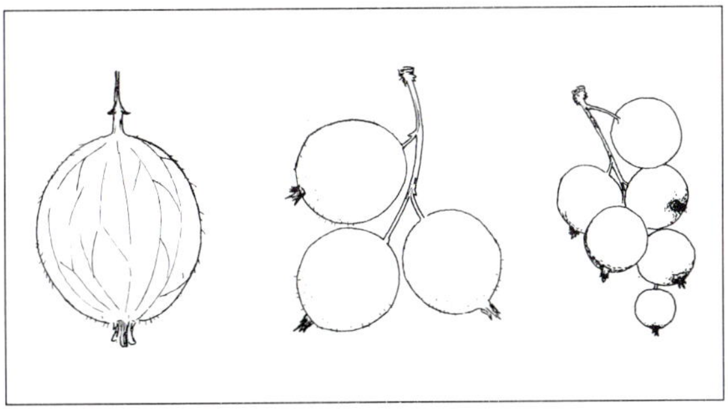

Vergleich der Früchte von Stachelbeere (links), Jostabeere (Mitte) und Schwarzer Johannisbeere (rechts).

Blüten entstehen bereits am einjährigen Holz. Sie sind größer als bei den Eltern. Jostabeeren sind ausreichend selbstfruchtbar. Bei den Fruchtständen handelt es sich um zwei- bis vierbeerige Trauben, sie nehmen damit eine Mittelstellung zwischen Stachelbeeren und Johannisbeeren ein. Das gilt auch für die Beerengröße.

Geschmacklich sind ebenfalls die Komponenten beider Eltern vertreten: das feinsäuerliche Aroma der Stachelbeeren und in abgemilderter Form der typische Geschmack der Schwarzen Johannisbeere. Der Vitamin-C-Gehalt liegt mit 100 mg pro 100 g Frischgewicht zwischen Stachelbeere (35 mg) und Schwarzer Johannisbeere (150 mg). Die Jostabeeren hängen fest am Stock. Die einzelnen Früchte reifen nicht alle gleichzeitig, so daß sich die Ernte ab Juli über 2 bis 3 Wochen hinzieht.

Pflegehinweise

Jostabeeren benötigen mehr Standraum als Johannisbeeren, sind aber wesentlich genügsamer als die Elternarten. Aufgrund der hohen Widerstandsfähigkeit gegen Krankheiten und Schädlingen erübrigen sich Pflanzenschutzmaßnahmen.

Da die Jostabeeren nicht verkahlen, müssen die Triebverlängerungen nach dem Pflanzen nicht zurückgeschnitten werden. Ab dem 3. Standjahr sind bodennahe und waagrechte Basistriebe jährlich zu entfernen, um die aufrechte Form des Strauches zu erhalten. Da die Gerüstäste über viele Jahre gute Erträge bringen können, muß die Erneuerung nicht so häufig wie bei den Elternarten erfolgen.

Sorten

Gute Erfahrungen liegen vor mit den Sorten von Dr. Rudolf Bauer. 'Jostine' wächst stark aufrecht und trägt mittelgroße, hocharomatische Früchte. 'Jogranda' hat einen etwas schwächeren und eher flachen Wuchs. Die großen Früchte schmekken süßer, sind aber etwas weniger aromatisch als 'Jostine'-Früchte. Beide Sorten reifen Anfang Juli und sind gegen Rostpilze, Mehltau, Blattfallkrankheit und auch gegen Johannisbeer-Gallmilben resistent.

'Jocheline' ist eine Kreuzung zwischen 'Silvergieters' und 'Grüne Riesenbeere' und reift Mitte Juli. Die einzelnen Beeren werden etwas gleichmäßiger reif als bei 'Jochina'. Auch das Aroma ist ausgeprägter. Dafür bringt 'Jochina' ca. 15 % höhere Erträge. Beide Sorten sind resistent gegen Säulenrost, Stachelbeerrost und Johannisbeer-Gallmilbe. Die Triebe sind anfällig für Mehltau, beide Sorten leiden unter der Blattfallkrankheit.

Himbeere

Garten- und Waldhimbeeren stammen von der Europäischen Himbeere *(Rubus idaeus)* ab. Plinius beschrieb die Himbeere als Heilpflanze des griechischen Berges Ida, von daher leitet sich der Artname ab. Die heutigen Kultursorten haben teilweise auch Eltern aus der Art *Rubus strigosus*, der Amerikanischen Himbeere. In der äußerst artenreichen Gattung *Rubus* sind vorwiegend Halbsträucher vertreten. Bei Halbsträuchern wachsen im Frühjahr junge Triebe, verholzen teilweise, tragen im Folgejahr Früchte und sterben danach ab. Aus dem Wurzelstock entstehen laufend neue Triebe. Es gibt aber auch staudenartig wachsende *Rubus*-Arten wie die Moltebeere *(Rubus chamaemorus)* oder die Arktische Brombeere *(Rubus arcticus)*.

Die Himbeere wird aufgrund ihres außergewöhnlichen Aromas auch als „Königin der Beeren" bezeichnet. Sie ist leicht zu kultivieren, vielseitig verwertbar und reich an Inhaltsstoffen. Im Vergleich zu den übrigen Beerenobstarten hat die Himbeere einen überdurchschnittlich hohen Gehalt an Magnesium und Calcium, aber auch Phosphor, Eisen und B-Vitamine sind reichlich vertreten.

In vielen Gärten bauen die Himbeerbestände rasch ab: schwacher Neuaustrieb, geringe Erträge, kleine und teilweise verkrüppelte Früchte sind die Folge. Zudem bietet das kränkliche Erscheinungsbild keinen erbaulichen Anblick. Ursache sind meist verschiedene Virosen, die durch Blattläuse, Zikaden oder Pollen aus verseuchten Beständen in der Umgebung übertragen wurden. Inzwischen gibt es aber blattlausresistente bzw. virustolerante Sorten, die für Viruserkrankungen nicht oder nur gering anfällig sind und bis zu 20 Jahre alt werden können.

Standortansprüche und Pflanzmaterial

An das Klima stellen Himbeeren geringe Ansprüche. Gut ausgereifte Ruten sind frosthart. Wildformen wachsen auch in hohen Berglagen und nördlichen Regionen. Von Natur aus schätzt die Himbeere luftfeuchte, nicht übermäßig heiße Lagen, kommt im Garten also auch mit Halbschatten zurecht. Da Himbeeren spät blühen, treten kaum Schäden durch Frühjahrsfröste auf. Der Neuaustrieb an den Tragruten kann bei Spätfrösten allerdings erfrieren.

Die Himbeere bevorzugt gut durchlüftete, frische, humose Böden mit leicht saurem pH-Wert um 5,5 bis 6,5. Da die Wurzeln sehr empfindlich auf Luftmangel im Boden reagieren, sind nasse, verdichtete, tonhaltige und humusarme Standorte ungeeignet.

Während sich die Früchte entwickeln, ist der Wasserbedarf besonders hoch. Da Himbeeren zu den Flachwurzlern zählen, leiden vor allem die nicht mit Kompost abgedeckten Bestände rasch unter Wassermangel. Himbeeren benötigen deshalb regelmäßige, aber nicht zu reichliche Wassergaben. „Nasse Füße" vertragen Himbeerpflanzen nicht.

Sorten

Himbeeren sind ausreichend selbstfruchtbar und können vom eigenen Pollen befruchtet werden. Bei Fremdbefruchtung ist die Fruchtqualität allerdings besser, es sollte also nicht nur eine Sorte angepflanzt werden. Neben den einmaltragenden Sorten, die im Juli reifen, gibt es auch remontierende bzw. zweimaltragende Sorten („Herbsthimbeeren"), die bereits im Herbst des ersten Entwicklungsjahres fruchten und je nach Kultursystem im nächsten Sommer an denselben Ruten eine zweite Ernte bringen.

Einmaltragende Sorten

Da virusbefallene Himbeerbestände rasch abbauen, eignen sich für den Hausgarten vorwiegend resistente bzw. virustolerante Sorten. Neben dem in der Tabelle beschriebenen Sortiment gibt es weitere robuste Züchtungen aus Kanada, die aber bezüglich ihrer Anbaueigenschaften schlechter beurteilt werden ('Chilliwack', 'Comox') oder von denen im deutschsprachigen Raum noch keine Anbauerfahrungen vorliegen ('Algonquin', 'Tulameen').

Virustolerante und blattlausresistente Himbeeren für den Hausgarten

Sorte (Herkunft)	Reife-zeit	Frucht--größe -farbe	Geschmack	Ertrag Wuchs	Anfälligkeit für* Mosaik-virus	Wurzel-fäule	Ruten-krankh.	*Botrytis*	Bemerkungen
'Nootka' (Can)	früh	mittel dunkelrot	relativ gut rel. aromatisch	mittel mittel	sg	m	m	m	kaum Rutenrisse
'Meeker' (USA)	mittel	mittel dunkelrot	gut rel. aromatisch	hoch s. stark	sg	m	m	m	brüchige Seitentriebe
'Skeena' (Can)	mittel	mittel mittelrot	gut mild	mittel mittel	sg	h	m	g	kaum Fruchtfäule
'Rusilva' (D)	mittel	mittel hellrot	relativ gut säuerlich	mittel mittel	sg	g	g	m	etwas Fruchtfäule
'Rucami' (D)	mittel	mittel mittelrot	gut aromatisch	mittel stark	sg	m	g	m	Früchte regenempfindlich
'Rutrago' (D)	spät	rel. groß mittelrot	gut s. aromatisch	hoch s. stark	sg	m	g	g	teilweise Doppelfrüchte
'Rumiloba' (D)	sehr spät	groß hellrot	relativ gut aromatisch	mittel stark	sg	m	g	m	ideale Tiefkühlsorte

*s sehr g gering m mittel h hoch

Im Bereich der nicht blattlausresistenten Sorten gibt es ebenfalls zahlreiche Neuheiten wie 'Augusta', 'Centennial', 'Gradina', 'Haida', 'Nova' oder 'Resa', von denen noch keine Daten über Ertrag, Qualität und Widerstandsfähigkeit bekannt sind. Zum Standard-Sortiment im Erwerbsanbau gehören Sorten wie 'Schönemann', 'Himboqueen', 'Malling Exploit' und 'Glen Moy', die aber für verschiedene Krankheiten anfällig sind.

Besonderheiten

Als Kuriositäten sind einige Sorten auf dem Markt, die von den bekannten Himbeersorten abweichende Eigenschaften aufweisen.

'Framita' trägt an den Ruten keinerlei Stacheln, ist etwas früher reif als die ansonsten ähnliche Sorte 'Zefa 2' und deutlich robuster; 'Zefa 2' ist extrem stark anfällig für Wurzelfäule.

'Golden Queen' ist eine mittelstark wachsende, mittelfrüh reifende Sorte aus USA. Sie trägt rundliche, leuchtend gelbe Früchte, die gut schmecken. Es gibt weitere gelbfrüchtige Sorten wie 'Amber', 'Blondie' oder 'Jaune de Metz', die jedoch am Markt kaum erhältlich sind.

'Deep Purple' ist eine Kreuzung mit einer Wildsorte aus der Züchtungsarbeit von Dr. Rudolf Bauer. Die äußerst robuste Pflanze bringt hohe Erträge an weinrot bis violett gefärbten Früchten, die im Zeitraum von 'Meeker' reifen und relativ gut schmecken.

In Nordamerika sind schwarzfrüchtige Himbeersorten weit verbreitet. Als einzige winterfeste, sehr robuste Sorte ist die spätreifende 'Lowden' bekannt. Die übrigen Sorten wie 'Allen', 'Blackhawk', 'Bristol', 'Cumberland', 'Haut' oder 'Jewel', die teilweise ausgezeichnet schmecken, sind vielfach anfällig für Krankheiten und nicht ausreichend winterfrosthart.

Remontierende Sorten

Die Auswahl an verfügbaren remontierenden, also mehrmals tragenden Sorten ist nicht groß.

Himbeer-Standardsortiment

Sorte (Herkunft)	Reifezeit	Frucht -größe -farbe	Geschmack	Ertrag Wuchs	Anfälligkeit für* Mosaikvirus	Wurzelfäule	Fruchtfäule	Bemerkungen
'Glen Moy' (GB)	sehr früh	rel. groß mittelrot	sehr gut aromatisch	hoch stark	sg	h	m	starke Rindenrisse (Gallmücke!)
'Malling Promise' (GB)	früh	groß mittelrot	gut mild	mittel mittel	m	h	h	gut wässern brüchige Seitentriebe
'Malling Exploit' (GB)	früh	mittel dunkelrot	gut rel. aromatisch	mittel mittel	m	h	h	verträgt Trockenheit kühlere Regionen
'Willamette' (USA)	früh	mittel dunkelrot	relativ gut mild	hoch mittel	m	m	g	äußerst robust
'Himbo Queen' (CH)	mittel	sehr groß hellrot	sehr gut hocharomatisch	sehr hoch sehr stark	h	h	g	verträgt Trockenheit brüchige Seitentriebe
'Himbostar' (CH)	mittel	groß mittelrot	sehr gut hocharomatisch	hoch mittel	m	g	g	geringer Schnittaufwand brüchige Seitentriebe
'Schönemann' (D)	spät	groß dunkelrot	relativ gut säuerlich	sehr hoch sehr stark	h	sh	m	mehltauanfällig schwefelempfindlich

* s sehr g gering m mittel h hoch

Das frühere Sortiment an Herbsthimbeeren wie 'Lloyd George', 'Erntesegen' und 'Korbfüller' sollte nicht mehr angepflanzt werden, da die Neuzüchtungen weitaus ertragreicher und robuster sind.

In Nordamerika gibt es einige Sorten mit guten Anbaueigenschaften wie 'Amity' (resistent gegen *Phytophthora*-Wurzelfäule und Mosaik-Virus), 'Scepter', 'Southland' und 'Redwing'. In Frankreich sind die alten Sorten 'Baron de Wavre' und 'Bois Blanc' sowie die neueren Sorten 'September', 'Zefa Herbsternte', 'Autumn Bliss' und 'Heritage' verbreitet. Im deutschsprachigen Raum liegen ausreichend Erfahrungen nur mit den drei letztgenannten Herbsthimbeeren vor.

'Zefa Herbsternte' ist eine mittelstark wachsende Züchtung aus der Schweiz, die von Ende August bis Mitte Oktober fruchtet. Die Früchte sind groß, langkegelig, relativ fest und aromatisch, aber die Erträge gering. Bei feuchter Herbstwitterung tritt verstärkt *Botrytis* – Fruchtfäule auf. 'Zefa 3', wie diese Sorte auch genannt wird, ist anfällig für das Mosaikvirus.

'Heritage' stammt aus USA. Da die Früchte erst Anfang September reifen, sollte die Sorte nur in warmen, geschützten Lagen angepflanzt werden, damit ihr hohes Ertragspotential genutzt werden kann. Bis Ende Oktober liefert die starkwachsende Pflanze mittelgroße, runde, feste, hellrote Beeren, die gut schmecken.

'Autumn Bliss' aus Großbritannien ist derzeit am meisten verbreitet. Beachtenswert ist die Widerstandkraft gegen *Phytophthora*-Wurzelfäule. Diese Neuzüchtung wird von Blattläusen, die Himbeermosaik-Viren übertragen, nicht befallen. 'Autumn Bliss' reift von August bis Oktober und bringt höhere Erträge als 'Heritage' und 'Zefa 3'. Die Ruten sind kurz und kräftig und benötigen dank des streng aufrechten Wuchses nur ein einfaches Stützgerüst (siehe Seite 140). 'Autumn Bliss' hat relativ große, ovale, dunkelrote, mittelfeste Früchte. Das Aroma ist allerdings nicht stark ausgeprägt.

'Fallgold' ist eine Liebhabersorte, deren mittelgroße, mittelfeste, aromatisch-süße Früchte bei Vollreife leuchtend gelb aussehen. Sie bringt sowohl im Herbst an den einjährigen Ruten, als auch im nächsten Sommer an den zweijährigen Ruten gute Erträge.

'Bababerry' gilt als weitere Besonderheit unter den remontierenden Himbeeren. Sie wurde nicht gezüchtet, sondern 1973 auf einem Bergrücken bei Palm Springs/Californien gefunden. Sie hat große, relativ feste, dunkelrote Früchte mit ausgeprägtem Wildbeerenaroma und ist ertragreich. Die Herbsternte setzt erst im September ein, die Sommerernte bereits Anfang Juni. Die Pflanzen sind anfällig für Spinnmilben und *Botrytis* und benötigen einen geschützten Standort oder Weinbauklima. Auf dem deutschen Markt findet sich kaum Pflanzmaterial.

Pflegehinweise

Himbeeren brauchen einen besonders sorgfältig vorbereiteten Boden. Am gewählten Standort sollten zuvor keine Himbeeren gewachsen sein. Einmaltragende Sorten werden am besten im Herbst gepflanzt, remontierende Sorten im Frühjahr.

Pflanzung

Bei Pflanzen ohne Ballen oder Container ist sorgfältig darauf zu achten, daß die Wurzeln nicht austrocknen. Soll sich rasch ein kräftiger Bestand entwickeln, wird die Rute bei Herbstpflanzung auf ca. 30 cm Länge eingekürzt und im Frühjahr, wenn sich die Jungruten entwickelt haben, ebenerdig weggeschnitten.

Die Himbeerpflanzen dürfen nur so tief in der gut mit Kompost durchmischten Erde sitzen, daß die obersten Wurzeln maximal mit 5 cm Erde bedeckt sind. Bei schweren, tonhaltigen Böden ist es vorteilhaft, den stark mit organischer Substanz angereicherten Pflanzgrund zu einem 20 cm hohen Wall anzuhäufeln und die Himbeeren in den Erdwall zu setzen. Der Abstand zwischen den einzelnen Himbeerpflanzen sollte 50 cm betragen.

Es ist wichtig, die Jungpflanzen gut zu wässern und die Himbeerreihe etwa meterbreit mit organischem Material abzudecken. Diese Auflage sollte jeweils im Spätherbst oder Frühling, keinesfalls aber im Sommer erneuert werden.

Erziehung

Für Himbeeren gibt es zahlreiche Erziehungsformen, die sich vor allem in Bezug auf die Gerüstform unterscheiden. Das aufwendige V-Gerüst hat sich wenig bewährt. Effektiver ist ein Gerüst mit zwei Doppeldrähten oder drei Einzeldrähten.

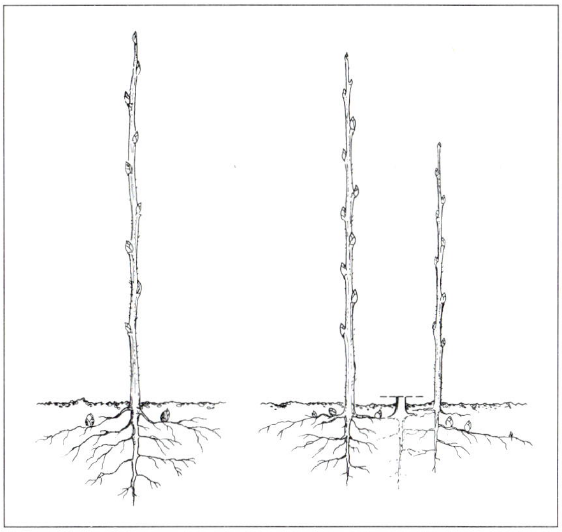

Die einjährige Himbeer-Jungpflanze wird zurückgeschnitten, damit die Adventivknospen austreiben.

Für herbsttragende Sorten, die an den neu gewachsenen Jungruten fruchten, genügt ein einfaches Hilfgerüst. Es soll den etwa 1,40 m langen Trieben Halt geben, damit sie nicht umknicken. Dafür ist eine Gerüsthöhe von knapp 1 m ausreichend.

Schnitt

Im ersten Jahr nach der Pflanzung sollten nicht mehr als drei neuausgetriebene Ruten je Pflanze verbleiben. Diese tragen im Folgejahr Früchte und werden unmittelbar nach der Ernte dicht über dem Boden abgeschnitten. Ab dem 3. Jahr wählt man pro Pflanze 7 gesunde Ruten aus, wenn sie etwa 30 cm hoch sind, und schneidet alle weiteren Neutriebe möglichst tief ab. Von diesen 7 Ruten werden die 5 besten nach dem Abschneiden der Tragruten im Sommer am Gerüst befestigt. Als Faustregel gelten 10 Ruten je Meter Himbeerreihe. Ruten, die über 2 m lang sind, sollten erst gegen Winterende auf eine Länge von ca. 20 cm über dem obersten Gerüstdraht eingekürzt werden.

Bei remontierenden Himbeersorten gibt es zwei Schnittmöglichkeiten. Wird nur der Ertrag im Herbst gewünscht, sind nach Abschluß der Ernte, meist Ende Oktober, alle Ruten bodeneben abzuschneiden. Dadurch reifen dann erst im kommendem August oder September wieder Früchte.

Es besteht aber auch die Möglichkeit, remontierende Sorten zweimal zu beernten: im Herbst an der Spitze der einjährigen Ruten und im folgenden Juni/Juli in der Mitte derselben Ruten. Für diese kontinuierliche Ernte von Juni bis Oktober dürfen Ende Oktober nur die oberen, abgetragenen Teile der Jahresruten weggeschnitten werden, der untere Teil verbleibt für die Sommerernte. Nachdem diese Ruten zum zweiten Mal abgeerntet wurden, sind sie unverzüglich wegzuschneiden. Da die einmaltragenden, im Sommer reifenden Sorten besser schmecken, sollte bei den remontierenden Sorten auf die Sommerernte verzichtet werden, damit die Herbsternte höher ausfällt.

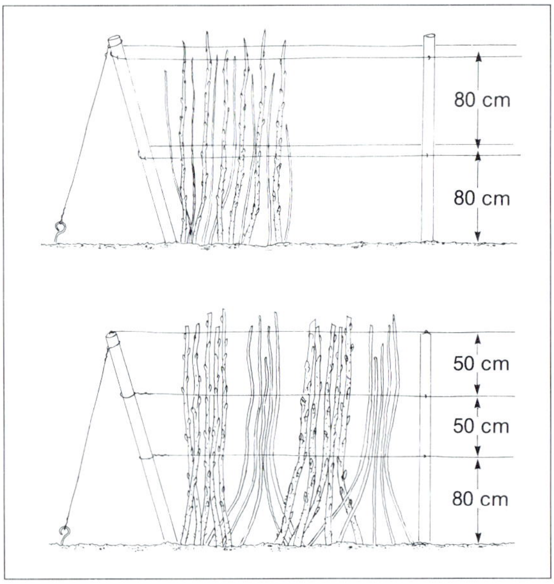

Erziehungssysteme von Himbeeren: ohne Trennung von Jung- und Tragruten (oben), mit Trennung (unten).

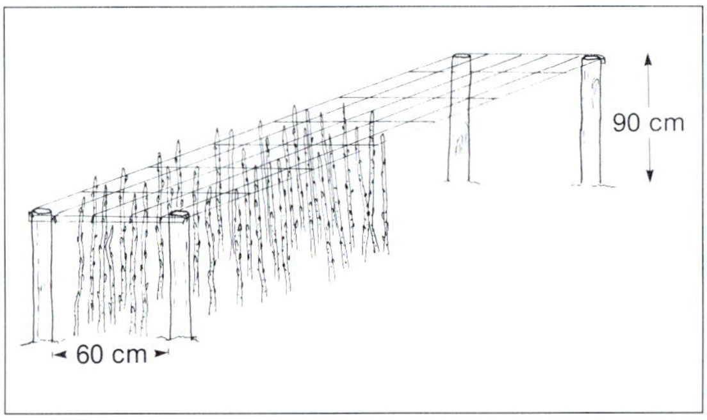

Einfaches Gerüst für remontierende (herbsttragende) Himbeeren.

Düngung

Die Himbeere kann ihren hohen Humusbedarf decken, wenn sich die Bodenabdeckung mit organischem Material zersetzt. Wenn die Auflage laufend erneuert wird, dann gelangen meist ausreichende Mengen der Nährstoffe in den Boden. Zusätzliche Gaben von 8 bis 10 g Kalium und 1 g Phosphor je m^2 im Herbst sind vorteilhaft. Chloridhaltige Düngemittel scheiden grundsätzlich aus. Damit der pH-Wert im Lauf der Jahre nicht zu stark absinkt, sollten jährlich etwa 15 g/m^2 Kohlensaurer Kalk gestreut werden.

Krankheiten

Hauptproblem bei Himbeeren sind die Viruskrankheiten. Innerhalb weniger Jahre kann völlig gesundes Pflanzmaterial verseucht sein, wenn im Umkreis von 200 m kranke Alt- oder Wildbestände stehen. Als Überträger sind Insekten, Milben, Zikaden und Nematoden bekannt. Einige Viren gelangen auch über Blütenpollen in die Pflanze.

Unter dem Sammelbegriff „Himbeermosaik-Komplex“ werden verschiedene Viren zusammengefaßt, die sich je nach dem Schadbild auf den Blättern in drei Typen unterscheiden lassen: Fleckenmosaik, Adernbänderung und Adernchlorose. Befallene Bestände sind verloren, es gibt keinerlei Bekämpfungsmöglichkeiten. Von daher ist es wichtig, in der Nähe von anderen, möglicherweise verseuchten Himbeerpflanzungen nur virustolerante bzw. blattlausresistente Sorten zu verwenden.

Große Probleme bereitet vor allem in feuchten Jahren der Grauschimmel *(Botrytis cinerea)* an Ruten und Früchten. Auch hier gilt es, die unterschiedliche Anfälligkeit der einzelnen Sorten zu beachten.

An der Rutenkrankheit sind verschiedene Pilze und die Himbeergallmilbe als Wegbereiter beteiligt. Dabei bilden sich an den Blattansatzstellen violett-braune Flecke *(Didymella applanata, Leptosphaeria coniothyrium)* oder purpurrote, später weißlich-graue Flecke *(Elsinoe veneta)*. Eine chemische Bekämpfung ist nicht möglich. Vorbeugend wird empfohlen, abgetragene Ruten sofort nach der Ernte wegzuschneiden, verhalten Stickstoff zu düngen, regelmäßig zu wässern und bei allen Pflegearbeiten darauf zu achten, daß keine Ruten verletzt werden.

Auf nassen, verdichteten Böden besteht Gefahr, daß die Wurzelfäule den gesamten Bestand in kurzer Zeit absterben läßt. Ursache ist der Pilz *Phytophthora fragariae* var. *rubi*. Er bildet Dauersporen, die viele Jahre im Boden überleben können. Ist Wurzelfäule im Garten aufgetreten, kommen für neue Anlagen nur noch resistente Sorten in Frage. Auf gut durchlüfteten, nicht vernässten Böden und in Verbindung mit wenig anfälligen Sorten besteht kaum Gefahr, daß Wurzelfäule den Bestand zerstört.

Schädlinge

Der Himbeerkäfer *(Byturus tomentosus)* höhlt geschlossene Blütenknospen aus, an offenen Blüten zustört er Stempel und Staubgefäße. Die ca. 6 mm lange Larve sitzt im Innern reifer Früchte. Neben Blattläusen und Spinnmilben können vor allem in heißen Sommern auch Himbeerblattmilben *(Phyllocoptes gracilis)* auftreten.

Durch die Saugtätigkeit der sehr kleinen Milbe (unter 0,2 mm) verfärben sich die Blätter mosaikartig und sind teilweise eingekräuselt. Die Ruten bleiben im Wachstum zurück. Auf den ersten Blick gleicht das Schadbild dem bei Virusbefall. Im Gegensatz dazu haben aber milbengeschädigte Blätter an der Unterseite grau verfärbte Stellen. Meist ist es nicht nötig, chemisch zu bekämpfen.

Brombeere

Die Brombeere hat in Europa eine weitaus geringere Bedeutung als in Nordamerika und wird in Deutschland erst seit etwa 150 Jahren kultiviert. Zunächst wurde sie nur als undurchdringliche Grundstücksabtrennung gepflanzt, seit es aber stachellose Sorten gibt, verliert sie ihr Schattendasein. Berechtigterweise; denn sie hat durch ihre üppige, anhaltende Blüte und die lange am Trieb verbleibenden Blätter einen hohen Zierwert, stellt an den Boden nur geringe Ansprüche und die vielseitig verwendbaren Früchte schmekken nicht nur gut, sondern haben auch eine Fülle wertvoller Inhaltsstoffe. Der Gehalt an Provitamin A ist außergewöhnlich hoch. Die Beeren wirken magenstärkend und blutbildend. Die Blätter zählen zu den ältesten Naturheilmitteln. Die Brombeere fand bereits in der altägyptischen Medizin Verwendung, die Blätter bilden noch heute eine wertvolle Grundsubstanz für Kräutertee-Mischungen.

Die Gattung *Rubus* hat zwei Untergattungen: *Eubatus*, der die Brombeere angehört und *Idaeobatus*, aus der die Himbeere hervorgeht. Es gibt zahlreiche Kreuzungen zwischen den beiden, so daß inzwischen mehr als 300 Arten bekannt sind. Auch bei den eigentlichen Brombeersorten handelt es sich um Abkömmlinge verschiedener Unterarten. Früher wurden die Kultursorten unter dem Sammelnamen *Rubus fruticosus* geführt, inzwischen werden sie gemäß der jeweiligen Abstammung eingeordnet.

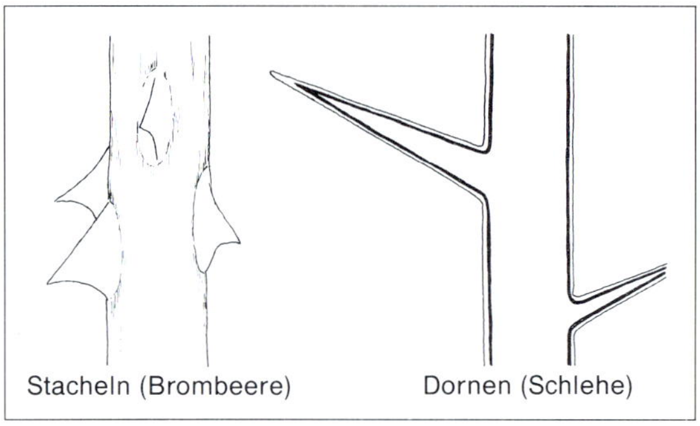

Die „Dornen" der Brombeere und Rose sind im botanischen Sinn Stacheln, also Auswüchse der Oberhaut. Bei echten Dornen handelt es sich um umgewandelte Zweige.

Der Name „Brombeere" stammt vom althochdeutschen Begriff für „Dornenstrauch" (brama). Nach der botanischen Systematik sind die „Dornen" der Brombeeren – wie die der Rosen – als „Stacheln" anzusprechen.

Dornen sind umgewandelte Seitenzweige (Achselsprosse), entspringen also dem Holzkörper. Sie sind wie die Sproß- achse von Rindengewebe umhüllt. Beispiele: Weißdorn, Schlehe.
Stacheln sind Auswüchse der Epidermis (Oberhaut) und somit nicht mit dem Holzkörper verbunden. Sie lassen sich leicht ablösen. Beispiele: Rose, Brombeere.

Standortansprüche und Pflanzmaterial

Damit das Holz im Spätjahr gut ausreift und somit ausreichend winterfrosthart ist, benötigt die Brombeere einen warmen, geschützten Standort. Die einzelnen Sorten reagieren unterschiedlich empfindlich auf strenge Winterfröste. Unter -15 °C können die Triebe erfrieren. Allerdings treibt der Wurzelstock wieder aus, so daß nur eine Ernte verloren ist. Da sich die ersten Blüten meist nach den Eisheiligen öffnen, besteht für sie kaum Frostgefahr.

An den Boden stellt die Brombeere nur geringe Ansprüche. Einige Wildformen gehören zu den Pionierpflanzen, die selbst magere Geröllhalden besiedeln. Auf etwas besseren Böden wachsen allerdings größere, gehaltvollere Früchte. Wie die Himbeere reagiert die Brombeere empfindlich auf stauende Nässe und ist dankbar für eine gute Durchlüftung des Bodens. Auflagen mit organischem Material sind also auch bei der Brombeere vorteilhaft, aber nicht wie bei der Himbeere zwingend erforderlich. Unter guten Anbaubedingungen erreichen Brombeersträucher ein Alter von bis zu 20 Jahren.

Die Kulturformen der Brombeere lassen sich in aufrechtwachsende und rankende Sorten unterscheiden; die rankenden werden nochmals in bewehrte und stachellose („dornenlose") Sorten gegliedert. Die meisten Züchtungen stammen aus Nordamerika. Dort wurde 1928 die erste Brombeere ohne Stacheln gefunden. Bislang erreicht keine andere Sorte den ausgewogenen Geschmack und das köstliche Aroma der in Deutschland lange Zeit wichtigsten Sorte 'Theodor Reimers', die in USA 'Himalaya' heißt und durch Theodor Reimers nach Deutschland kam.

Rankende Sorten

Die Sorte 'Theodor Reimers' gehört bezüglich ihrer Anspüche an den Boden zu den genügsamsten. Sie wächst extrem stark und bildet bis zu 10 m lange Ranken. Nachteilig sind die vielen spitzen Stacheln, die selbst am Blattstiel und auf den Blattadern sitzen. Das Holz von 'Theodor Reimers' ist allerdings frostempfindlich und wird bevorzugt von der Brombeer-Gallmücke befallen.

Die 'Farnblättrige Brombeere' ist eine in der Schweiz verbreitete, stark stachelige Sorte mit hübsch geschlitzten, äußerst dekorativen Blättern. Sie ist bis −25 °C frosthart, also selbst für winterkalte Regionen geeignet, in denen die Ruten anderer Sorten erfrieren. Sie reift Anfang August und schmeckt recht gut. Die 'Farnblättrige' ist geringer anfällig für Fruchtfäule als 'Theodor Reimers'.

Da stachellose Brombeeren leichter zu schneiden und zu ernten sind, wurden sie züchterisch verstärkt bearbeitet. Entsprechend viele Sorten sind auf dem Markt. Die meisten stammen aus USA und Großbritannien. Als eine der ersten stachellosen Sorten hielten 'Thornless Evergreen' und 'Black Satin' Einzug in die Gärten. Inzwischen gibt es geschmacklich bessere Sorten. 'Black Satin' ist zudem extrem anfällig für Fruchtfäulen und auch von daher nicht mehr empfehlenswert. Auch 'Smoothstem' zeigt überdurchschnittlich starke Fäulnis. Bei 'Thornless Evergreen', aber auch bei 'Thornfree' fehlt wie bei den vorgenannten Sorten das typische Brombeeraroma. Gute Beurteilungen erhielten die neueren Sorten 'Hull Thornless', 'Dirksen Thornless', 'Chester Thornless' und 'Loch Ness'. Von der ebenfalls positiv beschriebenen 'Waldo' und 'Fantasia' liegen noch keine Anbaudaten vor. Aus der Schweiz stammt die Sorte 'Jumbo', deren riesige Früchte und hohe Erträge dem Namen alle Ehre machen. Der Geschmack ist allerdings nicht überzeugend und die Früchte faulen rasch.

Rankende Brombeersorten ohne Stacheln

Sorte* (Herkunft)	Reifemonat	Fruchtgröße	Geschmack	Ertrag	Frosthärte	Bemerkungen
'Loch Ness' (GB 1988)	A8	sehr groß	gut, süß fest	sehr hoch	gut	wenig Anbauerfahrungen vermutlich beste Sorte
'Hull Thornless' (USA 1981)	A8	groß	gut, süß fest	mittel	mittel	nicht für extrem winterkalte Regionen
'Dirksen Thornless' (USA 1974)	A8	groß	gut mittelfest	mittelhoch	mittelgut	wenig Fruchtfäulen
'Chester Thornless' (USA 1985)	M-E8	groß	aromareich fest	sehr hoch	mittelgut	warme Regionen, sonst zu später Reifebeginn

* nicht empfehlenswert: 'Black Satin', 'Thornfree', 'Thornless Evergreen', 'Smoothstem', 'Jumbo'

Aufrechtwachsende Brombeeren

Sorte	Reife- monat	Frucht -größe -ertrag	Frucht- geschmack	Frost- härte	Bemerkungen
'Choctaw' (USA 1988)	M7	sehr groß mittel	gut angenehm	mittel- gering	nicht vor 1995 verfügbar Blütenstecher
'Wilsons Frühe' (USA 1854)	M-E7	klein-mittel mittel	fad, trocken viele Samen	hoch	robust anspruchslos
'Shawnee' (USA 1985)	E7	sehr groß mittel	relativ gut säuerlich	mittel- gering	Blütenstecher Seitentriebe brechen (unter Schneelast)
'Cheyenne' (USA 1974)	E7-A8	sehr groß mittel	gut mild	mittel- gering	Blütenstecher Seitentriebe brechen (unter Schneelast)
'Eldorado' (USA 1880)	A8	klein-mittel mittel	mäßig relativ süß	mittel	anspruchslos mangelnde Fruchtqualität
'Oregon Thornless' (USA)	M8	klein-mittel mittel	gut aromatisch	hoch	farnblättrig, dekorativ

Rubus-Hybriden

Beerenart (Herkunft)	Abstammung	Reife- monat Frosthärte	Frucht -größe -farbe	Geschmack	Ertrag	Bemerkungen
Taybeere (GB 1979)	'Aurora'-Brombeere × tetraploide Himbeere	A7 –18 °C	4 cm dunkelrot	süß-säuerlich aromatisch	gering	Tay-Abkömmling: Tummelbeere
Loganbeere (USA 1882)	'Aughinbaugh'- Brombeere × 'Red Antwerp'-Himbeere	E7 –18 °C	3,5 cm purpur	sehr sauer aromatisch	mittel- gering	donrnenlos: 'Bauers Thornless Logan' Fruchtfäule
Phenomenal- beere (USA 1905)	'Aughinbaugh'- Brombeere × 'Cuthbert'-Himbeere	E7 –15 °C	4 cm dunkelrot	säuerlich aromatisch	gering	robuster als Loganbeere
Youngbeere (USA 1905)	Phenomenalbeere × Dewbeere	A8 –17 °C	3 cm weinrot	süß aromareich	mittel- hoch	gut pflückbar wenig Samen
Boysenbeere (USA 1920)	Loganbeere × Brombeerart	A8 –12 °C	3,5 cm purpur	süßlich intensiv	gering	trockenempfindlich windempfindlich Klon 'Riwaka'

Aufrechtwachsende Sorten

Der Wuchscharakter von aufrechtwachsenden oder nichtrankenden Brombeeren gleicht dem der Himbeeren. Sie tragen die Früchte nur am zweijährigen Holz und sind leichter zu ziehen als rankende Sorten. Die aufrechtwachsenden Brombeeren haben allerdings Stacheln. Eine Ausnahme ist 'Ebano', die aber nur in heißen Klimaten wächst. In Deutschland sind die Sorten 'Wilsons Frühe' und 'Oregon Thornless' verbreitet. Die in einigen Sortenlisten noch aufgeführte Sorte 'Eldorado' ist relativ frostanfällig und geschmacklich nicht befriedigend.
Aus dem neuen amerikanischen Sortiment könnten 'Shawnee', 'Cheyenne' und 'Choctaw' eine gewisse Bedeutung erlangen; 'Comanche' und 'Cherokee' gedeihen nur in heißen Klimaten. Die im deutschsprachigen Raum vertretenen Sorten sind in der Tabelle beschrieben.

Hybridbeeren-Sorten

Da die *Rubus*-Untergattungen *Eubatus* und *Idaeobatus* sich kreuzen lassen, gibt es zahlreiche Mischformen (Hybriden) zwischen Brombeer- und Himbeerarten. Viele sind stark holzfrostempfindlich und deshalb in Mitteleuropa nicht anbauwürdig. In der Tabelle sind *Rubus*-Hybriden aufgeführt, die für geschützte Standorte geeignet sind.
Aus direkten Kreuzungen zwischen einer Himbeer- und einer Brombeerart oder -sorte entstanden Loganbeeren, Phenomenalbeeren und Tayberen. Bei Youngbeeren, Laxtonbeeren und Boysenbeeren handelt es sich um Mischformen zwischen mehreren *Rubus*-Arten und Sorten.

Japanische Weinbeere

Eine den Brombeeren und Himbeeren nahe verwandte *Rubus*-Art ist die in Ostasien beheimatete Japanische Weinbeere *(Rubus phoenicolasius)*. Der Strauch bildet bis zu 3 m lange Ruten, die zunächst aufrecht wachsen. Sie sind dicht mit roten Drüsenborsten und einzelnen Stacheln besetzt. Dadurch sieht die Japanische Weinbeere sogar im Winter dekorativ aus. Sie sollte in rauheren Lagen einen Winterschutz erhalten. Auch die im Juni erscheinenden Blüten sind ein Blickfang, genau wie die etwa heidelbeergroßen, leuchtend hellroten Früchte. Sie reifen von Juli bis August. Selbst der abgeerntete Fruchtbestand wirkt durch die orangeroten Fruchtböden noch hübsch. Die Früchte schmecken angenehm weinsäuerlich und werden von keinerlei Käferlarven („Würmern") befallen.
Japanische Weinbeeren erhalten dieselbe Pflege wie Brombeeren. Sie eignen sich ausgezeichnet als dekorative, fruchttragende Abgrenzung.

Pflegehinweise

Die rankenden, aber auch die aufrecht wie Himbeeren wachsenden Brombeeren bereiten in Bezug auf den Schnitt etwas mehr Arbeit als Himbeerbestände. Brombeeren sind selbstfruchtbar, schönere Früchte tragen sie aber, wenn mindestens zwei Sorten zusammenstehen.

Pflanzung und Bodenpflege

Die günstigste Pflanzzeit für frostempfindliche Sorten wie 'Theodor Reimers' ist der März, ansonsten bietet sich auch der Herbst an. Containerpflanzen sind nicht an eine bestimmte Jahreszeit gebunden. Beim Pflanzvorgang gelten dieselben Grundsätze wie bei der Himbeere. Der

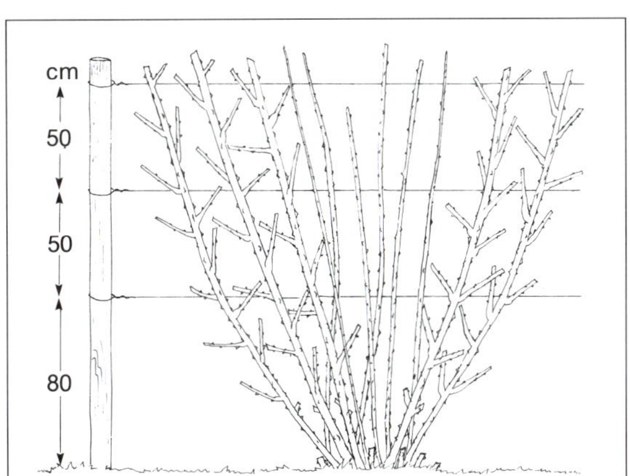

Erziehungssystem für aufrechtwachsende Brombeeren mit Trennung von Jung- und Tragruten.

Pflanzabstand für aufrechtwachsende Sorten beträgt 60 bis 80 cm, rankende Sorten benötigen je nach Erziehungssystem 2 bis 4 m.
Auch in Bezug auf die Versorgung mit Nährstoffen und die Pflege des Bodens gelten dieselben Angaben wie bei der Himbeere. Allerdings ist es bei der Brombeere noch wichtiger, Wurzelverletzungen zu vermeiden, da bei den stachellosen Sorten aus verletzten Wurzeln stark „bedornte" Ruten austreiben. Brombeeren danken eine ausreichende Wasserversorgung im Sommer mit großen Früchten.

Erziehungsformen

Für aufrechtwachsende Sorten eignen sich dieselben Gerüste bzw. Erziehungsformen wie für Himbeeren (siehe S. 139). Bei rankenden Sorten gibt es mehrere Erziehungsmethoden, die sich nur darin unterscheiden, nach welchem Prinzip die Jungruten von den Tragruten getrennt werden. Am einfachsten ist die in der Abbildung dargestellte Vorgehensweise.
Die Brombeere ist wie die Himbeere ein Halbstrauch, der die Früchte am zweijährigen Holz trägt. Die diesjährigen Jungruten liefern also den Ertrag des Folgejahres und müssen dann nach der Ernte weggeschnitten werden.
Im ersten Jahr zieht man 3 bis 4 Triebe in einer Richtung, zum Beispiel nach links, auf die Gerüstdrähte. Diese tragen im Folgejahr Früchte. Gleichzeitig treiben aus dem Stockgrund junge Ranken, die nach rechts auf die Drähte gezogen und befestigt werden (siehe Abbildung). Mehrjährige Pflanzen sind auch mit jährlich 6 Tragruten nicht überfordert.
Besonders wichtig ist der Sommerschnitt. Dabei werden im August an den diesjährigen Ranken die Seitentriebe auf 20 cm Länge eingekürzt und überzählige Ranken bodennah weggeschnitten. Aus den eingekürzten Seitentrieben wachsen im nächsten Jahr die Fruchttriebe. Im Oktober, also unmittelbar nach der Ernte, müssen die abgetragenen Ruten ebenerdig entfernt werden. Im nächsten Frühjahr sind die im letzten Sommer auf 20 cm eingekürzten Seitentriebe auf knapp 5 cm zurückzuschneiden.
Für aufrechtwachsende Sorten gelten im Prinzip die Schnittregeln der Himbeere (siehe S. 140). Allerdings ist es vorteilhaft, die Jungtriebe zu köpfen (pinzieren), wenn sie 1,50 m lang sind. Dadurch treiben die Achselknospen aus. Diese Seitentriebe dürfen im Sommer nicht länger als 60 cm wachsen. Im Frühjahr werden sie nochmals auf 30 cm eingekürzt. Ohne Pinzieren bzw. ohne Seitentriebe bringen aufrechtwachsende Brombeeren sehr geringe Erträge. Ein Fruchtstand trägt nur 3 bis 5 Beeren, durch das Pinzieren erhöht sich die Anzahl der Fruchtstände.

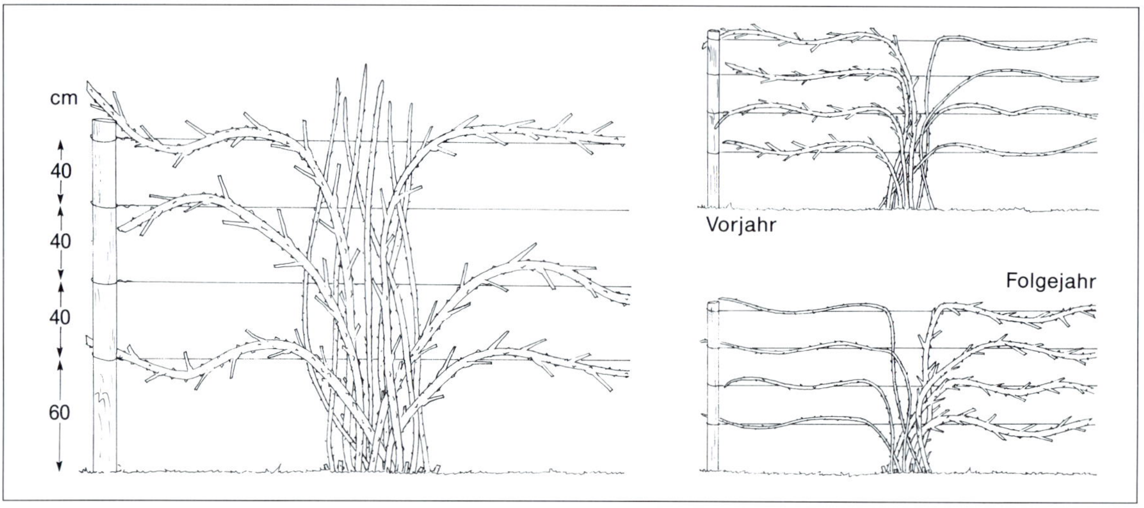

Brombeer-Spaliere: Einfacher Fächer (links), Trennung von Jung- und Tragruten (rechts).

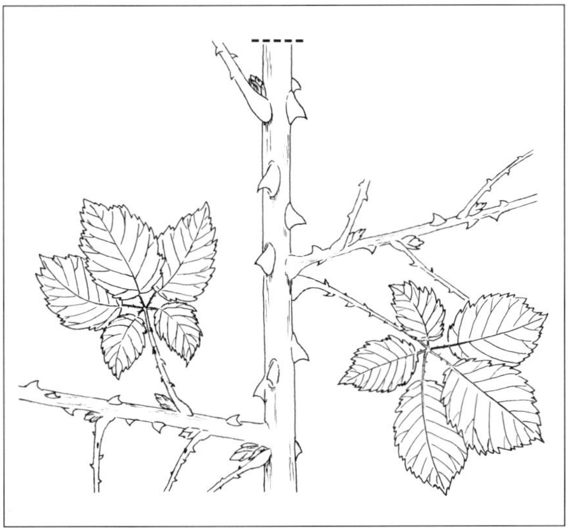

Durch Köpfen (Pinzieren) unverholzter Triebspitzen entstehen aus den Achselknospen Seitentriebe.

Krankheiten und Schädlinge

Normalerweise halten Nützlinge den Befall mit Spinnmilben und Blattläusen in Grenzen. An den Früchten können besonders in heißen Jahren große Schäden durch Gallmilben, in feuchten Jahren durch Grauschimmel entstehen.

Die nur 0,2 mm großen Brombeergallmilben *(Actualis essigi)* wandern zum Zeitpunkt des Austriebes in die sich entfaltenden Knospen. Durch ihre Saugtätigkeit bleiben Teilfrüchte oder ganze Beeren rot, hart und sauer – kurzum ungenießbar. Um den Befallsdruck im Folgejahr zu mindern, sollten die abgetragenen Ruten sehr zeitig abgeschnitten und vernichtet werden. Befallene Früchte dürfen keinesfalls am Stock verbleiben. Bei extrem starkem Vorjahresbefall ist es ratsam, im Frühjahr, wenn die Triebe gut 10 cm lang sind, zweimal einprozentige Netzschwefellösungen im Abstand von 10 Tagen zu spritzen.

Bei Sorten, die für die Brombeerrankenkrankheit anfällig sind, ruft der Pilz *Rhabdospora ramealis* im Sommer an der Basis junger Ranken kleine, intensiv grüne Flecken hervor. Sie dehnen sich allmählich auf 2 cm Größe aus und verfärben sich rötlich. Auf alten Trieben breitet sich der Pilz nicht aus. Bei starkem Befall vertrocknen die Ranken, vor allem bei zusätzlichem Trockenstreß. Vorbeugend ist darauf zu achten, daß die Pflanzen nicht mit Stickstoff überversorgt sind. Befallene Ranken sollten sofort weggeschnitten und vernichtet werden. Auch die Blätter dürfen über Winter nicht in Stocknähe verbleiben.

Einige Brombeersorten wie 'Black Satin' und 'Smoothstem' sind extrem anfällig für den Erreger der Grauschimmel-Fruchtfäule *(Botrytis cinerea)*. Besonders in feuchten Regionen bzw. regenreichen Sommern verursacht der Pilz große Schäden. In gut ausgelichteten Beständen, die rasch abtrocknen können, ist der Befallsdruck deutlich geringer.

Bei trocken-warmer Witterung zeigt sich gelegentlich ein anderer Pilz auf den Blättern: Mehltau. Wie bei Befall mit dem selten auftretenden Brombeer-Rostpilz wird die Pflanze meist nicht beeinträchtigt.

Erdbeere

Die Erdbeere ist eine alte Pflanze, wird aber in der Literatur erst bei Plinius, Ovid und Vergil unter der Bezeichnung „fragum“ erwähnt. Je nach dem, ob der lateinische Name für die Walderdbeere *Fragaria vesca* von *vesci* = „sich nähren“ oder von *vescus* = „zehrend“ abgeleitet wird, verbirgt sich hinter der Erdbeere die Pflanze mit der eßbaren Frucht oder aber die Beere, von der man nicht satt wird.

Während im germanischen Götterglauben die Erdbeere als Sinnbild für Sinnenfreuden galt, erhielt sie im Christentum eine neue Bedeutung. Hier steht die Erdbeere als Symbol für Rechtschaffenheit, Unschuld und Demut. Ungeachtet aller sinnbildlichen Bedeutung zählt die Erdbeere zu den beliebtesten Obstarten und konkurriert mit der Himbeere um den Titel der „Königin der Beeren“. Der englische Bischof Walton hat bereits im 17. Jahrhundert zugunsten der Erdbeere entschieden: „Zweifellos hätte Gott eine bessere Beere als die Erdbeere schaffen können, aber ebenso zweifellos hat er es nicht getan.“

Botanische Grundlagen

Die Walderdbeere *Fragaria vesca* ist die häufigste Erdbeerart und wächst von Südeuropa bis in den höchsten Norden Skandinaviens, ferner in China, Japan, Nord- und Mittelamerika. Von der Walderdbeere stammt die Monatserdbeere *(Fragaria vesca* var. *semperflorens)* ab.

Erst Anfang des 18. Jahrhunderts kamen die in Südamerika beheimatete *Fragaria chiloensis* und die nordamerikanische *Fragaria virginiana* nach Europa. Die heutige Gartenerdbeere ist eine Arthybride zwischen diesen beiden und wird als *Fragaria* × *ananassa* bezeichnet.

Die Erdbeere gehört zu den Sträuchern und hat einen stark gestauchten, teilweise verholzten Sproß. Der Blütenstand ist ein Trugdolde mit ausgeprägten Primärblüten. Bei den meisten Sorten sind die Blüten zwittrig und selbstfruchtbar. Es gibt aber auch einige Sorten mit unterentwikkelten männlichen Blütenorganen, z. B. ‘Mieze Schindler’ und ‘Direktor Paul Wallbaum’; diese benötigen eine Befruchtersorte. Die Frucht ist botanisch gesehen keine Beere, sondern eine Sammelnußfrucht. Das Fruchtfleisch entwickelt sich aus dem Blütenboden, die eigentlichen Erdbeerfrüchte sind somit die kleinen Nüßchen, die den Samen enthalten.

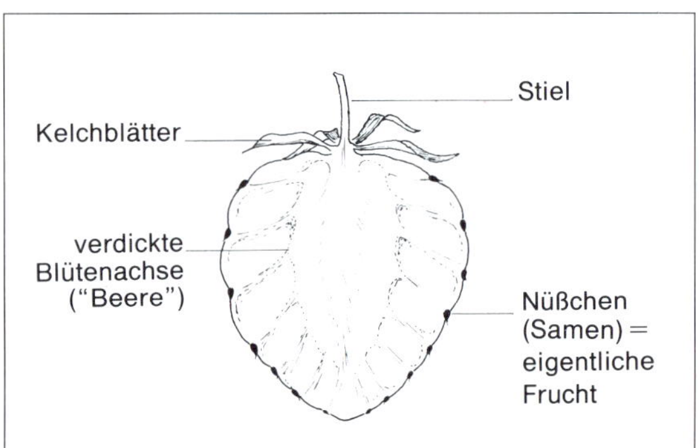

Längsschnitt durch eine Erdbeerfrucht (Sammelnußfrucht).

Standortansprüche und Pflanzmaterial

In Bezug auf die Klima- und Bodenverhältnisse hat die Erdbeere eine große Anbaubreite. Obwohl humose, schwach sandige Lehmböden optimal sind, kommt die Erdbeere auch mit leichten und selbst mit anmoorigen Böden zurecht. Nur verdichteter, staunasser Untergrund ist ungeeignet. Bei leichten Böden sollte der pH-Wert um 5 liegen, bei schweren Böden sind pH-Werte um 6,0 bis 6,5 ideal.

Die Erdbeere ist relativ winterhart, reagiert aber empfindlich auf Spätfröste, da die Blüte früh einsetzt. Die Lage sollte offen sein, damit die Pflanzen rasch abtrocknen, aber nicht zu windig, da sonst Trockenschäden entstehen können. Erdbeeren gedeihen gut an sonnigen Plätzen, kommen aber auch mit leichtem Halbschatten zurecht.

Jungpflanzen

Der Erdbeeranbauer kann zwischen drei verschiedenen Arten von Jungpflanzen wählen. Am meisten verbreitet sind Grünpflanzen, die sehr frühzeitig (Ende Juli) gepflanzt werden müssen, um im folgenden Jahr gute Erträge zu bringen. Frigopflanzen sind preisgünstig und können zu jedem gewünschten Termin gepflanzt werden. Sie haben aber nur im Erwerbsanbau Bedeutung. Bei Pflanzen aus Mikrovermehrung ist es möglich, bereits im Mai zu setzen. Jede Pflanze bildet bis Ende Juli etwa 5 kräftige Jungpflanzen als Ausgangsmaterial für ein Erdbeerbeet. Mikrovermehrte Pflanzen können aber auch direkt der Fruchtproduktion dienen, dürfen dann jedoch erst im August gepflanzt werden.

Sorten

Bislang wurden weltweit mehr als 1000 Erdbeersorten gezüchtet. Aufgrund ihrer unterschiedlichen Reaktion auf die jeweiligen Tageslängen und Temperaturverhältnisse sind Sorten aus verschiedenen Regionen nicht beliebig austauschbar. Die Gartenerdbeeren werden in drei Sortengruppen unterteilt.

Die Einmaltragenden sind Kurztagspflanzen, die im Frühjahr blühen und dann fruchten. Halbremontierende Sorten bilden im Herbst einige Blüten und Früchte, die Hauptblüte erfolgt im Frühjahr. Remontierende Sorten können das ganze Jahr über blühen.

Von den über 100 in Deutschland angebauten Erdbeersorten sind nicht alle für den Hausgarten geeignet. Allgemeine Empfehlungen werden dadurch erschwert, daß die einzelnen Sorten auf die jeweiligen Klima- und Bodenverhältnisse sehr unterschiedlich reagieren.

Einmaltragende Sorten

Die Gruppe der einmaltragenden Erdbeeren hat die größte Bedeutung, entsprechend viele Sorten stehen zur Auswahl.

Die im Erwerbsanbau dominierende Sorte ist die ertragreiche, feste, wohlschmeckende 'Elsanta'. Da sie aber äußerst krankheitsanfällig ist, sollte im Hausgarten, vor allem auf etwas schwereren Böden, auf diese Sorte verzichtet werden. Das gilt auch für die extrem stark fäulnisanfällige 'Senga Sengana'.

Hauptproblem im Erdbeeranbau sind Frucht- und Wurzelfäulen. Deshalb werden verstärkt resistente Sorten gezüchtet. Aus USA, Kanada, Frankreich und der Schweiz sind viele robuste Neuheiten auf den Markt gekommen. Teilweise liegen erst wenige Anbauerfahrungen vor, vielfach ist Pflanzmaterial nur schwer erhältlich.

Da die Erdbeere zu den kurzlebigen Kulturen zählt, empfiehlt es sich durchaus, verschiedene Sorten selbst auszuprobieren. Je nach Standort können die neuen, zum probeweisen Anbau empfohlenen Sorten genausogut für den Garten geeignet sein, wie die in der Tabelle aufgelisteten. Die Tabelle beschreibt nur Sorten, die bereits mehrfach in Versuchsanstalten geprüft wurden, so daß ihre tatsächlichen Resistenzeigenschaften hinreichend gesichert sind.

Im Hausgarten nach wie vor und zu Recht beliebt sind die alten Sorten 'Mieze Schindler', 'Direktor Paul Wallbaum' und 'Macherauchs Späternte', deren ausgezeichnetes Aroma kaum übertroffen ist. Sie sind aber nicht selbstfruchtbar und

Neue robuste Sorten zum probeweisen Anbau

früh:	Addie	(I)
	Lambada	(NL)
	Cornwallis	(USA)
	Darlibelle	(F)
	Darline	(F)
	Favette	(F)
	Gariguette	(F)
mittelspät:	Petrina	(CH)
	Thuriga	(CH)
	Majoral	(F)
	Cesena	(I)
	Allstar	(USA)
	Guardian	(USA)
	Lateglow	(USA)
	Redchief	(USA)
	Surecrop	(USA)
	Blomidom	(Can)
	Shuswap	(Can)
	Totem	(Can)

Einmaltragende Erdbeersorten

Sorte (Herkunft)	Reife- zeit	Frucht -größe	Frucht -farbe	Frucht -festig- keit	Geschmack Aroma	Ertrag	Anfälligkeit* Frucht- fäule	Anfälligkeit* Mehl- tau	Anfälligkeit* Blatt- flecken
'Honeoye' (GB)	sehr früh	sehr groß	dunkel- rot	fest	säuerlich gut	hoch	g	g	sg
'Earliglow' (USA)	sehr früh	mittel	glänzend rot	fest	süß aromatisch	gering	g	g	m
'Kent' (Can)	früh	groß	dunkel- rot	relativ fest	mittel- gut	mittel- hoch	h	g	g
'Elvira' (NL)	früh	groß	mittel- rot	mittel	süß-säuerlich relativ gut	mittel- hoch	m	h	g
'Polka' (NL)	früh	mittel	dunkel- rot	mittel	süß aromatisch	mittel- hoch	g	g	g
'Bounty' (USA)	früh- mittel	mittel- groß	dunkel rot	fest	sehr gut aromatisch	hoch	g	g	m
'Scott' (USA)	mittel	mittel	mittel- rot	sehr fest	mittel- gut	mittel	g	sg	sg
'Darrow' (USA)	mittel	mittel	mittel- rot	sehr fest	mäßig	mittel	g	m	g
'Tenira' (NL)	mittel	mittel	glänzend rot	fest	süß-säuerlich relativ gut	mittel- hoch	m	m	m
'Delite' (USA)	mittel	groß	glänzend rot	mittel- fest	befriedigend	mittel- hoch	g	g	sg
'Lester' (Can)	mittel- spät	mittel- groß	glänzend mittelrot	mittel- fest	süß relativ gut	mittel- gering	g	g	sg

* s sehr g gering h hoch

brauchen geeignete Befruchtersorten in der näheren Umgebung.

Remontierende Sorten

Remontierende (tagneutrale) Erdbeersorten bringen wie einmaltragende im Juni/Juli eine erste Ernte mit 5 bis 6 Pflücken im Abstand von 3 Tagen. Nach einer kurzen Ruhepause blühen die Pflanzen erneut und liefern bis weit in den Herbst hinein eine zweite Ernte. Pro Erntegang reifen weniger und meist kleinere Früchte als bei der ersten Ernte, die Pflückabstände sind größer. Da die meisten einmaltragenden Sorten, die ebenfalls zum Zeitpunkt der ersten Ernte fruchten, bessere Frucht- und Ertragsleistungen aufweisen, wird bei remontierenden Sorten vielfach auf diese Frühsommer-Ernte verzichtet. In diesem Fall müssen die ersten Fruchtstände bis Anfang Juni ausgebrochen werden. Die Folgefrüchte, die ab August bis in den Oktober reifen,

Rhizom-fäule	Rote Wurzelf.	*Verti-cillium*	Bemerkungen
	h	h	nur auf leichten Böden
	sg	sg	äußerst robust Blütenfrostgefahr
	m	g	starker Läusebefall
m	g	m	stark Blütenstecher
m	m	g	Spinnmilben-anfällig
	g	g	Geschmack auffallend gut
	sg	m	verträgt Hitze und Trockenheit
	sg	g	platzt bei Regen
g	g	g	nicht für feuchte Klimate
m	sg	sg	stark Blütenstecher
sg	sg	h	bei Überreife Beigeschmack

sind dann größer, die Herbsternte fällt deutlich höher aus.
In Bezug auf die Sorten hat sich ein starker Wandel vollzogen. Die früheren Sorten 'Ada Herzberg', 'Herzbergs Triumph' und 'Macherauchs Dauerernte' wurden von 'Repita', 'Revada' und 'Rabunda' abgelöst. Diese mußten aber bald den Sorten 'Ostara', 'Rapella' und 'Selva' weichen. Daneben sind vereinzelt Sorten wie 'Gento', 'Eroma', 'Rimona' und 'Teppida' anzutreffen.

In den letzten Jahren kamen zahlreiche Neuzüchtungen auf den Markt. Außer für 'Fern', 'Marastil', 'Tribute', und 'Tristar' liegen inzwischen auch für 'Mrak', 'Muir', 'Yolo' und die hocharomatische 'Mara des Bois' Anbauerfahrungen vor. Die wichtigsten remontierenden Erdbeersorten sind in der folgenden Tabelle beschrieben.

Pflegehinweise

Wer bereits beim Pflanzen die Ansprüche der Erdbeere berücksichtigt, kann mit guten Erträgen rechnen. Obwohl im Gegensatz zu den übrigen Stauden und Bäumen keine Schnittmaßnahmen erforderlich sind, gehört die Erdbeere eher zu den pflegeintensiven Obstkulturen im Garten.

Pflanzung

Für die am meisten gebräuchlichen Grünpflanzen ist Ende Juli, spätestens Anfang August der beste Pflanzzeitpunkt. Wird später gepflanzt, geht die Ertragsleistung im Folgejahr deutlich zurück. Ist zu diesem Zeitpunkt noch kein geeignetes Beet im Garten frei, können die Jungpflanzen vorläufig an einen sehr humosen Platz oder in große Blumentöpfe gesetzt und später mit größerem Wurzelballen verpflanzt werden.
Auf lockeren, tiefgründigen Böden bilden Erdbeeren ihre Wurzeln bis zu 1 m tief aus, die

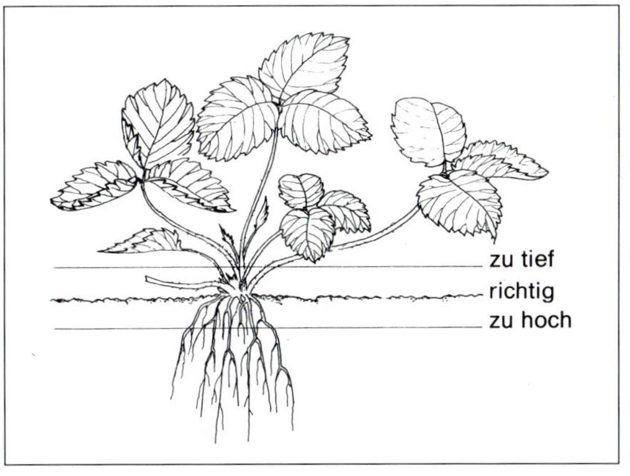

Pflanztiefe bei Erdbeeren.

Remontierende Erdbeersorten							
Sorte (Herkunft)	Frucht -farbe	-größe	-festigkeit	Geschmack	Herbst-ertrag	Wuchs	Anfälligkeit
'Mrak' (USA)	mittel-rot	mittel-groß	fest	süß-säuerlich mittel	hoch	stark	mittlere Anfälligkeit für *Botrytis*-Fruchtfäule
'Muir' (USA)	hellrot	groß	fest	süß-säuerlich	hoch	stark	extrem anfällig für Mehltau
'Ostara' (NL)	hellrot	mittel	mittel	säuerlich mittel	mittel	stark	rel. anfällig für *Botrytis, Verticillium,* Rote Wurzelfäule; wenig Mehltau
'Rapella' (NL)	orange-rot	groß	mittel	säuerlich mittel-gut	mittel	mittel	relativ anfällig für *Botrytis,* Mehltau, *Verticillium,* Rote Wurzelfäule
'Rimona' (D)	dunkel-rot	mittel	mittel	süß-säuerlich mittel-gut	gering	mittel	robust wenig *Botrytis*
'Selva' (USA)	mittel-rot	groß	sehr fest	säuerlich nur mäßig	mittel	stark	gering anfällig für Mehltau, *Botrytis, Verticillium*
'Tribute' (USA)	rot glänzend	mittel-groß	fest	säuerlich relativ gut	hoch	stark	resistent gegen *Botrytis, Verticillium,* Rote Wurzelfäule
'Tristar' (USA)	dunkel-rot	mittel	fest	süß-säuerlich relativ gut	hoch	mittel	resistent gegen *Botrytis, Verticillium,* Rote Wurzelfäule

Hauptwurzelmasse liegt jedoch in den obersten 25 cm. Das Pflanzloch muß gründlich mit organischem Material angereichert werden. In den ersten zwei Wochen ist es besonders wichtig, reichlich zu wässern, da Erdbeerpflanzen rasch austrocknen. Der Boden ist locker und unkrautfrei zu halten.

Gartenratgeber nennen vielfach Pflanzabstände von 15 bis 25 cm zwischen den einzelnen Setzlingen. Mit starkwachsenden Sorten bzw. auf wüchsigen Böden und vor allem, wenn die Pflanzen ein zweites Jahr stehen bleiben, entstehen zu dichte Bestände, die Krankheitsanfälligkeit und Fäulnisgefahr steigt. Als Richtwert kann die im Erwerbsanbau gültige Pflanzweite von 25 bis 35 cm gelten.

Die günstigste Pflanzform ist die Einzelreihe, da der Bestand rasch abtrocknet, leicht gepflegt und einfach abgeerntet werden kann. Bei Platzmangel sind auch Doppelreihen mit Abständen von jeweils 30 cm in der Reihe und zwischen den beiden Reihen denkbar.

Bodenpflege und Düngung

Wird der Boden offengehalten, ist mehrmaliges flaches Hacken nötig. Einfacher ist es, den Boden gut mit organischem Material abzudecken. In jedem Fall muß nach Blühbeginn, am besten unmittelbar nach den Eisheiligen Mitte Mai, Stroh unterlegt werden. Ohne Stroheinlage kommen die reifenden Früchte direkt mit dem Boden in Kontakt, verschmutzen und faulen schneller. Auf guten, reichlich mit Humus versorgten Böden erübrigt sich meist eine zusätzliche Düngung. Wer Mineraldünger einsetzt, muß darauf achten, daß die Düngemittel nicht auf die Blätter gelangen, daß in mehrere Teilgaben gesplittet wird und vor allem, daß sie kein Chlor enthalten. Günstige Düngezeitpunkte sind etwa 1 Monat nach der Pflanzung und im kommenden Jahr nach der Ernte, sofern die Pflanzen eine weitere Vegetationsperiode Früchte tragen sollen. Die Gesamtgaben pro Jahr sind mit 60 g/m^2 eines Volldüngers bzw. eines speziellen Beerendüngers reichlich bemessen.

Bei Erdbeeren haben sich Langzeitdünger gut bewährt. Diese sogenannten Vorrats- oder Depotdünger werden ins Pflanzloch eingearbeitet (etwa 10 g/Pflanze). Sie geben ihre Nährstoffe, meist N,P und K, im Zeitraum von etwa 9 Monaten allmählich frei. Eine zusätzliche Düngung ist nicht erforderlich.

Pflanzenpflege

Damit die Erdbeerpflanzen viele Fruchtstände anlegen, müssen die Ausläufer oder Ranken mehrmals abgestochen bzw. abgeschnitten werden. Wenn ein Erdbeerbestand für eine zweite Ernte vorgesehen ist, empfiehlt es sich, nach der Ernte alle Blätter gut 5 cm über der Bodenoberfläche abzuschneiden. Dies bedeutet zwar eine vorübergehende Schwächung der Pflanzen, ist aber eine wirksame Maßnahme gegen Pilzkrankheiten und Milbenbefall auf den Blättern. Die abgemähten Blätter müssen dann aber sorgfältig entfernt werden.

Im Prinzip können Erdbeerbestände auch mehr als zwei Ernten tragen. Fruchtgröße und Ertrag nehmen aber von Jahr zu Jahr stark ab, Krankheiten und Schädlinge treten verstärkt auf. Selbst bei guter Pflanzengesundheit sollte spätestens nach der dritten Ernte an einer anderen Stelle ein neues Beet angelegt werden.

Pflege remontierender Sorten

Sollen remontierende Sorten dazu dienen, einmaltragende Sorten nach Ernteabschluß zu ergänzen, müssen im Frühjahr alle Fruchtstände ausgebrochen werden – bis ca. 5 Wochen vor dem gewünschten Erntebeginn, also meist bis Mitte Juni. Sind von einem Fruchtstand 3, maximal 4 Früchte geerntet, wird er ebenfalls ausgebrochen, da sich sonst nur noch kleine Beeren entwickeln. Auch Ranken sind laufend wegzuschneiden.

Bei remontierenden Sorten lohnt sich eine zweite Ernte kaum, da Ertrag und Qualität nicht befriedigen. Sollen die Bestände trotzdem eine weitere Ernte bringen, sind ab Ende September, spätestens Anfang Oktober, alle neuen Fruchtstände auszukneifen, damit die Pflanzen nicht zu stark geschwächt in den Winter gehen. Remontierende Erdbeeren haben einen höheren Nährstoff- und Wasserbedarf als einmaltragende Sorten. Sie sind deutlich aufwendiger in der Pflege, lohnen dies aber mit Früchten bis zum Frosteinbruch.

Krankheiten

Fruchtfäulen treten vor allem bei feuchter Witterung in dichten Beständen auf. Haupterreger ist der Pilz *Botrytis cinerea*. Gegenmaßnahmen sind ausreichende Pflanzabstände, Stroheinlagen, sorgfältiges Unkrautjäten, Entfernen des alten Laubes im Frühjahr und aller befallenen Früchte bei der Ernte, verhaltene Stickstoffdüngung und vor allem die richtige Sortenwahl (extrem empfindlich ist 'Senga Sengana').

Auch bei den Wurzelfäulen gibt es verschiedene pilzliche Erreger. Die Rote Wurzelfäule *(Phytophthora fragariae)* tritt vor allem auf nassen, verdichteten Böden auf. Befallene Pflanzen sind stark gestaucht, die Blätter wirken matt. Da der Pilz zunächst die Seitenwurzeln zerstört, nimmt die Hauptwurzel ein rattenschwanzähnliches

Aussehen an. Wirksamste Gegenmaßnahmen sind einjähriger Anbau, gute Bodendurchlüftung, Flächenwechsel, gesundes Pflanzgut und robuste Sorten.
Die Schwarze Wurzelfäule wird durch einen Komplex negativer Faktoren hervorgerufen: Bakterien, verschiedene Pilze und Bodennematoden in Verbindung mit schlechter Bodenstruktur und zu häufigem Bepflanzen derselben Fläche mit Erdbeeren.
Bei anfälligen Sorten und in Jahren mit extremer Trockenheit kann die *Verticillium*-Welke *(Verticillium albo-atrum)* auftreten. Die Außenblätter vergilben und sterben ab, die Pflanze wirkt gestaucht. Bei ausreichender Wasserversorgung tritt diese Krankheit selten auf; es gibt zahlreiche resistente Sorten.
Der Erdbeermehltau *(Sphaerotheca macularis)* breitet sich bevorzugt in mehrjährigen Beständen aus. Der Pilz überzieht die Blattunterseiten mit einem weißlichen Belag. Wichtigste Gegenmaßnahme ist auch hier, robuste Sorten zu wählen. Weite Pflanzabstände, verhaltene Düngung, sorgfältiges Unkrautentfernen und das Abmähen des Laubes nach der Ernte wirken dem Pilz ebenfalls entgegen.
Die Weißfleckenkrankheit *(Mycoshaerella fragariae)* tritt nur in ausgesprochen feuchten Jahren verstärkt auf. Sie zeigt sich in Form von runden, braunroten Flecken mit weißlichem Zentrum. Die Weißfleckenkrankheit wird allerdings nur in mehrjährigen Beständen bei stark anfälligen Sorten zum Problem.

Schädlinge

Neben den allgemeinen Schädlingen wie Blattläuse und Spinnmilben gibt es spezielle Schadtiere, die bei der Erdbeere die Pflanzengesundheit und damit den Ertrag deutlich mindern können.
Besonders gefährlich sind Erdbeer-Weichhautmilben *(Tarsonemus pallidus fragariae)*, die Kümmerwuchs verursachen. Weichhautmilben werden meist durch verseuchte Jungpflanzen ausgebreitet. Wird gesundes Pflanzmaterial verwendet, besteht kaum die Gefahr für einen Befall. Das Abschneiden des Laubes nach der Ernte und möglichst kurze Umtriebszeiten wirken der Weichhautmilbe entgegen.
Der Erdbeerblütenstecher *(Anthonomus rubi)*, ein ca. 3 mm großer Rüsselkäfer, legt die Eier in die Blütenknospen und zerbeißt danach die Stiele, so daß die Knospen umknicken, vertrocknen und später abfallen. Ein gewisser Befall ist tolerierbar, da die verbleibenden Früchte umso größer werden. Wo der Käfer verstärkt auftritt (z. B. in Waldnähe), sind empfindliche Sorten wie 'Elvira' zu meiden und möglichst die vertrockneten Knospen mit den darin lebenden Larven zu vernichten.
Schnecken sind vor allem bei feuchter Witterung häufige, aber unliebsame Gäste. Sie hinterlassen an den reifen Früchten Fraßlöcher und glänzende Schleimspuren. Als natürliche Feinde gelten Laufkäfer, Kröten, Blindschleichen, Vögel, Igel und die Larven des Glühwürmchens. Stark duftende Feindpflanzen wie Salbei, Thymian oder Kapuzinerkresse halten Schnecken in begrenztem Umfang ab. Gut bewährt haben sich die im Handel erhältlichen Schneckenzäune rings um den Erdbeerbestand. Es ist aber auch möglich, einen 10 cm breiten Schutzwall aus Asche, Fichtennadeln oder Ätzkalk zu streuen – nach Regen muß er allerdings sofort erneuert werden. Absammeln und Bierfallen sind weitere Möglichkeiten, der Schneckenplage Herr zu werden.

Sonderformen

Neben der Gartenerdbeere gibt es weitere Arten, die für den Hausgarten geeignet sind. Nicht bei allen Formen steht die Fruchtgewinnung im Vordergrund, auch der Zierwert kann erwünscht sein.

Walderdbeere

Ausgezeichnete Bodendecker, die selbst noch im Halbschatten gedeihen, sind die echten Walderdbeeren *(Fragaria vesca)*. Sie bilden viele Ausläufer, so daß im Lauf der Zeit ein dichter Bestand entsteht. Die zarten Blätter gelten als beliebter

Bestandteil von Kräutertee-Mischungen. Walderdbeeren liefern im Juni und Juli kleine, längliche Früchte von intensivem Aroma.
Die früher verbreitete französische Sorte 'Königin von Vallées' wurde weitgehend von der Sorte 'Forstina' abgelöst. Eine besondere Spielart der Walderdbeere ist 'Bianca', eine gelbfrüchtige Variante. Sie liefert von Juni bis Juli kleine, süße, hocharomatische Früchte. Die Pflanze ist äußerst robust und bildet viele Ausläufer. Von daher eignet sich diese Sorte gut als Bodendecker unter lichten Sträuchern.

Monatserdbeere

Aus der Walderdbeere ging die Monatserdbeere *(Fragaria vesca* var. *semperflorens)* hervor. Sie bildet im Gegensatz zur Walderdbeere jedoch keine Ranken oder Ausläufer, kann also nur durch Samen vermehrt werden. Die kleinen Früchte schmecken ausgezeichnet und sind für Bowlen, Fruchtspeisen und zur Dekoration bestens geeignet. Die äußerst robusten Pflanzen reifen von Juni bis Ende September. Monatserdbeeren wirken besonders schön als Weg- oder Beeteinfassung.
Weit verbreitet ist die Sorte 'Rügen'. Allerdings trägt 'Alexandria' mehr und größere Früchte bei ausgezeichnetem Aroma. Sie gilt als beste Monatserdbeere. Vereinzelt sind auch die Sorten 'Falstaff', die von Juni bis Oktober fruchtet, und 'Baron von Solem' mit jeweils einer roten und einer gelbfrüchtigen Variante auf dem Markt.

Erdbeerwiese

Dem Züchter Dr. Rudolf Bauer ist es gelungen, Monatserdbeeren und Gartenerdbeeren zu kreuzen. Nach mehreren Kreuzungsgenerationen entstanden Hybriden mit der botanischen Bezeichnung *Fragaria vescana*. Bislang sind zwei Sorten auf dem Markt: die 1972 zugelassene 'Spadeka' und die seit 1989 erhältliche 'Florika'. Die erste Sorte besticht vor allem durch ihr Aroma. 'Florika' ist etwas weniger aromatisch, liefert dafür aber höhere Erträge, größere und attraktivere Früchte und läßt sich zudem leichter pflücken. Weitere *Vescana*-Klone werden derzeit geprüft, so daß mit neuen Sorten zu rechnen ist.
Die Bezeichnung „Erdbeerwiese“ ist dem Umstand zu verdanken, daß Vescana-Sorten bereits im Pflanzjahr so viele Ausläufer bilden, daß ein dichter, wiesenartiger Bestand entsteht. Die Pflanzung erfolgt wie bei der Gartenerdbeere: gleiche Pflanztiefe und gleiche Abstände (35 cm). Die Düngung sollte etwas verhaltener sein, da *Vescana*-Erdbeeren ein gutes Nährstoff-Aneignungsvermögen haben und zu Luxuskonsum neigen; überdüngte Früchte schmecken dann aber fad und sind fäulnisanfällig.
Für die Kulturform der Erdbeerwiese sprechen viele Vorteile: kein Stroheinlegen, keine Bodenpflege, die Nutzungsdauer von 6 bis 8 Jahren und die außergewöhnliche Pflanzengesundheit. Die Fruchtstände stehen aufrecht, so daß die Früchte nicht mit dem Boden in Berührung kommen und somit weniger den Schnecken zum Opfer fallen. Auch Fruchtfäulen treten kaum auf.
Vescana-Erdbeeren sind weichfleischig und erreichen zu Beginn der Erntesaison nahezu die Größe von Gartenerdbeer-Sorten. Das spezifische Fruchtgewicht ist allerdings deutlich geringer, so daß *Vescana*-Früchte bei vergleichbarer Größe nur halbsoviel wiegen. Auf 1 m^2 Erdbeerwiese können bei 'Spadeka' 1 bis 2 kg, bei 'Florika' 2 bis 3 kg Früchte geerntet werden.
Aufgrund der intensiven Ausläuferbildung und der kräftigen, großen Blätter, die mehr der Garten- als der Monatserdbeere ähneln, eignen sich *Vescana*-Erdbeeren ideal als Bodendecker. Die Bestände sind weitaus rascher geschlossen als bei Walderdbeeren.

Anhang

Bezugsquellen

Die aufgeführten Baumschulen führen zahlreiche robuste und resistente Obstsorten. Die Liste erhebt keinen Anspruch auf Vollständigkeit.

Hans Bartsch, Geisenheimer Baumschule, Nothgottesstr. 4,
6222 Geisenheim, Tel. 06722/8220

Bördeagrar GmbH, Baumschule Magdeburg, Halberstädter Chaussee 1,
O-3101 Magdeburg, Tel. 0391/551863

Burkhard Gunz, Baumschulen, Strüth 3,
8701 Röttingen, Tel. 09338/360

Fritz Herr, Qualitäts-Baumschulen, Bonner Str. 26–32,
5309 Meckenheim, Tel. 02225/4058–59

Hans Hoffmann, Baumschulen, Hauptstr. 36,
8521 Langensendelbach, Tel. 09133/4687

Rolf Krämer, Baumschulen, Bielefelder Str. 202–206,
4930 Detmold 1, Tel. 05231/68778

Dieter Kühnen, Baumschulen, Steinberg 2,
2000 Wedel, Tel. 04103/2483

Adolf Müller, Markenbaumschulen, Mimmelager Straße,
4570 Quakenbrück, Tel. 05431/2331

Paul Oberholz, Gartenbaumschulen, Dackenheimer Str. 21,
7713 Freinsheim, Tel. 06353/7402

Karl-Heinz Pfänder, Baumschulen, Im Breiten Löhle 10,
7440 Nürtingen, Tel. 07022/45610

August Schnell & Söhne, Markenbaumschulen, Schraderstr. 12,
7113 Neuenstein, Tel. 07942/2213

Eberhard Weißenborn, Baumschulen, Burgstr. 57,
O-5707 Oberdorla, Tel. 03601/75602

Die Häberli AG hat sich auf robuste Sorten spezialisiert und arbeitet in Österreich, der Schweiz und Deutschland mit zahlreichen Vertragspartnern zusammen. Auskunft erteilen:

Häberli AG, Obst- und Beerenzentrum,
CH- 9315 Neukirch-Egnach, Tel. 071/662454

Häberli Deutschland, August-Ruf-Str. 12a,
7700 Singen, Tel. 07731/69286

Literaturhinweise

Fader, W.: Der Weinstock am Haus. BLV Verlagsgesellschaft, München 1991

Friedrich, G. und Schuricht, W.: Nüsse und Quitten. Neumann Verlag, Leipzig-Radebeul 1988

Metzner, R.: Das Schneiden der Obstbäume und Beerensträucher. Eugen Ulmer, Stuttgart 1991

Michael, H.G. et al.: Pflanzenschutz im Garten. Eugen Ulmer, Stuttgart 1991

Scherer, W.: Schäden an Erdbeeren. Eigenverlag Margit Scherer, Augsburg 1989

Scherer, W.: Schäden an Himbeeren und Brombeeren. Eigenverlag Margit Scherer, Augsburg 1989

Scherer, W.: Schäden an Johannisbeeren und Stachelbeeren. Eigenverlag Margit Scherer, Augsburg 1989

Schmid, H.: Obstbaumschnitt. Eugen Ulmer, Stuttgart 1982

Schroeder, A.: Spalierobst. Buchverlag Fischer Druck, Münsingen-Bern 1992

Steiner, H.: Nützlinge im Garten. Eugen Ulmer, Stuttgart 1985

Stoll, K. und Gemminger, U.: Besondere Obstarten. Eugen Ulmer, Stuttgart 1986

Studer, A. et al.: Vorratshaltung von Obst und Gemüse. Eugen Ulmer, Stuttgart 1983

Bildquellen

Bauer, A., Breitbrunn: Seite 64 oben

Berning, A., Rethmar: Seite 52 unten, 62 Mitte

Bezirkspflanzenschutzamt Neustadt - Mußbach: Seite 38 unten

Eberle, C., Meersburg: Umschlagseite rechts oben, rechts Mitte, rechts unten

Eidg. Forschungsanstalt, Wädenswil/CH: Seite 24 unten, 27 unten, 29 Mitte, 29 unten, 30 Mitte, 31 oben, 31 unten, 32 oben, 32 unten, 40 Mitte, 41 oben, 41 Mitte

Felbinger, A., Leinfelden-Echterdingen: Seite 23

Fischer, M., Dresden: Seite 33 unten

Häberli AG, Neukirch-Egnach/CH: Seite 38 oben, 44 Mitte, 48 unten, 53 oben, 57 Mitte, 57 unten, 59 oben, 61 unten, 62 oben, 63 oben, 63 unten, 64 Mitte, 64 unten

Hartmann, W., Stuttgart-Hohenheim: Seite 35 unten, 36, 37 oben

Hauenstein, P., Rafz/CH: Seite 19 Mitte, 20 Mitte, 37 Mitte

Foto Presse Bild-Verlag Holder, Bad Urach: Umschlagseite links

Schneider, B., Edingen: Seite 20 oben

Strobel Baumschulen, Pinneberg: Seite 22 links

Wicki, H., Rafz/CH: Seite 35 Mitte

Zahn, F.-G., Jork: Seite 31 Mitte

Alle übrigen Bilder sind von der Autorin.

Die Zeichnungen wurden von der Autorin angefertigt.

Register

Seitenzahlen mit Sternchen (*) verweisen auf Abbildungen.

Unterrichtsmodell

Friedrich Schiller „Der Verbrecher aus verlorener Ehre“

Baustein 1: Die Frage des Einstiegs (S. 18–22 im Modell)

1.1	Mind-Map: „Verbrechen“		Mind-Map Arbeitsblatt 1
1.2	Lesestunde mit Handlungsentwürfen	S. 9–S. 13	Aktivierung innerer Bilder
1.3	*Ich will dem Ausspruch des Lesers nicht vorgreifen* – Urteile der Schülerinnen und Schüler	ges. Erzählung	Schreibauftrag (Stellungnahme)
1.4	„Mensch, Schiller ...“ Ein Brief an den Autor	ges. Erzählung	Schreibauftrag (Brief)

Baustein 2: *In der ganzen Geschichte der Menschheit ist kein Kapitel unterrichtender ...* – Schillers theoretische Einleitung (S. 23–27 im Modell)

2.1	*Laster und Tugend in einer Wiege beisammen ...* – Das Menschenbild in der Einleitung	S. 5–S. 9	Textarbeit Skizze
2.2	*Der Held muss kalt werden wie der Leser* – Zweck und Art der Verbrechensdarstellung (Gliederung des Gedankenganges)	S. 5–S. 9	Textarbeit Arbeitsblatt 2

Baustein 3: Christian Wolfs Weg in die Kriminalität – Die Genese eines Verbrechers (S. 28–38 im Modell)

3.1	Christian Wolfs Ausgangslage – Faktoren, die seine Entwicklung bestimmen	S. 9–S. 10	Textarbeit Tafeltext ggf. Malauftrag
3.2	Christian Wolf wird Wilddieb – Die Darstellung des Wilddiebstahls und Charakterisierung des jungen Mannes	S. 9–S. 10 Anhang S. 119f.	Textarbeit Tafelbild Schreibauftrag (Charakterisierung) Textlupe
3.3	Christian Wolfs Situation vor, während und nach der Festungshaft – Die Strafen und ihre Auswirkungen	S. 10–S. 16	Textarbeit Tafelbild Rollenspiel Arbeitsblatt 3
3.4	Wolf wird zum Mörder – Analyse der Morddarstellung	S. 16–S. 19 Anhang S. 115–S. 117	Textarbeit Tafeltext Schreibauftrag (Analyseaufsatz) Textlupe

Baustein 4: Christian Wolfs Integrationsversuche nach dem Mord (S. 39–58 im Modell)

4.1	*„Topp, Kamerade!“* – Wolfs Bekanntschaft mit dem Anführer der Räuberbande	S. 19–S. 24	Textarbeit Malauftrag Schreibauftrag (Dialoganalyse) Arbeitsblatt 4
4.2	*„Ich bleibe bei euch, Kameraden“* – Wolfs gescheiterter Integrationsversuch in der Schein-Gemeinschaft der Räuber	S. 24–S. 29	Textarbeit Bildbetrachtung Schreibauftrag (Stellungnahme) Tafelskizze
4.3	*Er fing an zu hoffen, dass er noch rechtschaffen werden dürfte ...* – Wolfs innere Umkehr und vergebliche Bittschriften	S. 27–S. 29	Textarbeit Tafelskizze Schreibauftrag (Monolog, Brief) Arbeitsblatt 5
4.4	*„Ich bin der Sonnenwirt.“* – Wolfs Integrationsversuch durch seine freiwillige Auslieferung an die Justiz	S. 29–S. 34 Folienbild	Textarbeit Schreibauftrag (kreative Erweiterung und Umgestaltung) Malauftrag Arbeitsblatt 6 Bildbetrachtung Stellungnahme
4.5	*„Ehre“* – Begriffserläuterung	ges. Erzählung Anhang S. 118f. Z 1	Schreibauftrag (Begriffserläuterung) Textlupe

Baustein 5: Die Erzählstruktur des „Verbrechers aus verlorener Ehre“ (S. 59–67 im Modell)

5.1	Gliederungsversuche	ges. Erzählung Z 2	Textarbeit (Gliederung) Arbeitsblatt 7
5.2	Schillers Erzähltechnik	ges. Erzählung	Textarbeit Arbeitsblatt 8
5.3	Vergleich mit J. F. Abels „Lebens-Geschichte Fridrich Schwans“	Anhang S. 60–S. 66 ges. Erzählung Z 3	Textarbeit

Baustein 6: Kriminalität und Strafe – damals und heute (S. 68–78 im Modell)

6.1	Physiognomie und Moral: Kann man einen Verbrecher an seinem Äußeren erkennen?	ges. Erzählung Folientext Anhang S. 107ff.	Stellungnahme Textarbeit Tafeltext
6.2	Kriminalitätsfaktoren: Mit welcher Wahrscheinlichkeit wird man kriminell?	ges. Erzählung Anhang S. 106	Arbeitsblatt 9 (Kriminalitätstest)
6.3	Strafen: Worin besteht ihr Sinn und Zweck im Rechtssinn?	S. 12 Anhang S. 109– S. 111 Z 4	Stellungnahme Tafeltext Arbeitsblatt 10 Textarbeit ggf. Referat
6.4	Strafvollzug und Haftentlassung – *... er ging von der Festung – aber ganz anders, als er dahin gekommen war:* Wäre es heute grundsätzlich anders?	S. 12–S. 13 Anhang S. 111–S. 113	Textarbeit Stellungnahme Schreibauftrag (Erörterung, ggf. Begriffserläuterung) ggf. Projekt

Baustein 7: Das Werk im historischen Zusammenhang (S. 79–84 im Modell)

7.1	Der Prozess der literarischen Kommunikation (Modell)		Arbeitsblatt 11
7.2	Entstehung und Veröffentlichung des Werkes (Produktion)	Anhang S. 36–S. 45	Referat Textarbeit Tafelskizze Stellungnahme
7.3	Sozialgeschichtliche Voraussetzungen (Rezeptionsdisposition)	Anhang S. 46–S. 57	Textarbeit (arbeitsteilige Gruppenarbeit)
7.4	Erste Reaktionen der Leserschaft (Rezeption)	Anhang S. 58–S. 59	Textarbeit Arbeitsblatt 11

Baustein 8: Kriminelle in Schillers Frühwerken (S. 85–97 im Modell)

8.1	Die Ballade „Die Kindsmörderin“	Anhang S. 72ff. ges. Erzählung Z 5	Textarbeit Schreibauftrag (Textvergleich) Arbeitsblatt 12
8.2	Das Drama „Die Räuber“	Anhang S. 75ff. ges. Erzählung	Lesen mit verteilten Rollen Textarbeit Stellungnahme Schreibauftrag (Textvergleich) ggf. Referat
8.3	Die Erzählung „Spiel des Schicksals“	Anhang S. 78ff.	Textarbeit Tafelskizze Schreibauftrag (Charakterisierung, kreative Erweiterung)

Baustein 9: Vergleichstexte aus dem 19. und 20. Jahrhundert (S. 98–110 im Modell)

9.1	Bänkelsang vom Räuberhauptmann Hermann Rohland und seiner Bande	Anhang S. 86ff. ges. Erzählung Z 6	Bildbeschreibung Arbeitsblatt 13 Textarbeit Schreibauftrag (Umgestaltung) ggf. (fächerverbindendes) Projekt
9.2	Trivialliteratur: „Wildräuber im Grafenwald“	S. 17 Anhang S. 92ff.	Textarbeit Schreibauftrag (Textvergleich, Erzählung) Bildbeschreibung
9.3	Kinderbuch: „Der Räuber Hotzenplotz“	Anhang S. 96ff.	Textarbeit Stellungnahme Schreibauftrag (Erörterung) Arbeitsblatt 14 Textlupe
9.4	Heinrich Bölls Erzählung „Die verlorene Ehre der Katharina Blum“	Anhang S. 100ff. und S. 70f. ges. Erzählung, insbes. S. 17f., Umschlagbild	ggf. Filmrezeption und -analyse, Beschreibung eines Umschlagbildes Textarbeit, – vergleich Erörterung

Schöningh

EinFach Deutsch

Unterrichtsmodell

Friedrich Schiller

Der Verbrecher aus verlorener Ehre

Erarbeitet von
Hendrik und Rainer Madsen

Herausgegeben von
Johannes Diekhans

W0213701

Arbeitsfrage

Einzelarbeit

Partnerarbeit

Gruppenarbeit

Unterrichts-gespräch

Schreibauftrag

Szenisches Spiel

Mal- und Zeichenauftrag

Bastelauftrag

Projektorientierung, offenes Unterrichtsangebot

Vorwort

Der vorliegende Band ist Teil einer Reihe, die Lehrerinnen und Lehrern erprobte und an den Bedürfnissen der Schulpraxis orientierte Unterrichtsmodelle zu ausgewählten Ganzschriften und weiteren relevanten Themen des Faches Deutsch bietet.

Im Mittelpunkt der Modelle stehen Bausteine, die jeweils thematische Schwerpunkte mit entsprechenden Untergliederungen beinhalten.

In übersichtlich gestalteter Form erhält der Benutzer/die Benutzerin zunächst einen Überblick zu den im Modell ausführlich behandelten Bausteinen.

Es folgen:

- Hinweise zu den Handlungsträgern
- Zusammenfassung des Inhalts und der Handlungsstruktur
- Vorüberlegungen zum Einsatz des Buches im Unterricht
- Hinweise zur Konzeption des Modells
- Ausführliche Darstellung der einzelnen Bausteine
- Zusatzmaterialien

Ein besonderes Merkmal der Unterrichtsmodelle ist die Praxisorientierung. Enthalten sind kopierfähige Arbeitsblätter, Vorschläge für Klassen- und Kursarbeiten, Tafelbilder, konkrete Arbeitsaufträge, Projektvorschläge. Handlungsorientierte Methoden sind in gleicher Weise berücksichtigt wie eher traditionelle Verfahren der Texterschließung und -bearbeitung.

Das Bausteinprinzip ermöglicht es dabei den Benutzern, Unterrichtsreihen in unterschiedlicher Weise und mit unterschiedlichen thematischen Akzentuierungen zu konzipieren: Auf diese Weise erleichtern die Modelle die Unterrichtsvorbereitung und tragen zu einer Entlastung der Benutzer bei.

Das vorliegende Modell bezieht sich auf folgende Textausgabe:
Friedrich Schiller: Der Verbrecher aus verlorener Ehre. Padeborn: Schöningh Verlag. Best.-Nr. 022302-7

www.schoeningh-schulbuch.de
Schöningh Verlag, Jühenplatz 1–3, 33098 Paderborn

Druck 5 4 3 / Jahr 2014 13 12
Die letzte Zahl bezeichnet das Jahr dieses Druckes.

Umschlaggestaltung: Jennifer Kirchhof
Druck und Bindung: westermann druck GmbH, Braunschweig

ISBN 978-3-14-022303-4

Zitat vor der letzten Frage deutet darauf hin, dass es bei der Erörterung dieser aktuellen Problembereiche immer auch um Schillers Erzählung geht.

Baustein 7 stellt Schillers „Verbrecher aus verlorener Ehre“ in den historischen Zusammenhang der Entstehung und Veröffentlichung des Werkes, der sozialgeschichtlichen Voraussetzungen und der ersten Reaktionen der Leserschaft und thematisiert damit die Verständigung zwischen Autor, Text und Leser, also den Prozess der literarischen Kommunikation, der mithilfe einer Skizze auf einem besonderen Arbeitsblatt veranschaulicht wird.

Die Einbeziehung verschiedener Texte desselben Autors zu einer Thematik in die Analyse und Deutung bereichert das Verständnis des Einzelwerkes. Deshalb werden in **Baustein 8** weitere Beispiele für die literarische Verarbeitung der „Verbrecher“-Thematik hinzugezogen, Beispiele, die zugleich alle drei Grundformen der Dichtung, Lyrik, Epik und Dramatik, repräsentieren: die Ballade „Die Kindsmörderin“ (zu der in diesem Baustein sehr differenzierte Informationen gegeben werden, da die Ballade in der didaktischen Literatur bislang zu wenig beachtet wurde), ein Szenenausschnitt des „Räuber“-Dramas sowie ein Ausschnitt der Erzählung „Spiel des Schicksals“, der ebenso zum Einüben der Charakterisierung wie für eine produktionsorientierte, kreative Erweiterung genutzt wird.

Der intertextuelle Aspekt der „Verbrecher“-Thematik wird in **Baustein 9** um Vergleichstexte aus dem 19. und 20. Jahrhundert bereichert: jeweils ein Beispiel für den Bänkelsang, für Trivialliteratur (Auszug eines Heftromans), ein Kinderbuch (eine Geschichte aus „Räuber Hotzenplotz“) sowie eine moderne Erzählung, und zwar anhand von Textstellen der Erzählung „Die verlorene Ehre der Katharina Blum“ von Heinrich Böll, deren Titel bereits auf die Rezeption des Schiller-Textes verweist. In diesem Baustein werden verschiedene Medien (auch audiovisueller Art), Verfahren der Analyse und der Textproduktion (auch kreativer Art) verwendet.

Die thematischen Bausteine des Unterrichtsmodells

Baustein 1 Die Frage des Einstiegs

Wie soll man mit der Besprechung eines Buches beginnen, dessen Autor der Nimbus des Klassikers umgibt und das nicht gerade zur Alltagslektüre von Schülerinnen und Schülern gehört, das im Einleitungsteil sogar erhebliche Verstehenswiderstände aufbaut? In diesem Baustein werden unterschiedliche Ideen vorgestellt, wie ein motivierender Einstieg gelingen kann, der über einen allgemeinen Erfahrungsaustausch über die Erzählung im Sinne einer Primärrezeption hinausgeht und produktionsorientierte Möglichkeiten nutzt. Die ersten beiden Ideen gehen davon aus, dass die Schüler die Ganzschrift noch nicht gelesen haben, die beiden anderen setzen die Lektüre voraus. Die Einstiegsmöglichkeiten (1.1/1.2 und 1.3/1.4) können auch miteinander kombiniert werden.

1.1 ❒ Mind-Map: „Verbrechen“

Bevor die Schülerinnen und Schüler die Erzählung gelesen haben, werden sie in eine Methode eingeführt, die ihre Kreativität im Zusammenhang mit einem zentralen Begriff der Erzählung frei setzt. Diese Methode ist äußerst einfach und doch sehr motivierend und nutzbringend: das Mind-Mapping.
„Mind“ ist der englischsprachige Sammelbegriff für das, was im Deutschen Geist heißt; mit dem Begriff ist sowohl die Tätigkeit des Denkens, der Bereich des Rationalen, als auch das Kreative gemeint, Eindrücke und Empfindungen. „Map“ heißt Landkarte. Mind Maps sind also Karten des Geistes, mentale Landkarten.[1]
Im Unterschied zu linearen Aufzeichnungen visualisieren Mind-Maps die Vernetzung von Gedanken. Dabei bedienen sie sich der flächigen Darstellung von Landkarten, in deren Zentrum ein Thema steht, das erarbeitet werden soll. Von diesem Mittelpunkt (Begriff, Satz oder Bild) gehen einzelne Äste ab, die das Thema nach Schwerpunkten unterteilen und jeweils mit einem prägnanten Schlüsselwort (oder einem Bild bzw. aussagekräftigen Symbol) versehen werden. Die einzelnen Äste verzweigen sich weiter und werden möglichst knapp beschriftet (oder bebildert). An jeder Stelle können weitere Ideen ergänzt werden. Auf diese Weise entsteht eine vernetzte Gedankenlandkarte.
Statt der einfachsten Form des Mind-Mappings wird den Schülern auf dem Arbeitsblatt 1 (S. 20) eine etwas ausgefeiltere Variante angeboten, die noch anschaulicher ist und ihnen mehr Spaß macht, mit der Hausaufgabe:

❒ *Entwickelt nach den 7 Regeln für Mind-Mapping auf dem Arbeitsblatt 1 eure eigene Mind-Map zu dem Begriff „Verbrechen“.*

[1] Vgl. Peter Weiler: Kreativitätstraining Mind Mapping®. München: Südwest Verlag, 4. Aufl. 2000, S. 43.

In der folgenden Unterrichtsstunde werden die Mind-Maps an der Wand des Klassenraumes angebracht, betrachtet, vorgestellt, erläutert und in Bezug auf die von der Mehrheit stärker gewichteten Aspekte verglichen. Erwartet wird, dass die Darstellung eines Mordes im Zentrum steht, also eines Verbrechens i.e.S. (von dem juristisch „Vergehen“ und „Übertretung“ zu unterscheiden sind), aber auch, dass die Bedingungsfaktoren („Ursachen“) sowie Aspekte der Strafe berücksichtigt werden.

Nach der Lektüre der Erzählung sollte zwischen den Mind-Maps und Schillers Darstellung eine vergleichende Beziehung hergestellt werden; dann werden die in der Erzählung berücksichtigten oder vernachlässigten Aspekte deutlich, sodass ein erster Zugang zur Erschließung des Textes gegeben ist. Auch bei der weiteren Arbeit mit der Textausgabe empfehlen sich solche Bezugnahmen.

1.2 ❒ Lesestunde mit Handlungsentwürfen

Kurz vor der unterrichtlichen Behandlung der Erzählung wird eine so genannte Lesestunde abgehalten, in der die Schülerinnen und Schüler allmählich mit der für sie etwas fremden Darstellungsweise konfrontiert werden. Die Lehrperson kündigt den Schülern an, dass sie ihnen einen Ausschnitt aus Schillers Erzählung „Der Verbrecher aus verlorener Ehre“ vorlesen wird, und gibt folgende Anweisung:

❒ *Setzt euch entspannt hin, konzentriert euch nur auf das Hören und äußert euch anschließend dazu, welche Bilder ihr während des Vorlesens gesehen habt. Wenn ihr wollt, könnt ihr während des Vortrags die Augen schließen.*

Dann liest die Lehrerin bzw. der Lehrer den Text S. 9, Z. 7 – S. 13, Z. 21 vor.
Dieses Verfahren ermöglicht eine behutsame, jedoch bereits zu Beginn schon sehr intensive Auseinandersetzung mit der im Text dargestellten Wirklichkeit.
Dass nicht alle Schülerinnen und Schüler oder gar Lerngruppen angemessen mit dem Verfahren der Aktivierung innerer Bilder umgehen können, ist selbstverständlich. Deshalb muss der bzw. die Unterrichtende nach den konkreten Voraussetzungen entscheiden, welche Methode, die Schüler an den Text heranzuführen, geeignet ist.
Wenn man das hier erläuterte Verfahren gewählt hat, bietet es sich an, den vorgelesenen Text mit Handlungsentwürfen der Schüler zu verbinden. Da der Text mit der Vorausdeutung Christian Wolfs auf seine von Hass geleiteten Straftaten endet, könnten im Klassengespräch Möglichkeiten des Fortgangs der Handlung, die sich auf Christian Wolfs Leben beziehen, entwickelt werden. Diese Handlungsentwürfe werden in den folgenden Unterrichtsstunden mit Schillers Realisation verglichen. Sinnvoll kann auch ein wiederholender Lesedurchgang sein, der diesmal von einem Schüler oder einer Schülerin durchgeführt wird.

7 Regeln für Mind-Mapping

Baustein 1

Arbeitsblatt 1

1. **Nimm eine weißes Blatt Papier in DIN-A4-Format oder größer und lege es quer.**

Weißes Papier ohne vorgezeichnete Linien ermöglicht dir absolute kreative Freiheit. Wenn du das Blatt quer nimmst, kannst du deine Wörter und Bilder zur Seite hin ausbreiten.

2. **Zeichne ein zentrales Bild, welches das Thema darstellt, in die Mitte.**

Beginne in der Mitte. Verwende mindestens drei Farben und achte darauf, dass das Bild nicht größer als fünf Zentimeter in Breite und Höhe ist. Zeichne keinen Rahmen um das Bild.

3. **Verbinde Hauptthemen direkt mit dem zentralen Bild.**

Schreibe das Wort in Blockschrift auf eine Linie, die genauso lang wie das Wort ist. Diese Hauptlinien sind „organisch" – dick, gebogen und dünn auslaufend; sie sind direkt mit dem zentralen Bild verbunden. Die Stärke der Linie unterstreicht die Wichtigkeit des Wortes.

4. **Füge weitere Äste mit Hauptthemen hinzu.**

Denke dir weitere Hauptthemen aus und schreibe diese Wörter in Blockschrift; sie müssen genau auf die Linie passen.

5. **Füge eine zweite, danach eine dritte und vierte Gedankenebene hinzu.**

Verbinde die Wörter und Bilder der zweiten, dritten und vierten Gedankenebene mit dem Hauptast, der den Gedanken an sie auslöste. Die Linien sind mit den Ästen verbunden und dünner.
Schreibe die Wörter in Blockschrift, aber mit kleineren Buchstaben. Stelle zuerst einen Ast fertig, bevor du mit dem nächsten anfängst.

6. **Verleihe deiner Mind-Map eine neue Dimension.**

Rahme wichtige Wörter und Bilder dreidimensional ein.

7. **Rahme ganze Äste deiner Mind-Map farbig ein und verschönere es nach Lust und Laune.**

Hebe die Form eines Zweiges hervor und verwende verschiedene Farben. Füge Pfeile und Symbole zwischen den Informationen ein, um die Verbindung zu verdeutlichen. Gestalte deine Mind-Map farbiger, fantasievoller, künstlerischer und eigenwilliger in den Dimensionen.

Nach: Peter Weiler: „Kreativitätstraining", München 1997

Anschließend erhalten die Lernenden die Bücher (bzw. kaufen sie) und lesen sie zu Ende. Vor allem in Klassen mit jüngeren und im Umgang mit abstrakten Texten ungeübten Jugendlichen lässt man den Text erst ab S. 13 weiter lesen. Damit wird Schillers theoretische Einleitung also zunächst ausgeklammert; mit ihr beschäftigt man sich zu einem späteren Zeitpunkt.

1.3 ❒ *Ich will dem Ausspruch des Lesers nicht vorgreifen* – Urteile der Schülerinnen und Schüler

Die Schülerinnen und Schüler lesen zunächst die Erzählung zu Hause und erhalten die Aufgabe, sich selbst ein Urteil über den Verbrecher Christian Wolf zu bilden und dieses schriftlich zu begründen.

❒ *Der Erzähler stellt zu Beginn (S. 8, Z. 30 – S. 9, Z. 1) zwei Fragen, die er nicht beantwortet, weil er „dem Ausspruch des Lesers nicht vorgreifen" will (S. 9, Z. 1f.) Bildet euch der Absicht des Erzählers entsprechend selbst ein Urteil über den Verbrecher Christian Wolf und begründet es, indem ihr auf die beiden Fragen eingeht.*

Die Auseinandersetzung mit den Antworten der Schüler im Unterrichtsgespräch führt unmittelbar zu dem zentralen Problembereich der Erzählung („Kriminalität und Strafe"), der schwerpunktmäßig in Baustein 6 thematisiert wird.

1.4 ❒ „Mensch, Schiller..." – Ein Brief an den Autor

Auch dieser Einstieg setzt voraus, dass die Schülerinnen und Schüler die Erzählung ganz (im Unterricht oder zu Hause) gelesen haben. In der ersten Stunde innerhalb der Unterrichtsreihe erhalten sie die Aufgabe:

❒ *Ihr habt ca. 10 Minuten Zeit um auf einem losen Blatt einen Brief an den Autor zu verfassen, in dem ihr diesem eure Erfahrungen mit der Erzählung mitteilen sollt. Schaut euch vorher die Abbildung in der Textausgabe auf der Seite 35 an. Dann habt ihr eine Vorstellung von eurem Adressaten. Bei der sprachlichen Gestaltung – auch bei der Anrede – habt ihr die freie Wahl.*

Diese Methode dürfte die Schüler dazu motivieren, ein erstes Verständnis der Erzählung (insbes. ihrer Gestaltung) zu artikulieren, auch Verstehensgrenzen und möglichen Ärger zum Ausdruck zu bringen.
Zu erwarten ist vor allem eine herbe Kritik an der langen theoretischen Einleitung, die erhebliche Verstehenswiderstände aufbaut; darüber hinaus werden die Schüler bemängeln, dass der Erzähler das Räuberleben einfach übergeht und die Erzählung abrupt beendet ohne die Hinrichtung zu schildern, – Kritikpunkte, die in der Unterrichtsreihe produktiv aufzunehmen sind und schwerpunktmäßig in Baustein 7 thematisiert werden.

Die fiktiven Briefe werden nach dem Vorlesen eingesammelt und ganz am Schluss der Arbeit an der Erzählung wieder aufgegriffen. Dann erhält jeder nämlich einen (nicht den eigenen) Brief zurück mit dem Arbeitsauftrag:

❒ *Übernimm die Perspektive des Autors und verfasse zu dem dir vorliegenden Text einen Antwortbrief.*

Auf diesem Weg werden die Schülerinnen und Schüler genötigt, ihre im Verstehensprozess gewonnenen Einsichten und Erkenntnisse zum Ausdruck zu bringen, – eine ideale Teillernziel-Kontrolle für die Lehrerin oder den Lehrer.

Notizen

Baustein 2

In der ganzen Geschichte der Menschheit ist kein Kapitel unterrichtender ... – Schillers theoretische Einleitung

Schillers breit angelegte sozialpsychologische Einführung ist der schwierigste Teil der gesamten Erzählung. Man sollte diesen Teil auf jeden Fall – wenn auch nicht unbedingt, wie hier vorgeschlagen, zu Beginn der Unterrichtsreihe – behandeln, weil er eine entscheidende Rezeptionsvorgabe darstellt. Der Erzähler übernimmt hier in der Maske des reflektierenden Sozialpsychologen oder besser: eines Anwalts die Verteidigung des Verbrechers, indem er betont, dass dieser nicht „ein Geschöpf fremder Gattung“ war, sondern „Mensch [...] wie wir“ (S. 7, Z. 6f.), der nur durch besonders ungünstige Bedingungen, die ihn von außen bestimmten, in seine krimininelle Laufbahn gedrängt wurde. „Hier liegt das novellistische Interesse des Erzählers [...]: die Einmaligkeit *dieses* Falles wird herausgehoben. Trotz aller Psychologie des Charakters, die von der *‚unveränderlichen* Struktur der menschlichen Seele‘ ausgeht, gibt erst das *Veränderliche* der Situationen der Erzählung die pointierte Zuspitzung und nähert sie damit der Gattung Novelle“[1] an.

In diesem Baustein geht es um

- Schillers in der theoretischen Einleitung entwickeltes Menschenbild
- die Gliederung des Gedankenganges dieser Einleitung in Bezug auf Zweck und Art der Verbrechensdarstellung.

2.1 ❒ *Laster und Tugend in einer Wiege beisammen* – Schillers Menschenbild in der Einleitung

Einen Zugang zu dem o.e. „novellistischen Interesse“ des Erzählers kann man den Jugendlichen verschaffen, indem man sie das – auch für sie interessante – Psychogramm des Menschen erschließen lässt, das zu Beginn der Erzählung entwickelt wird. Dazu erhalten sie folgende Aufgabe:

❒ *Stellt das Menschenbild des Erzählers in einer anschaulichen Skizze dar. Beachtet dabei vor allem den Satz S. 8, Z. 11ff.*

[1] Benno von Wiese: Die deutsche Novelle von Goethe bis Kafka. Interpretationen, Band I. Düsseldorf: August Bagel Verlag 1964, S. 34; vgl. auch die Vorinformationen zu Baustein 3.

Diese Skizze könnte – vom Bild der „Wiege" ausgehend – etwa so aussehen:

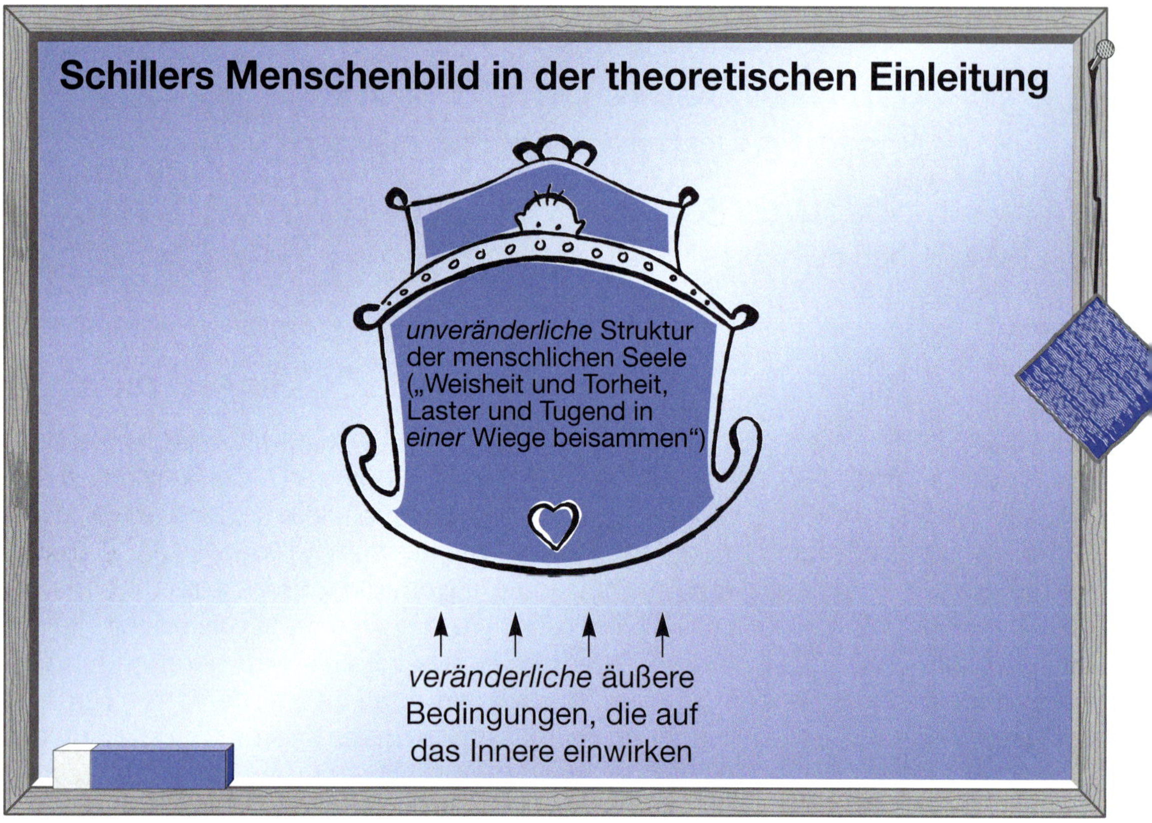

Durch die Erläuterung der Strukturskizze zu Schillers Menschenbild soll den Schülerinnen und Schülern deutlich werden, worauf es dem Erzähler ankommt – eine Erkenntnis, die evtl. aber auch erst durch eine entsprechende Lehrerfrage evoziert werden kann:

❒ *Wodurch wird nach Ansicht des Erzählers ein Mensch zum Verbrecher?*

Die Seele wird hier (nach den mechanistischen Vorstellungen des 18. Jahrhunderts) als ein dynamisches Kraftfeld verstanden, das sich nach den jeweiligen sozialen Einflüssen richtet: „Bei jedem großen Verbrechen war eine verhältnismäßig große Kraft in Bewegung" (S. 5, Z. 3f.), und zwar eine Kraft, die das „Laster" dominant werden ließ (während beim „Normalbürger" ein dynamisches Gleichgewicht der Kräfte vorausgesetzt wird). Zur Veranschaulichung kann man die Skizze an der Tafel entsprechend erweitern oder eine zweite hinzufügen, die deutlich macht, wodurch ein Mensch nach Ansicht des Erzählers auf eine kriminelle Laufbahn gerät.

2.2 ❒ *Der Held muss kalt werden wie der Leser –* Zweck und Art der Verbrechensdarstellung (Gliederung des Gedankenganges)

Schiller will erreichen, dass das Schicksal des Verbrechers die Leser bewegt und zum Nachdenken anregt, sodass sie zu der Einsicht gelangen, dass jeder Verbrecher „Mensch war wie wir". Die Realisierung dieses Ziels ist für Schiller auch ein Problem der Darstellung. Als reflektierender Erzähler legt er zwei denkbare und praktizierte Verfahren zur Verringerung der Distanz zwischen Gegenstand und Leser dar, nämlich – in heutigem Sprachgebrauch – „die Illusionierung des Lesers oder den Realismus der Darstellung“[1], und mit Schillers berühmt gewordenen Worten: „entweder der Leser muss warm werden wie der Held, oder der Held wie der Leser erkalten“ (S. 7, Z. 18f.). Nach dieser Systematisierung literarischer Methoden entwickelt er sein Programm des Schriftstellers und erläutert die Aussage der Erzählung.

Wie er Zweck und Art der Verbrechensdarstellung in der Einführung abhandelt, können die Schüler mithilfe des Arbeitsblattes 2 (S. 26) erarbeiten, auf dem die gedanklichen Schritte des Anfangsteils der Erzählung in einer didaktisch reduzierten, den Jugendlichen bekannten Weise gegliedert und in Frageform präsentiert werden. Dazu erhalten sie den Arbeitsauftrag:

- ❐ *Beantwortet die Fragen anhand des Schiller-Textes (S. 5 – S. 9, Z. 6). Übertragt dazu Schillers Sprachgebrauch möglichst in heutiges Deutsch.*

Wenn dies noch nicht im Einstieg (siehe Baustein 1.3) geschehen ist, können die Schülerinnen und Schüler anschließend Gelegenheit erhalten, die am Schluss der theoretischen Einleitung gestellten „Ziel“-Fragen des reflektierenden Erzählers aufzunehmen und sich ein vorläufiges eigenes Urteil über den Verbrecher Christian Wolf zu bilden; es ist möglichst schriftlich zu begründen, damit man später darauf zurückgreifen kann.

Notizen

[1] Herbert Kraft: Um Schiller betrogen. Pfullingen: Verlag Günther Neske 1978, S. 106.

Friedrich Schillers theoretische Einleitung zu seiner Erzählung

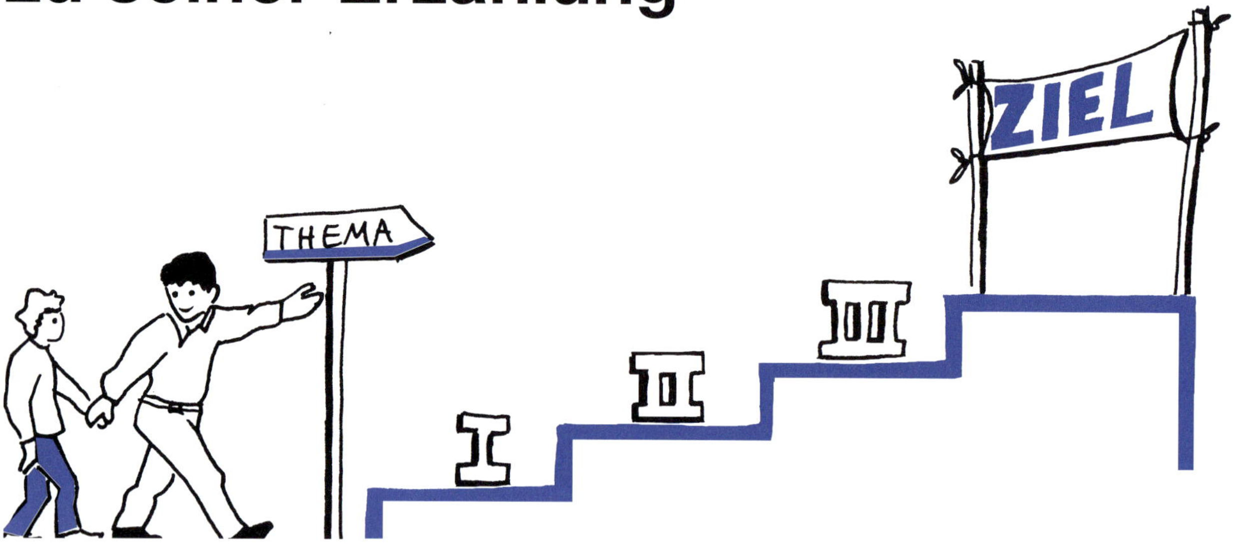

In seiner theoretischen Einleitung erörtert Friedrich Schiller als reflektierender (nachdenkender) Erzähler Art und Zielsetzung der Verbrechensdarstellung. Er nimmt den Leser gleichsam bei der Hand und führt ihn Schritt für Schritt – in drei Stufen – durch den Hauptteil seiner Überlegungen zum „Ziel“, das hier zugleich die Überleitung zu dem im Folgenden mitgeteilten Fall ist.

Thema: Zweck und Art der Verbrechensdarstellung

A Hinführung: (S. 5, Z. 1–14)	Kann die Darstellung eines Verbrechens für den gebildeten Menschen von Bedeutung sein?
B Hauptteil: **I** (S. 6, Z. 1–17)	Welche Erkenntnis kann man in psychologischer Hinsicht aus dem Verbrechen gewinnen und gesellschaftlich nutzbar machen?
II (S. 6, Z. 18 – S. 7, Z. 37)	Welche Methoden der Verbrechensdarstellung sind zur Aufklärung des Lesers 1. ungeeignet, 2. geeignet?
III (S. 7, Z. 37 – S. 8, Z. 29)	Worin besteht der Bildungswert bzw. der gesellschaftliche Nutzen einer Verbrechensdarstellung, die nicht nur die kriminellen Handlungen, sondern auch deren Voraussetzungen berücksichtigt?
C Ziel: (S. 8, Z. 30 – S. 9, Z. 6)	Hätte auch Christian Wolf (nach den bisher mitgeteilten Auffassungen) einen Anspruch auf Toleranz gehabt? Und hätte er vielleicht sogar für die Gesellschaft gerettet werden können? – Kann die (folgende) Analyse seines Falles die Gesellschaft menschlicher machen und die Justiz zur Gerechtigkeit anstiften?

Aufgabe:
Beantwortet die Fragen anhand des Schiller-Textes (S. 5 – S. 9, Z. 6).
Übertragt dazu Schillers Sprachgebrauch möglichst in heutiges Deutsch.

Beispiel-Lösung zu Arbeitsblatt 2:

Thema: Zweck und Art der Verbrechensdarstellung

A Hinführung: (S. 5, Z. 1–14) Kann die Darstellung eines Verbrechens für den gebildeten Menschen von Bedeutung sein?

Ja, eine Verbrechensdarstellung ist sogar außerordentlich lehrreich. Der gebildete Mensch kann daraus psychologische Kenntnisse gewinnen und diese für die Gestaltung des gesellschaftlichen Zusammenlebens nutzen.

B Hauptteil: **I** (S. 6, Z. 1–17) Welche Erkenntnis kann man in psychologischer Hinsicht aus dem Verbrechen gewinnen und gesellschaftlich nutzbar machen?

Man kann erkennen, dass unterschiedliche Charaktere und Handlungen denselben Ursprung haben können. Mancher „Normalbürger", dessen schlimme Veranlagungen im Berufs- und Privatleben sowie durch Gesetze unterdrückt werden, ist nämlich von den Voraussetzungen her nicht anders als ein Verbrecher (z.B. das „Ungeheuer Borgia").

II (S. 6, Z. 18 – S. 7, Z. 37) Welche Methoden der Verbrechensdarstellung sind zur Aufklärung des Lesers
1. ungeeignet,
2. geeignet?

Zu 1. Die üblichen Verbrecherbiografien sind nicht dazu geeignet, zwischen Leser und Gegenstand zu vermitteln; sie befriedigen lediglich die Sensationslust („Neugier") und erreichen nur „ein Kopfschütteln der Befremdung", aber nicht „heilsamen Schrecken". Eine Darstellung, die den Leser nur emotional anspricht, ist abzulehnen, weil sie ihn manipuliert (und weil sie die Gattungsgrenzen verletzt).

Zu 2. So bleibt nur der Realismus der Darstellung als geeignet übrig bzw. eine Darstellung, die dem Leser seine Ähnlichkeit mit dem „Unglücklichen" bewusst macht, indem sie nicht nur die kriminellen Handlungen und ihre Folgen, sondern vor allem die Voraussetzungen dieser Handlungen berücksichtigt.

III (S. 7, Z. 37 – S. 8, Z. 29) Worin besteht der Bildungswert bzw. der gesellschaftliche Nutzen einer realistischen Verbrechensdarstellung, die nicht nur die kriminellen Handlungen und ihre Folgen, sondern vor allem die Voraussetzungen dieser Handlungen berücksichtigt?

Die Gründe der kriminellen Handlungen in den gesellschaftlichen Bedingungen zu finden bedeutet Wahrheitserkenntnis. Neben psychologischen Einsichten fördert eine entsprechende Darstellung darüber hinaus die Verunsicherung des selbstgerechten Bürgers und die Verbreitung von Toleranz (u.a. um bedrohte Gesellschaftsmitglieder zu retten).

C Ziel: (S. 8, Z. 30 – S. 9, Z. 6) Hätte auch Christian Wolf (nach den bisher mitgeteilten Auffassungen) einen Anspruch auf Toleranz gehabt, und hätte er vielleicht sogar für die Gesellschaft gerettet werden können? –

Diese Entscheidung wird dem Leser überlassen.

Kann die (folgende) Analyse eines Falles die Gesellschaft menschlicher machen und die Justiz zur Gerechtigkeit anstiften?

Der Erzähler hält beides zumindest für möglich.

Baustein 3

Christian Wolfs Weg in die Kriminalität – Die Genese eines Verbrechers

Wie im Titel der Erzählung angekündigt und in der Einleitung expliziert handelt die Geschichte „von dem Problem der Entwicklung der Person im Wechselspiel von Subjektivem und Gesellschaftlichem“[1]. Wenn wir Christian Wolfs Weg in die Kriminalität verfolgen, an dessen vorläufigem Ende zunächst der Ehrverlust[2] und dann erst das eigentliche Verbrechen, der Mord, steht, so ist auf das o.g. „Wechselspiel“ zu achten – auch schon bei der Untersuchung der Ausgangslage Christian Wolfs und der Faktoren, die seine Entwicklung bestimmen.

In diesem Baustein, dem unverzichtbaren Kernbereich im Umgang mit dem „Verbrecher aus verlorener Ehre“, geht es im Einzelnen um

- die Ausgangslage Christian Wolfs
- die Darstellung des Wilddiebstahls
- die Strafen und ihre Auswirkungen
- die Darstellung des Mordes.

3.1 ❒ Christian Wolfs Ausgangslage – Faktoren, die seine Entwicklung bestimmen

Auf den ersten Seiten der eigentlichen Erzählung wird Christian Wolfs Ausgangslage geschildert. Nach einem Lesedurchgang der Seiten 9, Z. 7–S. 10, Z. 16 ist zunächst folgende Frage im Unterrichtsgespräch zu beantworten:

❒ *Was erfährt der Leser über Christian Wolf?*

[1] Rainer Kawa: Friedrich Schiller, Der Verbrecher aus verlorener Ehre. Frankfurt am Main: Diesterweg 1990 (=Grundlagen und Gedanken zum Verständnis erzählender Literatur), S. 41.

[2] In dieser Schritt für Schritt entwickelten „Genesis eines Verbrechers, der noch kein eigentliches Verbrechen begangen hat“, liegt nach Benno von Wiese „das novellistisch Einmalige dieser Begebenheit.“ (Benno von Wiese: Die deutsche Novelle von Goethe bis Kafka. Interpretationen, Band I. Düsseldorf: August Bagel Verlag 1964, S. 39)

Die Ergebisse werden grob nach Schülervorschlägen geordnet und in einem Tafelbild festgehalten:

Christian Wolfs Ausgangslage

Alter:	Jugendlicher
Familiäre Herkunft:	Halbwaise, Sohn eines früh verstorbenen Gastwirts
Ausbildung:	Schulbesuch, aber ohne höhere Schul- oder Berufsausbildung
äußere Erscheinung:	siehe S. 9, Z. 16ff.
soziale Stellung:	Christian ist von gleichaltrigen Jungen anerkannt[1], wird aber wegen seines Äußeren gehänselt; er verhält sich „frech" gegenüber jungen Frauen; seine Hässlichkeit wirkt auf die Frauen des Ortes abstoßend.
Charaktermerkmale:	vgl. vor allem S. 10, Z. 6 ff.
Bedürfnisse:	Sinnlichkeit[2] (Sexualität), gesellschaftliche Anerkennung (Ehre). Er will die Zuneigung eines Mädchens mit Geschenken gewinnen und wird deshalb Wilddieb (Gesetzesübertreter).

Zusätzlich kann man die Schülerinnen und Schüler Christians äußere Erscheinung (insbes. seinen Kopf) nach den Angaben des Erzählers (möglichst auf einem DIN-A4-Blatt) zeichnen lassen: „Die Natur hat seinen Körper verabsäumt. Eine kleine unscheinbare Figur, krauses Haar von einer unangenehmen Schwärze, eine plattgedrückte Nase und eine geschwollene Oberlippe, welche noch überdies durch den Schlag eines Pferdes aus ihrer Richtung gewichen war, gab seinem Anblick eine Widrigkeit, welche alle Weiber von ihm zurückscheuchte und dem Witz seiner Kameraden eine reichliche Nahrung darbot." (S. 9. Z. 16ff.) Diese Zeichnung ist bei der Thematisierung des Verhältnisses von Physiognomie und Moral (siehe Baustein 6.1) funktional einzusetzen.
Schillers Menschenbild entsprechend (siehe Baustein 2) sind die vom Erzähler genannten Charakterzüge Christian Wolfs weder zufällig noch angeboren, sondern durch äußere Einflüsse bedingt, also erworben. Dies sollen die Jugendlichen aus den bisherigen Aussagen des Erzählers über Wolfs Kindheit und Jugend möglichst selbst erschließen, indem sie in Partnerarbeit folgenden Arbeitsauftrag erledigen.

❒ *Stellt fest, ob der Erzähler die hervorgehobenen Charakterzüge Christian Wolfs als zufällig oder angeboren ansieht oder ob er dem Leser Erklärungshinweise gibt, wie sie zustande gekommen sind.*

---

1 Er ist also noch nicht von vornherein ein Außenseiter. Vgl. dagegen Martini: „Christian Wolf ist von Beginn an der Vereinzelte, kontaktlos gegenüber seiner Umwelt, ohne eine Gemeinsamkeit der Liebe." (Fritz Martini: Der Erzähler Friedrich Schiller. In: Bernhard Zeller (Hrsg.): Schiller. Reden im Gedenkjahr 1959, Stuttgart 1961, S. 136)

2 „Sinnlichkeit erweist sich hier als allgemein-menschliche Qualität, die sich allerdings zur Liebe läutern muss", und ist nicht „aus der Perspektive eines asketischen Menschenbildes als Makel zu denunzieren." (Rainer Kawa, S. 49)

Die Ergebnisse können in folgendem Tafelbild festgehalten werden:

Wie Christian Wolfs Charakterzüge entstanden sein könnten:

unwissend: ← Christian verfügt über keine Berufs- oder höhere Schulbildung und hilft in der Wirtschaft mit.

weichlich: ← Er ist keine harte Arbeit gewohnt und wird von der Mutter erzogen (erhält also keine strenge väterliche Erziehung).

stolz: ← Im Gegensatz zur Abhängigkeit der Bauern hat er Anteil an einem bürgerlichen Leben, das aus seiner Sicht durch Freiheit bestimmt ist.

bequem: ← Da die Wirtschaft schlecht geht, hat Christian wenig zu tun („müßige Stunden"), allerdings auch wenig Geld.

Ergebnis: Wolfs Charakterzüge sind durch äußere Einflüsse bedingt („erworben" – nicht angeboren und nicht zufällig).

3.2 ❐ Christian Wolf wird Wilddieb – Die Darstellung des Wilddiebstahls und Charakterisierung des jungen Mannes

Der Erzähler knüpft mit der im Schriftbild hervorgehobenen Wendung, Wolf sei „auf den Ausweg" verfallen, *„honett zu stehlen"*, einen Ausweg „den Tausende vor ihm und nach ihm mit besserem Glücke ergriffen haben" (S. 10, Z. 11ff.), an ein öffentliches Bewusstsein an, welches das Delikt des Wilddiebstahls in verhältnismäßig geringem Maße – und zwar nicht als verbrecherisch – verurteilt. Es bezeichnet es lediglich als unkluge Handlung, – vielleicht sogar wortspielerisch[1] – als Tat eines „Unbesonnenen" (S. 10, Z. 29). Doch steht der Wilddiebstahl, verglichen mit anderen Eigentumsdelikten, im 18. Jahrhundert unter besonderer Sanktion. Dies deutet der Erzähler mit dem Hinweis auf die Erneuerung des fürstlichen Edikt es an: „Nicht lange vorher war ein strenges Edikt gegen die Wildschützen erneuert worden, welches den Übertreter zum Zuchthaus verdammte" (S. 10, Z. 24ff.).[2]

[1] Vgl. auch die Erwähnung des Gasthausnamens „Sonne" einige Zeilen vorher (S. 10, Z. 22).

[2] Dass der Erzähler dieser Rechtauffassung distanziert gegenübersteht, geht auch aus der Aussage hervor, die er im Zusammenhang mit Wolfs Verurteilung nach dem wiederholten Rückfall des Täters macht.: „Das Mandat gegen die Wilddiebe bedurfte einer solennen und exemplarischen Genugtuung" (S. 12, Z. 3ff.). „Die sarkastische Ironie im Gebrauch des herrschaftlichen Vokabulars ist unüberhörbar" (Rainer Kawa, S. 44), zumal der Erzähler vorher dem Justizhandeln schuldhaften Charakter zuschreibt (S. 12, Z. 2ff.).

„Das Jagdprivileg, also das ausschließliche Vorrecht des Feudalherrn auf die Jagd und damit das allgemeine Jagdverbot, geht zurück auf die feudalherrschaftliche Aneignung der Allmende, die ursprünglich von den Dorfgenossen gemeinsam genutzt worden war. Die Bauern wurden damit einer billigen Möglichkeit der Fleischbeschaffung beraubt; doch noch schwerer wog die Belastung durch Wildschäden, deren sie sich nicht mehr erwehren konnten. Es war selbst verboten, das Wild mit Hunden zu vertreiben; die Bauern durften lediglich die Felder umzäunen, soweit das herrschaftliche Wild dadurch nicht verletzt wurde, oder die Tiere durch Lärm vertreiben“. *(Rainer Kawa, S. 12)*

Es ist also nicht unwichtig für das Verständnis des Textes, wie der Erzähler das Delikt des Wilddiebstahls, wegen dessen Christian Wolf schließlich um seine Ehre gebracht wird, einschätzt.
Die Schülerinnen und Schüler erhalten deshalb folgende Aufgabe:

- ❒ *Untersucht, wie der Erzähler in dem Text S. 10, Z. 6–S. 11, Z. 4 das Delikt des Wilddiebstahls darstellt. Welche Haltung nimmt er gegenüber dieser Gesetzesübertretung Wolfs ein?*

Die Ergebnisse können folgendermaßen in einem Tafelbild oder auf Folie angeordnet werden:

Mit der Erarbeitung der Ausgangslage Christian Wolfs und seines ersten Konflikts mit dem Gesetz als Wilderer verfügen die Schülerinnen und Schüler über hinreichende und nicht zu komplexe Informationen für eine **Charakterisierung des jungen Mannes,** die nun zu leisten ist. Hilfreich sind dabei die im Textheft abgedruckten Hinweise („Eine Charakterisierung verfassen“, S. 119f.).

Es ist zu empfehlen, dass die Schüler sich angewöhnen zuerst einmal in einen Prozess der Planung einzutreten und den späteren Ausführungen eine differenzierte Strukturierungsphase voranzustellen. Sie erhalten deshalb zunächst folgenden Auftrag:

❒ *Beantwortet zu zweit die im Textheft auf S. 119f. formulierten Fragen stichwortartig in Bezug auf den bisher behandelten Teil der Erzählung (S. 9–11). Gebt dabei an, auf welche Stellen ihr euch jeweils bezieht. Sichtet anschließend das Material und legt fest, in welcher Reihenfolge ihr die Aspekte für eine Charakterisierung des jungen Mannes Christian Wolf behandeln wollt.*

Nun schließt sich die eigentliche Schreibphase an, für die ausreichend Zeit zur Verfügung stehen sollte. Nach Möglichkeit sollte jeder Schüler oder jede Schülerin einen unmittelbaren Ansprechpartner innerhalb der Klasse als Korrektiv bereits während des Schreibprozesses haben. So kann z.B. als Schreibaufgabe für zu Hause zunächst ein Gesichtspunkt (Einleitung, Bedeutung der Figur für den Handlungsverlauf...) ausgearbeitet und mit dem Partner überarbeitet werden.
Vor allem für schwächere Schüler ist es wichtig, dass Überarbeitungsphasen bereits während des Schreibens eingeplant werden. Am Ende wird eine Schlussredaktion vorgenommen, an der jeweils mehrere beteiligt sind. D.h., jeder Text wird im Sinne einer Textlupe von mehreren gelesen und mit Anmerkungen versehen. Dazu ist es nützlich, wenn die Verfasser unter ihre Texte folgende Tabelle zeichnen:

Das finde ich besonders gut gelungen.	Hier fällt mir etwas auf. Hier habe ich noch Fragen. Hier stört mich etwas.	Meine Tipps und Vorschläge

3.3 ❒ Christian Wolfs Situation vor, während und nach der Festungshaft – Die Strafen und ihre Auswirkungen

Wolfs Weg vom Wilddieb zum Mörder ist durch drei sich verschärfende Strafen und deren Auswirkungen markiert:

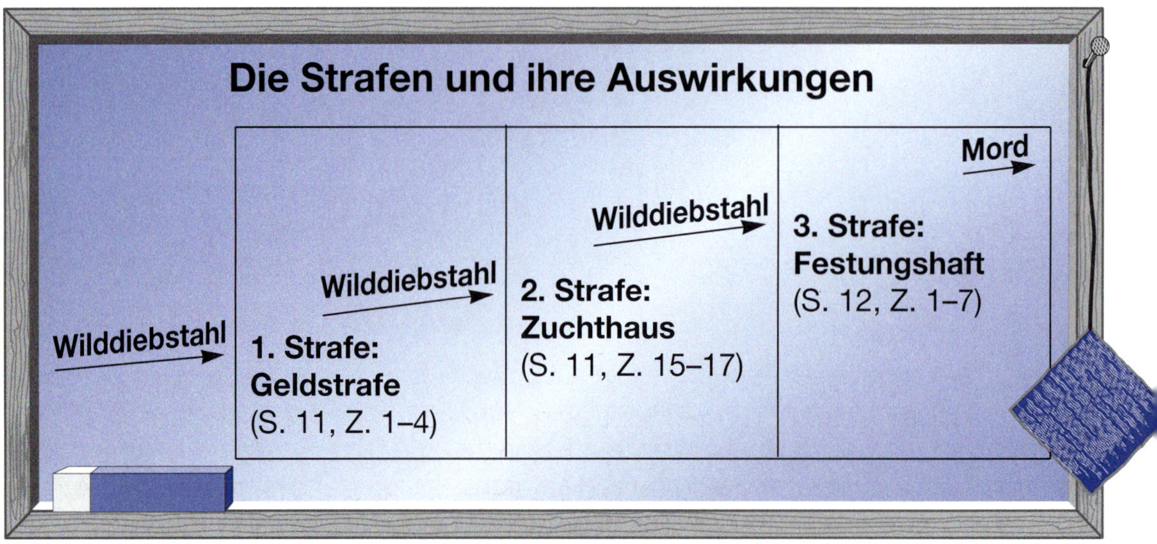

Dieser Sachverhalt wird zunächst im Unterrichtsgespräch geklärt und an der Tafel wie oben skizziert. Den Erkenntnisprozess kann die Lehrperson durch folgende Frage einleiten:

❒ *Wodurch ist die Abfolge der drei Strafen gekennzeichnet?*

Danach sollen die Lernenden die Art der Steigerung hinsichtlich der Auswirkungen auf den Verurteilten – in arbeitsteiliger Gruppenarbeit – differenziert beschreiben. Dazu erhalten sie folgenden Auftrag:

❒ *Beschreibt die Auswirkungen der jeweiligen Strafe auf Christian Wolf. Unterscheidet dabei nach Möglichkeit materielle, emotionale und soziale Auswirkungen.*

Die Ergebnisse können durch eine Erweiterung der Tafelskizze etwa folgendermaßen gesichert werden:

Die Strafen und ihre Auswirkungen

Wilddiebstahl →	Wilddiebstahl →	Wilddiebstahl →	Mord →
	1. Strafe: Geldstrafe (S. 11, Z. 1-4) ***Auswirkungen*** **materiell:** Geldmangel, Not, Hunger **emotional:** verletzter Stolz, Eifersucht, Leidenschaft (für Johanne), Rachegefühle (gegenüber Robert)	**2. Strafe: Zuchthaus** (S. 11, Z. 15–17) ***Auswirkungen*** **materiell:** dringende Not **emotional:** gewachsene Leidenschaft, gestiegener Trotz; gebrochener Stolz, Überwindung der Weichlichkeit **sozial:** Ablehnung Wolfs und seiner Arbeitskraft durch die Stadtgesellschaft, die Reichen und Bauern	**3. Strafe: Festungshaft** (S. 12, Z. 1–7) ***Auswirkungen*** **materiell:** Verlust der Existenzgrundlage **emotional:** Anpassung an den Zustand der Ehrlosigkeit; Hass gegenüber allen Menschen, Racheverlangen **sozial:** Ehrverlust, Tod der Mutter, Ablehnung durch die Gesellschaft; Verlust der Geliebten („Soldatendirne"): „Ich hatte nichts und niemand mehr."

Die Festungshaft ist ein wesentlicher Einschnitt in Wolfs Leben, den der Erzähler ausdrücklich hervorhebt: „Hier fängt eine neue Epoche in seinem Leben an" (S. 12, Z. 9f.). Diese „neue Epoche" ist durch den Ehrverlust gekennzeichnet (vgl. auch Wolfs Aussage S. 29, Z. 18ff.). Da ihn die Gesellschaft wie einen Verbrecher behandelt, will er nunmehr aus eigenem Entschluss auch einer sein. „Darin liegt das

novellistisch Einmalige dieser Begebenheit“, dass Schiller „die Genesis eines Verbrechers“ entwickelt, „der noch kein eigentliches Verbrechen begangen hat.“[1] Das ist der Grund, warum Wolfs Situation unmittelbar vor, während und nach der Festungshaft im Unterricht genauer erarbeitet werden soll, allerdings ohne dass die Gattungskriterien (Erzählung – Novelle) diskutiert werden; denn dazu fehlen den Jugendlichen die Voraussetzungen, insbes. hinreichende Novellenkenntnisse.
Aus Gründen des methodischen Wechsels schlagen wir ein handlungsorientiertes arbeitsteiliges Verfahren vor: das Rollenspiel. Die Schülerinnen und Schüler werden aufgefordert sich in Kleingruppen zusammenzufinden. Dann werden ihnen die „Tipps“ auf Arbeitsblatt 3 (S. 35) mit einer Auswahl der für ein Rollenspiel geeigneten Episoden ausgehändigt oder – wenn sie bereits mit diesem Verfahren vertraut sind – folgende sechs Aufgaben zur Auswahl gestellt:

<u>Zu Wolfs Situation nach der Zuchthausstrafe</u>

1. *Christian Wolf bietet sich zusammen mit einem anderen Bewerber einem Bauern des Orts als Tagelöhner an (vgl. S. 11, Z. 22ff.). Gestaltet diese Situation in einem Rollenspiel (Wolf, Mitbewerber, Bauer).*
2. *Christian Wolf bewirbt sich um die Stelle eines Schweinehirten (vgl. S. 11, Z. 28ff.). Gestaltet diese Situation in einem Monolog Wolfs und einem Dialog mit dem Bauern, der ihm seine Schweine nicht anvertrauen will.*

<u>Zu Wolfs Situation während der Festungshaft</u>

3. *Gestaltet ein Stammtischgespräch im Gasthaus Sonne über Wolfs Verurteilung zu dreijähriger Festungshaft (vgl. S. 12, Z. 1ff.). Zu den Stammtischgästen gehören der Jäger Robert, der Bauer, der Wolf nicht als Tagelöhner einstellen wollte, ein Amtmann, der ihn aufgrund der Beschwerde eines Bauern als Schweinehirten abgelehnt hat, sowie ein Richter, der an seiner Verurteilung beteiligt war.*
4. *Zwei Wächter (vgl. S. 12, Z. 29f.) unterhalten sich kurz vor Wolfs Entlassung aus der Festungshaft über ihren Häftling. Gestaltet diesen Dialog als Rollenspiel.*

<u>Zu Wolfs Situation nach der Festungshaft</u>

5. *Gestaltet die Episode mit dem Knaben (S. 14, Z. 9ff.) als Rollenspiel.*
6. *Gestaltet Wolfs Begegnung mit Johanne (S. 15, Z. 5–20) als Rollenspiel.*

3.4 ❒ Wolf wird zum Mörder – Analyse der Morddarstellung

Erst nach seiner Entlassung aus der Festungshaft und einer Zeit mutwilligen Jagdfrevels wird Christian Wolf zum eigentlichen Verbrecher, indem er den Jäger Robert, den er zufällig im Wald entdeckt, ermordet. Die Morddarstellung soll exemplarisch analysiert werden.
Die Schülerinnen und Schüler lesen noch einmal den Text S. 16, Z. 23–S. 19, Z. 23 (vor) und äußern sich – evtl. nach entsprechendem Impuls – zur Gliederung die-

[1] Benno von Wiese: Die deutsche Novelle von Goethe bis Kafka, S. 39.

Wolfs Situation vor, während und nach der Festungshaft

Tipps zum Rollenspiel im Anschluss an einen erzählenden Text

1. Zur Bedeutung des Rollenspiels
Das Rollenspiel ist eine Methode des Lernens. Wenn ein erzählender Text Grundlage des Rollenspiels ist, so gestaltet es Situationen des literarisch dargestellten gesellschaftlichen Lebens im Dialog und ermöglicht so eine andere Art der Auseinandersetzung mit dieser Wirklichkeit. Dabei können alle etwas lernen – nicht nur die Spieler, sondern auch die Beobachter.

2. Zur Vorbereitung
Findet euch in Kleingruppen zusammen. Stellt fest, welche Figuren in der Episode vorkommen, die ihr erarbeiten wollt, oder welche Personen ihr auftreten lassen wollt, und verteilt die verschiedenen Rollen (oder lost sie aus).
Beschäftigt euch nun durch Textarbeit mit „eurer" Figur.
Überlegt, wie ihr den Erzähltext dialogisch um- und ausgestalten wollt und wie ihr durch besondere Betonungen und mithilfe von Gestik und Mimik die Absichten und Wirkungen im Gespräch verdeutlichen könnt.
Die Ergebnisse könnt ihr in Form eines „Regiebuches" festhalten.

Rolle	Text	Spiel-/Regieanweisungen

3. Zur Durchführung
Die Spielsituation wird im Klassenraum aufgebaut; gegebenenfalls werden – aber ganz sparsam einzusetzende – Requisiten bereitgestellt. Dann führt ihr euer Rollenspiel im Plenum vor; dabei müsst ihr euch nicht sklavisch an das „Regiebuch" halten.

4. Zu den Beobachtern
Die Beobachter machen sich während des Spiels Notizen und äußern sich nach Ablauf des Spiels dazu, wie sie es beurteilen. Dabei geht es grundsätzlich nicht um die Frage, ob ein Mitspieler in schauspielerischem Sinne gut oder schlecht agiert hat, sondern darum, ob und inwieweit die spielerische Gestaltung der Textgrundlage angemessen war.

Für das Rollenspiel geeignete Episoden:

Zu Wolfs Situation nach der Zuchthausstrafe
1. *Christian Wolf bietet sich zusammen mit einem anderen Bewerber einem Bauern des Orts als Tagelöhner an (vgl. S. 11, Z. 22ff.).*
2. *Christian Wolf bewirbt sich um die Stelle eines Schweinehirten (vgl. S. 11, Z. 28ff.).*

Zu Wolfs Situation während der Festungshaft
3. *Ein Stammtischgespräch im Gasthaus Sonne über Wolfs Verurteilung zu dreijähriger Festungshaft (vgl. S. 12, Z. 1ff.).*
4. *Zwei Wächter (vgl. S. 12, Z. 29f.) unterhalten sich kurz vor Wolfs Entlassung aus der Festungshaft über ihren Häftling.*

Zu Wolfs Situation nach der Festungshaft
5. *Die Episode mit dem Knaben (S. 14, Z. 9ff.).*
6. *Wolfs Begegnung mit Johanne (S. 15, Z. 5–20).*

ses Erzählabschnitts und zu dem dargestellten Verhalten der Hauptfigur. Ihre Beiträge können an der Tafel etwa wie folgt strukturiert werden:

Wolf wird zum Mörder (S. 16–19)
Wolfs Verhalten

vor dem Verbrechen	während des Mordes	nach der Mordtat
• Er übertritt mutwillig das Gesetz (Jagdfrevel). • Er ist zum Mord an seinem Entdecker bereit.	• Er entdeckt seinen persönlichen Feind Robert zufällig bei der Jagd. • Er ermordet ihn nach einigem Zögern.	• Er hat ein schlechtes Gewissen. • Er nimmt dem Toten nur wenig Geld ab um nicht für einen Räuber gehalten zu werden.

Man kann davon ausgehen, dass sich die Jugendlichen vor allem für die Mordtat interessieren, und knüpft als Unterrichtende(r) nun an dieses Interesse an, um neben dem Inhalt (dem WAS) auch die erzählerische Gestaltung (das WIE) zu untersuchen, zumal der Textabschnitt für eine exemplarische Detailanalyse bestens geeignet ist und sich für einen Vergleich mit anderen Texten (z.B. aus den Materialien der Textausgabe in Kapitel 5) geradezu anbietet. Hilfreich sind dabei die im Textheft abgedruckten Informationen (vgl. „Einen Analyseaufsatz verfassen“, S. 115–117). Hier ist es – wie bei der Charakterisierung (siehe 3.2) – wegen der zu erwartenden Schwierigkeiten besonders ratsam, die Schülerinnen und Schüler zuerst einmal in einen Prozess der Planung eintreten und den späteren Ausführungen eine differenzierte Strukturierungsphase voranstellen zu lassen. Sie erhalten deshalb zunächst folgenden Auftrag:

❒ *Untersucht zu zweit die Darstellung des Mordes (S. 17, Z. 4–S. 18, Z. 18). Orientiert euch dabei an den S. 116f. genannten Gesichtspunkten und notiert eure Ergebnisse stichwortartig. Gebt dabei genau an, auf welche Stellen ihr euch jeweils bezieht.*

Die Ergebnisse werden aufgrund der Schülervorträge gesammelt und im Unterrichtsgespräch ergänzt und differenziert:

<u>Zur Struktur des Textes (Gliederung nach Sinnabschnitten)</u>

1. Situative Voraussetzungen (S. 17, Z. 4–15)
2. Der Mord (S. 17, Z. 15–34)
3. Erste Reaktionen des Täters (S. 18, Z. 1–18)

Zu sprachlichen Besonderheiten

- Satzbau: einige einfache Sätze, Satzreihen und vor allem Satzgefüge, diese jedoch nicht kompliziert (z.B. mehrere Temporal- und Attributsätze); das Geschehen wird syntaktisch abwechslungsreich dargestellt.
  Genauigkeit wird durch Ortsangaben (z.B. S. 17, Z. 13) und häufige Adverbiale der Zeit angestrebt (z.B. S. 17, Z. 4f., 6f., 10, 29ff.).
- Tempus: Wechsel vom Plusquamperfekt zum Präteritum und – im temporalen Adverbialsatz (S. 17, Z. 9) – zum Präsens, das die unerwartete Situation „vergegenwärtigt", dann (ab Z. 16) wieder zum Präteritum, dem üblichen Erzähltempus.
- Wortwahl: superlativische Angabe des Mordmotivs („der Mensch, den ich unter allen Dingen am grässlichsten hasste", S. 17, Z. 16f.); Übertreibungen („die ganze Welt", „der Hass meines ganzen Lebens" – „die einzige Fingerspitze") in dem Modalsatz (S. 17, Z. 19ff.), die die Besonderheit der Gefühlssituation hervorheben. Wichtig auch die Gegenüberstellung des Vorher („Bis hierher", „Eine Stunde vorher") und Jetzt (S. 18, Z. 11f.) zur Hervorhebung des Wendepunktes in Wolfs Leben.
- Bildlichkeit: Andeutung einer übernatürlichen Macht, die das Handeln Wolfs bestimmt: „Eine unsichtbare fürchterliche Hand schwebte über mir, der Stundenweiser meines Schicksals zeigte unwiderruflich auf diese schwarze Minute." (S. 17, Z. 23ff.). Ähnliches gilt für die Personifikation von „Rache und Gewissen" (S. 17, Z. 32ff.) zur Darstellung des inneren Konfliktes und zur (Selbst)-Entlastung des Verbrechers. Vgl. dagegen die Betonung der „Wahl", die Wolf seiner „Flinte [...] erlaubte" (S. 17, Z. 27; vgl. auch S. 16, Z. 21).[1]

Zu den erzählerischen Mitteln

- Erzählform: Der Erzähler lässt Christian Wolf das Geschehen selbst (in der Ich-Form, 1. Pers. Sg.) darstellen. Wolf ist zugleich erzählendes und erlebendes (= erzähltes) Ich (eine Unterscheidung, die allein durch den zeitlichen Abstand zwischen dem Berichteten und dem Berichten selbst nahe liegt und die im Allgemeinen von der Lehrperson eingeführt werden muss).
- Erzählperspektiven: Außensicht, z.B. die Entdeckung des Jägers Robert (S. 17, Z. 12ff.), und Innensicht (S. 17, Z. 15f. und 19ff.), die dem Leser die Gedanken und Gefühle Wolfs bei dem Mord vermittelt.
- Erzählverhalten: Der Ich-Erzähler kann seine Vergangenheit überblicken, teilt seine Gedanken und Gefühle mit und kommentiert das Geschehen (vgl. S. 18, Z. 12ff.) – auktoriales Erzählverhalten (mit deutlicher Nähe zum personalen Erzählverhalten, da der Ich-Erzähler den Mord weitgehend aus der Optik des erlebenden Ichs berichtet).
- Zeitgestaltung: Sie dient hier dem Spannungsaufbau. Nach anfänglich starker Zeitraffung („mehrere Monate", S. 17, Z. 1) nähern sich Erzählzeit und erzählte Zeit an („Zwei Stunden", S. 17, Z. 6f.), bis schließlich – bei der Darstellung des Mordes – nahezu Zeitdeckung erreicht wird: „Eine Minute lang..." (S. 17, Z. 29ff.); ebenso bei der direkten Rede Wolfs (S. 18, Z. 6f.).

Mit diesen Ergebnissen haben die Schülerinnen und Schüler eine komplexe Materialgrundlage, um einen Analyseaufsatz zu der Darstellung des Mordes verfassen zu können. Nun kann sich die eigentliche Schreibphase anschließen, für die

[1] Die bildhaften Mittel sind also nicht „etwa im Sinne der Inszenierung des Schicksals von Christian Wolf als Spiel ‚höherer' Mächte" zu verstehen (Rainer Kawa, S. 51).

ausreichend Zeit zur Verfügung stehen sollte. Für die Gliederung empfiehlt sich die Orientierung an den Hinweisen im Textheft S. 115–117.
Nach Möglichkeit sollte jeder Schüler oder jede Schülerin einen unmittelbaren Ansprechpartner innerhalb der Klasse als Korrektiv bereits während des Schreibprozesses haben. So kann z.B. als Schreibaufgabe für zu Hause zunächst ein Gesichtspunkt (Einleitung, Textwiedergabe, Beschreibung erzählerischer Mittel, Schluss...) ausgearbeitet und mit dem Partner überarbeitet werden.
Vor allem für schwächere Schüler ist es wichtig, dass Überarbeitungsphasen bereits während des Schreibens eingeplant werden. Am Ende wird eine Schlussredaktion vorgenommen, an der jeweils mehrere beteiligt sind. D.h. jeder Text wird im Sinne einer Textlupe von mehreren gelesen und mit Anmerkungen versehen. Dazu ist es nützlich, wenn die Verfasser unter ihre Texte wieder die Tabelle zeichnen, die ihnen seit der Charakterisierung (siehe 3.2) bekannt ist.
Den kompletten Aufsatz müssten sie danach (innerhalb einer Woche) zu Hause anfertigen können.

Notizen

Baustein 4 Christian Wolfs Integrationsversuche nach dem Mord

Nach dem Mord flieht Wolf in den Wald, bis er auf den Anführer einer Räuberbande trifft, den er als seinesgleichen ansieht (vgl. S. 20, Z. 34). Dieser nimmt ihn mit, weil er mit dem berüchtigten Sonnenwirt bei der Bande „Ehre...einlegen" will (S. 23, Z. 17).

Die Bande integriert Wolf und macht ihn sogar zu ihrem Anführer. Als jedoch auf ihn ein Kopfgeld ausgesetzt wird, verschwindet das „Schattenbild jener *brüderlichen* Eintracht", von dem er sich anfangs hat blenden lassen; denn „Neid, Argwohn und Eifersucht" herrschen im Inneren der Bande (S. 27, Z. 15ff.). Damit ist Wolfs Integrationsversuch „in der Schein-Gemeinschaft der Bösen"[1] gescheitert.

Mit dieser Erkenntnis regt sich Wolfs Gewissen, das mit dem Eintritt in die Bande zum Verstummen gebracht worden war, und er versucht nun in ein „bürgerliches" Leben zurückzukehren. Doch seine Bittschriften an den Landesherrn bleiben unbeantwortet.

Nach seiner Flucht aus der Räuberbande – auf dem Weg nach Preußen, wo er im Dienste Friedrichs des Großen „als ein braver Soldat zu sterben" entschlossen ist (S. 30, Z. 2ff.) – ist es das entgegenkommende Verhalten eines Oberamtmannes, das Wolfs Integrationsversuch „in Form der freiwilligen Auslieferung an Gesetz und Obrigkeit"[2] bewirkt.

Als Leitaspekt für die unterrichtliche Behandlung dieses Teils der Erzählung bieten sich Wolfs Integrationsversuche an. Die Erläuterung des Schlüsselbegriffs „Ehre" kann abschließend noch einmal die Erzählung als Ganzes in den Blick der Schülerinnen und Schüler bringen; denn „Ehre" ist geradezu als Bezeichnung für den Zustand der gesellschaftlichen Integration zu verstehen[3], wie bereits der Titel der Erzählung signalisiert: in ihm wird, allerdings negativ, „eine Auffassung vom Idividuum etabliert [...], die seinen Anspruch auf ‚Ehre', das heißt Achtung und Anerkennung durch die Gesellschaft [...], prinzipiell einschließt, ja ihn sogar als wesentliche Voraussetzung von Soziabiliät fasst.[4]

Der Baustein weist damit folgende thematische Schwerpunkte auf:

- Wolfs Bekanntschaft mit dem Anführer der Räuberbande
- Sein gescheiterter Integrationsversuch in deren Schein-Gemeinschaft
- Wolfs innere Umkehr und vergebliche Bittschriften
- Sein Integrationsversuch durch freiwillige Auslieferung an die Justiz
- Erläuterung des Schlüsselbegriffs „Ehre"

---

[1] Benno von Wiese, S. 42.

[2] Gerhard Köpf: Friedrich Schiller, Der Verbrecher aus verlorener Ehre. Geschichtlichkeit, Erzählstrategie und „republikanische Freiheit" des Lesers. München: R. Oldenbourg Verlag 1978, S. 54. Für Köpf bedeutet Wolfs freiwillige Auslieferung allerdings bereits „Integration".

[3] Zedlers Universallexikon, Bd. 8, 1734, Sp. 415 definiert Ehre als „Meynung andrer Leute, nach der sie einem Menschen einen Vorzug vor den andern beylegen."

[4] Roswitha Jacobsen: Die Entscheidung zur Sittlichkeit. Friedrich Schiller: Der Verbrecher aus verlorener Ehre (1786). In: Winfried Freund (Hrsg.): Deutsche Novellen. Von der Klassik bis zur Gegenwart. 2., unv. Aufl., München: Wilhelm Fink Verlag 1998, S. 18.

4.1 ❒ *„Topp, Kamerade!"* – Wolfs Bekanntschaft mit dem Anführer der Räuberbande

Vor der vermeintlichen Integration Wolfs in die Räuberbande macht er Bekanntschaft mit deren Anführer, auf den er bei seiner Flucht nach dem Mord trifft (S. 20, Z. 10ff.). Die genaue Beschreibung dieses „wilden Mannes" lässt als Einstieg in die Erarbeitung des Gesprächs der beiden Kriminellen die zeichnerische Darstellung dieser Figur mit dem „Anblick eines Bösewichts" zu. Deshalb erhalten die Schülerinnen und Schüler den Auftrag (möglichst schon als Hausaufgabe):

❒ *Lest die Textstelle S. 20, Z. 18–35 sorgfältig durch und versucht anschließend den Räuber in der beschriebenen Weise zu malen.*

Schülern, denen derartige Aufträge angeblich schwer fallen, sollte verdeutlicht werden, dass es nicht auf die künstlerische Qualität des Bildes ankommt, sondern darauf, dass in der Zeichnung alle relevanten Textinformationen verarbeitet sind. Die Präsentation und Beurteilung der Bilder, auf die im Baustein 6.1 zurückgegriffen werden kann, nach dem Kriterium des Textgemäßen vermittelt den Jugendlichen eine differenzierte Vorstellung von Wolfs Gesprächspartner.
„Nunmehr erreicht die Erzählung ihren zweiten Gipfel, in der dialogisch zugespitzten Situation im Wald zwischen dem Sonnenwirt und dem wilden Mann mit der großen knotigen Keule, dessen Figur ins Riesenmäßige geht. [...] Der Dialog beschwört trotz allem Realismus die eschatologische Atmosphäre einer höllischen Gemeinschaft."[1]
Die Untersuchung des ersten Gesprächsteils (S. 20, Z. 33 – S. 21, Z. 21) erfolgt nach dem Lesedurchgang im Unterrichtsgespräch, das sich auf die Intention der Gesprächspartner (Wolf will weitergehen, der Räuber versucht ihn aufzuhalten) und den Gesprächsgegenstand konzentriert (die soziale und moralische Selbst- und Fremdeinschätzung der Figuren und Wolfs Lebenseinstellung); dabei ist auf Wolfs halb bewusste antithetische Aussage „Das Leben ist kurz [...], und die Hölle währt ewig" genauer einzugehen. Der Räuber kann seine Absicht, Wolf aufzuhalten, zunächst nicht (verbal) erreichen; das gelingt ihm erst mit jenem „Trank", der die erstaunliche (nicht unbedingt als übersinnlich zu interpretierende) Wirkung hat, dass Wolf sich beinahe wieder glücklich fühlt, hat er nun doch vermeintlich „eine Kreatur gefunden", die ihm „ähnlich" scheint (S. 22, Z. 4f.). Wenn diese Voraussetzungen (nach dem Vorlesen des Textes S. 21, Z. 22 – S. 22, Z. 9) im Unterrichtsgespräch geklärt sind, sollen die Schülerinnen und Schüler mithilfe der auf dem Arbeitsblatt 4 (S. 42) formulierten Erschließungsfragen das Gespräch S. 22, Z. 9 – S. 23, Z. 20 weitgehend selbstständig bearbeiten.
Die Lerngruppe erhält folgende Aufgabe:

❒ *Analysiere das Gespräch S. 22, Z. 9 – S. 23, Z. 20, indem du zunächst stichwortartig die Fragen auf dem Arbeitsblatt beantwortest. Notiere dir jeweils, auf welche Textstellen du dich beziehst.*
Versuche mithilfe deines Stichwortzettels anschließend einen mündlichen Vortrag oder verfasse eine ausführliche schriftliche Analyse. Vergiss dabei nicht, deine Aussagen durch den Text zu belegen.

Die stichwortartigen Antworten können entweder für einen mündlichen Vortrag genutzt werden oder als Grundlage für eine schriftliche Analyse dienen.
Bei der Auswertung der Ergebnisse wird vor allem die „Überzeugungsarbeit" des Räubers beachtet (S. 22, Z. 35ff., S. 23, Z. 1ff.), der Wolf einredet, ein Objekt (was auch grammatikalisch durch die Objektstelle des Personalpronomens „dich" betont

[1] Benno von Wiese: Die deutsche Novelle von Goethe bis Kafka, S. 41.

wird) feindlichen Handelns, ein Opfer himmelschreienden Unrechts zu sein. Dabei bezieht der Sprecher seine Argumentation auf das Jagdprivileg (das im sozialkritischen Bewusstsein des 18. Jahrhunderts geradezu symbolhafte Bedeutung für die feudale Unterdrückung der Landbevölkerung hatte). Die rhetorischen Fragen (S. 23, Z. 6ff.) mit der eingeschobenen Anrede „Bruder" haben suggestiven Charakter.
Indem er ihm die Aussicht „Ehre" zu erlangen eröffnet, mit der wiederholten Aufforderung, ihm zu folgen, sowie mit Gewalt führt der Räuber Wolf zur Räuberbande.
Die Verbindung des bisher Erarbeiteten mit dem folgenden Erzählschritt erfolgt unter dem integrierenden Aspekt der religiösen Deutung, die der Ich-Erzähler seinem Weg in die Räubergesellschaft anscheinend gibt. Weil die Schülerinnen und Schüler diese Deutung im Allgemeinen nicht von sich aus bemerken und aus Gründen des methodischen Wechsels, wird diese Einsicht zunächst – gemäß dem Prinzip der Anschauung – mithilfe eines Bildes angebahnt, das man am besten auf eine Folie kopiert und auf einem OHP präsentiert. Die Lerngruppe erhält zur Bildbetrachtung folgende Aufgabe:

❐ *Beschreibt und deutet den Ausschnitt eines Holzschnitts des 16. Jahrhunderts.*

Jüngstes Gericht, ewiges Leben. Holzschnitt, 16. Jahrhundert

Das Bild zeigt, wie sich Tote (in der Mitte) aus ihren Gräber erheben; die einen gehen, von Engeln geleitet, ins ewige Licht, zu Gott, ein (linke Seite), die anderen werden von teuflischen Gestalten in den Rachen bzw. den Schlund der als Ungeheuer personifizierten Hölle getrieben (rechte Seite). Der Holzschnitt veranschaulicht Hoffnung und Angst von Menschen (des späten Mittelalters) in Bezug auf das Jüngste Gericht, von dem ewiges Leben oder ewige Verdammnis erwartet wird. Von dem bedrohlichen Aspekt des Jüngsten Gerichts ist auch Christian Wolf beherrscht, wie mithilfe folgenden Impulses zu erarbeiten ist:

❐ *Stellt einen Zusammenhang zwischen dem Bildgegenstand und Wolfs Weg in die Räubergesellschaft her.*

Die Schülerinnen und Schüler werden wahrscheinlich auf Wolfs Aussage „die Hölle währt ewig" (S. 21, Z. 16) verweisen, vielleicht auch schon einen Zusammenhang mit dem „Schlund" herstellen, der Wolf „dunkel an den Abgrund der Hölle" erinnert, „woraus keine Erlösung mehr ist" (S. 24, Z. 2ff.). Auf jeden Fall ist dieser religiöse (eschatologische) Aspekt, den der Ich-Erzähler bei seinem Weg in die Räuberbande assoziiert, in anschaulicher Weise in den Verstehenshorizont der Jugendlichen gerückt, sodass sie auf die folgende Aufgabenstellung vorbereitet sind:

❐ *„Deutlich wird der Räuber als Teufelsgestalt konturiert, offenkundig sind die Parallelen zwischen dem Abgrund, in den Christian Wolf hinabsteigt, und der Hölle."[1]*
Nehmt zu dieser These eines Literaturwissenschaftlers Stellung, indem ihr von einer Untersuchung des Textes S. 20, Z. 33 – S. 24, Z. 17 ausgeht.

[1] Rainer Kawa: Friedrich Schiller, Der Verbrecher aus verlorener Ehre. Frankfurt/M.: Verlag Moritz Diesterweg 1990, S. 47.

Baustein 4

Arbeitsblatt 4

Erschließungsfragen zur Analyse eines literarischen Dialogs

Wie leitet der Erzähler das Gespräch ein?

Wo und wann findet das Gespräch statt?

Was ist der Gesprächsanlass?

Wer redet mit wem?

Welche Absichten verfolgen die Gesprächspartner?

Worüber wird geredet?

Wer führt das Gespräch?

Welche besondere Sprechweise der Figuren fällt auf?

Welche Art der Beziehung lässt sich aus der Art des Miteinander-Sprechens ableiten?

Wie verbindet der Erzähler das Gespräch mit der unmittelbar folgenden Handlung?

Wie wirkt das Gespräch auf den Leser/die Leserin?

Welche Bedeutung hat das Gespräch für die gesamte Handlung?

Aufgabe: R. S. 23, Z. 29 – S. 25, Z. 10

Analysiere das Gespräch S. 22, Z. 9 – S. 23, Z. 20, indem du zunächst stichwortartig die Fragen auf dem Arbeitsblatt beantwortest. Notiere dir jeweils, auf welche Textstellen du dich beziehst.

Versuche mithilfe deines Stichwortzettels anschließend einen mündlichen Vortrag oder verfasse eine ausführliche schriftliche Analyse. Vergiss dabei nicht, deine Aussagen durch den Text zu belegen.

Einmal auf diesen Aspekt aufmerksam geworden, finden die Schüler zahlreiche Hinweise im Text, die eine religiöse Deutung nahe legen. Diese Hinweise reichen von den (bereits analysierten) verbalen Verführungskünsten der Räuber-/Teufelsgestalt einschließlich des Teufelspaktes („Topp, *Kamerade!*") und jenem „Trank", der Wolf in einen Zustand versinken lässt, in dem er „mit dem höllischen Geiste Kameradschaft getrunken" hätte (S. 22, Z. 6f.), über den Höllenhund, „die Bestie" (S. 23, Z. 31ff.), der – wie evtl. die Lehrperson erläutern muss, sein Vorbild in Zerberus hat, der nach dem griechischen Mythos den Eingang zur Unterwelt bewacht, bis zum „Schlund" bzw. „Abgrund der Hölle" (S. 24, Z. 3f.), in dem die Räuber hausen, und dem Vergleich mit dem „Hohngelächter der Hölle" (S. 24, Z. 10), das in Wolfs Ohren donnert.

4.2 ❐ *„Ich bleibe bei euch, Kameraden" –* Wolfs gescheiterter Integrationsversuch in der Schein-Gemeinschaft der Räuber

Der in der Ich-Form erzählte Teil des „Verbrechers aus verlorener Ehre" schließt mit der Aufnahme Wolfs in die Räuberbande, deren Anführer er wird. Wolf findet hier, wie er hofft, nicht nur „brüderliche Aufnahme, Wohlleben und Ehre", sondern auch „Gunst und zügellose Vergnügungen" beim anderen Geschlecht (S. 26, Z. 7); seine „Kameraden" überlassen ihm nämlich die schöne Marie, die sein Herz „auf immer gefangen" hat (S. 25, Z. 20). „Die Bande scheint das Bild funktionierender Sozialbeziehungen und Bedürfnisverwirklichung zu bieten, und dies in einem Maße, das den bisherigen Mangel nicht nur kompensiert, sondern einen utopischen Überschuss verspricht."[1]

Nun übernimmt der auktoriale Erzähler wieder die Berichterstattung; als Erzählfigur tritt er kurz in den Vordergrund („Den folgenden Teil der Geschichte übergehe ich ganz", S. 26, Z. 15) und erzählt in der Er-Form summarisch und zeitraffend, wie „der Name des Sonnenwirts [...] der Schrecken des Landvolks wird" (S. 26, Z. 25f.), schließlich erwähnt er, dass ein Kopfgeld auf Wolf ausgesetzt wird (S. 26, Z. 27). Dann (S. 27, Z. 5ff.) analysiert der Erzähler die Situation der Räuberbande aufgrund der einjährigen Erfahrungen Christian Wolfs und entlarvt sie als eine Schein-Gemeinschaft.

Die Schülerinnen und Schüler dürften inzwischen im Umgang mit der Erzählung so geübt sein, dass sie die Darstellung des Lebens in der Räubergesellschaft weitgehend selbstständig erarbeiten können. Diese Erarbeitung kann arbeitsteilig in zwei Gruppen erfolgen: Die eine Gruppe untersucht die Anfangssituation, die andere die Situation der Räuberbande aufgrund von Wolfs einjährigen Erfahrungen als Räuberhauptmann. Die Aufgabe lautet:

❐ *Gruppe 1: Das Leben in der Räuberbande – Wolfs erster Eindruck*
Untersucht, wie in dem Text S. 24, Z. 18–S. 26, Z. 14 das Leben in der Räuberbande und Wolfs Hoffnungen dargestellt sind.

❐ *Gruppe 2: Das Leben in der Räuberbande – Wolfs Erfahrungen nach einem Jahr*
Untersucht, wie in dem Text S. 27, Z. 5–29 das Leben in der Räuberbande und Christian Wolfs innere Situation dargestellt werden.

❐ *Beide Gruppen: Schreibt die wichtigsten Ergebnisse in Stichworten an die Tafel.*

[1] Rainer Kawa: Friedrich Schiller, Der Verbrecher aus verlorener Ehre, S. 48.

Nach den Schülervorträgen nebst Erläuterungen des Tafelanschriebs werden die beiden Situationsanalysen im Unterrichtsgespräch miteinander verglichen und gedeutet. Dabei kann folgende Frage hilfreich sein:

❒ *In welchem Verhältnis stehen Wolfs erste Eindrücke vom Leben in der Räuberbande und seine Erfahrungen nach einem Jahr?*

Die Schülerinnen und Schüler benennen die Gegensätzlichkeit und beschreiben sie mit den Worten des Erzählers („verführerische Außenseite", S. 27, Z. 8f. – „im Innern", S. 27, Z. 17) und/oder selbstständig (z.B. „Schein" – „Sein"). Als Ergebnis bezüglich Wolfs Versuch, in einer Gemeinschaft aufgenommen, „integriert" zu werden, ist festzustellen, dass diese nur eine Schein-Gemeinschaft ist und Wolfs Integrationsversuch gescheitert ist.
Die Erarbeitung kann etwa zu folgendem Tafelbild führen:

Das Leben in der Räuberbande

Wolfs erster Eindruck (Ich-Form)	**Wolfs Erfahrungen nach einem Jahr (Er-Form)**
• Wildbret aller Art, Wein: Wohlleben, Überfluss • Ehre, Achtung, Vertrauen, Brüderlichkeit, Einigkeit • Liebe, Sex (Marie)	• Hunger und Mangel • Neid, Argwohn, Eifersucht • Todesangst
▼ **Glück** ▲ **verführerische Außenseite (Schein)**	▼ **Not** ▲ **das Innere (Sein)**

Ergebnis: Wolfs Integrationsversuch in der Schein-Gemeinschaft der Räuber scheitert.

4.3 ❒ *Er fing an zu hoffen, dass er noch rechtschaffen werden dürfe...* – Wolfs innere Umkehr und vergebliche Bittschriften

Nach seiner Desillusionierung hinsichtlich der Erwartungen, die er in sein Leben als Räuberhauptmann gesetzt hatte, regt sich Wolfs Gewissen[1], das beim Eintritt in die Bande verstummt war. Damit wird ein Erkenntnis- und Veränderungsprozess in Gang gesetzt, den der auktoriale Erzähler stark raffend darstellt und schließlich kommentiert: „Auf dem höchsten Gipfel seiner Verschlimmerung war er dem Guten näher, als er vielleicht vor seinem ersten Fehltritt gewesen war." (S. 28, Z. 13ff.)

[1] Die Bedeutung des Gewissens in diesem Kontext ist ein Indiz dafür, dass sich bereits der „vorkantische" Schiller Kants „Kritik der praktischen Vernunft" angenähert hat, der das Gewissen als den Vermittler des allgemeinen Sittengesetzes bestimmt; als Korrektiv des Willens bringt es das Handeln in Übereinstimmung mit der „Form der allgemeinen Gesetzgebung" hervor. Vgl. Hans Joachim Störig: Kleine Weltgeschichte der Philosophie. Frankfurt/M. 1987, S. 409ff.

Diesen Prozess sollen die Schülerinnen und Schüler zunächst nachvollziehen, indem sie ihn gemäß den Angaben des Erzählers chronologisch skizzieren. Dazu erhalten sie die Aufgabe:

- *Skizziert Wolfs erkenntnis- und gefühlsmäßige Veränderung im Anschluss an den Text S. 27, Z. 29–S. 28, Z. 16.*

Wenn man ein Beispiel einer solchen Skizze von Schülern an der Tafel oder auf Folie entwickeln lässt, empfiehlt es sich, die einzelnen „Stationen" der Veränderung durchzunummerieren, damit man sich hinterher einfacher verständigen kann.

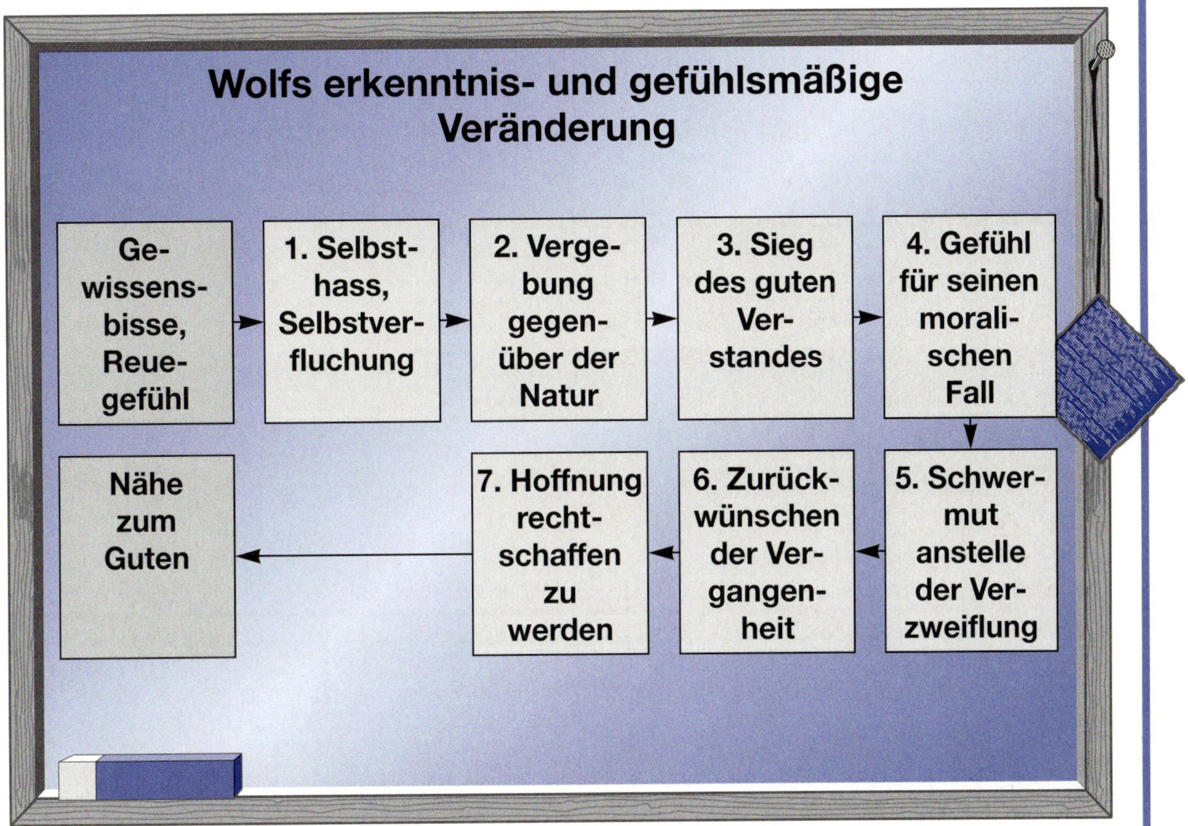

Um eine vertiefte Einsicht in Wolfs Erkenntnis- und Veränderungsprozess zu gewinnen, erhalten die Schülerinnen und Schüler die Aufgabe, arbeitsteilig einzelne Stationen monologisch zu gestalten:

- *Christian Wolf teilt seinem geistlichen Beistand (siehe S. 12, Z. 11) auf dessen Nachfrage hin mit, was ihm bei der jeweiligen „Station" seiner Veränderung durch den Kopf gegangen ist und was er gefühlt hat.*
  Schreibt seine Äußerungen in der Ich-Form auf.

Alternativ oder zusätzlich kann folgender Auftrag gegeben werden:

- *Christian Wolf teilt Marie am Ende seines Erkenntnis- und Veränderungsprozesses mit, was er jetzt denkt und fühlt.*
  Schreibt in der Ich-Form auf, was er Marie sagt.

Wolf schickt drei Bittschriften an seinen Landesherrn, die ohne Antwort bleiben. Der erste Brief, der auszugsweise wiedergegeben wird und damit den Eindruck des Dokumentarischen verstärken soll, ist argumentativ deutlich gegliedert und stellt einen Höhepunkt rhetorischer Gestaltung in Schillers Erzählung dar; er lässt deshalb eine genaue Analyse lohnend erscheinen.

Der Brief wird durch die Bitte um Gehör eingeleitet (S. 28, Z. 22–25).
Der Hauptteil (S. 28, Z. 25–S. 29, Z. 22) weist drei gedankliche Schritte auf:
1. die Selbstvorstellung und das Angebot des Verfassers (S. 28, Z. 25–28), das
2. (eingeleitet durch die adversative Konjunktion „aber“) mit einer Bedingung und deren Erläuterung verknüpft ist (S. 28, Z. 28–S. 29, Z. 8), und
3. die Begründung des Angebots (S. 29, Z. 9–22); in seiner Begründung weist der Verfasser
   a) (formell) auf seinen Zustand der Freiheit hin und
   b) (materiell) auf den Urteilsspruch, der ihn um seine Ehre gebracht habe.

Schließlich appelliert der Briefschreiber an den Adressaten
1. Gnade vor Recht ergehen zu lassen (Handlungsperspektive 1, S. 29, Z. 23–29) oder
2. Gerechtigkeit walten zu lassen (Handlungsperspektive 2, S. 29, Z. 29–31).

Die Schüler erhalten folgende Aufgabe, die in Partnerarbeit gelöst werden soll:

❒ *Gliedert Christian Wolfs (ersten) Brief an seinen Landesherrn. Ihr könnt euch dabei an der euch geläufigen Aufsatzgliederung orientieren.*

Einige Schüler präsentieren ihre Ergebnisse an der Tafel oder auf Folie in Form der üblichen Aufsatzgliederung etwa folgendermaßen:

Christian Wolfs erster Brief an seinen Landesherrn

A. Einleitung: Bitte an den Adressaten um Gehör

B. Hauptteil: Inhalt, Bedingung und Begründung der Bitte
1. Selbstvorstellung und Angebot des Verfassers, sich freiwillig zu stellen
2. Bedingung des Angebots und dessen Erläuterung
3. Begründung des Angebots
   a) Hinweis des Bittstellers auf seinen Zustand der Freiheit
   b) Erinnerung an den harten, ehrabschneidenden Urteilsspruch

C. Schluss: Appell an den Adressaten mit zwei Handlungsperspektiven
1. Begnadigung (Gnade vor Recht)
2. Gerechtigkeit

„Dieser Brief besteht aus 21 kurzen Sätzen, die zusammen kaum mehr als eine Druckseite füllen. Fast jeder dieser Sätze ist geprägt durch die Entgegensetzung und Parallelisierung zentraler Begriffe – meist in substantivischer Form –, die zusammengenommen den gesamten Problemhorizont der Geschichte reflektieren.“[1] Einige besonders auffällige rhetorische Mittel, mit denen der Briefschreiber seine Intention zu verdeutlichen und verstärken sucht, können die Schüler mithilfe des Arbeitsblattes 5 (S. 47) feststellen. Sie erhalten dazu folgende Aufgabe:

❒ *Findet zu jeder rhetorischen Figur (mindestens) ein Beispiel in Christian Wolfs Brief an den Landesherrn, das ihr in Kurzform mit Angabe der Fundstelle in das Arbeitsblatt eintragt. Überlegt, zu welchem Zweck das jeweilige rhetorische Mittel eingesetzt wird.*

[1] Rainer Kawa: Friedrich Schiller, Der Verbrecher aus verlorener Ehre, S. 39.

Rhetorische Figuren in Wolfs Brief an den Landesherrn

Bezeichnung	**Beschreibung**	**Textbeispiel**
die Anapher	Wiederholung desselben Wortes oder einer Wortgruppe an Satzanfängen	
die Anrede	Förmliche Anrede (Nennung des Namens, der Berufsbezeichnung, des Titels des Angesprochenen), höfliche („Sie“) oder persönliche Anrede („du“, „ihr“)	
die Allusion, Anspielung	Knapper Hinweis auf einen dem Adressaten bekannten Text oder Vorfall	
die Antithese, Entgegenstellung	Gegenüberstellung gegensätzlicher Begriffe und Gedanken in einer Aussage	
das Paradoxon, der Scheinwiderspruch	Scheinwiderspruch, der zunächst als unlogisch und widersinnig erscheint, sich bei näherer Betrachtung aber als zutreffend erweist	
der Parallelismus	Wiederholung gleicher syntaktischer Fügungen in aufeinander folgenden Satzteilen oder Sätzen	
die Parenthese, der Einschub	Einschub eines Gedankens, der außerhalb des eigentlichen Satzverbundes steht und durch Klammern oder Gedankenstriche abgetrennt wird	
die Personifikation	Ein abstrakter Begriff, eine Eigenschaft oder ein lebloses Ding wird vermenschlicht, wie eine Person behandelt.	
die Prolepsis, der Vorgriff	Vorausnahme eines möglichen gegnerischen Einwandes	
die Redensart, Sentenz	Redensartliche, häufig bildhafte Wendung	

Aufgabe:
Findet zu jeder rhetorischen Figur (mindestens) ein Beispiel in Christian Wolfs Brief an den Landesherrn, das ihr in Kurzform mit Angabe der Fundstelle in das Arbeitsblatt eintragt. Überlegt, zu welchem Zweck das jeweilige rhetorische Mittel eingesetzt wird.

Rhetorische Figuren in Wolfs Brief an den Landesherrn – Beispiellösung

Bezeichnung	**Beschreibung**	**Textbeispiel**
die Anapher	Wiederholung desselben Wortes oder einer Wortgruppe an Satzanfängen	*Wenn..., wenn* (S. 28, Z. 22ff.); *Ich möchte leben...; ich möchte leben...* (S. 28, Z. 31–S. 29, Z. 1)
die Anrede	Förmliche Anrede (Nennung des Namens, der Berufsbezeichnung, des Titels des Angesprochenen), höfliche („Sie") oder persönliche Anrede („du", „ihr")	*Sie* (S. 28, Z. 24 u.a.); *durchlauchtigster Oberherr* (S. 28, Z. 25); *mein Fürst!* (S. 29, Z. 23)
die Allusion, Anspielung	Knapper Hinweis auf einen dem Adressaten bekannten Text oder Vorfall	*Urteilsspruch..., der mich auf immer um meine Ehre brachte* (S. 29, Z. 19f.)
die Antithese, Entgegenstellung	Gegenüberstellung gegensätzlicher Begriffe und Gedanken in einer Aussage	*Leben – Tod* (S. 28, Z. 29f.); *Ich hasse das Laster und sehne mich feurig nach... Tugend* (S. 29, Z. 4f.); *damals – jetzt* (S. 29, Z. 20f.) u.a.
das Paradoxon, der Scheinwiderspruch	Scheinwiderspruch, der zunächst als unlogisch und widersinnig erscheint, sich bei näherer Betrachtung aber als zutreffend erweist	*sterben ohne gelebt zu haben* (S. 28, Z. 30f.)
der Parallelismus	Wiederholung gleicher syntaktischer Fügungen in aufeinanderfolgenden Satzteilen oder Sätzen	*Ich möchte leben um... gutzumachen; ich möchte leben um... zu versöhnen* (S. 28, Z. 31–S. 29, Z. 1)
die Parenthese, der Einschub	Einschub eines Gedankens, der außerhalb des eigentlichen Satzverbundes steht und durch Klammern oder Gedankenstriche abgetrennt wird	*– noch bin ich frei –* (S. 29, Z. 12)
die Personifikation	Ein abstrakter Begriff, eine Eigenschaft oder ein lebloses Ding wird vermenschlicht, wie eine Person behandelt.	*Wenn Ihre fürstliche Huld sich nicht ekelt* (S. 28, Z. 22); *um den Staat zu versöhnen* (S. 29, Z. 2); *mit der Gerechtigkeit Unterhandlung zu pflegen* (S. 29, Z. 10f.)
die Prolepsis, der Vorgriff	Vorausnahme eines möglichen gegnerischen Einwandes	*Ich weiß, dass ich etwas Unerhörtes begehre* (S. 29, Z. 9)
die Redensart, Sentenz	Redensartliche, häufig bildhafte Wendung	*Lassen Sie Gnade für Recht ergehen* (S. 29, Z. 23)

In Anknüpfung an das Paradoxon „sterben ohne gelebt zu haben" wird anschließend im Unterrichtsgespräch reflektiert, wie dieser Scheinwiderspruch aufzulösen ist. Dabei sollten die Schülerinnen und Schüler zunächst ihre Lebenseinstellung zur Sprache bringen, bevor die Rückbindung an den Text versucht wird. Dazu können folgende Fragen hilfreich sein:

❐ *Was heißt „sterben ohne gelebt zu haben"?*
  - *Sprecht darüber, was für euch (erfülltes) Leben ist.*
  - *Überlegt, was „leben" für Christian Wolf bedeutet.*

Die Antwort auf den zweiten (Spiegelstrich-) Denkanstoß ergibt sich aus Wolfs Aussagen S. 28, Z. 31–S. 29, Z. 8.
Als eine produktive Möglichkeit, das bei der Analyse des Briefes Gelernte anzuwenden, bietet es sich im Blick auf die beiden anderen Bittschriften Wolfs (die ebenfalls unbeantwortet bleiben, aber nicht dokumentiert werden) für die Jugendlichen an, selbst eine solche Bittschrift zu verfassen.

❐ *Verfasst einen Brief an den Landesherrn, in dem Wolf um eine Stelle in der Reiterei nachsucht.*

4.4 ❐ *„Ich bin der Sonnenwirt."* – Wolfs Integrationsversuch durch seine freiwillige Auslieferung an die Justiz

An Friedrich Schillers Erzählung „Der Verbrecher aus verlorener Ehre" wird in der Sekundärliteratur u.a. kritisiert, „dass die moralisch-gesellschaftlichen Implikationen der Selbstauslieferung zwar präzise benannt, nicht aber durch eine ästhetische Gestaltung der gewandelten Persönlichkeit Wolfs anschaulich werden" bzw. dass seine „Wende [...] vollständig nur einer begrifflich angestrengten Lektüre zugänglich"[1] sei. Das Letzte ist gewiss zutreffend. Ohne dem Autor Schiller eine Gestaltungsschwäche vorzuwerfen, doch im Blick auf die Schwierigkeiten, die die Lernenden beim Verständnis von Wolfs „Wende" haben könnten, soll im Folgenden zunächst durch eine kreative Erweiterung des Textes Wolfs Persönlichkeitsveränderung „anschaulich" werden, bevor der Schlussteil analysiert wird.
Um die Jugendlichen nicht zu überfordern, wird dazu auf eine bereits eingeführte Figur – Johanne – zurückgegriffen und folgende Aufgabe gestellt:

❐ *Christian Wolfs Versuch einer Wiedereingliederung in die bürgerliche Gesellschaft seines Landes blieb vergeblich, „er fasste also den Entschluss, aus dem Land zu fliehen und im Dienste des Königs von Preußen als ein braver Soldat zu sterben. Er entwischte glücklich seiner Bande und trat diese Reise an." (S. 30, Z. 2ff.)*
Füge nun einen eigenen Erzählabschnitt ein, in dem du schilderst, wie Wolf unterwegs Johanne wieder trifft.

Bei der Besprechung der von den Schülern gestalteten Episode im Plenum sollte besonderer Wert auf das Ziel der Erweiterung gelegt werden. Sie muss Wolfs Versuch verdeutlichen, „rechtschaffen" (vgl. S. 28, Z. 12) – oder, wie die Jugendlichen sagen werden, „wieder ein guter Mensch" – zu werden. Damit dieses Motiv und seine positive Persönlichkeitsveränderung anschaulich werden, sollte Wolf sich diesmal gegenüber Johanne zumindest freundlich verhalten.

1 Rainer Kawa: Friedrich Schiller, Der Verbrecher aus verlorener Ehre, S. 55.

Zusätzlich kann folgender Schreibauftrag gegeben werden:

- *Christian Wolf hat die Räuberbande heimlich verlassen um als Soldat in den Dienst des Königs von Preußen zu treten. Versetzt euch in seine Rolle und verfasst einen Brief, in dem er sich gegenüber seiner Geliebten Marie rechtfertigt, die er bei den Räubern zurückgelassen hat.*

Die Episode mit dem Torschreiber der kleinen Landstadt an der Grenze nach Preußen, in der Wolf übernachten will, eine Episode, die noch einmal vorgelesen wird (S. 30, Z. 6–S. 31, Z. 9), weist einige komische Züge auf, die zunächst im Unterrichtsgespräch herausgearbeitet werden (vgl. das „Possierliche" des Aufzuges, den Kontrast zwischen dem hageren Klepper und dem Burlesken der Kleidungsstücke einerseits und dem Gesicht Wolfs andererseits) und anschließend zeichnerisch gestaltet werden können. Dazu erhalten die Schüler, die sich in dieser Hinsicht für weniger begabt halten, das Arbeitsblatt 6 (S. 51) mit der Aufgabe:

- *Vervollständige die Zeichnung, insbesondere um das Aussehen des Reiters, sein Gesicht und seine Kleidung, nach den Hinweisen des Erzählers S. 30, Z. 6–21. Du kannst das Bild auch farbig gestalten und erweitern, um die Umgebung am Stadttor anzudeuten.*

Besondere Beachtung ist auch der Figur des Torschreibers zu schenken: „Er war am Schlagbaum grau geworden und eine vierzigjährige Amtsführung hatte in ihm einen unfehlbaren Physiognomen aller Landstreicher erzogen. Der Falkenblick dieses Spürers verfehlte auch hier seinen Mann nicht. Er sperrte sogleich das Stadttor und forderte dem Reiter den Pass ab, indem er sich seines Zügels versicherte." (S. 30, Z. 21–S. 31, Z. 1)
Statt den Text in der üblichen Weise im Unterricht zu analysieren, kann die Lehrperson die Jugendlichen auffordern, die Gedanken des Torschreibers in Form eines inneren Monologes aufzuschreiben:

- *Schreibt in Form eines inneren Monologs auf, was dem Torschreiber beim Anblick des fremden Reiters durch den Kopf geht.*

Als Einstieg in die Behandlung der Episode, die mit dem kopflosen Fluchtversuch Wolfs als Reaktion auf „die unerwartete Gastfreundlichkeit des Oberamtmanns" beginnt und mit seiner vorläufigen Festnahme endet (S. 31, Z. 10–S. 33, Z. 18), wird der Vergleich eines Stiches von Gustave Doré[1] mit dem Text vorgeschlagen (S. 52). Das Bild ist eine Illustration zu Miguel de Cervantes Saavedras „Don Quijote von la Mancha", was der Lerngruppe aber nicht mitgeteilt wird. Am besten präsentiert man das Bild auf einer Folie.

[1] Aus: Leben und Taten des scharfsinnigen Edlen Don Quijote von la Mancha. Mit 120 Illustrationen von Gustave Doré sowie mit einem Essay von Heinrich Heine. Wiesbaden: Hasso Ebeling Verlag 1973, S. 225.

Christian Wolf am Stadttor

Aufgabe:
Vervollständige die Zeichnung, insbesondere um das Aussehen des Reiters, sein Gesicht und seine Kleidung, nach den Hinweisen des Erzählers S. 30, Z. 6–21. Du kannst das Bild auch farbig gestalten und erweitern, um die Umgebung am Stadttor anzudeuten.

Die Schüler und Schülerinnen beschreiben es zunächst und beantworten dann folgende Frage:

- ❒ *Könnte das Bild eine Illustration zu dem Textausschnitt S. 31ff. sein? Lest den Text noch einmal sorgfältig durch und begründet eure Meinung.*

Es sollte deutlich werden, dass zwar Bild und Erzähltext hinsichtlich der dargestellten Atmosphäre weitgehend übereinstimmen, dass im Übrigen aber erhebliche Abweichungen vorliegen; insbesondere das großstädtische Ambiente (Barcelona), das Majestätische des Einzugs und der Haltung des Reiters, seine Waffe, der zweite Reiter – all diese Bildelemente passen nicht zu Schillers Text, in dem es um einen „Tumult" um einen flüchtigen Räuber in einer deutschen Kleinstadt geht.

Die letzte Erzählphase (S. 33, Z. 19ff.) beginnt mit einem epischen Bericht und endet mit dem Bekenntnis des Sonnenwirts, das sich in einem dramatisch zugespitzten Dialog entwickelt. Es ist das Verhalten des Amtmanns, das Wolf veranlasst, „aus freier Wahl“ zum „Verräter“ seiner selbst zu werden (S. 34, Z. 32f.). Die unmittelbare Ursache hierzu deutet der Erzähler nur an: Wolf schließt aus der „Bescheidenheit“ des Amtmanns, dass dieser ein „edler Mann“ sei, der „lang in der Welt gewesen“ sei, viele „Leiden“ habe erdulden müssen und im Laufe seines Lebens „menschlicher“ geworden sei; er werde Menschen, also auch ihm – Christian Wolf –, „Barmherzigkeit“ nicht versagen. Die „Barmherzigkeit“, die er von dem Amtmann erwartet, erwartet er auch von seinem Landesherrn. Denn er geht davon aus, dass der Fürst ihm „gnädig“ sein müsse, um sich die Gnade Gottes zu sichern (vgl. S. 24, Z. 33f.). Der Leser weiß allerdings bereits, dass Christian Wolf die erhoffte Gnade versagt bleibt, dass sein Integrationsversuch durch freiwillige Auslieferung an die Justiz scheitert.

Auf die Diskrepanz zwischen dem Urteil des Lesers und jenem Richterspruch, der den Verbrecher „durch des Henkers Hand“ sterben lässt (S. 9, Z. 3f.), ist die Erzählung angelegt: „Der Leser soll der Wirklichkeit widersprechen. Seine Entscheidung hat indes als unwiderruflich existent zu berücksichtigen, was Faktizität der Gesellschaft ist und worüber keine Täuschung zugelassen wird, sodass eine Korrektur nur realistisch gedacht werden kann: als Veränderung des Bestehenden durch die Verhinderung der Wiederholung.“[1]

Die Erarbeitung der Textstelle (S. 33, Z. 19ff.) erfolgt nach dem Lesedurchgang auf unterschiedliche Weise. Zunächst erhalten die Schülerinnen und Schüler den Auftrag, den Text mithilfe der Erschließungsfragen zur Analyse eines literarischen Dialogs (Arbeitsblatt 4, S. 42) selbstständig zu untersuchen. Damit wird ein Verfahren angewendet, das sie bereits (aus Baustein 4.1) kennen. Die Aufgabe lautet also:

❐ *Analysiere das Gespräch S. 33, Z. 19ff., indem du zunächst stichwortartig die Fragen auf dem Arbeitsblatt beantwortest. Notiere dir jeweils, auf welche Textstelle du dich beziehst.*

Je nach Unterrichtssituation halten die Schüler und Schülerinnen mithilfe des Stichwortzettels einen mündlichen Vortrag oder verfassen eine ausführliche schriftliche Analyse. Wenn das Textverständnis auf diese Weise gesichert ist, kann die Lehrerin oder der Lehrer der Lerngruppe verschiedene produktive oder gar kreative Möglichkeiten (evtl. zur Auswahl) anbieten, die zu einem vertieften Verständnis dieses entscheidenden Erzählabschnitts führen.

Die erste Möglichkeit ist die Umgestaltung des Textes in eine dramatische Szene. Dazu wird folgender Auftrag für die Gruppenarbeit gegeben:

❐ *Gestaltet den erzählten Dialog zu einer dramatischen Szene in Form eines Regiebuches um, ohne euch sklavisch an die Textvorlage zu halten. Sprecht und spielt sie anschließend vor.*

Das Erstellen eines Regiebuches ist zwar recht aufwändig, aber für das Spiel sehr ergiebig. Dazu schreiben die Schüler den gesamten Text ab und kommentieren ihn durch Sprech- und Spielanweisungen. Ein Vorteil dieses Verfahrens, mit dem die Arbeit an dem Textauszug auch begonnen werden könnte, liegt darin, dass Gespräche innerhalb der Gruppen erfolgen, die die Deutungsebene der Textstelle betreffen.

[1] Herbert Kraft: Um Schiller betrogen, S. 108.

Die Gruppen erhalten folgende Matrix:

Christian Wolfs freiwilliges Geständnis – Ein Regiebuch

Rolle	Text	Sprech- und Spielanweisung
Amtmann	Verzeihen Sie, mein Herr, wenn ich Sie gestern etwas unhöflich behandelt habe; das lag an meiner anfänglichen Verärgerung.	höflich und freundlich

Um speziell die Beziehung der beiden Gesprächspartner zu thematisieren ist die Arbeit mit Standbildern geeignet. Wenn man sich zusätzlich (oder als Alternative zur Umgestaltung des Textes in eine dramatische Szene) dafür entscheidet, erhalten die Gruppen folgende Aufgabe:

❒ *Stellt für ein Publikum (eure Klasse) die Beziehung der beiden Figuren in einer ausgewählten Gesprächsphase in Form eines „eingefrorenen" Bildes dar, das aus zwei Schülerinnen oder Schülern gestaltet wird. Die jeweilige Lösung kann dabei von einem Gruppenmitglied unter Bezugnahme auf den Text kommentiert werden; ihr könnt zunächst auch den Eindruck und das Verständnis des Publikums abfragen.*

Eine weitergehende Auseinandersetzung erfolgt nun, indem die Schülerinnen und Schüler sich vor allem mit der inneren Handlung des Schlussteils (S. 34, Z. 11ff.) beschäftigen, die an keiner Stelle vom epischen Erzähler kommentiert wird. Dazu erhalten sie folgenden Auftrag, der am zweckmäßigsten in Partnerarbeit ausgeführt wird:

❒ *In dem Schlussdialog (S. 34, Z. 11ff.) erfährt der Leser nicht oder nur indirekt etwas über das, was in den Figuren vorgeht. Ergänzt den Text, indem ihr in Form eines inneren Monologs die Gedanken des Oberamtmanns und Christian Wolfs aufschreibt.*
Tragt anschließend den gesamten Text (die direkte Rede der Erzählung und eure inneren Monologe) in einem Lesedurchgang vor.

Am Ende der textimmanenten Analyse der Erzählung „Der Verbrecher aus verlorener Ehre" wird die Funktion des abrupten Schlusses mit dem Bekenntnis Christian Wolfs „Ich bin der Sonnenwirt" thematisiert. In diesem Schluss überlagern sich die zeitkritische und die moralphilosophische Dimension der Erzählung. „Die erste zielt auf Reform der Rechtsprechung und auf humane Verhaltensnormen der Menschen; die zweite erklärt die Unterordnung des Individuums unter ein allgemeines Sittengesetz als generelles Erfordernis menschlicher Existenz. Im Prozess der Erkenntnis dieser Wahrheit bringt sich der vernünftig handelnde Einzelne als Subjekt hervor."[1]

[1] Roswitha Jacobsen: Die Entscheidung zur Sittlichkeit, S. 25.

Zur Erschließung dieser zweiten Dimension wird folgende scheinbar einfache Frage gestellt:

❒ *Warum liefert sich Christian Wolf freiwillig der Justiz aus?*

Es ist nicht davon auszugehen, dass Jugendliche die moralphilosophische Dimension der Erzählung in ihrer ganzen Tragweite verstehen. Es ist aber schon viel gewonnen, wenn ihnen wenigstens ansatzweise im Unterrichtsgespräch deutlich wird, dass die menschenwürdige Behandlung wesentliche Bedingung dafür ist, dass sich Wolf „aus freier Wahl" der Justiz ausliefert und dass er in dieser freien Entscheidung sich selbst als moralisches Wesen verwirklicht.[1]
Die zeitkritische Dimension der Erzählung erschließt sich den Jugendlichen leichter; deshalb wird sie – und nicht die moralphilosophische Dimension – in Verbindung mit dem erzähltechnischen Schluss und seiner Funktion gebracht. „Die [...] objektive Unabgeschlossenheit des Falles ist struktureller Bestandteil der Erzählung: Über den Verbrecher sitzt der Leser zu Gericht als Berufungsinstanz."[2] Die Schüler erhalten folgenden Auftrag mit einer provokanten Frage:

❒ *Die Erzählung endet für den Leser plötzlich und unerwartet mit dem Geständnis des Verbrechers: „Ich bin der Sonnenwirt."*
Ist dieser plötzliche Abbruch ein erzähltechnischer Mangel?

Beim Abwägen des Für und Wider ist die in der theoretischen Einleitung der Erzählung entwickelte Intention der Darstellung zu berücksichtigen. Sofern die Einleitung noch nicht behandelt wurde, ist nun der geeignete Zeitpunkt dafür gekommen (siehe Baustein 2).
An dieser Stelle können auch die vorläufigen Urteile der Schülerinnen und Schüler wieder aufgegriffen (siehe z.B. Baustein 1.3) und gegebenenfalls differenziert werden. Insgesamt kommt dieser Phase also die Funktion einer Integration der zuvor erarbeiteten Ergebnisse zu.
Die Erörterung der Frage nach der Funktion des abrupten Schlusses der Erzählung führt ebenso konsequent zur Untersuchung der „Erzählstruktur des Textes" (siehe Baustein 5) wie zum Thema „Kriminalität und Strafe" (siehe Baustein 6), ist also auch ein wichtige „Gelenkstelle" der Unterrichtssequenz.
Nach dem hier vorliegenden Modell wird jedoch der folgenden Unterrichtsreihe die recht anspruchsvolle Erläuterung des Schlüsselbegriffs „Ehre" vorgeschaltet, die – im Sinne einer Aspektanalyse – das Ganze der – bislang im Wesentlichen linear analysierten – Erzählung unter diesem zentralen Aspekt in den Blick rückt.

4.5 ❒ „Ehre" – Begriffserläuterung

„Begriffserläuterung; das weist zunächst hin auf Definition und Abstraktion, also rein theoretische Schulung, auf bloßes Denkspiel, weit von aller Lebenswirklichkeit entfernt. Dies trifft – allerdings nur vorerst – auch zu, und selbst wenn wir auch bereitwillig anerkennen, dass Unklarheit in dem Gebrauch von Begriffen zu Missverständnissen führt oder auch dahin, dass Gesprächspartner immer während aneinander vorbeireden: Genügt hier nicht eine kurze Darlegung, soll man damit ei-

[1] Vgl. Roswitha Jacobsen: „Im Augenblick der Selbstidentifikation – ‚Ich bin der Sonnenwirt.' – ist er nicht mehr das ohnmächtige Objekt der Umstände oder seiner Affekte, sondern er erhebt sich zum autonom handelnden Subjekt des Geschehens. In der freien Entscheidung zur Sittlichkeit vollzieht er seine Selbstverwirklichung als moralisches Wesen jetzt positiv und erlangt damit im Sinne Schillers ‚Vollkommenheit'. [...] Konsequenterweise endet hier die Novelle, eine Steigerung ist nicht mehr möglich." (S. 24)

[2] Herbert Kraft: Um Schiller betrogen, S. 108.

nen Aufsatz füllen?"[1] Damit ist die Frage nach der didaktischen Relevanz des Vorhabens gestellt. Da die Begriffserläuterung hier im Zusammenhang mit Schillers Erzählung „Der Verbrecher aus verlorener Ehre" steht, wird bereits deutlich, dass das Vorhaben sich nicht in der Theorie erschöpft und kontextlos bleibt, sondern ein besseres Textverständnis ermöglichen soll. Darüber hinaus führt die Erläuterung und Klärung des Begriffs Ehre (wie anderer Begriffe dieser Art, die eine menschliche Haltung, Eigenschaft, Fähigkeit oder ein Verhalten kennzeichnen) zu einer klareren und tieferen Erkenntnis der (sprachlich vermittelten) Wirklichkeit: „Die sprachlichen Kategorien der geistigen und seelischen Welt bergen die Ordnungen und Maßstäbe, die Regeln und Gesetze in sich, nach denen sich diese Welt selbst aufbaut."[2] Das gilt in besonderem Maße für den Begriff Ehre, der ein Grundrecht bezeichnet: Das Recht der persönlichen Ehre. Dieses Recht ist nicht nur grundgesetzlich verankert, sondern schränkt sogar ein anderes Grundrecht ein:

GG Artikel 5

(1) Jeder hat das Recht, seine Meinung in Wort, Schrift und Bild frei zu äußern und zu verbreiten und sich aus allgemein zugänglichen Quellen zu unterrichten. Die Pressefreiheit und die Freiheit der Berichterstattung durch Rundfunk und Film werden gewährleistet. Eine Zensur findet nicht statt.

(2) Diese Rechte finden ihre Schranken in den Vorschriften der allgemeinen Gesetze, den gesetzlichen Bestimmungen zum Schutze der Jugend und in dem Recht der persönlichen Ehre.

Diese rechtliche Tatsache ist für das Verständnis der Erzählung „Die verlorene Ehre der Katharina Blum" von Heinrich Böll (siehe Textheft, S. 100ff.) von besonderer Bedeutung.

Aber auch unabhängig vom Umgang mit Texten ist die Begriffserläuterung wichtig. „Wenn 17–18-Jährige zum Beispiel einfach den Unterschied zwischen Wut, Zorn und Ärger oder zwischen Mut und Tapferkeit nicht kennen, wenn sie nicht wissen, was Scham oder Ehre eigentlich meint, dann fehlen ihnen ja nicht nur ‚Vokabeln', sondern – das haben uns Lipps, Bollnow und Heidegger in ihren sprachphilosophischen Untersuchungen gelehrt – dann bestehen Lücken in ihrer Weltauslegung: Mit einer solchen falschen Vokabel missverstehen sie ihre Mitmenschen, aber sie missdeuten sich damit auch selbst."[3]

Spätestens seit der Diskussion um das „Ehrenwort" des ehemaligen Bundeskanzlers Dr. Helmut Kohl ist vielen Bürgern klar geworden, welche praktische Relevanz ein Begriff (und sein Verständnis!) haben kann (vgl. Zusatzmaterial 1: Christoph Arens, „Ehrenworte kosten wenig"). Die Angabe des Alters – „17-18-Jährige" – in dem Muchow-Zitat gibt einen Hinweis darauf, dass die (leider vernachlässigte) Aufsatzform der Begriffserläuterung primär in der Sekundarstufe II zu verorten ist. In der Oberstufe wird die Lehrperson auch eher die sprachliche Untersuchung in die Begriffserläuterung einbeziehen als in der Sekundarstufe I, u.a., indem sie die Schüler ein etymologisches Wörterbuch zu Rate ziehen lässt oder ihnen einen kopierten Auszug wie den folgenden[4] vorlegt:

1 Friedrich Kranz: Wege zum Abituraufsatz. 3. Werkheft. Textauswertung und Begriffserläuterung. München: R. Oldenbourg Verlag, 7. Aufl., 1972, S. 110.

2 Theodor Heuss: Reden an die Jugend. Tübingen 1956. Zitiert nach: Friedrich Kranz: Wege zum Abituraufsatz, a.a.O.

3 Hans Heinrich Muchow: Sexualreife und Sozialstruktur der Jugend. Reinbek bei Hamburg: Rowohlt 1959, S. 83ff.

4 Duden. Etymologie. Herkunftswörterbuch der deutschen Sprache (Der große Duden Band 7), Mannheim: Dudenverlag 1963, S. 127f.

Ehre w: *Mhd.* *ēre* „Ehrerbietung, Ansehen, Ruhm, Sieg, Herrschaft, Ehrgefühl, ehrenhaftes Benehmen", *ahd.* ēra „[Ver]ehrung, Scheu, Ehrfurcht, Ansehen, Berühmtheit, Würde, Hochherzigkeit", *niederl.* eer „Ehre, Ansehen, Verehrung", *aengl.* ār „Ehre, Würde, Ruhm, Achtung, Verehrung, Besitz, Einkommen; Gnade, Mitleid", *aisl.* eir (anders gebildet) „Gnade, Milde, Hilfe" gehören mit verwandten Wörtern aus anderen *idg.* Sprachen zu der *idg.* Wz. *ais-, „ehrfürchtig sein, verehren". Zu der mit -d- erweiterten Wurzel stellen sich z.B. *gr.* aídesthai, „scheuen, verehren", *gr.* aidōs „Scheu, Ehrfurcht" und *aind.* *ídē* „verehre, preise, flehe an", aus dem *germ.* Sprachbereich *got.* aistan „sich scheuen". Die Ehre ist zumeist äußeres Ansehen (Ruhm, Freisein von Schande), was auch die früher häufige Mehrz. ausdrückt (noch in ‚zu Ehren', ‚ehrenhalber', ‚mit Ehren bestehen' u.a. Fügungen). Als ‚innere Ehre' (Selbstachtung) erscheint sie vereinzelt schon *ahd.* bei Notker. – Abl.: ehren (*mhd.* ēren, *ahd.* ērēn); ehrbar (*mhd.* ērbære „ehrenhaft handelnd" wurde später zum bürgerlichen Titel); ehrlich (*mhd.* ērlich, *ahd.* ērlīh war „ehrenwert, ansehnlich, vortrefflich" und bezog sich vor allem auf das ständische Ansehen, von dem bestimmte ‚unehrliche' Berufe wie Henker und Schinder, aber z.B. auch Schäfer und Müller ausgeschlossen waren; jetzt ist ‚ehrlich' meist Gegenwort zu diebisch, betrügerisch u. Ä.). Zusammengebildet ist ehrerbietig (s. bieteu). Zus.: Ehrenmann (um 1500 *schweiz.* und *oberd.*, vielleicht LÜ für *lat.* vir honestus); Ehrenpreis *s* oder *m* (Name verschiedener Heilpflanzen im 15. Jh., *schweiz.* erenbris); ehrenrührig „die Ehre angreifend" (als Rechtswort *frühnhd.* neben ehr[en]rührend); Ehrenwort (seit Anfang des 18. Jh.s im heutigen Sinn, vorher für „Kompliment"); ehrfürchtig (16. Jh. s. Furcht), dazu die Rückbildung Ehrfurcht (17. Jh.); Ehrgeiz (s. Geiz); ehrwürdig (*mhd.* ērwirdic), dazu der geistl. Titel [Euer] Ehrwürden (16. Jh.).

Für die Schüler und Schülerinnen der Doppeljahrgangsstufe 9/10 kann die Fähigkeit zur Begriffserläuterung erst angebahnt werden. Dazu empfiehlt sich die Anwendung einer altbekannten Möglichkeit zur Gliederung einer Begriffserläuterung, der so genannte BUWE-Schlüssel (Abkürzung für **B**eschaffenheit, **U**rsache, **W**irkung, **E**rgebnis), der im Textheft erklärt wird („Begriffe [Schlüsselwörter] erläutern", S. 118f.). Die Erläuterung des Begriffs Ehre nach diesem „Schlüssel" kann etwa zu folgendem Ergebnis führen:

- Beschaffenheit: „Ehre" ist die innere, auf dem Bewusstsein der eigenen Unbescholtenheit begründete Haltung sowie die Achtung, die der Mensch von seinen Mitmenschen beansprucht bzw. die ihm entgegengebracht wird.
- Ursache: Der Mensch kann nicht sinnvoll (in Würde) leben ohne Selbstachtung und ohne das Vertrauen, das ihm, seinem Können, seinem Charakter und seiner Verlässlichkeit entgegengebracht wird. Deshalb strebt er nach Ansehen, das seiner Stellung in der Gesellschaft (Alter, Herkunft, Beruf, Leistung) oder wenigstens in einer Gruppe entspricht.
- Wirkung: Ein Mensch, der die ihm gebührende Ehre seitens der Gesellschaft erhält und sich seiner Ehre bewusst ist, achtet bei seinem Verhalten darauf, was in der Gesellschaft ehrenrührig oder schädlich ist, besitzt auch selbst ein Gefühl für sittliche Werte, handelt charakterfest und verantwortungsbewusst.
- Ergebnis: Persönliche Ehre ist also die notwendige Bedingung dafür, dass der Mensch in der Gesellschaft als sittliche Person existieren kann. Der Staat schützt deshalb die Ehre seiner Bürger als Rechtsgut.

Um Wiederholungen und Überschneidungen zu vermeiden, bietet es sich in Bezug auf das letzte Stichwort an, hier auch das gegenteilige menschliche Verhalten zu erschließen. Wie verhält sich zum Beispiel ein ehrloser Mensch, jemand, der seine Ehre verloren hat? Diese Frage leitet unmittelbar zu Schillers Erzählung hin, auf die sich die Schüler bei der Beantwortung der Frage auch beziehen sollten. Auf diese Weise werden die Ergebnisse – der zuvor geleisteten linearen Analyse der Erzählung – in eine Aspektanalyse integriert.

Es ist ratsam, dass die Schülerinnen und Schüler sich auch bei dieser Arbeit angewöhnen zuerst einmal in einen Prozess der Planung einzutreten und den späteren Ausführungen eine differenzierte Strukturierungsphase voranzustellen. Sie erhalten deshalb, nachdem ihnen die Bedeutung der Aufsatzform Begriffserläuterung bewusst gemacht worden ist, zunächst folgenden Auftrag:

❒ *Erarbeitet zu zweit die im Textheft auf S. 118f., Abschnitt 3, genannten Gesichtspunkte zur Erläuterung des Begriffs Ehre. Bezieht euch bei der letzten Frage („Wie verhält sich zum Beispiel ein ehrloser Mensch, jemand, der seine Ehre verloren hat?") auf Schillers Erzählung „Der Verbrecher aus verlorener Ehre".*

Nun schließt sich die eigentliche Schreibphase an, für die wieder ausreichend Zeit zur Verfügung stehen sollte. Nach Möglichkeit sollte jeder Schüler oder jede Schülerin einen unmittelbaren Ansprechpartner innerhalb der Klasse als Korrektiv bereits während des Schreibprozesses haben. So kann z. B. als Schreibaufgabe für zu Hause zunächst ein Gesichtspunkt des BUWE-Schlüssels ausgearbeitet und mit dem Partner überarbeitet werden. Vor allem für schwächere Schüler ist es gerade bei dieser anspruchsvollen Aufsatzform wichtig, dass Überarbeitungsphasen bereits während des Schreibens eingeplant werden. Am Ende wird eine Schlussredaktion vorgenommen, an der jeweils mehrere beteiligt sind. D.h., jeder Text wird im Sinne einer Textlupe von mehreren gelesen und mit Anmerkungen versehen. Dazu ist es nützlich, wenn die Verfasser unter ihre Texte folgende Tabelle zeichnen:

Das finde ich besonders gut gelungen.	Hier fällt mir etwas auf. Hier habe ich noch Fragen. Hier stört mich etwas.	Meine Tipps und Vorschläge.

Notizen

Baustein 5 Die Erzählstruktur des „Verbrechers aus verlorener Ehre“

Die Bausteine 2–4 setzen zwar Schwerpunkte, folgen jedoch im Wesentlichen – im Sinne einer linearen Analyse – der chronologischen Abfolge der Erzählung. Deshalb ist es zweckmäßig, auch einmal die Erzählung als Ganzes in den Blick zu nehmen und die Erzählstruktur des Gesamttextes zu untersuchen. Dazu bieten sich verschiedene Gliederungsversuche an. Schillers Erzähltechnik ist zwar in den bisherigen Bausteinen stets berücksichtigt, jedoch noch nicht schwerpunktmäßig behandelt worden. Dies kann sich gleichsam organisch den Gliederungsversuchen anschließen. Dazu ist – nach einer zusammenfassenden Darstellung erzähltechnischer Mittel – der Vergleich mit einem inhaltlich ähnlichen Text besonders geeignet: Jakob Friedrich Abels „Lebens-Geschichte Fridrich Schwans“. Dieser Baustein weist also drei Schwerpunkte auf:

- Gliederungsversuche
- Schillers Erzähltechnik
- Vergleich mit Jakob Friedrich Abels „Lebens-Geschichte Fridrich Schwans“

5.1 ❒ Gliederungsversuche

Immer wieder haben Interpreten versucht Schillers Erzählung „Der Verbrecher aus verlorener Ehre“ zu gliedern. Die Ergebnisse sind sehr unterschiedlich; sie reichen von der Zweiteilung bis zur Fünfteilung, wobei eine Dreigliederung des Textes bevorzugt wird, und bis zu einem Spiralbogen („hinsichtlich des dem Erzähltext zugrunde liegenden Handlungssubstrates“[1]). Die Tatsache, dass man eine auf wenige Teile reduzierbare Grundstruktur, in der inhaltliche und formale Aspekte berücksichtigt sind, nicht eindeutig feststellen kann, ist nicht als Gestaltungsschwäche Schillers zu werten, „sondern als Zeichen seiner Verankerung in der Kunstprosa der Aufklärung, für die solche Verdichtungsvorgänge – wie sie insbesondere die Novelle prägen – noch nicht bezeichnend waren.“[2] Wir sehen in dieser Tatsache die didaktische Chance, die Schülerinnen und Schüler verschiedene Möglichkeiten einer Textgliederung durchspielen zu lassen. Dazu bedürfen sie im Allgemeinen zwar konkreter Hilfestellung, aber bevor wir ihnen diese geben, sollten sie eigene Überlegungen anstellen. Dabei empfiehlt sich zunächst eine handlungsorientierte Konzentration auf den Inhalt; die Aufgabe lautet:

❒ *Friedrich Schillers Erzählung „Der Verbrecher aus verlorener Ehre“ ist ein weitgehend geschlossener Text ohne äußere Gliederung.*
Macht diesen Text für heutige Leser zugänglicher, indem ihr ihn gliedert und ihm ein entsprechendes Inhaltsverzeichnis mit Seitenangabe voranstellt.

[1] Gerhard Köpf: Friedrich Schiller, Der Verbrecher aus verlorener Ehre. Überlegungen zu einer kommunikationsorientierten Erzähltext-Analyse. Aus: Blätter für den Deutschlehrer, Heft 3. Frankfurt/M., Berlin, München: Verlag Moritz Diesterweg 1978, S. 68. Die Übersicht ist diesem Modell in den Zusatzmaterialien, Z 2, S. 112, beigefügt.
[2] Rainer Kawa: Friedrich Schiller, Der Verbrecher aus verlorener Ehre, S. 33f.

Den Bausteinen 2–4 entsprechend werden die Schüler eine mehr oder weniger differenzierte Gliederung folgender Art vorschlagen:

1. Theoretische Einleitung — Seite 5
2. Christian Wolfs Weg in die Kriminalität — Seite 9
3. Christian Wolfs Integrationsversuche nach dem Mord — Seite 19

Mit der Frage, ob es noch andere Gliederungsmöglichkeiten gibt, die der Erzähler nahe legt (z.B. durch den Wechsel der Erzählform), erhalten die Schüler anschließend Gelegenheit, weitere Möglichkeiten zu erwägen und gegebenenfalls zu konkretisieren. Schließlich teilt die Lehrerin oder der Lehrer das Arbeitsblatt 7 (S. 61ff.) mit verschiedenen für arbeitsteilige Gruppenarbeit geeigneten Texten und Aufgaben aus (die selbstverständlich nicht alle bearbeitet werden müssen, sondern aus denen die Lehrperson je nach Unterrichtsvoraussetzung und didaktischer Intention die geeigneten auswählt); diese beziehen sich auf relevante in der Sekundärliteratur diskutierte Strukturierungsmöglichkeiten (die von der theoretischen Einleitung absehen). Die Schülerinnen und Schüler sollten ihre Ergebnisse auf große Papierbögen (z.B. aus Tapetenrollen) übertragen und an der Wand befestigen.
Nach der Präsentation der Ergebnisse und deren Erläuterung stellt die oder der Unterrichtende die Frage:

❒ *Welche Vorzüge und Schwächen weisen die jeweiligen Gliederungsversuche auf?*

Die Erörterung kann abschließend auf die Frage zugespitzt werden:

❒ *Welchen Gliederungsversuch findet ihr am überzeugendsten? Begründet eure Meinung.*

5.2 ❒ Schillers Erzähltechnik

Bei der Detailanalyse der Erzählung sind die Schülerinnen und Schüler immer wieder auf erzähltechnische Mittel aufmerksam geworden, die deshalb an dieser Stelle nur zusammenfassend bewusst gemacht werden müssen. Dazu erhalten sie das Arbeitsblatt 8 (S. 65) mit einem Sekundärtext, dem sie entsprechende Informationen entnehmen sollen. Diese Reorganisationsaufgabe kann dadurch eine höhere didaktische Qualitätsstufe erreichen, dass die Lernenden die Informationen nach Oberbegriffen ordnen. Sie erhalten dazu folgenden Auftrag:

❒ *Entnehmt dem Text Informationen über Friedrich Schillers Erzähltechnik und ordnet sie nach Oberbegriffen.*

Als Oberbegriffe kommen in Frage: Stilformen (Erörterung, Beschreibung, Bericht), Erzählformen (Er- und Ich-Form), Darbietungsweisen (epischer Bericht, Dialog), Standort/Blickpunkt (Wechsel der Blickpunkte, z.B. Ich-Bericht als nachträgliche Bewusstseinserhellung), Erzählhaltung (zuschauende Kälte, Distanz), Sprachstil (metaphorische Versinnlichung des Abstrakten), novellistische Züge (schwank- und anekdotenhafte Züge am Schluss, Thematik).
Für die Ordnung bietet sich die Form einer Tabelle an, die an der Tafel oder auf Folie präsentiert werden kann. Ergänzend können die Schüler darin die den jeweiligen Informationen über die erzähltechnischen Mittel entsprechenden Fundstellen

[weiter S. 64]

Friedrich Schiller: „Der Verbrecher aus verlorener Ehre“ – Gliederungsversuche

1. Zweiteilung (bis Vierteilung)

Wolfs Lebensgeschichte [...] zeigt eine absteigende Linie bis hin zum Mord und zum Anschluss an die Räuberbande: Er wird zum Verbrecher. Mit dem Brief an den Landesherrn manifestiert sich eine scharfe Wende: Wolf kehrt sich ab von seinem Verbrecherleben, er will ein nützliches Glied der Gesellschaft werden und zeigt menschliche Größe. Unter diesem Gesichtspunkt ergibt sich eine Zweiteilung der Geschichte. Der erste Teil lässt sich als fortschreitender Prozess lasterhaften Handelns beschreiben; umgekehrt der zweite Teil als stufenweiser Weg zur Läuterung. Mord und Räuberleben bezeichnen den Tiefpunkt, das Geständnis den Höhepunkt.
Aus der Analyse der Form lassen sich Argumente gewinnen, die diesen Befund stützen. Zum einen findet an dem von uns konstatierten Einschnitt der Wechsel von der Ich-Erzählung zurück zum auktorialen Bericht statt, wenn auch mit einer leichten Verschiebung nach vorne: Der erste Absatz, der von der neuen Perspektive geprägt ist, bezieht sich noch ausschließlich auf die Rekapitulation des Räuberlebens [...]. Äußerst trennscharf wird der Einschnitt aber durch die sechsfache Wiederholung der adverbialen Bestimmung „jetzt“, welche den Gegensatz der neuen Periode zum Vorhergehenden hervorhebt. Diese Struktur wird verschärft durch die Verwendung der Zeitformen: einem rekapitulierenden Eingangssatz im Plusquamperfekt folgt der Wechsel ins Präteritum, eine Bewegung, die sich in den nächsten Sätzen wiederholt.

Rainer Kawa: Friedrich Schiller, Der Verbrecher aus verlorener Ehre. Frankfurt/M.: Verlag Moritz Diesterweg 1990, S. 31

Aufgaben

a) Stellt die in diesem Text vorgeschlagene Gliederung in Form einer beschrifteten Skizze dar.

b) Stellt die Struktur der Erzählung noch genauer dar, indem ihr Wolfs Aufstieg und vielleicht auch seinen Abstieg untergliedert, sodass sich statt der Zweiteilung eine Drei- oder sogar Vierteilung ergibt. Begründet eure Gliederung anhand des Schiller-Textes.

2. Dreiteilung

Schillers Novelle weist einen hohen Grad der Geschlossenheit auf. Am Anfang steht der naive Integrationswille Christians, der auch durch einige Rückschläge zunächst nicht gebrochen zu werden vermag. Ohne Anzeichen einer kritischen Reflexion fühlt er sich dem gesellschaftlichen Kontext zugeordnet. Nur in diesem Rahmen kann er ja zur Verwirklichung seiner selbst finden. Es ist daher folgerichtig, wenn Schiller für diese Entwicklungsphase den Erzählerbericht wählt, der den Einzelnen in den epischen Kontext integriert.
Im Mittelteil wird die Isolation Christians sinnfällig gemacht durch das Umschlagen in die Ich-Form. Am Ende dieser Phase setzen verstärkt die Reflexionen über das Verhältnis des Einzelnen zum sozialen Verband ein und führen schließlich zu Versuchen der Reintegration. Konsequent lenkt der Erzähler daher wieder zurück zur Form des epischen Berichts, der nun bis zum Ende durchgehalten wird.
Der Perspektivik entspricht die Wahl der Handlungsräume. Der Binnenteil ist gekennzeichnet durch die Naturkulisse als symbolischer Ausdruck für den unbefriedeten Naturzustand des Einzelnen, während die Rahmenteile innerhalb des Sozialverbands spielen und im Zeichen integrativen Verhaltens stehen.

Winfried Freund: Die deutsche Kriminalnovelle von Schiller bis Hauptmann. Einzelanalysen unter sozialgeschichtlichen und didaktischen Aspekten. Paderborn, München, Wien, Zürich: Ferdinand Schöningh, 2., erw. Aufl. 1980, S. 18f.

Aufgaben:

a) Stellt die in diesem Text vorgeschlagene Gliederung in Form einer beschrifteten Skizze dar.

b) Ergänzt die Skizze durch aussagekräftige Textbelege mit Angabe der Fundstelle.

3. Fünfteilung

Die Erzählung könnte als dramatischer Entwurf folgendermaßen gegliedert werden:

1. Akt

Konflikt: Soll er die Liebe Hannchens mithilfe krimineller Handlungen gewinnen oder sich den gesellschaftlichen Normen anpassen?
Folgenreiche Entscheidung: Er wird zum dritten Mal Wilddieb.
Überraschende Wendung: Er wird durch überharte Bestrafung um seine Ehre gebracht.
Spannung: Weiteres Schicksal (kann er seine Ehre wiedergewinnen?).

2. Akt

Konflikt: Soll er dem Gewissen folgen oder sich mit der Unmoral der Mitgefangenen gemein machen (Bedauerung gewinnen)?
Folgenreiche Entscheidung: Er akzeptiert Ehrlosigkeit.
Überraschende Wendung: Er handelt aus der Ehrlosigkeit heraus destruktiv gegen die Gesellschaft und gegen sich selbst.
Spannung: Weiteres Schicksal (Wie weit treibt er die Destruktion? Wie reagiert die Gesellschaft?)

3. Akt

Konflikt: Soll er seinen Rachegefühlen nachgeben und Robert töten oder nicht? Folgenreiche Entscheidung: Mord.
Überraschende Wendung: Er findet Anerkennung (Ehre) bei der Räuberbande.
Spannung: Weiteres Schicksal (Welche Taten vollbringt er als Räuberführer? Verwirklichen sich seine Hoffnungen?).

4. Akt

Konflikt: Wie soll er auf die Desillusionierung reagieren? Weitermachen oder umkehren? Folgenreiche Entscheidung: Entschluss, rechtschaffen zu werden und an die Gnade des Landesherrn zu appellieren.
Überraschende Wendung: Flucht nach Preußen / Verhaftung.
Spannung: Wird seine Identität aufgedeckt oder nicht?

5. Akt

Konflikt: Wie soll er auf die Achtung und das Vertrauen des Amtsmanns reagieren?
Spannung: Behält er Freiheit und Leben?
Überraschende Wendung: Selbstverrat.

Rainer Kawa: Friedrich Schiller, Der Verbrecher aus verlorener Ehre, Frankfurt/M.: Verlag Moritz Diesterweg 1990, S. 32f.

Aufgaben:

a) Stellt fest, auf welche Textteile der Erzählung sich die Akteinteilung bezieht, und gliedert die Akte gegebenenfalls in Szenen.

b) Setzt die einzelnen Akte und Szenen in Beziehung zum Aufbau des klassischen Dramas und fertigt dazu eine beschriftete Skizze nach folgendem Muster an:

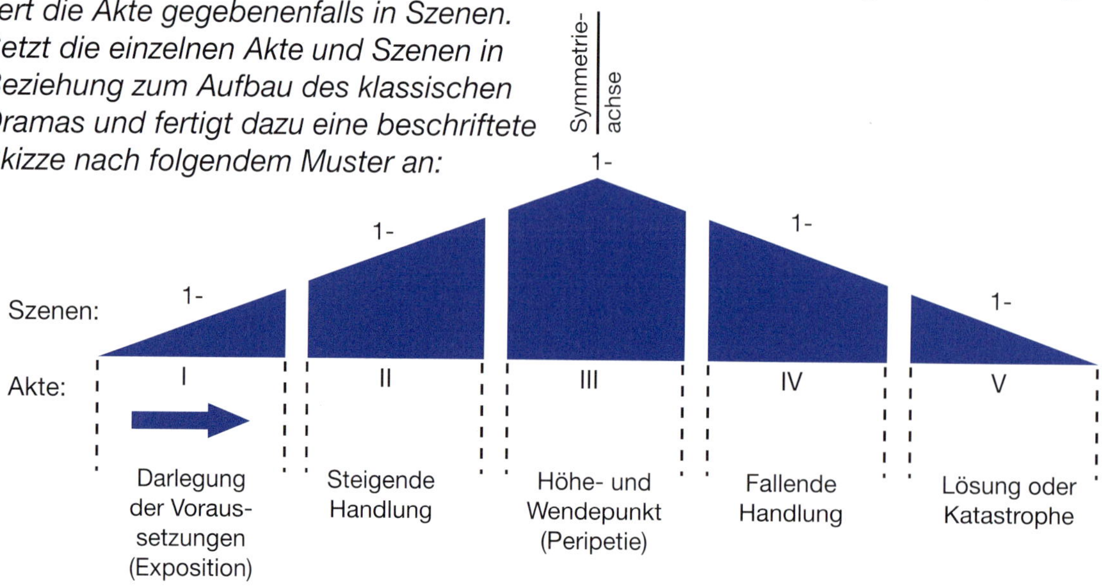

4. Spirale

Allein schon der Titel der Erzählung Schillers [...] fasst das Kausalitätsverhältnis zwischen Verbrechen und verlorener Ehre in eindeutiger Weise: Eines resultiert aus dem anderen. Dem Lauf des Erzähltextes folgend lässt sich dabei ein Strukturierungsschema ermitteln. Die Kategorien Ursache, Handlung, Handlungsziel und Folge (der Handlung) orientieren sich an der expliziten Intention des Erzählers: „wir müssen ihn seine Handlung nicht bloß vollbringen, sondern auch wollen sehen“ [...]. Entsprechend der Reihenfolge sollen diese Kriterien ebenfalls in einer kausalen Folge gesehen werden. Dabei zeigt sich rasch, wie die Folge(n) von 1 zu den Ursachen von 2, die Folge(n) von 2 zu den Ursachen von 3 werden usw. Dies bedeutet aber, dass hinsichtlich des dem Erzähltext zugrunde liegenden Handlungssubstrates eine Spiralentwicklung anzunehmen ist. Der Spiralbogen läuft von der ersten Ursache: Halbwaise, ungünstige soziale Bedingungen, körperliche Deformation bis zur letzten Folge: „er starb durch des Henkers Hand“, die freilich im Erzähltext selbst nicht den Abschluss bildet.

Gerhard Köpf: Friedrich Schiller, Der Verbrecher aus verlorener Ehre. Überlegungen zu einer kommunikationsorientierten Erzähltext-Analyse: Aus: Blätter für den Deutschlehrer, Heft 3. Frankfurt/M, Berlin, München: Verlag Moritz Diesterweg 1978, S. 68

Aufgaben:

a) Gliedert die Erzählung nach dem vorgeschlagenen Strukturierungsschema folgendermaßen:

URSACHE(N)	HANDLUNG(EN)	HANDLUNGS-ZIEL(E)	FOLGE(N)
1. Halbwaise, schlechte soziale Bedingungen, körperliche Deformation, Spott der Kameraden, „müßige Stunden“	„Frechheit“ gegenüber erwachsenen Mädchen, Taten eines „losen Buben“	keine Angaben	Wolf „wollte ertrotzen, was ihm verweigert war; weil er missfiel, setzte er sich vor, zu gefallen“
2. Bequemlichkeit und Unwissenheit, Stolz und „Weichlichkeit“	Wolf verliebt sich in Hannchen	Anerkennung	Wilddieberei

b) Stellt die kausale Abfolge in Form einer Spirale dar.

in Schillers Text sowie zusätzliche Feststellungen, die in dem Sekundärtext nicht erwähnt werden, einfügen, z.B. solche, die bei der Analyse der Morddarstellung (Baustein 3.4) erarbeitet worden sind, etwa die Zeitgestaltung.

Schillers Erzähltechnik

	Beispiele	Fundstellen bei Schiller
Stilformen		
Erzählformen		
Darbietungsweisen		
Standort/Blickpunkt (räumlich und zeitlich)		
Erzählhaltung		
Sprachstil		
novellistische Züge		
Sonstiges, z.B. Zeitgestaltung		

5.3 ❐ Vergleich mit Jakob Friedrich Abels „Lebens-Geschichte Fridrich Schwans“

Sammlung
und
Erklärung
merkwürdiger
Erscheinungen
aus dem
menschlichen Leben
von
Jacob Friedrich Abel,
Professor der Philosophie an der Hohen Carls-Schule.

Zweiter Theil.

Stuttgart,
in der Erhardischen Buchhandlung;
1787.

Titelblatt der Erstausgabe

Man weiß heute, dass Friedrich Schillers Erzählung „Der Verbrecher aus verlorener Ehre“ durch mündliche Mitteilungen seines Lehrers an der Karlsschule, Professor Abel, beeinflusst wurde. Dessen Vater hatte als Oberamtmann zu Vaihingen an der Enz jenen Räuber, Bandenführer und Mörder Johann Friedrich Schwan, genannt der Sonnenwirt, festgenommen, der 1760 hingerichtet wurde (vgl. Textheft, S. 39). Darüber berichtet Jakob Friedrich Abel selbst in einem Beitrag zu seinem zweibändigen Werk „Sammlung und Erklärung merkwürdiger Erscheinungen aus dem menschlichen Leben“ (Bd. 2; 1787), der ein Jahr nach Schillers in der Zeitschrift „Thalia“ (1786) veröffentlichten Erzählung „Verbrechen aus Infamie“ erschien. Abel schrieb seinen Bericht also erst nach der Lektüre von Schillers Erzählung nieder.
Wenn nun ein Teil der beiden inhaltlich ähnlichen, stoffgleichen Texte im Unterricht miteinander verglichen wird, so dient dieser Vergleich vor allem dazu, Schillers Intention und Darstellungsweise zu verdeutlichen.

Schillers Erzähltechnik im „Verbrecher aus verlorener Ehre“

Blicken wir noch einmal auf die Erzählung als Ganzes zurück. [...] Am Anfang steht eine lange theoretische Erörterung, die die nachfolgende Lebensgeschichte in ihrem beispielhaften Charakter erläutert, als einen Beitrag zur sittlichen Bildung des Menschen. Darin ist Schiller noch ganz der Denkweise des 18. Jahrhunderts verhaftet. Es folgt dann eine sehr genaue psychologische und soziologische Beschreibung, die die besonderen zufälligen Bedingungen gerade diese Falles analysiert. Daran schließt der Ich-Bericht an, dessen Schwergewicht auf einer durch den Helden selbst vollzogenen, nachträglichen Bewusstseinserhellung liegt. Der Ausgang des Ganzen ist wiederum ein zusammenfassender Bericht der Lebensgeschichte, aber zugespitzt zur anschaulich profilierten, dialogisch umgesetzten Situation. Wenn die Erzählung trotz dieses vielfachen Wechsels der Blickpunkte dennoch eine gewisse Einförmigkeit hat, so liegt das an der schillerschen Sprache. Gleichgültig, ob der Geschichtsschreiber oder ob der Sonnenwirt selbst redet, in beiden Fällen wird mit zuschauender Kälte, aus der Distanz heraus mitgeteilt. Auch der Ich-Bericht bleibt eine sich oft dem Abstrakten nähernde Analyse, eine bestimmte Art von Selbst-Erhellung, die ebenso vom Autor hätte vorgenommen werden können. Bezeichnend für Schillers Sprachstil ist die metaphorische Versinnlichung des Abstrakten. „Das verstummte Gewissen“, „die schlafende Natter der Reue“, „Rache und Gewissen rangen hartnäckig und zweifelhaft“, „der Stundenweiser meines Schicksals“, „ich dürstete ... nach neuer Erniedrigung“, „mit einem Gesicht, worauf so viele wütende Affekte, gleich den verstümmelten Leichen auf einem Walplatz, verbreitet lagen“; „das Laster hatte seinen Unterricht an dem Unglücklichen vollendet, sein natürlicher guter Verstand siegte endlich über die traurige Täuschung“. Von einer symbolischen Stilgebung können wir noch nicht reden. Auch das Bild des „Abgrundes“ wirkt wie eine ausgesprochene Versinnlichung des abstrakten Begriffes „Hölle“. Dennoch kommt in die Darstellung eine gewisse Lebendigkeit, indem Schiller zentrale Augenblicke des Lebens im Dialog sentenzenhaft vergegenwärtigt. Hier spüren wir deutlich den Dramatiker auch in der erzählerischen Technik am Werke.

[...] Zwar ist sie [die Erzählung] noch keine Novelle im eigentlichen Sinne, zeigt aber doch bereits einen profilierenden novellistischen Erzählstil. Wohl wird die Mordstunde noch vorwiegend vom inneren Vorgang aus beleuchtet, aber das Treffen im Walde und der dort geführte Dialog haben bereits einen ausgesprochenen Ereignischarakter und zugleich eine stellvertretende geistige Bedeutung; der Schluss des Ganzen wiederum – szenisch bildhaft und dialogisch zugleich – zeigt Zuspitzung. Ebenso hat die Thematik der ganzen Erzählung novellenhaften Charakter. Nicht so sehr die gesamte Lebensgeschichte ist das Wesentliche, sondern eine besondere Begebenheit, die aus dem sonstigen Fluss des Geschehens herausgehoben ist und die Lebensgeschichte auf besondere Weise beleuchtet. Ein allzu früher, weitgehend unverschuldeter Ehrverlust macht den Verbrecher erst endgültig zum Verbrecher, der aber trotzdem das Bewusstsein seiner sittlichen Existenz auch später niemals völlig verliert. Das Schwergewicht der Darstellung liegt dabei ebenso auf den gesellschaftlichen Bedingungen wie auf den seelischen Reaktionen.

Benno von Wiese: Die deutsche Novelle von Goethe bis Kafka. Interpretationen I. Düsseldorf: August Bagel Verlag 1964, S. 44–46

Aufgabe:
Entnehmt dem Text Informationen über Friedrich Schillers Erzähltechnik und ordnet sie nach Oberbegriffen.

Um den Schülerinnen und Schülern zunächst die Intention Abels nahe zu bringen, wird ihnen das Titelblatt des Werkes (auf Folie) gezeigt. Dazu stellt der Lehrer bzw. die Lehrerin die Frage:

❐ *Welche Erwartungen werden durch den Titel geweckt?*

Nach der Sammlung erster Vermutungen gibt die Lehrperson den Schülern die Information – evtl. durch Vorlesen der Einleitung (S. 60, Z. 1–S. 61, Z.5) –, dass dem Autor die „Lebens-Geschichte“ des Räubers und Mörders Fridrich Schwan bzw. „die Geschichte seiner Laster und seines Unglücks“ „merkwürdig genug“ erschien, um „sie in einer ausführlichen Erzählung darzustellen.“
Die Ausgangsfrage kann nun präzisiert werden:

❐ *Welche „Erklärung“ ist von der „ausführlichen Erzählung“ zu erwarten?*

Aufgrund der Informationen der Einleitung und unter Berücksichtigung des Titels des Autors ist eine (moral-)philosophische, vielleicht auch psychologische und weitgehend authentische Darstellung der „Geschichte“ der genannten Person mit lehrhafter Tendenz zu erwarten.
Um nun zum Thema der Stunde hinzuführen werden die unterschiedlichen Erwartungen, die durch die Titel „Lebens-Geschichte Fridrich Schwans“ und „Der Verbrecher aus verlorener Ehre“ geweckt werden, bzw. die aus den Titeln erschließbaren Intentionen der Autoren Abel und Schiller zum Gesprächsgegenstand gemacht.

❐ *„Lebens-Geschichte Fridrich Schwans“ – „Der Verbrecher aus verlorener Ehre“: Vergleicht die Erwartungen, die diese Titel beim Leser wecken. Welche Rückschlüsse auf die Intention der Autoren legen die Titel jeweils nahe?*

Danach folgt der Lesedurchgang (S. 61, Z. 6–S. 66, Z. 6) und die Lerngruppe beantwortet die Frage:

❐ *Bestätigt der Text eure Erwartungen?*

Die Schülerinnen und Schüler werden die auf Abels Erzählung gerichteten Erwartungen weitgehend bestätigt finden: Ohne theoretische Einleitung und viel ausführlicher (übrigens auch mit größerer historischer Treue) als Schiller legt Abel die Sozialisation der Person dar. Die im Werktitel angekündigte „Erklärung“ wird vor allem in jener Passage bewahrheitet, in der er „den Gründen“ für Schwans Fehlentwicklung „so tief als möglich nachzuspüren“ sucht (S. 62, Z. 4ff.). Die Ursachen sieht er – im Gegensatz zu Schiller – hauptsächlich darin, dass kein veredelnder Zwang zur Entsagung auf das Kind eingewirkt habe, zumal „besonders eine nachsichtsvolle Mutter seinen Fehlern lange gänzlich nachsah und sie sogar vor seinem Vater verbarg“ (S. 62, Z. 38ff.). Im Jünglingsalter wird „die neue Leidenschaft, die in diesen Jahren zum ersten Male erwacht“ (S. 64, Z. 24f.), für Schwan unbeherrschbar. Zur Befriedigung seiner sexuellen Bedürfnisse („Wollust“) braucht er Geld und dieses Bedürfnis veranlasst ihn schließlich zum Wilddiebstahl, den Abel als „den ersten furchtbaren Schritt“ bezeichnet (S. 65, Z. 26f.), während dieses Delikt in Schillers Text nicht so kritisch bewertet wird.
Beim Vergleich mit Schillers Text (S. 9, Z. 7–S. 10, Z. 17) sind zunächst die relevanten inhaltlichen Unterschiede der Figurendarstellung herauszuarbeiten, insbesondere die konträren Ausgangsbedingungen Schwans und Wolfs, die allein schon so gravierend sind, dass der Namensunterschied gerechtfertigt erscheint. Erzähltechnisch fällt sodann bei Schiller besonders die starke Raffung auf: Er benötigt nur etwa ein Viertel vom Umfang des Abel-Textes, um die Entwicklung seiner Figur

zum Wilddieb zu erzählen. Diese Erzählökonomie impliziert auch eine andere Akzentuierung der Darstellung.[1]
Im Rückgriff auf die in Baustein 3.1–3.2 erarbeiteten Ergebnisse (immanente Wiederholung) dürfte der Textvergleich[2] den Schülern keine Schwierigkeiten bereiten. Sie erhalten folgenden Auftrag:

❒ *Die Entwicklung einer Person vom Kind zum kriminellen jungen Mann – Vergleicht Jakob Friedrich Abels Text S. 61ff. und Friedrich Schillers Darstellung S. 9f. in Bezug auf wichtige Unterschiede inhaltlicher und erzähltechnischer Art.*

Notizen

[1] Schiller „reduziert die devianten Handlungen des jungen Schwan (bzw. Wolf) nicht nur mengenmäßig, sondern auch in der Motivation: die Taten eines ausgelassenen, verwöhnten, wohlhabenden (wenn auch vom Vater kurz gehaltenen) jungen Mannes werden bei ihm zu einer einzigen zusammengebündelt, der Wilddieberei, die [...] den Beginn der kriminellen Karriere markiert.“ (Anke Bennholt-Thomsen / Alfredo Guzzoni: Der „Asoziale“ in der Literatur um 1800, Königstein/Ts. 1979, S. 123f.)

[2] Vgl. auch den Vorschlag für eine Klassenarbeit, S. 13 (dazu Z 3, S. 113).

Baustein 6

Kriminalität und Strafe – damals und heute

Thematischer Schwerpunkt dieses Bausteins sind die Untersuchung und Erörterung grundlegender Aspekte von Kriminalität und Strafe in der Erzählung „Der Verbrecher aus verlorener Ehre“ (und zur Zeit des Autors) im Vergleich mit heutigen Positionen. Damit wird die ästhetisch orientierte Interpretation zugunsten einer sozialgeschichtlich bzw. sozialpsychologisch orientierten Analyse und Erörterung verlassen, für die Schülerinnen und Schüler der Jahrgangsstufen 9/10 erfahrungsgemäß sehr aufgeschlossen sind. Diese Methode ist gerade solchen literarischen Texten angemessen, die ein kriminelles Geschehen zum Gegenstand haben; denn sie sind in besonderem Maße dem sozialen Umfeld verhaftet: „verbrecherische Aktivitäten signalisieren ein gestörtes Verhältnis zwischen den Ansprüchen des Einzelnen und den normativen Vorstellungen der Gesellschaft.“[1]
In didaktischer Hinsicht bietet sich eine Verbindung dieser sehr motivierenden Methode, die im Deutschunterricht der Sekundarstufe I selbstverständlich nur ansatzweise wissenschaftspropädeutisch zu leisten ist, mit problemorientierten Verfahrensweisen an, die im Folgenden besonders akzentuiert werden.
Die Thematik ist auch gut für einen fächerverbindenden Unterricht geeignet, an dem neben dem Fach Deutsch die Fächer Politik/Sozialkunde und evangelische / katholische Religionslehre beteiligt sind.[2]
Im Einzelnen geht es um

- das Verhältnis von Physiognomie und Moral
- Kriminalitätsfaktoren
- Straftheorien
- Strafvollzug und Haftentlassung

6.1 ❐ Physiognomie und Moral: Kann man einen Verbrecher an seinem Äußeren erkennen?

Als Einstieg wird die physiognomische Grundidee des Züricher Theologen und Schriftstellers Johann Caspar Lavater (1741–1801) aus dem IX. Fragment („Von der Harmonie der moralischen und körperlichen Schönheit“) seines vierbändigen Werkes „Physiognomische Fragmente zur Beförderung der Menschenkenntnis und Menschenliebe“ (1775–1778) – möglichst auf einer Folie – mit folgendem Impuls präsentiert:

> „Die Schönheit und Häßlichkeit des Angesichts, hat ein richtiges
> und genaues Verhältniß zur Schönheit und Häßlichkeit
> der moralischen Beschaffenheit des Menschen.“
> Je moralisch besser; desto schöner.
> Je moralisch schlimmer desto häßlicher.
>
> J. C. Lavater

[1] Winfried Freund: Die deutsche Kriminalnovelle von Schiller bis Hauptmann, S. 8.
[2] Vgl. das Kapitel „Ab in den Knast“, in: Das neue Kursbuch Religion 9/10. Arbeitsbuch für den Religionsunterricht im 9./10. Schuljahr, hrsg. von Heinz Schmidt u.a. Stuttgart: Calwer Verlag, Frankfurt am Main: Verlag Moritz Diesterweg 1988, S. 28ff.

❑ *Diese Aussagen enthalten die (physiognomische) Grundidee eines Autors, die zur Zeit Schillers große Beachtung fand. Welche Auffassung vertritt Lavater?*

Die Texterläuterung, bei der außer „moralisch“ bzw. „Moral“ die Begriffe Physiognomie (äußere Erscheinung eines Lebewesens, insbes. des Gesichtsausdrucks) und Physiognomik (Lehre von der Fähigkeit, aus der Physiognomie auf innere Eigenschaften zu schließen) erklärt werden (vgl. auch Textheft, S. 30, Anmerkung 10), führt – auch im Blick auf Schillers Kriminalerzählung – zu der Problemfrage, (a) ob man einen Kriminellen an seinem Äußeren (insbes. seinem hässlichen Gesicht) erkennen kann, und (b) zu der Sachfrage, wie dieses Problem in Schillers Erzählung verarbeitet ist. Die Jugendlichen erhalten zunächst Gelegenheit, ihre Meinungen, Erfahrungen, Vorurteile bezüglich der Frage (a), ob man einen Kriminellen an seinem Äußeren erkennen kann, zur Sprache zu bringen, bevor untersucht wird, (b) wie Schiller dieses Problem in seiner Erzählung verarbeitet hat[1] und (c) welche Haltung die heutige Kriminologie vertritt. Wenn das Meinungsbild (zu a) erstellt ist, erhalten sie folgenden Arbeitsauftrag:

❑ *Findet in Friedrich Schillers Erzählung Anhaltspunkte für die Verarbeitung des Verhältnisses von Physiognomie und Moral. Teilt der Erzähler die Ansicht, dass man einen Verbrecher an seinem Äußeren (insbesondere seinem Gesicht) erkennen kann?*

Die Schüler bearbeiten diesen Auftrag am besten zu zweit. Im „Verbrecher aus verlorener Ehre“ müssten sie drei Stellen finden, die den Bezug auf Lavaters physiognomisches Theorem nahe legen:

1. Einen deutlichen Hinweis gibt der Erzähler durch die Charakterisierung des Torschreibers (einer Figur, die bereits im Baustein 4.4 intensiv berücksichtigt wurde): „Eine vierzigjährige Amtsführung hatte in ihm einen unfehlbaren Physiognomen aller Landstreicher erzogen.“ (S. 30, Z. 23ff.) Christian Wolfs „Aufzug“, sein Reittier, seine Kleidung und sein Gesicht („worauf so viele wütende Affekte, gleich den verstümmelten Leichen auf einem Walplatz, verbreitet lagen“, S. 30, Z. 19ff.) machen ihn dem „Falkenblick dieses Spürers“ (Z. 26) verdächtig.
2. Auch die äußere Erscheinung des jungen Christian Wolf, von der die Schüler u.U. eine Zeichnung angefertigt haben (siehe Baustein 3.1), kann in diesem Zusammenhang in die Überlegungen einbezogen werden, eine Erscheinung, deren „Widrigkeit“ der Erzähler hervorhebt (S. 9, Z. 16ff.).
3. Einen weiteren Hinweis gibt die Schilderung des „wilden Mannes“ durch den Ich-Erzähler Christian Wolf: „Seine Figur ging ins Riesenmäßige [...] und die Farbe seiner Haut war von einer gelben Mulattenschwärze, woraus das Weiße eines schielenden Auges bis zum Grassen hervortrat.“ (S. 20, Z. 20ff.) Auch zu dieser (teuflischen) Gestalt haben die Schüler eventuell eine Zeichnung angefertigt (siehe Baustein 4.1), die nun hinzugezogen werden kann. Wolf selbst, gerade zum Mörder geworden, schließt vom hässlichen Aussehen dieses Menschen auf dessen Kriminell-Sein: „‚Deinesgleichen‘, war die Antwort, ‚Wenn du der wirklich bist, dem du gleich siehst!‘“ (Z. 34f.)

Zusammenfassend ist zunächst festzustellen, dass Schillers Darstellung durchaus der Grundidee Lavaters nahe zu stehen scheint. Allerdings ist an dieser Stelle im Unterrichtsgespräch das (in Baustein 3.1 erworbene) Wissen der Schüler bezüglich des Erzählverfahrens zu reaktivieren: Der Erzähler macht am Beispiel Christian Wolfs deutlich,

---

[1] Schiller hat übrigens der Frage der „Physiognomik der Empfindungen“ einen Paragrafen seiner zweiten Dissertation gewidmet, in dem er sich gegen den Versuch Lavaters und seiner Schüler wendet, aus einzelnen organischen Zügen auf den Charakter zu schließen. Er teilt zwar die Ansicht, dass die Affekte in der Physiognomie sichtbar werden und dass solche Züge in der Wiederholung habituell werden; allerdings handelt es sich dabei nicht um das Erscheinen angeborener, sondern erworbener Qualitäten.

- dass das Abstoßende an der äußeren Erscheinung eines Menschen nicht unbedingt von dem Individuum selbst verursacht wurde („Die Natur hatte seinen Körper verabsäumt“, S. 9, Z. 16f., „eine platt gedrückte Nase und eine geschwollene Oberlippe, welche noch überdies durch den Schlag eines Pferdes aus ihrer Richtung gewichen war“, S. 9, Z. 18ff.) und ihn nicht notwendig zum Verbrecher werden lässt;
- dass sich Gewissen und Reue auch bei einem Kriminellen bemerkbar machen können (S. 27, Z. 30f.) und eine Verhaltensänderung ermöglichen (S. 28, Z. 31);
- dass der Kriminelle „auf dem höchsten Gipfel seiner Verschlimmerung [...] dem Guten näher“ sein kann, „als er vielleicht vor seinem ersten Fehltritt gewesen war“ (S. 28, Z. 13ff.), und damit Lavaters Ansicht widerlegt.

Die Schülerinnen und Schüler lesen gegebenenfalls nochmals die Textstelle S. 28, Z. 11ff. unter der Fragestellung:

❒ *Welche Antwort auf die Problemfrage legt der Erzähler nahe?*

Als letzter Schritt (c) bietet es sich an, den Schülern die heutige Position der Kriminologie zum Verhältnis von Physiognomie und Moral zu vermitteln. Dazu wird der Zeitungsartikel „Kommissar unter Verdacht“ im Textheft S. 107–109 gelesen. In lockerer und leicht verständlicher Weise wird hier von einem Vorlesungsexperiment an der Ruhr-Universität Bochum berichtet, an dem die Jura-Studierenden lernen sollen, „dass der Schein trügt, dass für Juristen, die einmal über Menschen zu Gericht sitzen werden, Vorurteile gefährlich sind.“ (S. 108, Z. 13ff.). Das dürfte auch ein wichtiges Lernziel für unsere Jugendlichen sein.
Die Antwort der heutigen Kriminologie auf die Problemfrage kann nach dem Lesedurchgang im Unterrichtsgespräch rasch und eindeutig geklärt werden: Einen Verbrecher erkennt man nicht an seinem Äußeren – weder „am schlurfenden Gang“ noch „am finsteren Blick“ (Vgl. S. 108, Z. 15f.). Der erreichte Kenntnisstand der Schüler wird gegebenenfalls abschließend mit dem zu Beginn erstellten Meinungsbild verglichen.
Die erarbeiteten Ergebnisse können zu etwa folgendem Tafelbild führen:

Kann man einen Kriminellen an seinem Äußeren (insbes. an seinem hässlichen Gesicht) erkennen?

J. C. Lavater (18. Jh.):	**Ja!** „Je moralisch schlimmer, desto hässlicher.“
F. Schillers Erzählung (1792):	– **Christian Wolf: Ja!** (vgl. „wenn du der wirklich bist, dem du gleich siehst!“ (S. 20, Z. 34f.) – **Torschreiber: Ja!** (vgl. den Hinweis auf ihn als „einen unfehlbaren Physiognomen“, S. 30, Z. 24f.) – **Erzähler: Nein! Wenigstens nicht unbedingt!** (vgl. seinen Hinweis auf eine mögliche Verhaltensänderung des Kriminellen, S. 28, Z. 13ff.)
Kriminologie heute:	**Nein!** „Einen Verbrecher erkennt man nicht...“ (S. 108, S. 15f.) Gefährlichkeit von Vorurteilen! (vgl. S. 108, Z. 15)

6.2 ❒ Kriminalitätsfaktoren: Mit welcher Wahrscheinlichkeit wird man kriminell?

„Kriminalität wird heute vor allem als Folge einer – als dynamischen Entwicklungsprozess zu verstehenden – von einer Vielzahl von Faktoren bestimmten fehlsamen Sozialisation verstanden. Erst wo ungünstige äußere Faktoren und eine entsprechende innere Bereitschaft aufeinander stoßen, kommt es zur Tat."[1] (Siehe Textheft „Kriminalität als Mangelerscheinung", S. 106, Z. 6ff.)
In motivierender Weise kann man den Schülerinnen und Schülern die Bedeutung dieser Faktoren mithilfe eines „Kriminalitätstests" bewusst machen. Sie stellen damit die größere oder geringere Wahrscheinlichkeit fest, mit der (die fiktive Figur) Christian Wolf im Vergleich zu anderen (realen) Personen (der Gegenwart in der Bundesrepublik Deutschland) nach heutigen Maßstäben kriminell wird (bzw. mit welcher Wahrscheinlichkeit die Schüler selbst im Vergleich zu anderen – einem älteren Verwandten oder Bekannten und dem Fallbeispiel Christian Wolf – gefährdet sind). Dieser Test, der hier lediglich im Blick auf Schillers Erzählung in der Spalte „Wohnwelt" um den Faktor „Kleinstadt 1,5" ergänzt wurde, ist in der Sendung „Bilder aus der Wissenschaft" am 2. März 1973 vom Norddeutschen Rundfunk ausgestrahlt worden. Mit ihm konnte jeder Zuschauer für sich persönlich errechnen, in welchem Maß er nach statistischer Wahrscheinlichkeit eine Anfälligkeit zur Kriminalität besitzt im Vergleich zu anderen Bürgern der Bundesrepublik Deutschland.
Die Lehrperson händigt der Klasse das Arbeitsblatt 9 (S. 72) aus und erläutert die Arbeitsanweisung:

❒ *Bearbeitet die beiden Spalten zum Fallbeispiel Christian Wolf zu zweit. Sucht als erstes die Faktorenzahl „Alter/Geschlecht" aus Tabelle 1 (z.B. 14 bis unter 16, weiblich = 6) und tragt diese in Tabelle 2 oben ein. Tragt dann die weiteren Faktorenzahlen (Personenstand, familiäre Herkunft usw.) nach den Angaben des Schiller-Textes bzw. eurer Deutung in Tabelle 2 ein. Multipliziert am Ende die untereinander stehenden Zahlen; dann habt ihr mit dem Produkt das Maß größerer oder geringerer (statistischer) Wahrscheinlichkeit, mit der Christian Wolf nach heutigen Maßstäben kriminell wird, als bei Vergleichspersonen.*

Die Sozialform Partnerarbeit bei der Bearbeitung des fiktiven Fallbeispiels Christian Wolf ist insofern angebracht, als die Schüler entscheiden müssen, welchen Faktor sie bei der familiären Herkunft Christian Wolfs und seiner Schichtzugehörigkeit ansetzen.
Aus Datenschutzgründen sollten die Schülerinnen und Schüler die anderen Spalten allein (zu Hause) ausfüllen.

Die Ergebnisse sind für die Schülerinnen und Schüler sehr frappierend. Bei der Auswertung kommt es darauf an, dass die Lernenden erkennen, in welch ungeheuer hohem Maße Christian Wolf von Faktoren, die er selbst nicht zu vertreten hat, im Vergleich zu anderen, heutigen jungen und älteren Menschen in unserem Staat gefährdet ist, kriminell bzw. zum Verbrecher zu werden. Ein 15-jähriges nicht vorbestraftes Mittelschicht-Mädchen aus normalen familiären Verhältnissen, das in einer Kleinstadt wohnt, hat beispielsweise das Produkt 18, während der vorbestrafte Christian Wolf, wenn man seine familiäre Herkunft als „gestört" beurteilt und

[1] Volker Göhrum und Eberhard Röhm: Zur Strafe. Angst, Schuld und Recht krimineller Jugendlicher. Lehrerheft. Stuttgart und München: Calwer Verlag und Kösel Verlag 1974, S. 13.

Kriminalitätstest

Tabelle 1

Alter	14 bis unter 16	16 bis unter 18	18 bis unter 21	21 bis unter 25	25 bis unter 30	30 bis unter 40	40 bis unter 50	50 bis unter 60	60 und mehr
männlich	44	50	52	52	36	124	14	9	3
weiblich	6	7	7	9	7	6	4	3	1

Tabelle 2

	Christian Wolf vor seiner ersten Strafe	**Christian Wolf nach der Festungshaft, vor dem Mord**	**Älterer Verwandter/ Bekannter**	**Eigene Person**
Alter/Geschlecht				
Personenstand verheiratet 1 ledig 2,0 geschieden 2,0				
Familiäre Herkunft normal 1 gestört 8,0 Heim 8,0				
Strafen nicht vorbestraft 1 vorbestraft 1,2				
Soziale Schicht Mittel-/Ober-Schicht 1 untere Schicht 2,5				
Wohnwelt Land 1 Kleinstadt 1,5 Großstadt 2,0				
Produkt				

Arbeitsanweisung:
Bearbeitet die beiden Spalten zum Fallbeispiel Christian Wolf zu zweit. Sucht als erstes die Faktorenzahl „Alter/Geschlecht“ aus Tabelle 1 (z.B. 14 bis unter 16, weiblich = 6) und tragt diese in Tabelle 2 oben ein. Tragt dann die weiteren Faktorenzahlen (Personenstand, familiäre Herkunft usw.) nach den Angaben des Schiller-Textes bzw. eurer Deutung in Tabelle 2 ein. Multipliziert am Ende die untereinander stehenden Zahlen; dann habt ihr mit dem Produkt das Maß größerer oder geringerer (statistischer) Wahrscheinlichkeit, mit der Christian Wolf nach heutigen Maßstäben kriminell wird als Vergleichspersonen.
Die beiden anderen Spalten müsst ihr natürlich nicht bearbeiten, wenn ihr es nicht wollt.

ihn für der unteren Schicht zugehörig hält, das Produkt 3744 aufweist; die Wahrscheinlichkeit, kriminell und bestraft zu werden, ist für Christian Wolf also 208 mal höher als bei der Vergleichsperson. Aus Datenschutzgründen sollte die Lehrerin bzw. der Lehrer ein solches fiktives Beispiel zum Vergleich hinzuziehen und nicht das von den Schülerinnen und Schülern für die eigene Person ermittelte Produkt erfragen.
Zum Zwecke der vorläufigen Ergebnissicherung wird der Lerngruppe die Frage gestellt:

❐ *Was zeigen die Ergebnisse dieses Kriminalitätstests in Bezug auf das Fallbeispiel Christian Wolf?*

Der Test zeigt in Bezug auf das Fallbeispiel, dass Christian Wolf nach heutigen Maßstäben sowohl vor seiner ersten Strafe als auch nach der Festungshaft (also bevor er zum eigentlichen Verbrecher wird) im Vergleich zu den Schülerinnen und Schülern und älteren Verwandten oder Bekannten in unserem Staat eine erschreckend hohe Anfälligkeit zur Kriminalität besitzt.
Zur Sicherung der Ergebnisse bezüglich der heutigen Kriminologie, die Kriminalität als Mangelerscheinung versteht, können abschließend die im Textheft abgedruckten „Leitsätze“ S. 106 hinzugezogen werden.

6.3 ❐ Strafen: Worin besteht ihr Sinn und Zweck im Rechtssinn?

Die Gegenwartsbedeutung dieses Teilthemas ist außerordentlich groß, wie allein folgender Zeitungsbericht dokumentiert.

Bürger: Täter sollen Härte des Gesetzes spüren

Bochumer Langzeitstudie erforschte die Einstellung der Bevölkerung zum Strafvollzug

WAZ BOCHUM In Sühne und Abschreckung sehen die meisten Menschen den Sinn einer Gefängnisstrafe. Der Resozialisierungs-Gedanke ist auf dem Rückzug. Dies ist das Ergebnis einer Langzeitstudie des Bochumer Kriminologen Prof. Hans Dieter Schwind.
Die Befragung ergab, dass nur noch 41% der Bevölkerung in der Resozialisierung die Hauptaufgabe des Strafvollzuges sehen. 1975 waren es noch 61%. „Die euphorische Einstellung zur Resozialisierung ist abgeebbt“, sagt Schwind. Es gebe jedoch keine Alternative, wenn man Gefangene nicht einfach wegschließen wolle. Eine Berufsausbildung im Gefängnis könne vor allem für jugendliche Straftäter nach der Entlassung die entscheidende Chance sein. Schwind: „Ziel muss es sein, den Rückfall zu verhüten. Das lässt sich mit Vergeltung nicht erreichen.“
Vor allem in der „Inflation von Vollzugslockerungen“ sieht Schwind eine Ursache für das schlechte Bild des Strafvollzugs in der Öffentlichkeit. Straftaten, die im Hafturlaub begangen wurden, würden in der Bevölkerung den Zweck der Resozialisierungs-Idee infrage stellen.

Christopher Onkelbach

In: Westdeutsche Allgemeine Zeitung vom 21.10.99

Der Verfasser des Berichts ist übrigens derselbe wie der des im Textheft S. 107ff. abgedruckten Artikels und der hier zitierte Professor ist mit dem in jenem Artikel erwähnten identisch, sodass sich dieser Zeitungsausschnitt auch gut für eine Lernzielkontrolle eignet.

Bereits bei der Analyse der drei Bestrafungen (Geldbuße, Zuchthaus, Festungshaft) und ihrer Auswirkungen auf den Täter Christian Wolf (in Baustein 3.3) ist wahrscheinlich schon im Unterricht die Frage nach dem Sinn der Strafen gestellt worden. Sie wird hier aufgegriffen und neu formuliert:

❐ *Worin bestehen eurer Meinung nach Sinn und Zweck der Strafe im Rechtssinn?*

Die Äußerungen der Lerngruppe werden gesammelt und von einer Schülerin oder einem Schüler an der Tafel festgehalten (z.B. Abschreckung, Vergeltung, Schutz der Gesellschaft, Erziehung zur Besserung).
Nach dieser Phase wird der Text „Sinn und Zweck der Strafe – Straftheorien“ im Textheft S. 109 (vor-) gelesen und erläutert. Anschließend lässt die Lehrperson die Schüler die an der Tafel gesammelten Straffunktionen den beiden Straftheorien zuordnen (bei Zeitmangel nur durch Unterstreichungen mit zwei verschiedenen Kreidefarben) und ergänzen, sodass sich etwa folgendes Tafelbild ergibt:

Straftheorien

absolute Straftheorie (Gerechtigkeitstheorie)	**relative Straftheorie**
Strafe aufgrund von Schuld	Strafe aufgrund von Gefährlichkeit
Vergeltung des vom Täter begangenen Unrechts (Vergeltungstheorie)	Verhinderung neuer Straftaten durch • Abschreckung • Erziehung zur Besserung • Wiedereingliederung in die Gesellschaft (Resozialisierung)
Sühne für das vom Täter begangene Unrecht (Sühnetheorie)	Schutz der Gesellschaft (Vorbeugung)

Zur Sicherung der erworbenen Kenntnisse bearbeitet die Lerngruppe anschließend die Aufgabe auf dem Arbeitsblatt 10 (S. 75).

❐ *Was sagt jeweils ein Anhänger der absoluten und ein Anhänger der relativen Straftheorie zu seinem Gesprächspartner beim Anblick des Verurteilten, der in die Strafvollzugsanstalt geführt wird? Schreibt die Sprechblasentexte unter das jeweilige Bild.*

Die Antworten können von Kurzformen wie „Das hat er nun davon!“, „Jetzt kann er erst mal im Knast büßen!“ (absolute Theorie) und „Der stellt nichts mehr an!“, „Hoffentlich bessert er sich nun!“ (relative Theorie) bis zu differenzierteren „Gesprächsbeiträgen“ reichen.
Zur Lernzielkontrolle ist eine schriftliche Erörterung der Frage geeignet: Worin bestehen Sinn und Zweck der Strafe im Rechtssinn?
Als Rückbindung an die Erzählung „Der Verbrecher aus verlorener Ehre“ bietet es sich an, das vom Erzähler kritisierte Verhalten der Richter in Bezug auf die von ihnen vertretene Straftheorie untersuchen zu lassen. Dazu werden zunächst die beiden Sätze im Textheft S. 12, Z. 2–7 vorgelesen: „Die Richter sahen in das Buch der Gesetze, aber nicht *einer* in die Gemütsverfassung des Beklagten. Das Mandat gegen die Wilddiebe bedurfte einer solennen und exemplarischen Genugtu-

Sinn und Zweck der Strafe – Straftheorien

absolute Theorie

Sühne
Vergeltung

relative Theorie

Vorbeugung
Erziehung zur Resozialisierung
Schutz der Gesellschaft

Aufgabe:
Was sagt jeweils ein Anhänger der absoluten und ein Anhänger der relativen Straftheorie zu seinem Gesprächspartner beim Anblick des Verurteilten, der in die Strafvollzugsanstalt geführt wird? Schreibt die Sprechblasentexte unter das jeweilige Bild.

ung, und Wolf ward verurteilt, das Zeichen des Galgens auf den Rücken gebrannt, drei Jahre auf der Festung zu arbeiten."
Anschließend erhalten die Schüler folgende Aufgabe:

❒ *Welche Straftheorie vertreten die Richter und welche Haltung nimmt der Erzähler dazu ein?*

Der Begriff „Genugtuung" und die mangelhafte Berücksichtigung der „Gemütsverfassung" des Angeklagten sind Kennzeichen der absoluten Theorie. Der Erzähler kritisiert diese und wirft den Richtern schuldhaftes Handeln vor; er vertritt anscheinend die relative Theorie.
An dieser Stelle der Unterrichtsreihe „Kriminalität und Strafe – damals und heute" kann gleichsam organisch ein Teil des Bausteins 7 „Das Werk im historischen Zusammenhang (und zwar 7.3) einbezogen werden, indem man die Informationen des Bildes und der Texte a–c im Textheft S. 50–52 integriert. Dabei kann den Schülern im Blick auf den „Verbrecher aus verlorener Ehre" deutlich werden, dass Schiller eine progressiv-aufklärerische Position vertritt (siehe Text c, S. 51f.), die – wie im Folgenden zu erarbeiten sein wird – (erst) in der heutigen Rechtsprechung in Deutschland weitgehend verwirklicht ist.
Der Gegenwartsbezug wird mit folgender Frage hergestellt:

❒ *Welche Straftheorie liegt eurer Meinung nach unserer heutigen Rechtsprechung zugrunde?*

Nach den spontanen Schüleräußerungen kann die Einsichtnahme in das Strafverständnis im geltenden Strafrecht eingeleitet werden. Der gegenwärtigen Rechtsprechung liegt eine Vereinigungstheorie (Vereinigung der absoluten und relativen Theorie) zugrunde, der auch die „Zweispurigkeit" von Strafen und Maßnahmen entspricht. Im Jugendstrafrecht findet man die Prinzipien eines Maßnahmerechts, deren radikale Vertreter den Sinn von Strafe überhaupt infrage stellen, bereits stark berücksichtigt, ohne dass hier der Tatvergeltungsgedanke ganz aufgegeben ist.
In unserem Zusammenhang interessieren nicht so sehr einzelne Straf- bzw. Maßnahmebestimmungen, sondern die den Gesetzestexten zugrunde liegenden Straftheorien und die darin zum Ausdruck kommenden Wertvorstellungen. Obwohl das Strafgesetzbuch (StGB) sich nicht ausdrücklich über Recht, Sinn und Zweck des Strafens äußert, lässt sich erheben, welche Rechtstheorie ihm zugrunde liegt bzw. welche (widerstreitenden) Theorien in ihm leitend sind.
Dazu lesen die Schüler § 46 (1) der „Grundsätze der Strafzumessung" im Textheft „Aus dem Strafgesetzbuch (StGB)", S. 110, vor und analysieren den Text in Bezug auf die o.g. Fragestellung in Partnerarbeit.

❒ *Findet anhand des § 46 (1) StGB heraus, welche Strafrechtstheorie(n) dem Strafgesetzbuch zugrunde liegt bzw. liegen.*

Es ist festzustellen, dass
- sich der erste Satz, der die „Schuld des Täters" als „Grundlage für die Zumessung der Strafe" bestimmt, der absoluten Theorie zuzuordnen ist, während
- der zweite Satz, der sich auf die „Wirkungen" bezieht, „die von der Strafe für das künftige Leben des Täters in der Gesellschaft zu erwarten sind", der relativen Theorie entspricht;
- folglich unserer gegenwärtigen Rechtsprechung offensichtlich eine Vereinigungstheorie zugrunde liegt.

Die Auseinandersetzung mit § 46 (2) StGB wird für eine Rückbindung an Schillers Erzählung genutzt, indem nach der Kenntnisnahme und nötigenfalls Erläuterung des Textes die Lehrperson folgenden Auftrag erteilt:

❒ *Überlegt zu zweit, ob und inwieweit die in § 46 (2) StGB genannten „Umstände, die für und gegen den Täter sprechen“, in Friedrich Schillers Erzählung „Der Verbrecher aus verlorener Ehre“ berücksichtigt worden sind. Macht euch dazu Notizen mit Hinweisen auf Textbelege.*

Es dürfte den Schülern nicht schwer fallen, alle im StGB genannten „Umstände“ an Schillers Text nachzuweisen.
Nach dieser impliziten Wiederholung können die Schülerinnen und Schüler zusätzlich Gelegenheit erhalten, die übrigen abgedruckten Paragrafen des StGB in ihre Überlegungen in Bezug auf den Täter Christian Wolf einzubeziehen; sie treffen durchweg nicht auf Wolf zu: Er ist als voll schuldfähig anzusehen.
Für Schüler, die die kriminologischen Aspekte der Erzählung noch vertiefen möchten (insbes. für Schüler der gymnasialen Oberstufe) steht in den Zusatzmaterialien dieses Modells, Z 4, der Text eines Juristen zur Verfügung („Richard Schmid, Schillers ‚Räuber‘ - von einem Juristen betrachtet“), der sich auch für ein Referat eignet.

6.4 ❒ Strafvollzug und Haftentlassung – *...„er ging von der Festung – aber ganz anders, als er dahin gekommen war“:* Wäre es heute grundsätzlich anders?

Die Sachaspekte „Strafvollzug“ und „Haftentlassung“ werden von der Lektüre der Erzählung ausgehend erarbeitet. Je nach den konkreten Unterrichtsvoraussetzungen muss die Lehrerin oder der Lehrer entscheiden, ob es erforderlich ist, Christian Wolfs Aussagen über den Strafvollzug während seiner dreijährigen Festungshaft (S. 12, Z. 12 – S. 13, Z. 21) noch einmal zu vergegenwärtigen, bevor die Schüler die folgende Frage beantworten können:

❒ *Wie verändert sich Wolfs Persönlichkeit in der Periode seiner Festungshaft und wodurch wird diese Veränderung bewirkt?*

Der erste Satz „Ich betrat die Festung [...] als ein Verirrter und verließ sie als ein Lotterbube“ (S. 12, Z. 12f.) kennzeichnet bereits die Veränderung des Häftlings, der seine Ehrlosigkeit akzeptiert und ein neues Selbstbild aufgebaut hat, das sich im Hass gegen die Menschheit äußert. Hinsichtlich der Frage, wodurch diese Veränderung bewirkt wird, ist vor allem auf die emotionalen Bedürfnisse abzuheben, die der Ich-Erzähler durch die Wiederholung des Verbs brauchen hervorhebt: „...ich brauchte ein Geschöpf...; ich brauchte Beistand..., ich brauchte Bedaurung“ (S. 12, Z. 28 – S. 13, Z. 3), Bedürfnisse, deren Befriedigung ihm verweigert wird.
Bei dem sich nun im Unterricht anschließenden Vergleich mit dem Text „Strafvollzug“ im Textheft S. 111f. ist nach dem Lesedurchgang die Unterdrückung von seelischen Bedürfnissen (durch Disziplinierung) als ein wesentlicher Aspekt im Unterrichtsgespräch herauszuarbeiten.
Ob und wieweit die Schüler diesen Aspekt wirklich verstanden und sich angeeignet haben, wird im nächsten Unterrichtsschritt erkennbar. Er wird dadurch eingeleitet, dass die Lehrperson den ersten Abschnitt des Zeitungskommentars „Bedenklich“ (aus dem Textheft, S. 112) vorliest:
„Die niederländische Regierung erwägt kriminelle Jugendliche in Arbeitslager zu stecken. Diese Lager würden dann nach amerikanischem Vorbild geführt und von ehemaligen Soldaten geleitet. Arbeit und Disziplin; Disziplin und Arbeit – so liefe es ab.“

Zu dieser Überlegung, „kriminelle Jugendliche in Arbeitslager zu stecken“, sollen die Schüler Stellung beziehen. Dazu ist folgende Frage hilfreich:

- *Haltet ihr die Einrichtung von solchen Arbeitslagern für kriminelle Jugendliche auch in Deutschland für sinnvoll?*

Die bereits in Schillers Erzählung und in dem Text „Strafvollzug“ kritisierte Unterdrückung seelischer Bedürfnisse, die in den Arbeitslagern nach amerikanischem Vorbild (von denen manche Schüler vielleicht durch bestimmte Fernsehsendungen einen Eindruck haben) zum Prinzip erhoben wird („Arbeit und Disziplin“), müssten die Schüler und Schülerinnen als gewichtiges Argument für eine verneinende Antwort auf die Entscheidungsfrage nennen.
Je nach Zeit und Interesse kann man nun den gesamten Zeitungskommentar (S. 112f.) (vor-)lesen und die weiteren Argumente erarbeiten lassen. Abschließend erhalten die Schüler Gelegenheit, das Erlernte produktiv anzuwenden, indem sie folgende Sachfrage erörtern:

- *Wie müsste ein Strafvollzug aussehen, der die seelischen Bedürfnisse der Häftlinge nicht unterdrückt, sondern angemessen berücksichtigt?*

Die Einbeziehung des Textes „Haftentlassung“ im Textheft S. 113f. hat integrierende Funktion, da sich die Situation der Haftentlassung und der „Einführung in den Knast“ strukturell ähnlich sind und die Schwierigkeiten der Resozialisierung nicht nur in der vorurteilsbehafteten „Aufnahmebereitschaft“ der Gesellschaft gegenüber dem Vorbestraften liegen, sondern auch in der Veränderung der Persönlichkeitsstruktur des Gefangenen. Damit kommt die Situation des Kriminellen vor, während und nach der Haft in den Blick.
Man wird die Schüler also zunächst die in dem Text angesprochenen problematischen Aspekte der Resozialisierung herausarbeiten lassen und anschließend die im Baustein 3.3 mit Schillers Erzählung gewonnenen Erfahrungen und Erkenntnisse in die Erörterung dieser Aspekte einbeziehen.

Wenn die in Baustein 4.5 eingeführte Begriffserläuterung geübt werden soll, kann dies zum Abschluss der Einheit am Begriff „Strafe“ erfolgen.

Es wäre ideal, wenn sich diese Unterrichtsreihe mit einem Projekt verbinden ließe, mit dem sich der Unterricht stärker zur außerschulischen Wirklichkeit hin öffnet, sei es durch Einladung eines (Jugend-) Strafrichters oder Gefängnispfarrers in den Deutschunterricht (Expertenbefragung), sei es durch Besuch einer (Jugend-) Strafanstalt in der Nähe des Lernortes Schule.

Notizen

Baustein 7 Das Werk im historischen Zusammenhang

Dieser Baustein stellt Schillers „Verbrecher aus verlorener Ehre“ in den historischen Zusammenhang der Entstehung und Veröffentlichung des Werkes, der sozialgeschichtlichen Voraussetzungen und der ersten Reaktionen der Leserschaft und thematisiert damit die Verständigung zwischen Autor, Text und Leser. Es geht also schwerpunktmäßig um folgende Sachaspekte:

- den Prozess der literarischen Kommunikation,
- die Entstehung des Werkes einschließlich der historisch-biografischen Wirklichkeit des Autors, die in die Erzählung eingegangen ist, und der Form sowie des Wirkungskonzepts der Veröffentlichung des Textes;
- sozialgeschichtliche Voraussetzungen einschließlich der Wirklichkeit, auf die sich die Erzählung bezieht, sowie der ästhetischen Tradition, die dem Autor bestimmte Arten des Erzählens vorgab, Bedingungen, die auch die Rezeptionsdisposition der Leserschaft bestimmten;
- erste Reaktionen der Leserschaft und damit die tatsächliche zeitgenössische Rezeption des Werkes.

Wegen des recht hohen Schwierigkeitsgrads eignet sich dieser Baustein im Allgemeinen erst für Lerngruppen (ab) der Jahrgangsstufe 10.
Als Textgrundlage dienen im Wesentlichen die Kapitel 1 und 2 im Anhang der Textausgabe.

7.1 ❐ Der Prozess der literarischen Kommunikation (Modell)

Es empfiehlt sich, den Schülerinnen und Schülern vor und – zur Ergebnissicherung – nach der Behandlung dieser beiden Kapitel die konstituierenden Bestandteile der Erzählung an einem Modell[1] bewusst zu machen. Dazu erhalten sie das Arbeitsblatt 11 (S. 80) mit den Aufgaben:

❐ *„Eine Erzählung entsteht dann, wenn jemand unter bestimmten Bedingungen und Umständen anderen etwas erzählt.“ Erläutert die in dieser Definition enthaltenen Elemente einer Erzählung am Modell der literarischen Kommunikation.*

❐ *Erläutert den Prozess der literarischen Kommunikation am Beispiel der Erzählung „Der Verbrecher aus verlorener Ehre“.*

[1] Differenziertere Informationen zum Kommunikationsmodell des Erzähltextes in: Cordula Kahrmann, Gunter Reiß, Manfred Schluchter: Erzähltextanalyse. Eine Einführung mit Studien- und Übungstexten. Weinheim: Beltz Athenäum Verlag, 4. Aufl. 1996.

Baustein 7

Arbeitsblatt 11

Der Prozess der literarischen Kommunikation am Beispiel der Erzählung

Ein literarischer Text wird von einem realen **Autor** in einer konkreten geschichtlichen Situation mit einer bestimmten Kommunikationsabsicht (Intention) geschrieben.
Zur historischen Situation des Autors gehört die **Wirklichkeit,** in der er selbst lebt und die als Hintergrund der Entstehungszeit in die Erzählung eingeht. Dem Schriftsteller stehen bestimmte literarische Gestaltungsmittel, z.B. **Arten des Erzählens,** zur Verfügung, die in seiner Zeit gebräuchlich sind; und es ist für das Verständnis seines Werkes wichtig festzustellen, wie und wozu er sie verwendet.
In einem dichterischen, fiktionalen Text ist der Bezug zur Wirklichkeit stets indirekter Art, d.h., der Autor stellt Wirklichkeit (auch erfundene Wirklichkeit) beispielsweise in epischer Literatur aus der Sicht eines **Erzählers** dar; diese Darstellung von Wirklichkeit in Figuren, Situationen, Handlungen, Gedanken und Empfindungen, die so genannte **erzählte Wirklichkeit,** macht den „Inhalt" der **Erzählung** aus.
Ein konkreter **Leser** liest in einer realen historischen Situation diesen Text und fasst ihn in einer ganz bestimmten Weise auf.
Die Entstehung und Veröffentlichung der Erzählung **(Produktion)** und ihre Aufnahme durch den Leser **(Rezeption),** ob zeitlich sehr nahe oder durch Jahrhunderte voneinander getrennt, sind gebunden an die kommunikative Handlung des Erzählens; denn eine Erzählung entsteht dann, wenn jemand unter bestimmten Bedingungen und Umständen anderen etwas erzählt.

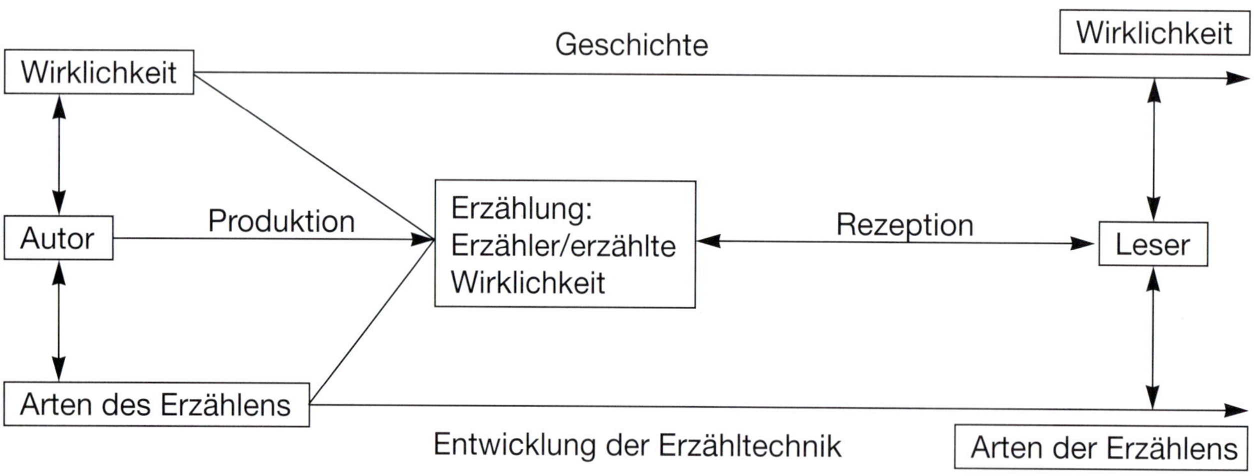

Aufgaben

a) „Eine Erzählung entsteht dann, wenn jemand unter bestimmten Bedingungen und Umständen anderen etwas erzählt." Erläutert die in dieser Definition enthaltenen Elemente einer Erzählung am Modell der literarischen Kommunikation.

b) Erläutert den Prozess der literarischen Kommunikation am Beispiel der Erzählung „Der Verbrecher aus verlorener Ehre".

7.2 ❐ Entstehung und Veröffentlichung des Werkes (Produktion)

Durch ein Schülerreferat[1] oder eigene Lektüre des Autorentextes im Anhang der Textausgabe (S. 36–38) werden die Schülerinnen und Schüler über Friedrich Schillers Lebensstationen und in diesem Zusammenhang schon darüber informiert, wann und unter welchen biografischen Umständen der Autor die Erzählung „Verbrechen aus Infamie“ bzw. „Der Verbrecher aus verlorener Ehre“ verfasst und veröffentlicht hat. Entstehung und Veröffentlichung der Erzählung werden daraufhin näher untersucht. Dazu dient zusätzlich der Text von Bodo Lecke[2] (Textheft, S. 39f.), der vorgelesen und anschließend erläutert wird. Wenn die Lerngruppe mehr über den historischen Fall, der der Erzählung als Stoff zugrunde liegt, erfahren möchte, kann auch der entsprechende Abschnitt von Gerhard Köpf[3], S. 60, hinzugezogen werden. Mithilfe eines Tafelbildes werden die wesentlichen Informationen etwa folgendermaßen strukturiert:

Entstehung und Veröffentlichung des Werkes

Verhaftung des „Sonnenwirts“ Schwan (1760) durch den Oberamtmann Abel zu Vaihingen a.d. Enz

↓

Einbeziehung der Sonnenwirt-Geschichte als Fallstudie in Vorlesungen des Prof. Abel an der Karlsschule (wo Schiller Schüler war) → J.F. Abel: „Lebens-Geschichte Fridrich Schwans“ (1787)

↓

Bearbeitung der Geschichte durch Schiller; Verschlüsselung biografischer Daten und Einbeziehung eigener Kenntnisse des Strafvollzugs → F. Schiller: „Verbrechen aus Infamie“ (1786)

↓

F. Schiller: „Verbrecher aus verlorener Ehre“ (1792)

Über die Intention des Autors und sein Bild von der Rezeptionsdisposition des Publikums kann man einiges aus Schillers Selbstdarstellung in der Zeitschrift „Thalia“ (im Anhang der Textausgabe, S. 41ff.) erfahren.

Als Einstieg gibt die Lehrperson den Schülern Gelegenheit, das Titelblatt und das Inhaltsverzeichnis der „Thalia“ (S. 41) zu betrachten. Anschließend können die Ankündigung der Erzählung „Verbrechen aus Infamie“ (im zweiten Heft der Zeitschrift) durch Unterstreichung hervorgehoben und die angekündigten Inhalte sowie das Titelblatt einschließlich des Begriffs „Herausgeber“ (derjenige, der ein Werk veröffentlicht – im Allgemeinen ohne selbst Autor zu sein) erläutert werden.

1 Über das Kapitel im Anhang der Textausgabe S. 36–38 hinaus wird empfohlen: Norbert Oellers: Schiller. Mit 8 Abbildungen, Stuttgart: Reclam 1993.

2 Bodo Lecke (Hrsg.): Projekt Deutschunterricht 9. Literatur der Klassik II – Lyrik/Epik/Ästhetik. Stuttgart: Metzler 1975, S. 119f.

3 Gerhard Köpf: Friedrich Schiller, Der Verbrecher aus verlorener Ehre. Überlegungen zu einer kommunikationsorientierten Erzähltext-Analyse. In: Blätter für den Deutschlehrer. Heft 3, September 1978, S. 64.

Dann erhalten die Schüler folgende Aufgaben zur Bearbeitung des Textes (S. 41ff.) in Partnerarbeit.

❒ 1. *Welche Absichten verbindet der Herausgeber (nach seiner Selbstdarstellung) mit der Zeitschrift?*
2. *Welche Vorstellung hat er von dem erwarteten Publikum?*
3. *Entspricht seine Erzählung diesem Konzept?*

Wahrscheinlich haben die Schüler bereits nach dem Grund für die anonyme Herausgabe des Werkes gefragt und ihn ansatzweise reflektiert. Dieser merkwürdige Sachverhalt wird nun noch einmal explizit aufgenommen, evtl. ist die Erörterung aber auch erst durch folgende Lehrerfrage zu initiieren:

❒ *Was könnte Friedrich Schiller bewogen haben, seine Erzählung anonym zu veröffentlichen, also seine Verfasserschaft geheim zu halten?*

Die Schüler können drei Gründe nennen und erörtern, die Schiller die Geheimhaltung seiner Verfasserschaft wünschenswert erscheinen ließen, Gründe, die auch in der Sekundärliteratur[1] zur Sprache kommen:
1. Er hat die Erzählung als seiner unwürdig angesehen. Dieses Argument ist damit zu widerlegen, dass Schiller sie in einer von ihm redigierten Zeitschrift abgedruckt und sechs Jahre später – wenn auch stilistisch überarbeitet – in den ersten Band seiner Sammlung „Kleinere prosaische Schriften“ (1792) aufgenommen hat.
2. Als Herausgeber einer Zeitschrift lag ihm daran, den Eindruck zu erwecken, dass sich viele Mitarbeiter an seinem Unternehmen beteiligten.
3. Der Hauptgrund für die Anonymität dürfte in der Erzählung selbst liegen. Hätte Schiller die Erzählung unter seinem Namen veröffentlicht, hätten sie viele Leser, die sein Schicksal kannten, als Anklage gegen die unsicheren Zustände und die Rechtspflege in Württemberg aufgefasst – und dies wollte Schiller, der wohl immer noch auf eine Lebensstellung in seiner Heimat hoffte – aus Taktgefühl und politischer Erwägung vermeiden.

7.3 ❒ Sozialgeschichtliche Voraussetzungen (Rezeptionsdisposition)

Mit der Erarbeitung relevanter sozialgeschichtlicher Voraussetzungen einschließlich der Wirklichkeit, auf die sich die Erzählung bezieht, sowie der ästhetischen Tradition, die dem Autor bestimmte Arten des Erzählens vorgab, wird die in Kapitel 7.2 eingeleitete Rekonstruktion der historischen Kommunikationssituation fortgeführt, von der Schillers Text ein Teil ist. Dabei werden die Ergebnisse der werkimmanenten Interpretation (vgl. vor allem die Bausteine 2–4) wieder aufgenommen. Konkret geht es um die Beantwortung folgender Fragen:
1. Wie nimmt Schiller in seiner Erzählung Bezug auf das Räuberwesen seiner Zeit?
2. Welche Rechtsauffassung vertritt er in seiner Erzählung gegenüber der Todesstrafe?
3. Wie geht er mit der zu seiner Zeit verbreiteten Literatur des „authentischen Kriminalberichts“ um?
4. Welche Leser könnte Schiller zu erreichen gehofft haben?

[1] Vgl. Willi Stoeß: Die Bearbeitungen des „Verbrechers aus verlorener Ehre“. Phil. Dissertation. Breslau 1913, S. 11f.

Zur Beantwortung der Fragen werden folgende Texte und Materialien aus dem Anhang der Textausgabe herangezogen:

Zu 1. „Räuberbanden“ (S. 46ff.). Der Text von Carsten Küther[1] informiert über Herkunft der Banditen, Motivation der Räuber und ihre Verfolgung im 18./19. Jahrhundert.
Mit Rainer Kawa ist festzustellen, dass Schiller „die ideologische Spannbreite und Widersprüchlichkeit des Räuberbildes“ nicht ausschöpft und sich im Wesentlichen „mit der Gleichsetzung des Räubers mit dem als verwerflich begriffenen Verbrecher“ begnügt.[2]
Allerdings finden sich stellenweise Ansätze zu einer differenzierteren Darstellung (vgl. z.B. S. 22, Z. 35–S. 23, Z. 11).

Zu 2: „Strafen“ (S. 50ff.). Einem Bild von Daniel Chodowiecki (S. 50) können Informationen über Methoden öffentlicher Folter und Hinrichtung entnommen werden. Die Texte a–c (S. 51f.) geben Aufschluss über Positionen zur Todesstrafe in der Geschichte, insbes. im 18./19. Jahrhundert. Sie lassen im Vergleich mit dem „Verbrecher aus verlorener Ehre“ Schillers progressive, an der Humanisierung der Strafrechtspflege mit Bezug auf die justizpolitischen Ideen der europäischen Aufklärung orientierte Haltung deutlich werden.

Zu 3. „Der Kriminalbericht“ (S. 52ff.). Klaus Oettinger[3] hebt die Merkmale dieser Literatur hervor, die nicht nach Motiven der Handelnden fragt, sondern auf Abschreckung zielt und deshalb – dem Publikumsgeschmack entsprechend – vor allem Folterszenen breit ausmalt. „Erst vor diesem Hintergrund können nun Schillers theoretische Äußerungen, seine Intention und die Darstellungsweise in seiner Erzählung eigentlich erkannt werden.“[4]

Zu 4. „Zur Sozialgeschichte des Lesens“ (S. 54ff.). Der Stahlstich von G. M. Kraus „Eine Leserunde am Weimarer Hof“ verweist auf die gesellige und schichtenspezifische Bedeutung des Lesens. Der mit vielen Zahlenangaben versehene Text von Rolf Engelsing[5] gibt Aufschluss über das Lesepublikum der damaligen Zeit anhand der Verbreitung verschiedener literarischer Journale und informiert über Lesefähigkeit und Leseinteresse, insbes. bei „Lesegesellschaften“, die, als ihre Zahl beträchtlich wuchs, aus politischen Gründen verboten wurden. Schiller konnte nur auf ein paar tausend Leser und noch viel weniger Abonnenten seiner Zeitschrift aus der neuen Bildungsschicht des Bürgertums in Deutschland hoffen. Sie brachte ihm tatsächlich auch nicht genug zum Lebensunterhalt ein.

Die große Anzahl der diesem Baustein zugrunde gelegten Texte ist vor allem damit zu begründen, „dass die Schüler wenigstens im Ansatz lernen sollen, historisch zu arbeiten, d.h. die Antwort auf die Fragen nicht einem einzigen historischen Zeugnis zu entnehmen, sondern Antworten aus verschiedenen Texten mosaikartig zusammenzusetzen.“[6] Zur Erarbeitung der sozialgeschichtlichen Voraussetzungen ist deshalb eine arbeitsteilige Gruppenarbeit mit folgenden Aufträgen geeignet:

1 In: Carsten Küther: Räuber und Gauner in Deutschland. Das organisierte Bandenwesen im 18. und frühen 19. Jahrhundert. Göttingen: Vandenhoeck und Ruprecht 1976 (= Kritische Studien zur Geschichtswissenschaft 20), S. 145–149.

2 Rainer Kawa. Friedrich Schiller, Der Verbrecher aus verlorener Ehre, S. 11.

3 Klaus Oettinger: Schillers Erzählung „Der Verbrecher aus Infamie“. Ein Beitrag zur Rechtsaufklärung in der Zeit. In: Jahrbuch der Deutschen Schillergesellschaft 16 (1972), S. 20ff.

4 Hans Hermann Rautenberg, Almut Hoppe, Wilhelm Dehn: Literatur und Methode. Friedrich Schiller, Der Verbrecher aus verlorener Ehre. Einführung in rezeptionsästhetische Betrachtungsweisen. Lehrerheft. Frankfurt am Main: Hirschgraben-Verlag 1982, S. 13.

5 Rolf Engelsing: Analphabetentum und Lektüre. Zur Sozialgeschichte des Lesens in Deutschland zwischen feudalistischer und industrieller Zeit. Stuttgart: Metzler 1973, S. 63f.

6 Hans Hermann Rautenberg, Almut Hoppe, Wilhelm Dehn: Literatur und Methode, S. 10.

- *Informiert eure Mitschülerinnen und -schüler...*
  1. *über Herkunft, Motivation und Verfolgung der Räuber im 18./19. Jahrhundert (S. 46–50) und stellt fest, wie Schiller in seiner Erzählung auf das Räuberwesen Bezug nimmt.*
  2. *ausgehend von einer Beschreibung des Bildes (S. 50) und anhand der Texte S. 51f. über die Todesstrafe in der Geschichte und stellt fest, welcher Auffassung Schiller in seiner Erzählung nahe steht.*
  3. *über den Kriminalbericht im 18. Jahrhundert (S. 52–54) und stellt aufgrund der Erzählung „Der Verbrecher aus verlorener Ehre" fest, wie Schiller zu dieser literarischen Darstellungsart steht, ob oder wie er sie verwendet.*
  4. *über die Sozialgeschichte des Lesens (S. 54–57) und stellt fest, welche Leser Schiller zu erreichen gehofft haben kann.*

7.4 Erste Reaktionen der Leserschaft (Rezeption)

Mit der Rekonstruktion der tatsächlichen Konkretisation des Textes durch zeitgenössische Leser lernen die Schüler nun die Rezeptionsseite im Prozess der literarischen Kommunikation näher kennen. Der Forschung sind nur sechs Rezensionen[1] bekannt, die im Anhang der Textausgabe, S. 58f., abgedruckt sind. Diese geringe Resonanz lässt u.a. auf die Geringschätzung erzählender Kurzprosa im 18. Jahrhundert schließen. Die Texte a–f werden im Unterricht in Bezug auf die Leitfrage analysiert:

- *Wie wurde Schillers Erzählung „Verbrechen aus Infamie" (1786) bzw. „Der Verbrecher aus verlorener Ehre" (1792) von seinen Zeitgenossen gelesen und verstanden?*

Schillers Text wurde offenbar nur oberflächlich gelesen (vgl. z.B. die falschen Titelangaben in a, b, c und e), und zwar weniger als Dichtung, sondern vielmehr als didaktischer Text, als „Aufsatz" (vgl. a, b, c) oder vor der Schablone der üblichen Kriminalberichte gesehen und beurteilt (vgl. f). Nur in ganz wenigen Ansätzen wird die Besonderheit der Erzählung deutlich, tauchen neue Bewertungsmaßstäbe auf (vgl. a und insbes. d). Aber es ist fraglich, ob in den positiven Urteilen wirklich eine ästhetische Bewertung zu sehen ist oder nicht vielmehr „Anerkennung für die gelungene Einkleidung der zunächst außerliterarischen Zwecke des Autors".[2]
Wie bereits einleitend empfohlen, wird die Beschäftigung mit Schillers Erzählung im historischen Zusammenhang mit der Sicherung der erarbeiteten Ergebnisse an dem Modell zum Prozess der literarischen Kommunikation (Arbeitsblatt 11, S. 80) – zumindest vorläufig – abgeschlossen.
Man könnte noch als Beispiel für die literarische Rezeption der Erzählung Gotthold Immanuel Wenzels „Verbrechen aus Infamie" (1788) behandeln (siehe Anhang der Textausgabe, S. 81ff.) und dabei Unterschiede zwischen epischer und dramatischer Gestaltung herausarbeiten oder als Vergleichstext aus dem 20. Jahrhundert Auszüge der Erzählung „Die verlorene Ehre der Katharina Blum" von Heinrich Böll (S. 100ff.) hinzuziehen; allein der Titel der Erzählung ist bereits als Bezugnahme auf Schillers Text zu deuten (vgl. dazu den „Aufriss der Stoffgeschichte", S. 70f.). Wie Bölls Erzählung als Vergleichstext im Unterricht thematisiert werden kann, wird im Baustein 9.4 näher erläutert.

---

[1] Vgl. Julius W. Braun (Hrsg.): Schiller und Goethe im Urtheile ihrer Zeitgenossen. Zeitungskritiken, Berichte und Notizen Schiller und Goethe und deren Werke betreffend, aus den Jahren 1773–1812. Erste Abteilung: Schiller, Erster Band, Leipzig: Bernhard Schlicke (Balthasar Elischer) 1882, S. 139, 140, 141, 168, 258, 379.
[2] Rainer Kawa: Friedrich Schiller, Der Verbrecher aus verlorener Ehre, S. 21.

Baustein 8

Kriminelle in Schillers Frühwerken

„Der Verbrecher aus verlorener Ehre“ ist nicht das einzige Beispiel für die literarische Verarbeitung der „Verbrecher“-Thematik in Schillers Frühwerk; vielmehr findet eine solche Verarbeitung über die epische Form, zu der auch die Erzählung „Spiel des Schicksals“ (1789) gehört, hinaus in der „Kindsmörderin“ (1782) lyrische und in den „Räubern“ (1781) dramatische Form. Die Einbeziehung des intertextuellen Kontextes, insbesondere verschiedener Texte desselben Autors zu einer Thematik, in die Analyse und Deutung bereichert das Verständnis des Einzelwerkes. Da außerdem noch alle drei Grundformen der Dichtung, Lyrik, Dramatik und Epik, berücksichtigt werden, erhalten die Schülerinnen und Schüler zugleich einen Einblick in gattungsspezifische Gestaltungsformen der Thematik. Dieser Baustein behandelt also schwerpunktmäßig die Darstellung des Verbrechers in folgenden Frühwerken Friedrich Schillers:

- in der Ballade „Die Kindsmörderin“,
- im Drama „Die Räuber“ (1. Akt, 2. Szene),
- in der Erzählung „Spiel des Schicksals“ (Ausschnitt).

8.1 ❐ Die Ballade „Die Kindsmörderin“

Auch in der Ballade „Die Kindsmörderin“ – am Anfang des 4. Kapitels im Anhang der Textausgabe (S. 72ff.) – steht ein (diesmal weiblicher) Straftäter im Mittelpunkt. Das zur Entstehungszeit des Gedichts weit verbreitete Delikt des Kindsmords fungiert hier als Stoff, dessen literarische Gestaltung ein neues Bewusstsein dahin gehend schaffen will, dass bei der Beurteilung der Straftat einerseits die gesellschaftlichen Umstände, die wesentlich die Tat beeinflusst haben, andererseits der innere Konflikt, den die Täterin durchlebt, berücksichtigt werden sollen. Damit ist die thematische Nähe zu der Erzählung „Der Verbrecher aus verlorener Ehre“ benannt: Auch dort steht die innere Entwicklung des Täters im Mittelpunkt des Geschehens.

Literaturgeschichtlich ist die gesellschaftskritische Akzentuierung des Gedichts relevant: Sie steht im Zeichen der „Sturm-und-Drang“-Zeit, in der sich ein Freiheitsbegriff ausbildet, der sich gegen Beschränkungen und Reglementierungen absolutistischer Fürstenwillkür und bürgerlich-christlicher Werteideologie wendet.

Gegen Ende der Sekundarstufe I, auf jeden Fall aber in der gymnasialen Oberstufe wird nach Möglichkeit der historische Kontext in die Analyse eines Textes einbezogen. Die entsprechenden Informationen in Bezug auf die vorliegende Ballade werden an den Anfang dieses Bausteins 8.1 gestellt.

Angesichts der Tatsache, dass das Gedicht aufgrund seiner inhaltlichen und formalen Komplexität bei den Schülerinnen und Schülern zu Verständnisschwierigkeiten führen könnte und in der Sekundärliteratur für eine Interpretation in schulischem Zusammenhang kaum Hilfen geboten werden, wird im Anschluss an die Kontext-Informationen eine an der ästhetischen Form orientierte Interpretation – gleichsam als ausführliche Sachanalyse – geboten, bevor methodisch-didaktische Überlegungen angestellt werden.

Die Kindsmord-Problematik und der historische Kontext

Im 18. Jahrhundert erfuhr die Kindsmord-Thematik in der öffentlichen Diskussion große Beachtung. 1780 hatte Ferdinand von Lamezan, Oberappelationsrat am Mannheimer Gericht, in den „Rheinischen Beiträgen zur Gelehrsamkeit" sogar einen Preis von 1000 Dukaten für die Beantwortung der Frage ausgesetzt: „Welches sind die besten ausführbaren Mittel, dem Kindmord abzuhelfen, ohne die Unzucht zu begünstigen?" Es war zu der Zeit ein bekanntes Verfahren, auf diese Weise eine Thematik in die öffentliche Diskussion zu bringen. Die Formulierung der Frage verweist allerdings darauf, dass es eher um die Erörterung repressiver Moralauffassungen als um soziale Implikationen geht.[1] Zu der aufgeworfenen Frage wurden gegen vierhundert Arbeiten eingereicht, darunter auch ein Buch Pestalozzis über Gesetzgebung und Kindermord (1783), in dem er „auf Grund wirklicher Fälle die Ursachen zu ergründen versucht, welche gerade in jener Zeit zum Kindsmord führten."[2]
Die „Sturm-und-Drang"-Dichter brachten die Kindsmord-Thematik an die *literarische* Öffentlichkeit: z.B. R.L. Wagner, der 1776 sein Trauerspiel „Die Kindsmörderin" veröffentlichte, dann auch Bürger („Des Pfarrers Tochter von Taubenhain"), Schiller („Die Kindsmörderin") und Goethe, dessen Gretchentragödie im „Faust" von dem Eindruck der Hinrichtung einer Frankfurter Kindsmörderin (1772) mitbestimmt wurde.
In allen Teilen Europas setzte in der Mitte des 18. Jahrhunderts ein Prozess stetigen Bevölkerungsanstiegs ein, der durch verbesserte Hygiene, Ernährung und medizinische Versorgung begünstigt wurde. Außerdem fand eine Lockerung der familiären, kommunalen und kirchlichen Kontrolle und Tradition statt; dies führte in den Städten zu steigender „Mobilität und Anonymität, in der der Mann sich bei Schwangerschaft leicht der ‚Verpflichtung' entziehen konnte, das Mädchen isolierter und weniger stabilisierter existierte".[3] Die Anzahl unehelicher Geburten wuchs: „Um 1750 lag der Prozentsatz unehelicher Geburten in den Großstädten erst zwischen 4 und 7%, um 1800 aber schon wesentlich höher."[4] In Sachsen lag er um 1840 bei 15%, in Bayern sogar bei 20%. Gleichzeitig nimmt aber auch das Delikt des Kindsmords im 18. Jahrhundert rapide zu; die Ursachen sind besonders sozialer Art: Einerseits vollzieht sich eine Erstarkung des Bürgertums, eine Land-Stadt-Bewegung und ein Anwachsen des Bedienstetenstandes, aus dem vorwiegend jene Mütter mit unehelichen Schwangerschaften hervorgehen, andererseits existieren trotz aller Lockerung der kirchlichen Tradition nach wie vor repressive bürgerlich-christliche Moralvorstellungen. Aus Furcht vor sozialer Ausgrenzung und Verarmung oder kirchlicher Verurteilung werden viele Frauen zum Kindsmord veranlasst. „Ethische, soziale und ökonomische Implikationen des Kindesmords, wie unter anderem der Widerspruch an den absolutistischen Höfen zwischen realer Bedeutung und Repräsentation, die ‚Institution' des Mätressentums, das finanzielle Abhängigkeitsverhältnis der unteren Schichten, das bei Bediensteten und Militär zu einer sozialen Abhängigkeit wird und Eheschließungen nur mit einer offiziellen Heiratserlaubnis ermöglicht, machen deutlich, dass umfassendere Reformen, eine Veränderung der Sozialstruktur insgesamt, erforderlich wären, wo strafrechtliche Konsequenzen allein nicht mehr ausreichen."[5]
Über die in Preußen in verschiedenen Jahren vor Gericht gekommenen Kindermordfälle informiert folgende Übersicht:

---

1 Vgl. Gerhard Köpf: Die Ballade. Probleme in Forschung und Didaktik. Kronberg/Ts. 1976, S. 236.
2 Gustav Radbruch/Heinrich Gwinner: Geschichte des Verbrechens. Versuch einer historischen Kriminologie. Frankfurt am Main 1990, S. 303.
3 Thomas Nipperdey: Deutsche Geschichte 1800–1866. Bürgerwelt und starker Staat. München: C.H. Beck, 6., durchgesehene Aufl. 1993, S. 127.
4 Nipperdey, S. 127.
5 Ulrike Trumpke: Balladendichtung um 1770. Ihre soziale und religiöse Thematik. Stuttgart 1975, S. 72.

Tabelle
der in den Jahren 1756, 1760, 1761 und 1780 bey dem Criminal-Senate beurtheilten Kindermorde und verheimlichten Geburten, mit Bemerkung der Art der Bestrafung dieser Verbrechen. (Angefertigt durch den damaligen Assessor des Criminal-Senats jetzigen Cammergerichtsrath von Raumer).

	Todesstrafen	Lebenswierige Vestungs- oder Zuchthausstrafen	Zehnjaehrige	Kuerzere	Freysprechende Erkenntnisse	Summa
1756	6	–	2	18	–	26
1760	–	–	1	14	1	16
1761	3	–	3	16	–	22
1780 in allen Provinzen außer Westpreussen	10	10	8	1	9	38
in Westpreussen	–	4	3	–	1	8
in allen Provinzen, Westpreussen mitgerechnet	10	14	11	1	10	46

Das traurige Resultat ist also, dass, ungeachtet der haerteren Strafen, die Anzahl dieser Verbrechen sich im Laufe 1780 gegen 1756, 1760 gegen 1761 vermehret hat.

Aus: Wilhelm Wächtershäuser: Das Verbrechen des Kindesmordes im Zeitalter der Aufklärung. Eine rechtsgeschichtliche Untersuchung der dogmatischen, prozessualen und rechtssoziologischen Aspekte, Berlin 1973 (= Quellen und Forschungen zur Strafrechtsgeschichte. Bd. 3), S. 119.

Die Jurisdiktion ahndete im 18. Jahrhundert den Kindsmord mit besonders grausamen Strafen, uneheliche Schwangerschaften wurden als Unzucht bezeichnet und mit Folter bestraft. Diese drakonischen Strafen wurden durch Rückgriff auf die „Constitutio Criminalis Carolina“ aus dem Jahr 1532 (!) legitimiert, die in den meisten deutschen Staaten gültig war. Einen Eindruck von diesem Gesetzesdokument verschafft der Artikel 131, in dem von dem Strafmaß für Kindsmörderinnen die Rede ist:

Item welches weib jre kind, das leben vnd glidmaß empfangen hett, heymlicher boshafftiger williger weiß ertödtet, die werden gewonlich lebendig begraben vnnd gepfelt, Aber darinnen verzweiffelung zuuerhütten, mögen die selben übelthätterinn inn welchem gericht die bequenlicheyt des wassers darzu vorhanden ist, ertrenckt werden. Wo aber solche übel offt geschehe, wollen wir die gemelten gewonheydt des vergrabens und pfelens, vmb mer forcht willen, solcher boßhafftigen weiber auch zulassen, oder aber das vor dem erdrencken die übelthätterin mit glühenden zangen gerissen werde, alles nach radt der rechtuerstendigen. […]

Dass die Constitutio noch in und nach der Aufklärung, in einer Zeit also, in der die Vorstellung von Vernunft und Verstand, von Vorurteilslosigkeit und Freiheit immer deutlicher artikuliert wird, ihre Gültigkeit bewahrt hatte, ist ein Zeichen für die „Gleichzeitigkeit von Ungleichzeitigem“ (Ernst Bloch). Die Ausnahme war Preußen: Friedrich II. hat „als Erster (und für lange Zeit Einziger)“ der Naturrechtslehre der Aufklärung „entsprechende strafrechtliche Konsequenzen gezogen. Seine unmittelbar von Voltaire beeinflussten Reformmaßnahmen zur Verhütung des Kindesmords (v.a. die Edikte von 1756 und 1765) stellen dann auch mit ihrer ‚Verbindung von strafrechtsphilosophischen und sozialpolitischen Gedanken‘ (Abschaffung der Unzuchtsstrafen und damit Reduzierung des Motivs der Schande, Vorschriften zur Vorbeugung), einen eminent fortschrittlichen Standpunkt‘ dar.“[1]

[1] Ute Druvins: Volksüberlieferung und Gesellschaftskritik in der Ballade. In: Walter Hinck (Hrsg.): Sturm und Drang. Königstein/Ts., durchgesehene Neuauflage 1989, S. 124.

Hendrik Madsen: „Bleicher Henker, zittre nicht!" – Interpretation der Ballade „Die Kindsmörderin"

Im Februar 1782 veröffentlichte Schiller anonym die Gedichtsammlung „Anthologie auf das Jahr 1782" im Selbstverlag („Gedruckt in der Buchdruckerei zu Tobolsko"). Die Sammlung enthält 82 Gedichte (meist Oden, Hymnen, Elegien, Liebesgedichte), etwa 50 davon stammen von Schiller selbst[1]; unter diesen Gedichten befindet sich die Ballade „Die Kindsmörderin".
Das Gedicht ist ein Rollenmonolog der Kindsmörderin Louise kurz vor ihrer Hinrichtung; damit ist eine „Aussageform" gewählt, „die eine exzessive, schockierende Ichaussprache"[2] ermöglicht; gleichzeitig weist die Form des Rollenmonologs zurück „auf die der Moritat nahe stehenden Hinrichtungs- und Verbrecherlieder"[3].
Die lyrische Form ist einheitlich: In jeder der 15 Strophen, die jeweils acht Verse umfassen, liegt ein Kreuzrein in der Form a b a b c d c d vor mit wechselnd weiblicher und männlicher Kadenz; das Metrum eines jeden Verses ist ein fünfhebiger Trochäus. Die achtzeilige Strophe weist zwar Ähnlichkeiten mit der Stanze[4] auf, hat jedoch einen völlig anderen Ursprung: Sie „entstand […] durch Verdoppelung der vierzeiligen Form, nämlich jener Kreuzreimstrophe, die im Zeitalter der Empfindsamkeit zum Ausdruck elegischer Stimmungen aufkam. Der Achtzeiler übernahm ihren Grundton, öffnete aber […] der Entfaltung der Empfindungen und dem diskursiven Gedankengang, zumal in bewegender Anrede, einen weiten Raum"[5].
Das Gedicht gliedert sich in drei Sinnabschnitte:

1) Strophe I–V: Rede an die „Grabgefährten"
2) Strophe VI–X: Anklage des Verführers (Joseph)
3) Strophe XI–XV: Geständnis und Bitte um Verurteilung

Den ersten Teil (I–V) kann man im Sinne einer bewegenden Anrede als eine Art Eingangsappell bezeichnen. Denn gleich in der ersten Strophe wird der Hörer direkt angesprochen: „Horch" (I, 1). Der (weibliche) Sprecher beschreibt zudem die Situation (Aufbruch der Delinquentin zum Richtplatz) mit akustischen und visuellen Signalen: „die Glocken weinen dumpf zusammen/Und der Zeiger hat vollbracht den Lauf" (I, 1–2). Dem Hörer wird so eine Hinrichtungsszene gegenwärtig. Die weitere Rede der Sprecherin „Nun, so sei's denn! – Nun, in Gottes Namen/Grabgefährten, brecht zum Richtplatz auf" ist in der Einleitung mit den beiden Ausrufen anaphorisch formuliert und lässt zusammen mit der Aufforderung zum Aufbruch auf emotionale Betroffenheit schließen, aber auch auf Gefasstheit im Sinne der Annahme des Todesurteils. Als fiktive Adressaten werden die „Grabgefährten" (I, 4) genannt, Personen, die Louise auf dem Weg zur Hinrichtung bzw. zum Grab begleiten. Auch die so konstituierte Kommunikationssituation dient der lebendigen Ausgestaltung der Szenerie: Der Rezipient kann sich eine versammelte Menge vorstellen, an die sich die Sprecherin richtet.
Im zweiten Teil der ersten Strophe (I, 5–8) wird die „Welt" (I, 5) in Form einer Personifikation wiederholt angesprochen. Das Ich artikuliert sein *ambivalentes* Verhältnis zur Welt: „Deine Gifte – o sie schmeckten süße! […]" (I, 7). Obwohl das Ich die Welt als „Herzvergifterin" (I, 8) bezeichnet, gesteht es ein, den Reizen der Welt eng verbunden (gewesen) zu sein. Der zunächst noch sehr weit gefasste Begriff „Welt" wird in den folgenden beiden Strophen genauer erläutert, denn die „Abschiedsküsse" (I, 5) werden verbalisiert: Wiederum in Form einer Anapher (dreimal

---

[1] Vgl. Norbert Oellers: Schiller. Mit 8 Abbildungen, Stuttgart 1993, S. 22.
[2] Druvins, S. 124.
[3] Trumpke, S. 75.
[4] Vgl. Alwin Binder, Klaus Haberkamm, Cordula Kahrmann, Gunter Reiß, Heinrich Richartz, Manfred Schluchter, Günter Steinberg: Einführung in Metrik und Rhetorik. Frankfurt am Main, 5. Auflage 1987, S. 46.
[5] Horst Joachim Frank: Handbuch der deutschen Strophenformen. Tübingen u. Basel, 2., durchgesehene Auflage 1993, S. 659.

„Fahre[t]“, II, 1, 3, 5) verabschiedet sich das Ich von den „Freuden dieser Sonne“ (II, 1), der „Rosenzeit voll Wonne“ (II, 3) und den „goldgewebten Träumen“ (II, 5). Die Begriffe „Freude“, „Wonne“ und „Träume“, ausgeschmückt mit den farbig-schillernden Attributen, malen eine harmonische Kulisse, die aber durch antithetische Einschübe des Ichs getrübt wird: Der leuchtenden Sonne wird „schwarzer Moder“ (II, 2) entgegengesetzt, die „Paradieseskinder-Fantasien“ (II, 6) müssen schon „im Morgenkeime“ (II, 7), bevor sie zur Entfaltung kommen, sterben. Das „Schwanenkleid“ der „Unschuld“ (vgl. III, 1–2), „mit rosenroten Schleifen“ versehen, muss gegen das ebenfalls „weißliche Gewand“ (II, 6) mit einem „schwarzen Totenband“ (III, 8) getauscht werden. Den leuchtend-verklärten Momenten setzt die Sprecherin jeweils eine düster-relativierende Äußerung entgegen. Das eingangs ausgedrückte ambivalente Verhältnis der Sprecherin zur Welt wird an dieser Stelle unterstrichen.
In den letzten beiden Strophen des ersten Abschnitts (IV und V) werden die Metaphern des Anfangs in einem weiteren Schritt spezifiziert: In Strophe IV nennt das Ich zum ersten Mal den Vornamen „Louise“ (vgl. IV, 8). Der Grund für die Hinrichtung wird in dieser Strophe zunächst noch allgemein formuliert: „menschlich hat dies Herz empfunden! – / Und Empfindung soll mein Richtschwert sein!“ (IV, 5–6). Die Verse verweisen auf den für die ganze Epoche und ihre Literatur zentralen Wertbegriff der „Empfindung des Herzens“ und setzen ihn einer Zweideutigkeit aus.[1]
Der Verführer, der vom Sprecher als „Schlangenherz“ (V, 1) bezeichnet und damit negativ bewertet ist, wird vom Ich spekulativ, wie an dem zweimal gebrauchten Adverb „vielleicht“ (V, 1 und 5) deutlich wird, in seiner Verführertätigkeit dargestellt: „Spielt vielleicht mit seines Mädchens Locke? / Schlingt den Kuss, den sie entgegenbringt“ (V, 5–6).
Im ersten Teil findet sich ein Widerspruch zwischen „Empfindsamkeit“, verstanden als die alle menschlichen Eigenschaften umfassende Regung, die das „Herz“ des Menschen betrifft, und dem „Richtschwert“, pars pro toto der strafenden weltlichen Gerichtsbarkeit. Darüber hinaus wird der Ausspruch „Wehe! menschlich hat dies Herz empfunden!“ (IV, 5f.) vom Sprecher in einem anklagenden Ton formuliert, was an der Interjektion „Wehe“ und dem Modalverb „soll“ (IV, 6) erkennbar ist. Ein zweiter Widerspruch besteht darin, dass der Verführer sein Werk fortsetzt, während Louise sterben muss: „Wenn, verspritzt auf diesem Todesblocke, / Hoch mein Blut vom Rumpfe springt.“ (V, 7–8) Im Eingangsappell ist somit die Spannungsgrundlage formuliert. Der eigentliche Konflikt zwischen menschlichem Empfinden und dem grausamen Ende Louisens muss allerdings noch bestimmt werden.
Dies geschieht im zweiten Teil (VI-X): Der oben beschriebene zweite Widerspruch ist Grundklage für die Anklage in den Strophen VI und VII: Louisens Geliebter, „Joseph“, wird angesprochen (VI, 1); das Ich interpretiert seinen eigenen Tod als Mahnung an ihn (vgl. VI, 4), dass er nicht eine andere Frau in ähnlicher Weise unglücklich mache. Den vier elliptisch formulierten und daher hoch emotionalisierten Suggestivfragen in Form der Anapher (viermal „Nicht“; VII, 1–4) ist ein eingeschriebenes Charaktermerkmal Josephs implizit: Der Begriff „harter Mann“ (VII, 2) scheint dies treffend zum Ausdruck zu bringen. Joseph lässt sich weder durch Louisens „Schmerzen“ (VII, 1) noch durch die Tatsache, dass sie ein Kind von ihm erwartet (vgl. VII, 3), erweichen. Im Gegenteil: Joseph wird vom Ich in selbstquälerischen Visionen unterstellt, dass er sein Werk als „Verräter“ (VII, 1) fortsetze; er scheint, nach Darstellung des Ich, anderen Mädchen falsche Versprechungen zu machen: „Winselt er sein falsches Ach! [...]“ (VII, 8). Da nur Louise als Figur mit eigenem Bewusstsein entwickelt ist und die anderen Figuren („Grabgefährten“, „Henker“, das Kind und Joseph) und deren Handlungen aus ihrer Perspektive geschildert werden, kommt ihnen jeweils eine Bewertung aus der Figurenperspekti-

[1] Vgl. Trumpke, S. 83.

ve Louisens zu. Dadurch ist zwar eine differenzierte Innenschau möglich, äußere Informationen aber, z.B. soziale Rollenzuweisungen von Joseph oder Louise selbst, bleiben aus; die Problematik erscheint als primär innere, sodass sie ohne klare Konturierungen abstrakt in der enttypisierten Darstellung des Allgemein-Menschlichen[1] bleibt.

Louise muss aus ihrer Sicht als Opfer von Josephs Verführerwerk die Folgen tragen: Sie bringt ein Kind zur Welt. Doch trotz der Liebe zu ihrem Kind gerät sie in eine tragische Situation, weil der Vater des Kindes fehlt. Ihr erscheint ihr Kind deshalb oxymorös als „tödlichlieblich" (VIII, 5). „Liebe und – Verräterei" (VIII, 8) kennzeichnen ihre Konfliktsituation. Die entscheidenden Voraussetzungen für diese Situation sind aber sozialer Art: Den einzelnen Äußerungen Louisens in ihrem fiktiven Dialog mit dem Kind (vgl. IX) ist das durch die bürgerliche Normen- und Gesetzeswelt beeinflusste Bewusstsein der Figurenperspektive eingeschrieben: Die Fragen „Weib, wo ist mein Vater?" (IX, 1) und „Weib, wo ist dein Gatte?" (IX, 3) explizieren diese historisch-reale Bewusstseinslage. Die Fragen gewinnen vor diesem Hintergrund die Bedeutung eines Vorwurfs: Es scheint aus dem Wertbewusstsein der bürgerlichen Gesellschaft heraus unmöglich, dass ein Kind außerhalb der Ehe zur Welt gebracht wird (vgl. „Gatte"; IX, 3). Dieses gesellschaftliche Bewusstsein ist stark durch bürgerlich-christliche Wertmaßstäbe geprägt, da die Ehe als unbedingte Voraussetzung für die Gründung einer Familie, aber auch von Liebe und Sexualität angesehen wird – trotz aller Lockerung der Traditionen[2].

Die Tragik dieses Sachverhalts besteht für Louise darin, dass ihr Bewusstsein eben durch die verordnete Ordnung geprägt ist und sie die diskriminierende Ausgrenzung aus dieser fürchtet, da dann ihr Kind als „Bastard" (IX, 8) gebrandmarkt wird. Gleichzeitig wird die Figur Louisens durch den Anblick ihres Kindes immer an die ihr zum Verhängnis gewordene Liebe erinnert: „Toter Wonne Qualerinnerung" (X, 6). Somit werden Louisens Verzweiflung angesichts ihrer gesellschaftlichen Situation und die schmerzliche Erinnerung an ihre Liebe zu Joseph als Mordmotive angedeutet. Natürliche Leidenschaftlichkeit und Liebe haben in einer Gesellschaft keinen Platz, in der die bestimmenden Kräfte durch unterdrückende Ordnungen über die Schwachen herrschen. An dieser Stelle „drängt sich Objektivität ins Werk"; indem der aus der Figurenperspektive Louisens suggerierte „Widerspruch die Verdoppelung des Erfahrenen zerstört, wird der Kunstcharakter des Werkes angekündigt: In seinem Horizont erscheint Wahrheit als die noch nicht seiende, auch im Gedicht noch nicht vorhandene."[3] Die solchermaßen differenzierte Darstellung des Figurenbewusstseins erinnert an die Konzeption der schillerschen Erzählung „Der Verbrecher aus verlorener Ehre": Der Leser sieht Louise ihre Handlung unter den gegebenen gesellschaftlichen Umständen nicht nur *vollbringen,* sondern auch *wollen.*[4]

Der dritte Teil (XI-XV) enthält Louisens Geständnis des Kindsmords; der Höhepunkt ihres Konflikts ist erreicht. Ihr Leben ist zur „Hölle" (XI, 1–2) geworden, der „Meineid" (XI, 6) Josephs bringt sie in äußerste Bedrängnis: „Ewig, ewig würgt sein Meineid fort" (XI, 6). Die „Hyder", die todesbringende Wasserschlange aus der antiken Mythologie, „umstrickt" Louise und so steht nach dieser bildlichen Andeutung „von geistiger Umnachtung zum Tatzeitpunkt"[5] die Tat am Schluss der Strophe: „Und vollendet war der Mord." (XI, 8) – Offenbar weniger *gewollt* als im *Affekt* der *Verzweiflung verübt.* Die sprachliche Realisierung im typischen Sturm-und-Drang-Stil, der an dieser Stelle an der mythologischen Metapher, den zahlreichen Gedan-

[1] Vgl. Herbert Kraft: Um Schiller betrogen, S. 38.
[2] Nipperdey, S. 127. Vgl. auch die Ausführungen „Die Kindsmord-Problematik und der historische Kontext", s.o.
[3] Kraft, S. 36.
[4] Vgl. S. 7 der Textausgabe.
[5] Druvins, S. 125.

kenstrichen und der elliptischen Ausdrucksweise erkennbar ist, macht die „zerrüttete psychische Situation in bedrängender Weise“[1] deutlich.
In Strophe XIII redet das Ich wiederum den fiktiven Adressaten an: „Seht“ (XIII, 1). Der Adressat wird am Höhepunkt des Geschehens noch einmal in Hinblick auf seine Aufmerksamkeit aktiviert; die beiden Konfliktebenen werden – anaphorisch steigernd – genannt: „Schröcklich pocht schon des Gerichtes Bote, / Schröcklicher mein Herz!“ (XIII, 5–6). Dadurch, dass Louisens Herz aber noch „schröcklicher“ (XIII, 6) pocht, wird zudem auf die konfliktbeladene Situation des Individuums, des sprechenden Ichs hingewiesen: Sie ist sogar noch schlimmer als die des Todesurteils. Die Komplexität der Darstellung individualpsychologischer Beweggründe im Figurenbewusstsein Louisens überwiegt gegenüber der Schilderung der Bestrafung durch die Jurisdiktion. Damit deutet sich ein Unterschied gegenüber trivialen Literaturformen (z.B. Bänkelsang[2]) an, da die innere Not der Täterin im Mittelpunkt des Interesses steht und nicht die unreflektierte Bestätigung der gesellschaftlichen Normen und Rechtsordnung. Das geweckte gesellschaftskritische Potenzial, die Erkenntnis, dass durch drakonische Bestrafung mit dem Tod die *Ursachen* des Kindsmords gerade nicht erfasst werden, solche Rechtsprechung also sinnlos ist, wird allerdings durch die letzten beiden Strophen relativiert: Statt der im Figurenbewusstsein Louisens negativ aufscheinenden konkreten Kritik des irdischen Mangels steht dort nun doch die positive Identität transzendenter Versöhnung: „Joseph! Gott im Himmel kann verzeihen, / Dir verzeiht die Sünderin. / Meinen Groll will ich der Erde weihen“[3] (XIV, 1–3). Den „Groll“ der Erde zu „weihen“ stellt eine Abwendung vom Mangel des Bestehenden dar und bleibt genauso abstrakt und daher durch die Bildlichkeit eher verdunkelnd als erhellend wie bereits die Personifikation am Anfang („Welt“, I, 5; s.o.). Von einer provokativen Implikation[4] kann also keine Rede sein; die von der Sprecherin empfundene Ambivalenz gegenüber der Welt entscheidet sich zugunsten einer Wendung zur transzendenten statt zur immanenten Versöhnung: Die bestehenden gesellschaftlichen Missstände bleiben unverändert. Die methodische Unsicherheit des Gedichts wurde somit benannt: Anstatt die Kindsmörderin als negative Metapher des mit dem realen Allgemeinen unversöhnten Besonderen erscheinen zu lassen, wird umgekehrt das Allgemeine am Besonderen exemplifiziert. Die Möglichkeit der Kunst, in den Geschichtsprozess „utopisch-kritisch“[5] einzugreifen, wird zurückgenommen. Der mahnende Schlussappell an die „Schwestern“ (XV. 2), mit denen alle jugendlichen weiblichen Personen gemeint sind („Rosen eurer Jugend“; XV, 1), sich nicht auf solche „Männerschwüre“ (XV, 2) einzulassen, steht „mit ihrer aufdringlichen, in bänkelsängerischer Manier vorgetragenen Morallehre in krassem Gegensatz zur bisherigen, so differenzierten psychologischen Darstellung und nimmt damit den Großteil der bewusstseinserweiternden Tendenzen der Ballade wieder zurück.“[6] Die suggerierte emotionale Betroffenheit des fiktiven Adressaten am Schluss entspringt daher weniger einem kritischen Erkenntnisprozess als vielmehr dem Bedauern der Kindsmörderin als eines bemitleidenswerten Geschöpfes, einer „armen Sünderin“ eben: „Zähren? Zähren in des Würgers Blicken? / Schnell die Binde um mein Angesicht! / Henker, kannst du keine Lilie knicken? / Bleicher Henker, zittre nicht! – – –“ (XV, 5–8) Darum bleibt die durch die drei Gedankenstriche bewirkte Pause bzw. die Hervorhebung des Gesagten – zudem noch durch den nur vierhe-

[1] Druvins, S. 125.
[2] Siehe Baustein 9.1.
[3] Die Verse stellen offenbar eine Anspielung auf Mt 6, 12 dar: „Und vergib uns unsere Schuld, wie auch wir vergeben unsern Schuldigern.“
[4] So aber Druvins, die von einer „provokativen Gestaltung“ der Ballade spricht. (Vgl. Druvins, S. 124)
[5] Dietrich Steinbach: Die historisch-kritische Sozialtheorie der Literatur. Stuttgart 1973, S. 20.
[6] Druvins, S. 125.

bigen Schlussvers und die männliche Kadenz metrisch verstärkt – bloße Äußerlichkeit: „die Bestätigung als das Überflüssige erzeugt das leere Pathos.“[1]

Methodisch-didaktische Überlegungen

Um zunächst das für das Verständnis der Ballade notwendige Problembewusstsein zu schaffen, gibt die Lehrperson den Schülerinnen und Schülern der Sekundarstufe I im Lehrervortrag einige einleitende Grundinformationen über den historischen Hintergrund der Kindsmord-Thematik. Dabei kann an den entsprechenden Sinnabschnitt des Autorentextes „Friedrich Schiller: Stationen seines Lebens“ im Anhang der Textausgabe S. 37 angeknüpft werden. (Zur genaueren Erarbeitung des historisch-strafrechtlichen Kontextes in der gymnasialen Oberstufe ist in den Zusatzmaterialien dieses Modells ein Textblatt, Z 5, S. 117, beigefügt.)
Es empfiehlt sich, anschließend eine Schülerin oder einen Schüler – nach intensiver häuslicher Vorbereitung – die Ballade sinnerschließend vortragen zu lassen. Danach folgt eine Phase der Inhaltsklärung und der Hypothesenbildung, bevor der Text genauer untersucht wird. Dazu erhält die Lerngruppe folgende Leitfragen:

1. *In welche drei großen Sinnabschnitte könnt ihr die 15 Strophen der Ballade gliedern?*
2. *Woran ist im Einzelnen erkennbar, dass Louise das sprechende Ich ist, und welche Bedeutung messt ihr der Tatsache bei, dass Schiller das Gedicht als einen Rollenmonolog der Kindsmörderin (kurz vor ihrer Hinrichtung) gestaltet?*
3. *Wie stellt Louise sich selbst, ihren ehemaligen Geliebten und das Verbrechen sowie dessen Hintergründe dar?*
4. *Mit welchen besonders auffallenden rhythmischen, klanglichen und rhetorischen Mitteln ist die Ballade gestaltet und welche Funktion haben diese Gestaltungsmittel?*

Wenn die Gattungsform Ballade stärker in den Blick gerückt bzw. eine vergleichende Beziehung zu den anderen Texten in diesem Baustein nicht nur über die Thematik, sondern auch über die Gattung hergestellt werden soll, erhalten die Schüler zusätzlich folgende Aufgabe:

5. *Die Ballade ist nach Johann Wolfgang Goethe eine Gattungsform, die episch, lyrisch und dramatisch zugleich ist, in der „die Elemente noch nicht getrennt, sondern wie in einem lebendigen Ur-Ei zusammen sind“. Entspricht die Ballade „Die Kindsmörderin“ dieser Gattungsbestimmung?*

Nach der Auswertung der Ergebnisse wird der Bezug der Ballade zur Kindsmord-Problematik im historischen Kontext hinsichtlich der Intentionalität des Textes thematisiert. Dann folgt der Vergleich der Ballade mit der Erzählung „Der Verbrecher aus verlorener Ehre“ in Bezug auf die Gestaltung der Verbrecher-Thematik. Dazu erhalten die Schüler, wenn sie diesen Vergleich nicht von sich aus vornehmen, folgende Aufgabe evtl. mit dem Arbeitsblatt 12 (S. 93), das aber ebenso zur Ergebnissicherung oder Lernzielkontrolle eingesetzt werden kann:

- ❐ *Vergleicht die Ballade „Die Kindsmörderin“ und die Erzählung „Der Verbrecher aus verlorener Ehre“ in Bezug auf die Gestaltung der Verbrecher-Thematik. Berücksichtigt auch Friedrich Schillers theoretische Einleitung.*

Neben den gattungsbedingten Unterschieden der dichterischen Gestaltung und den geschlechtsspezifischen Unterschieden in der Darstellung der kriminellen Person und ihrer Straftat ist außer der Perspektive (vgl. Ich-Form und Rollenmonolog) vor allem die Gemeinsamkeit des Menschenbildes in Ballade und Erzählung he-

[1] Kraft, S. 40.

Baustein 8

Arbeitsblatt 12

Die Gestaltung der Verbrecher-Thematik

in Friedrich Schillers „Kindsmörderin“ und „Verbrecher aus verlorener Ehre“

A Unterschiede/ B Gemeinsamkeiten	***Die Kindsmörderin***	***Der Verbrecher aus verlorener Ehre***
A 1. gattungsbedingt	Ballade	Erzählung
A 2. geschlechtsspezifisch	weiblicher Straftäter (Louise)	männlicher Straftäter (Christian Wolf)
B 1. Perspektive		
B 2. Menschenbild		

Aufgabe:
Vergleicht die Ballade „Die Kindsmörderin“ und die Erzählung „Der Verbrecher aus verlorener Ehre“ in Bezug auf die Gestaltung der Verbrecher-Thematik.
Berücksichtigt auch Friedrich Schillers theoretische Einleitung.

rauszuarbeiten. Dabei dürften die Schüler keine Schwierigkeiten haben zu erkennen, dass sich nach Schillers Darstellung ein (männlicher oder weiblicher) Verbrecher von seinen Mitmenschen nur hinsichtlich seiner individuellen Lebensgeschichte unterscheidet und somit hinsichtlich der Möglichkeiten, die die Gesellschaft ihm gelassen bzw. genommen hat.

8.2 ❒ Das Drama „Die Räuber“

„Schillers Drama ‚Die Räuber‘ ist noch heute eine weit verbreitete Lektüre. Sie wird am Ende der Sekundarstufe I oder zu Beginn der Sekundarstufe II gelesen, weil man das Aufbegehren Karls als Ausdruck jugendlicher Revolte gegen überkommene Ordnung deuten und von daher mit der Identifikation der Rezipienten rechnen kann und weil dieses Drama ein Zeugnis für Schillers Jugenddichtung und die Epoche des Sturm und Drang ist, sich so biografische und literaturgeschichtliche Bezüge herstellen lassen.“[1]
Der Anhang der Textausgabe, S. 75ff., enthält einen Auszug der „Räuber“ (I.2), anhand dessen die Schülerinnen und Schüler wenigstens ansatzweise eine dramatische Gestaltung der Verbrecher-Thematik kennen lernen und mit Schillers Erzählung vergleichen können. An der Textstelle wird deutlich, dass Karl von Moor aus einem augenblicklichen Gefühl heraus handelt: Gegen den Willen Spiegelbergs (der selbst Anführer einer Räuberbande werden will) lässt er sich von den anderen bewegen ihr Räuberhauptmann zu sein. „Karl wird Räuber aus ‚sittlicher Verzweiflung‘“[2], sein Motiv ist Rache; und zwar will er sich „im Namen der, wie er glauben muss, vom Vater dem eigenen Sohn gegenüber verratenen sittlichen Weltordnung an der unmenschlich gewordenen Menschheit“[3] rächen.
Der Textausschnitt lässt deutlich die für den Sturm und Drang typische Dominanz des Gefühls (Enttäuschung, Verzweiflung und Rachegelüste) gegenüber dem Verstand bei Moors Entschluss, ein Verbrecher zu werden, erkennen. In dieser Hinsicht aufschlussreich sind – neben den Regieanweisungen zu Beginn der Szene – Besonderheiten der Sprache, vor allem rhetorische Mittel (z.B. Anakoluth, Antithese, Ironie, Metonymie, Paradox, Parallelismus; siehe auch Arbeitsblatt 5, S. 47).

Nach einer kurzen Einführung der Schüler in das Drama mit Informationen über die Voraussetzungen der Handlung (vgl. die Vorbemerkung im Anhang der Textausgabe, S. 75) wird die Textstelle mit verteilten Rollen gelesen. Aus der sich anschließenden Spontanphase sollte sich die Untersuchungsfrage ergeben, wie Karl von Moor zu dem Entschluss gelangt, ein Verbrecher zu werden, zu deren Erarbeitung den Schülern folgende Aufgaben gestellt werden:

- ❒ *Wie kommt Moor dazu, ein Verbrecher zu werden? Beschreibt den Entscheidungsprozess.*
- ❒ *Was ist für Moors Entschluss ausschlaggebend – sein Gefühl oder sein Verstand? Beachtet die in dieser Hinsicht aufschlussreichen Besonderheiten der Sprache und die Regieanweisungen.*

---

1 Unterrichtsmodell Friedrich Schiller. Die Räuber und andere Räubergeschichten, erarbeitet von Barbara Schubert-Felmy, herausgegeben von Johannes Diekhans, Verlag Ferdinand Schöningh: Paderborn 1999, S. 8.
2 Gerhard Fricke, Mathias Schreiber: Geschichte der deutschen Literatur. Paderborn: Ferdinand Schöningh, 16. Aufl. 1974, S. 128.
3 Fricke/Schreiber, S. 128.

Bei der Auswertung der Ergebnisse dürfte zwar bereits deutlich werden, warum Moor Räuber wird; dieser Gesichtspunkt sollte aber im Blick auf den Vergleich mit Schillers Erzählung „Der Verbrecher aus verlorener Ehre“ noch differenzierter zur Sprache kommen. Dazu bietet sich folgende Aufgabe an:

❐ *„Karl handelt aus dem Augenblick heraus. Er wird Räuber aus Verzweiflung über vermeintlich erlittenes Unrecht.“ (Barbara Schubert-Felmy)*
Erläutert diese Deutung und nehmt Stellung.

Danach erfolgt der Vergleich mit Schillers Erzählung hinsichtlich der entscheidenden Entwicklung der jeweiligen Figur zum Verbrecher (vgl. Baustein 3) nach Gemeinsamkeiten und Unterschieden. Die Unterschiede sind vor allem darin zu sehen, dass die Entwicklung der Figur zum Verbrecher in der Erzählung im Wesentlichen sozial, im Drama individuell begründet wird. Damit wird in den „Räubern“ in entscheidendem Maße die gesellschaftskritische Akzentuierung gegenüber der Erzählung „Der Verbrecher aus verlorener Ehre“ eingeschränkt: „der individuelle Konflikt wird“ im Drama „dem Helden zum Anlass seines Handelns und dient ihm zur Rechtfertigung für seine Taten, das Recht der Unterdrückten gegen ihre Unterdrücker ist davon nur abgeleitet.“[1]
Bei dem Vergleich werden auch gattungsspezifische Merkmale berücksichtigt.
Ein Drama ist dadurch gekennzeichnet, dass auf einem besonderen Raum von Rollenträgern ein Geschehen agiert wird; gattungsspezifisches Merkmal ist also die Unmittelbarkeit der Darstellung. Eine Erzählung entsteht dann, wenn jemand unter bestimmten Bedingungen und Umständen anderen etwas erzählt; gattungsspezifisches Merkmal ist also die Vermittlung des Geschehens durch einen Erzähler.
Die Schüler erhalten zusammen mit der Leitfrage für den Textvergleich ein entsprechendes Kriterienraster:

❐ *Wie ist in Friedrich Schillers Drama „Die Räuber“ (I, 2) und seiner Erzählung „Der Verbrecher aus verlorener Ehre“ jeweils die Entwicklung der Hauptfigur zum Verbrecher dargestellt?*

	„Die Räuber“: **Karl von Moor**	***„Der Verbrecher aus verlorener Ehre“:*** **Christian Wolf**
gattungsspezifische Gestaltungsmerkmale	Drama:	Erzählung:
Die Entwicklung zum Verbrecher **A Unterschiede**		
B Gemeinsamkeiten		

Wenn die Neugier der Schüler am Fortgang der Handlung geweckt wurde, kann ein Referat über die Fabel des Dramas vergeben werden. Das Drama als Ganzes eignet sich als Unterrichtsgegenstand erst am Ende der Sekundarstufe I (s.o.).

[1] Herbert Kraft: Um Schiller betrogen, S. 15

8.3 ❒ Die Erzählung „Spiel des Schicksals"

Hauptfigur dieser Erzählung ist Aloysius von G***, ein begabter Emporkömmling aus dem Bürgertum; er war bereits als junger Mann im Dienst seines etwa gleichaltrigen Landesherrn, mit dem er befreundet ist. Durch eine Intrige des von ihm geförderten italienischen Grafen Joseph Martinengo fällt G***, der inzwischen Minister ist, beim Fürsten in Ungnade und wird ohne Gerichtsurteil eingekerkert; nach zehn Jahren erhält er zwar seine Freiheit, muss aber das Land verlassen. In ausländischen Kriegsdiensten steigt er zu hohem Ansehen auf. Als alter Mann wird er von seinem Fürsten wieder in die Heimat zurückgeholt, wo er bis zu seinem Tod im 80. Lebensjahr als Festungskommandant im Dienste des Fürsten tätig ist, ohne dass die gegenseitige Entfremdung aufgehoben wird.
Was als „Spiel des Schicksals" bezeichnet wird, stellt der Erzähler im Wesentlichen als Willkür – Gnade oder Ungnade – des Landesherrn dar: Nach der Intrige Martinengos erschien G*** „in den Augen des Fürsten als der undankbarste und schwärzeste Verräter, dessen Verbrechen so außer allen Zweifel gesetzt war, dass man ohne fernere Untersuchung sogleich gegen ihn verfahren zu dürfen glaubte."[1] „Seine Freiheit empfing G*** „als ein Geschenk aus den Händen der Gnade".[2] Mithilfe einer verneinenden Wiederholung innerhalb der folgenden Satzellipse betont der Erzähler die Willkür des Herrschers, die zur „Erlösung" des Eingekerkerten führte: „aber keine gerichtliche Untersuchung, keine förmliche Lossprechung."[3]
Unabhängig davon, ob „es sich bei dieser Geschichte mehr um eine biografische Studie als um eine künstlerisch abgerundete und durchgeformte Erzählung"[4] handelt, ist sie doch interessant genug, um wenigstens auszugsweise im Unterricht mit Schillers „Verbrecher aus verlorener Ehre" in eine vergleichende Beziehung gebracht zu werden. Im Gegensatz zu der Ganzschrift spielt diese 1789 in Wielands „Teutschem Merkur" veröffentlichte Verbrecher-Geschichte in sozialer Hinsicht auf der „Beletage"; der eigentliche Verbrecher, „ein piemontesischer Graf, Joseph Martinengo von der Suite des Fürsten, den G*** selbst, als eine unschädliche und ihm ergebene Kreatur, in diesen Posten eingeschoben hatte"[5], ist im Gegensatz zu Christian Wolf ein Vertreter der Oberschicht, und der vermeintliche Verbrecher ist ein aus dem Bürgertum aufgestiegener Minister eines jungen Landesherrn. Damit wird eine historische Erfahrung modellhaft expliziert: Ein sich emanzipierendes Bürgertum mit „zu große[r] Zuversicht zu sich selbst"[6] ist im 18. Jahrhundert Grund genug für den Adel, das Bürgertum in seine Schranken zu weisen.
Nach der Lektüre der einleitenden Informationen im Anhang der Textausgabe und des Textauszugs (S. 78ff.) ist es ratsam, das „Geflecht von Abhängigkeiten"[7], durch das die Beziehungen der Menschen untereinander in der abgebildeten Gesellschaft bestimmt sind, mithilfe eines Tafelbildes zu klären:

[1] Friedrich Schiller: Der Verbrecher aus verlorener Ehre und andere Erzählungen. Mit einem Nachwort von Bernhard Zeller. Stuttgart: Philipp Reclam jun. 1964, S. 47.
[2] ebd., S. 54.
[3] ebd.
[4] Bernhard Zeller, Nachwort. In: Friedrich Schiller: Der Verbrecher aus verlorener Ehre und andere Erzählungen mit einem Nachwort von Bernhard Zeller. Stuttgart: Philipp Reclam jun.1964, S. 67.
[5] Friedrich Schiller: Der Verbrecher aus verlorener Ehre und andere Erzählungen. Mit einem Nachwort von Bernhard Zeller, S. 44.
[6] ebd., S. 46. Vgl. Anhang der Schöningh-Textausgabe, S. 79, Z. 29f.
[7] Herbert Kraft: Um Schiller betrogen, a.a.O., S. 121.

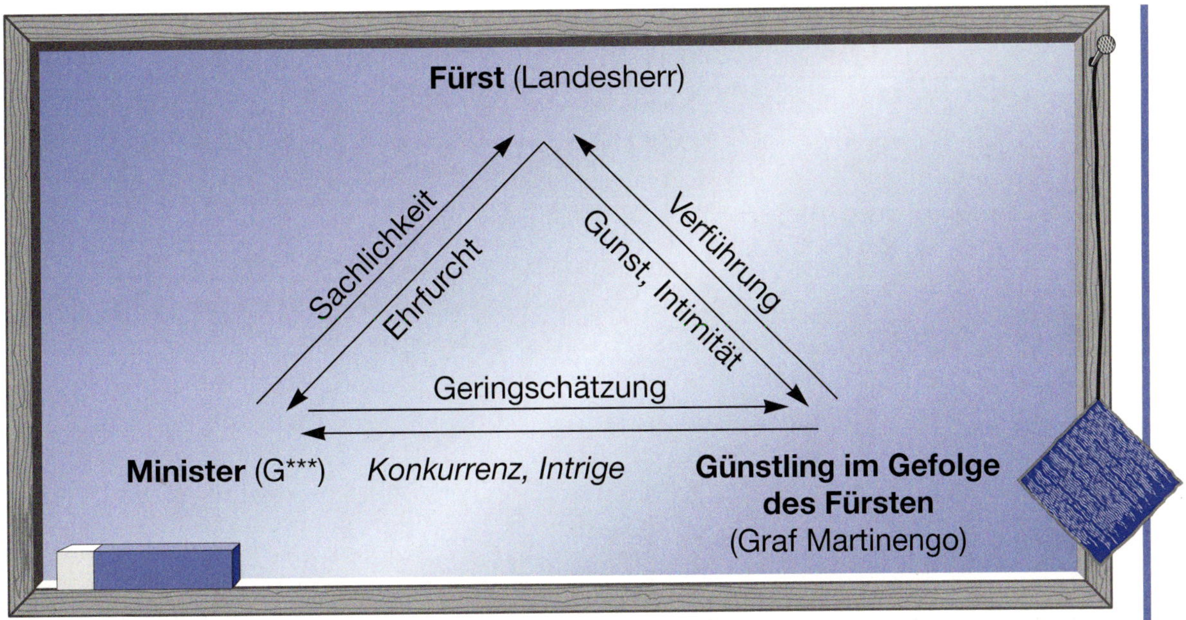

Da die Charakteristik der Figur Martinengo für das Verständnis des Textes entscheidend ist, erscheint es als zweckmäßig, die Schüler eine Aufsatzform üben zu lassen, die sie bereits kennen (siehe Baustein 3.2), die Charakterisierung:

❒ *Verfasst eine Charakterisierung der Figur Martinengo.*

Beim Vergleich mit Christian Wolf wird deutlich, dass Schiller die Entwicklung Martinengos zum Verbrecher nicht primär sozial begründet, sondern individuell, nämlich mit Konkurrenzneid und skrupellosem Ehrgeiz der Figur erklärt.
Die Textanalyse kann um eine produktionsorientierte, kreative Erweiterungsaufgabe ergänzt werden, wenn man die Schülerinnen und Schüler auffordert, jenes „Geheimnis" bezüglich der Mittel zu lüften, „wodurch der Italiener zu seinem Zwecke gelangte"[1]:

❒ *Schreibt die Geschichte weiter, indem ihr Vermutungen äußert, wie es Martinengo gelang, den Minister G*** als vermeintlichen Verbrecher erscheinen zu lassen.*

Der Erzähler in Schillers „Spiel des Schicksals" macht dazu übrigens eine vage Andeutung, die in der Textausgabe nicht abgedruckt ist: „Man mutmaßt, dass er dem Fürsten die Originalien einer heimlichen und sehr verdächtigen Korrespondenz vorgelegt, welche G*** mit einem benachbarten Hofe soll unterhalten haben; ob echt oder unterschoben, darüber sind die Meinungen geteilt. Wie dem aber auch gewesen sein möge, so erreichte er seine Absicht in einem fürchterlichen Grade."[2]

Notizen

---

1 Textausgabe, S. 80, Z. 34f.
2 Friedrich Schiller: Der Verbrecher aus verlorener Ehre und andere Erzählungen. Mit einem Nachwort von Bernhard Zeller, S. 47.

Bau-stein 9

Vergleichstexte aus dem 19. und 20. Jahrhundert

Der intertextuelle Aspekt der „Verbrecher"-Thematik , in Baustein 8 mit drei Beispielen aus Schillers Frühwerken dokumentiert, wird nun um Vergleichstexte anderer Autoren, und zwar aus dem 19. und 20. Jahrhundert, bereichert: jeweils ein Beispiel für den Bänkelsang, für Trivialliteratur (Auszug eines Heftromans), ein Kinderbuch (eine Episode aus „Räuber Hotzenplotz") sowie eine moderne Erzählung, und zwar anhand von Textstellen der Erzählung „Die verlorene Ehre der Katharina Blum", deren Titel bereits den Kenner auf Schillers Text verweist. Auch in diesem Baustein ist es wichtig, dass sich die Beschäftigung mit den Vergleichstexten nicht verselbstständigen, sondern gemäß dem Prinzip des strukturierten Lernens stets auf Schillers „Verbrecher aus verlorener Ehre" bezogen bleibt. Dann erweitert sich die „kognitive Struktur" (Piaget) der Lernenden nämlich nicht nur quantitativ, sondern verändert sich durch Verankerung im vorhandenen Wissensbestand, durch Differenzierung und Umstrukturierung wahrscheinlich auch qualitativ.
Die thematischen Bausteine werden also im Wesentlichen durch folgende Texte gekennzeichnet:

- Bänkelsang vom Räuberhauptmann Hermann Rohland und seiner Bande
- Trivialliteratur: „Wildräuber im Grafenwald"
- Kinderbuch: „Der Räuber Hotzenplotz"
- Heinrich Bölls Erzählung „Die verlorene Ehre der Katharina Blum"

9.1 ❐ Bänkelsang vom Räuberhauptmann Hermann Rohland und seiner Bande

Der Bänkelsang (nach der kleinen Bank, auf der die Bänkelsänger standen) ist eine Art frühes audiovisuelles Medium; er vereinigt in sich nämlich „mehrere Formen der Darstellung und Darbietung: Text (Literatur), Vortrag, Musik und Bild."[1] Wohl schon seit dem späten Mittelalter, vor allem aber im 19. Jahrhundert erzählten Bänkelsänger auf Jahrmärkten von aktuellen schauerlichen und außergewöhnlichen Begebenheiten mit moralisierender Tendenz, wobei sie mit einem Stock auf eine Tafel mit den entsprechenden Bildern hinzeigten, die die Ereignisse illustrierten. Während und nach der Darbietung wurden die aus dem Liedtext und der vorgetragenen Geschichte bestehenden Drucke als fliegende Blätter verkauft. Ein Lied, das unter Verwendung volkstümlicher Melodien zur Laute oder Drehorgel gesungen wurde und nur die entscheidenden Szenen der Geschichte enthielt, sollte die Zuhörer im Voraus auf die vom Bänkelsänger erzählte Geschichte aufmerksam und gespannt machen.[2]
„Seit der Mitte des 18. Jahrhunderts erwachte mit dem Interesse gebildeter Kreise an volkstümlicher Kunst auch das am Bänkelsang."[3] Schillers Ballade „Die Kindsmörderin" (s. Baustein 8.1) weist den Einfluss des Bänkelsangs auf.

---

1 Dietrich Steinbach: Bänkelsang und Moritat, in: Arbeitsreihen Deutsch 7/8. Bearbeiter: Siegfried Hein u.a., Stuttgart: Ernst Klett 1976, S. 12.
2 Genauere Informationen zum Bänkelsang in: Wolfgang Braumgart (Hrsg.): Bänkelsang. Texte – Bilder – Kommentare. Stuttgart: Reclam 1995.
3 Schülerduden „Die Literatur", hrsg. von d. Red. für Literatur d. Bibliograph. Inst. unter d. Leitung von Gerhard Kwiatkowski: Mannheim, Wien, Zürich. Bibliographisches Institut 1980, S. 50.

Damit die Schülerinnen und Schüler einige grundlegende Vorinformationen zu diesem Medium erhalten, betrachten sie zunächst das Bild „Bänkelsänger am Nadelberg in Basel“, das ihnen auf dem Arbeitsblatt 13 (S. 100) mit folgender Aufgabe präsentiert wird:

❒ *Beschreibt das Bild „Bänkelsänger am Nadelberg in Basel“ und achtet dabei auf folgende Gesichtspunkte:*
- *die dargestellte Situation,*
- *die an der Bänkelsang-Darbietung beteiligten Personen und ihre Funktion,*
- *Elemente (Bestandteile) der Bänkelsang-Darbietung.*

Ergänzend kann ein kurzes Schülerreferat auf der Grundlage des Textes „Bänkelsang und Moritat“ von Dietrich Steinbach gehalten werden (s. Z 6, S. 118). In diesem Fall schließt sich ein Vergleich der durch das Referat vermittelten Informationen mit der bildlichen Darstellung der Bänkelsang-Darbietung an.
Unter dem Gesichtspunkt ihrer bisher erworbenen Kenntnisse lesen die Schülerinnen und Schüler nun den Text im Anhang der Textausgabe S. 86ff. und stellen zum einen fest, dass dort das Element Bild fehlt (ein „Defizit“, das den einen oder anderen Jugendlichen vielleicht motiviert, selbst eine entsprechende Bilder-Reihe zu zeichnen), zum anderen, dass der Text aus zwei Textsorten besteht: der so genannten „Beschreibung“ (in Form eines Prosa- bzw. Erzähltextes) und dem „Bänkellied“ (in Form eines sangbaren Gedichtes). Zur Untersuchung der Texte erhält die Lerngruppe folgende Aufgaben:

❒ 1. *Untersucht die „Beschreibung der Verbrechen des Räuberhauptmanns Hermann Rohland und seiner Bande“ (S. 86–89):*
   - *Welche Anhaltspunkte findet ihr dafür, dass sich die Erzählung auf tatsächliche Ereignisse bezieht?*
   - *Wie ist die Erzählung aufgebaut?*
   - *Auf welchen Ereignissen liegt der Schwerpunkt der Darstellung?*
   - *Was lässt sich daraus über die Absicht des Erzählers entnehmen?*

❒ 2. *Untersucht das „Bänkellied zur Beschreibung“ (S. 89–91):*
   - *Welche rhythmischen und sprachlich-stilistischen Mittel sind besonders auffallend?*
   - *Auf welchen Ereignissen liegt der Schwerpunkt der Darstellung?*

❒ 3. *Vergleicht „Beschreibung“ und „Bänkellied“ hinsichtlich ihrer Funktion:*
   - *Worin bestehen die wesentlichen Unterschiede zwischen den beiden Texten?*
   - *Welche Aufgabe haben die beiden Texte jeweils im Zusammenhang der Bänkelsang-Darbietung?*
   - *Wo und in welcher Weise werden die Funktionen der Information, Belehrung und Unterhaltung in den Texten deutlich?*

Im Vergleich mit Schillers „Verbrecher aus verlorener Ehre“ wird offensichtlich, dass der Bänkelsang mit seiner Darstellung der Gräueltaten und Hinrichtung des Verbrechers – wie die Verbrecherbiografien des 18. Jahrhunderts – primär der Abschreckung dient, während Schillers Erzählung Verständnis für den Verbrecher bewirken soll und dementsprechend die im Wesentlichen gesellschaftliche Bedingtheit der Entwicklung eines Menschen zum Verbrecher darstellt, ein Aspekt, der im Bänkelsang fehlt. Um dies den Jugendlichen bewusst zu machen, wird der Vergleich der beiden epischen Texte als Aufgabe gestellt:

❒ *Vergleicht den Erzähltext der Bänkelsang-Darbietung mit Schillers „Verbrecher aus verlorener Ehre“ in Bezug auf die Darstellung des Verbrechers und deren Wirkungsabsicht.*

Bänkelsang

Baustein 9.1

Arbeitsblatt 13

Aufgabe:

Beschreibt das Bild „Bänkelsänger am Nadelberg in Basel" und achtet dabei auf folgende Gesichtspunkte:

- *die dargestellte Situation,*
- *die an der Bänkelsang-Darbietung beteiligten Personen und ihre Funktion,*
- *Elemente (Bestandteile) der Bänkelsang-Darbietung.*

Die durch den Vergleich gewonnenen Erkenntnisse können auch produktiv genutzt werden:

❐ *Schreibt den Erzähltext der Bänkelsang-Darbietung so um, dass verständlich wird, warum Hermann Rohland zum Verbrecher wird.*

Es wäre schade, wenn die Beschäftigung mit dem Bänkelsang auf die Analyse der Texte beschränkt bliebe. Zumindest sollte es möglich sein, das Bänkellied (evtl. mit Gitarrenbegleitung) gemeinsam nach den Noten im Textheft S. 90 zu singen und anschließend die Geschichte vorlesen zu lassen, damit die Unterhaltungsfunktion wenigstens ansatzweise erfahrbar wird.
Selbstverständlich empfiehlt sich eine solche Bänkelsang-Darbietung auch bestens für ein fächerverbindendes Projekt (Deutsch – Kunst – Musik), zu dem dann auch eine entsprechende Bilderreihe gehört.

9.2 ❐ Trivialliteratur: „Wildräuber im Grafenwald“

Der im Anhang der Textausgabe (S. 92–95) abgedruckte Anfang eines Heftromans, der in der Serie „Berg-Schicksals-Roman“ des Pabel-Verlags erschienen ist, eignet sich für einen direkten Vergleich mit der Morddarstellung in Schillers „Verbrecher aus verlorener Ehre“, die bereits eingehend analysiert wurde (siehe Baustein 3.4). Die Schülerinnen und Schüler müssten inzwischen fähig sein, angemessene Kriterien für die Untersuchung von Gemeinsamkeiten und Unterschieden zu finden und den Vergleich selbstständig durchzuführen. Insofern dient die folgende Aufgabe auch der Kontrolle der erworbenen methodischen Fähigkeiten:

❐ *Vergleicht die beiden Texte S. 17, Z. 4ff. und S. 92ff. in Bezug auf Gemeinsamkeiten und Unterschiede. Legt vorher geeignete Vergleichskriterien fest.*

Über die erzähltechnischen Mängel des Heftromanausschnitts hinaus, die den Schülern vielleicht erst bei einem handlungsorientierten („schauspielerischen“) Versuch, den S. 93, Z. 1–10 geschilderten Vorgang zu rekonstruieren, deutlich werden, wird man kaum zu einer Wertung der Trivialliteratur, die sich vor allem durch ihren seriellen Charakter auszeichnet, vordringen wollen; einerseits ist dafür die Textbasis zu schmal, andererseits fehlen den Schülern die notwendigen Wertungskriterien.

Das in den Heftromantext integrierte Bild S. 94 kann für eine von der Bildbetrachtung ausgehende produktionsorientierte, kreative Aufgabe genutzt werden:

❐ *Die auf dem Bild S. 94 dargestellte Szene ist die Illustration zu dem Schluss einer kurzen Erzählung, die ihr selbst verfassen sollt; deshalb müsst ihr das Bild genau beschreiben und deuten. Erklärt es euch gegenseitig.*

Bei der anschließenden Bildbeschreibung im Plenum werden folgende Gesichtspunkte und ihre Bedeutung reflektiert:
- die Darstellung der Personen (Förster und Wilderer),
- der Kampf über der Beute,
- Ort und Zeit der Auseinandersetzung (Natur: Gebirge, Wolken, Licht [vgl. die Sonnenscheibe am Horizont rechts unten], Vögel),
- der Bildtitel („Auf Leben und Tod“).

Damit die jungen Autorinnen und Autoren Tipps für ihre Erzählung erhalten, können abschließend mögliche Motive des Försters und des Wilderers – evtl. im Rückgriff auf die miteinander verglichenen Texte – besprochen werden:

- *Warum kämpfen die beiden „auf Leben und Tod"? Überlegt mögliche Beweggründe (Motive).*

Die Anfertigung einer zu dem Bild passenden Erzählung wird als Hausaufgabe gegeben.

9.3 Kinderbuch: „Der Räuber Hotzenplotz"

„Die Kinderbücher über den Räuber Hotzenplotz sind bei Vier- bis Achtjährigen äußerst beliebt; denn der martialisch wirkende Räuber mit sieben Messern und der Pfefferpistole, den die Kinder in Text und Bild kennen lernen, schert sich nicht um Verbote und Regeln. [...] Die einfache, lineare und humorvolle, leicht karikierende Erzählweise, mit lustigen Redewendungen durchsetzt, trägt zur Beliebtheit der Hotzenplotzgeschichten bei. Das in einem Kapitel dargestellte Geschehen entwickelt sich bis zu einem Höhepunkt. Das Kapitelende deutet ein Ergebnis an und schafft bereits den Übergang zur nächsten Erzähleinheit. Es bedarf beim Zuhörer oder Leser keines langen Atems um das Dargestellte verstehen zu können. Das liegt auch an dem für eine Kasperlegeschichte typischen und dem Rezipienten vertrauten Personal."[1]
Die Behandlung eines Kapitels aus Otfried Preußlers Kinderbuch „Der Räuber Hotzenplotz" (s. Textheft S. 96ff.) im Deutschunterricht der Jahrgangsstufen 9/10ff. dient in erster Linie der kritischen Aufarbeitung von Leseerfahrungen der Schülerinnen und Schüler zum Räuberthema.
Dazu empfiehlt es sich, von einem Austausch der Leseeindrücke auszugehen. D.h., die Schülerinnen und Schüler, die die Hotzenplotzgeschichten als Kind gelesen haben, werden aufgefordert, ihre Leseerfahrungen im Nachhinein zu bedenken und zu äußern, während diejenigen, die den Räuber Hotzenplotz erst jetzt kennen lernen, ihre Eindrücke nach dem häuslichen Lesen des im Textheft S. 96ff. abgedruckten Kapitels artikulieren. Am Ende dieser Phase sollte als Leitfrage für den weiteren Umgang mit dem Text im Unterricht die Problemfrage stehen:

- *Ist „Der Räuber Hotzenplotz" nach euren Erfahrungen mit der Darstellung des Verbrechers in der Literatur als Kinderbuch geeignet?*

Die Jugendlichen müssten inzwischen wissen, dass Problementscheidungen auf einer durchdachten Einstellung zu strittigen Fragen beruhen, dass also, wenn ein Werturteil kein Vorurteil sein soll, ihm die Klärung des Sachverhaltes vorangehen muss. Die zunächst zu klärende Sachfrage lautet:

- *Was wird in diesem Kinderbuch in welcher Weise erzählt? Wie wird vor allem der Räuber Hotzenplotz dargestellt?*

Die Analyse erfolgt exemplarisch an dem im Textheft S. 96ff. abgedruckten Kapitel. Neben der so genannten erzählten Wirklichkeit und den üblichen erzählerischen Mitteln (vgl. Anhang, S. 115ff.) ist hier auch zu berücksichtigen, wie Bild und Text sich zueinander verhalten und auf den Leser wirken. Der in den Bildern martialisch

[1] Friedrich Schiller: Die Räuber und andere Räubergeschichten, erarbeitet von Barbara Schubert-Felmy, hrsg. von Johannes Diekhans. Paderborn: Ferdinand Schöningh 1999, S. 49.

wirkende Räuber erscheint in der Episode als bemitleidenswerter Mann, der von anderen – Kasperl und Seppel – „hinters Licht“ geführt wird. Sein Aussehen und seine Drohung mit dem wiederholten Ruf nach „Rache“ kann kleinen Kindern aber auch Angst einflößen. Der Erzähler bezeichnet die Tätigkeit des Räubers als „Handwerk“ und „Arbeit“ und stellt die Räuberei als ernsthaften „Beruf“ dar, der allerdings „auf die Dauer zu wenig“ einbringt und außerdem „anstrengend“ ist. Vor allem an dieser Darstellung einer eigentlich kriminellen Tätigkeit als „Beruf“, einer Darstellung, die von kindlichen Lesern noch unhinterfragt hingenommen wird, könnte sich die Pro-und-Contra-Diskussion entzünden, sodass die eingangs gestellte Problemfrage am Ende nicht uneingeschränkt zu bejahen ist.
Es sollte den Schülern klar sein, dass sich ein Werturteil vor allem nach dem Gewicht der Gründe, das wir ihnen beimessen, richtet. Damit die Entscheidung von anderen verstanden wird und andere überzeugt, muss sie so weit wie möglich sachlich begründet sein. Beispielsweise bietet es sich in dem vorliegenden Fall an, die Einstellung des Autors zu kennen und den „Räuber Hotzenplotz“ an diesen Kriterien, sofern man ihnen zustimmt, zu messen. Dazu erhalten die Schülerinnen und Schüler das Arbeitsblatt 14 (S. 104) mit entsprechenden Aufgaben.
Der Einstellung des Autors zur Bedeutung von Literatur für Kinder wird man zustimmen können. Auch ist der „Hotzenplotz“-Text „Künstlerpech“ zweifellos für Kinder dazu geeignet, „sich von einer Geschichte einfangen zu lassen“; aber machen sie auch die „Erfahrung, was es bedeutet, sich von einer Geschichte einfangen zu lassen“, d.h. identifikatorisch – und nicht kritisch distanziert – zu lesen?
Der Text ist keineswegs so beschaffen, dass er Kindern „einen Blick in die innersten (!) Zusammenhänge der verborgenen (!) Triebkräfte ihrer und unserer Welt zu tun“ ermöglicht, es sei denn, man sieht diese „Triebkräfte“ primär darin, dass sich bestimmte Menschen in unserer Gesellschaft den Besitz anderer unrechtmäßig anzueignen versuchen.
Der Aspekt der Schüler-Erfahrungen mit der Darstellung des Verbrechers in der Literatur in der eingangs formulierten Problemfrage *(Ist „Der Räuber Hotzenplotz“ nach euren Erfahrungen mit der Darstellung des Verbrechers in der Literatur als Kinderbuch geeignet?)* kann im Rückgriff auf Schillers Erzählung „Der Verbrecher aus verlorener Ehre“ im Unterrichtsgespräch geklärt werden. Denn in der Auseinandersetzung mit dieser Erzählung haben die Jugendlichen entscheidende Kriterien für die Bewertung von Literatur zur „Verbrecher“-Thematik kennen gelernt, insbesondere das Zusammenwirken individueller und gesellschaftlicher Bedingtheit bei der Entstehung von Kriminalität und die ethische Komponente, die sich im Falle Christian Wolfs durch die Sprache des Gewissens bemerkbar macht (vgl. S. 27, Z. 29f.) und ihn zu seinen Reintegrationsversuchen bewegt. Die im Kapitel „Künstlerpech“ angedeutete Reintegrationstendenz des Räubers ist dagegen rein pragmatisch begründet: „‚Schlechte Zeiten!‘, schimpfte der Räuber Hotzenplotz. ‚Wenn das so weitergeht, muss ich mich allmählich nach einem anderen Beruf umsehen. Die Räuberei bringt auf die Dauer zu wenig ein und anstrengend ist es außerdem!‘“ (S. 96, Z. 10ff.)
Im Laufe der unterschiedlichen Handlungen der aufeinander folgenden Hotzenplotzbücher rückt der Räuber der bürgerlichen Gesellschaft tatsächlich immer näher, bis er schließlich ein ehrbarer Gastwirt wird. Der „Berufswechsel“ wird ebenfalls pragmatisch – mit auf die Dauer unerträglichen „beruflichen Sachzwängen“ – begründet: „‚Kurz und gut: auf die Dauer wird mir die Sache zu anstrengend. Nichts ist lästiger auf der Welt, als ständig den bösen Mann zu spielen! Immerzu Missetaten verüben müssen, auch wenn einem gar nicht danach zumute ist; immerzu Großmütter überfallen und Fahrräder klauen; und immerzu auf der Hut vor der Polizei sein; das zehrt an den Kräften und sägt an den Nerven, glaubt mir das‘“[1].

[1] Otfried Preußler: Hotzenplotz 3. Stuttgart 1973, S. 66.

Kinderbuch: „Der Räuber Hotzenplotz“

Illustration von F. J. Tripp, aus: Otfried Preußler, Der Räuber Hotzenplotz © 1962 by Thienemanns Verlag, Stuttgart-Wien

In Geschichten erleben Kinder eine erste Begegnung mit der Welt der Literatur. Sie machen die grundlegende, für ihr weiteres Leben möglicherweise entscheidende Erfahrung, was es bedeutet, sich von einer Geschichte einfangen zu lassen, an ihrem Beispiel, mit ihrer Hilfe einen Blick in die innersten Zusammenhänge der verborgenen Triebkräfte ihrer und unserer Welt zu tun.

Otfried Preußler: Geschichten für Menschenkinder. Vortrag bei der Festveranstaltung der Sudetendeutschen Akademie der Wissenschaften und Künste am 3.12.1993 in München, zitiert nach E. Ammerer: Der Räuber Hotzenplotz und die psychischen Strukturen, in : Zwettler-Otte, Sylvia (Hrsg.): Kinderbuch-Klassiker psychoanalytisch. München: Ernst Reinhardt Verlag 1994, S. 36.

Aufgabe:
Stimmt ihr den Aussagen des Autors zur Bedeutung von Literatur für Kinder zu? Erörtert am Beispiel des im Textheft S. 96ff. abgedruckten Kapitels „Künstlerpech“ aus dem Kinderbuch „Der Räuber Hotzenplotz“, ob und inwieweit es den Maßstäben des Autors gerecht wird.

Als Lernzielkontrolle bietet sich eine schriftliche Erörterung der behandelten Frage in folgender Form an:

❑ *Ist „Der Räuber Hotzenplotz“ von Otfried Preußler als Kinderbuch geeignet?*

Soll die schriftliche Erörterung mehr als die Funktion einer Lernzielkontrolle erfüllen, nämlich der Übung einer intentions- und leserbezogenen Argumentation dienen, können die Konzepte in Partner- oder Gruppenarbeit beurteilt, anschließend von den Verfassern überarbeitet und in Reinschrift vorgelegt werden. Dazu kann die Lehrperson den Schülerinnen und Schülern folgende Hinweise geben:

Man schreibt eine Erörterung in der Absicht, sich selbst und anderen Klarheit über einen strittigen Sachverhalt zu verschaffen.

Die beste Kontrolle dafür, wieweit die Absicht verwirklicht wurde, ist die Wirkung auf den Adressaten. Beurteilt die Konzepte in Partner- oder Gruppenarbeit nach folgenden Gesichtspunkten:

1. Ist die Intention des Themas richtig erfasst? [...] Reicht die Sachkenntnis aus?
2. Weist der Gedankengang eine Schrittfolge auf? Sind die Argumentationen zu unterscheiden? Was tragen sie jeweils zum Finden des Urteils bei? Lassen die äußeren Abschnitte die Schrittfolge erkennen? Nimmt das Gewicht der Argumente und damit die Wirkung auf den Leser zu?
3. Welche sprachlichen Mittel machen die Darstellung anschaulich und lebendig? Werden allgemeine Wendungen durch die Aufzählung treffender Einzelheiten ergänzt oder ersetzt? Finden sich Beispiele oder Kurzberichte? Wie sind sie eingebaut? Welche Satzarten werden verwendet (Aussagen, Fragen, Ausrufe)? Welche Formen des Satzbaus sind leicht verständlich, welche nicht? Werden rhetorische Figuren angemessen verwendet [...]?
4. Gelingt es dem Verfasser, seine Gedanken angemessen ins Wort zu fassen? Welche Partien wirken überzeugend? Welche zeigen den Willen des Verfassers zu eigenem sprachlichen Ausdruck? An welchen Stellen hat er Schwierigkeiten mit der Sprache? Lassen sie sich erklären? Wie sind sie zu vermeiden? Hat die Darstellung einheitliches Niveau?

Man schätzt es heute, wenn der Schreibstil möglichst viel von der Frische und Farbigkeit des Redestils an sich hat. Jedoch lässige Ausdrucksweise, abgegriffene Redensarten und Übertreibungen wirken geschrieben peinlich, Wiederholungen und Zusammenfassungen erübrigen sich. Was schriftlich niedergelegt ist, kann des Öfteren nachgelesen werden – und: es muss dem wiederholten Lesen standhalten.

Aus: Sprachbuch Wort und Sinn, hrsg. von Heinz König und Gustav Muthmann, Sprachbuch 9/10 bearbeitet von Josef Billen, Friedhelm Hassel, Karl-Jürgen Heller, Heinz König, Gustav Muthmann, Hermann Zabel. Paderborn: Ferdinand Schöningh 1977, S. 107f.

9.4 ❑ Heinrich Bölls Erzählung „Die verlorene Ehre der Katharina Blum“

Gegenstand dieses Teil-Bausteins ist die Erzählung „Die verlorene Ehre der Katharina Blum“ von Heinrich Böll, insbesondere der Schluss mit der Darstellung des Mordes an dem Reporter Werner Tötges, der Katharina Blum als Handlanger einer gewalttätigen Presse vermeintlich ihrer Ehre beraubte. „Ein hohes Motivationspotenzial könnte für die Schülerrezeption darin liegen, dass in besonderer Wei-

se Bölls Erzählung ‚Katharina Blum' die bis in unsere Tage fortdauernde Aktualität des Sensationsjournalismus und seine möglichen fatalen Auswirkungen auf das Individuum thematisiert."[1]
Die Einführung im Textheft S. 100f. vermittelt die notwendigen Grundinformationen zum Verständnis der beiden Textauszüge. Die erste Textstelle (S. 101–102, Z. 36) enthält das Motiv der „verlorenen Ehre" (S. 101, Z. 24), die zweite stellt – im Rahmen des auktorialen Erzählverhaltens – den Mord aus der Perspektive des weiblichen Straftäters in der Ich-Form dar bzw. Katharina Blums Verhalten vor dem Mord (S. 103, Z. 6–34), während des Mordes (S. 103, Z. 34 – S. 104, Z. 23) und nach dem Mord (S. 104, Z. 23ff.).
Die Auseinandersetzung mit Heinrich Bölls „Katharina Blum" in diesem Baustein ist durch den – von Böll übrigens bestrittenen – Bezug der Erzählung auf Schillers „Verbrecher aus verlorener Ehre" in besonderer Weise didaktisch begründet, zumal die Erinnerung an Schillers Erzählung erst durch Bölls Werk wieder belebt worden ist: daher kann die Selbstaussage des Autors nicht der Maßstab sein, sondern die (literatur-)geschichtliche Relevanz seines Werkes, in dem der genannte Kontextbezug vorliegt. Schon nach den Vorankündigungen im Mai 1974, die neben thematischen Andeutungen „den anachronistisch wirkenden Titel enthielten"[2], wurde der Rezensent der „Zeit", Rolf Michaelis, als erster bei der literarischen Spurensuche fündig: „Dass Böll sich mit seiner Erzählung, wie es der Titel ausspricht, in eine Tradition stellt, sei wenigstens angedeutet. [...] Von Schiller übernimmt Böll vier zentrale Motive: den Handlungsantrieb, verlorene Ehre wiederzugewinnen; die moralische Erkenntnis, der Verbrecher sei, wie Schiller sagt, ‚ein Mensch... wie wir'; die Verschiebung des Akzents einer Kriminalgeschichte vom äußeren auf das innere Geschehen. [...] Der – historische – Räuber Johann Friedrich Schwan, Sohn eines Gastwirts [...] wird, [...] was auch Bölls Mörderin aus verlorener Ehre von Beruf ist: Hausknecht. Schließlich werden – bei Schiller und Böll – Gerichtsverhandlung und Urteilsspruch ausgespart."[3]
In seinem „Aufriss der Stoffgeschichte" bezüglich der Bearbeitungen des Sonnenwirt-Stoffes (vgl. Anhang der Textausgabe, S. 69ff.) hebt Gerhard Köpf nicht nur die „auffallende Ähnlichkeit" der Erzählungen Schillers und Bölls hinsichtlich „Motiv, Titel wie Erzähltechnik" hervor, sondern auch wichtige Unterschiede: „Grundlegend unterscheiden sich [...] beide Texte in der Beurteilung der Verhaltensweisen der Erzählfiguren durch den Erzähler sowie den gesellschaftspolitischen Kontext, der für den Verlust der Ehre verantwortlich zu machen ist."[4]

Um der Lerngruppe (gedacht ist an Schülerinnen und Schüler der Jahrgangsstufe 10 und der Oberstufe) zunächst einen anschaulichen Eindruck von der Handlung der Erzählung „Die verlorene Ehre der Katharina Blum" zu vermitteln, empfiehlt sich die Vorführung des gleichnamigen Films von Volker Schlöndorff (1975).[5]
Im Gegensatz zu Bölls Erzählungen ist der Film chronologisch, linear aufgebaut: „Eine Problematisierung der Rekonstruktion von Wirklichkeit durch einen Erzähler findet nicht statt. Der Zuschauer wird zum Augenzeugen des realistisch gespie-

---

[1] Günter Graf: Literaturkritik. Eine Einführung am Beispiel von Heinrich Bölls „Die verlorene Ehre der Katharina Blum", Lehrerheft. Frankfurt am Main: Hirschgraben-Verlag 1988, S. 6.
[2] Bernd Balzer: Heinrich Böll, Die verlorene Ehre der Katharina Blum. Frankfurt am Main: Verlag Moritz Diesterweg 1990 (= Grundlagen und Gedanken zum Verständnis erzählender Literatur), S. 18.
[3] Rolf Michaelis: Der gute Mensch von Gemmelbroich, in: Die Zeit, 2. August 1974, S. 18.
[4] Gerhard Köpf: Friedrich Schiller, Der Verbrecher aus verlorener Ehre. Überlegungen zu einer kommunikationsorientierten Erzähltext-Analyse, in: Blätter für den Deutschlehrer, Heft 3, S. 66f.
[5] Der Film kann bei den Landesfilmdiensten bzw. Landesbildstellen oder bei dem kommerziellen Unternehmen atlas (Duisburg) als Video ausgeliehen werden.

gelten Ereignisablaufs."[1] Das ist für den in dieser Unterrichtseinheit verfolgten Zweck von Vorteil. Im Anschluss an die Rezeption des Films und deren Besprechung wird der Text S. 100ff. gelesen.

Als Alternative bietet es sich an, mit der Beschreibung und Deutung des auf einer Folie präsentierten Umschlagbildes zur Taschenbuchausgabe der Erzählung „Die verlorene Ehre der Katharina Blum" (Mai 2001) zu beginnen, auf dem die Filmschauspielerin Angela Winkler in der Besetzung der Rolle Katharinas und daneben Mario Adorf als Beizmenne zu sehen sind.

Deutscher Taschenbuch Verlag Umschlagbild © Bildarchiv Engelmeier

Dazu erhalten die Schülerinnen und Schüler folgenden Arbeitsauftrag:

❐ *Beschreibt und deutet das Umschlagbild zur Taschenbuchausgabe der Erzählung. Welche Informationen vermitteln Text und Bild?*

[1] Wolfgang Gast und Barbara Deiker: Film und Literatur. Analysen, Materialien, Unterrichtsvorschläge I, Frankfurt am Main: Diesterweg 1993, S. 52.

Auf diese Weise kommt von vornherein – durch die Ähnlichkeit des Titels, die den Schülern sofort auffällt – Friedrich Schillers Erzählung „Der Verbrecher aus verlorener Ehre“ als Vergleichstext mit in den Blick. Zugleich wird schon klar, dass hier ein weiblicher Straftäter die Hauptrolle spielt, der durch das Bild bzw. Mimik und Gestik der Schauspielerin in Richtung „unschuldiges Opfer“ interpretiert wird. Die Schülerinnen und Schüler werden vermuten, dass der düster blickende Mann neben ihr für ihre Situation verantwortlich ist.

Nach der in Form von Hypothesen über den Inhalt des Buches formulierten Deutung des Umschlagbildes wird dann der Text S. 100ff. gelesen.

Im Anschluss an die Klärung inhaltlicher Verständnisschwierigkeiten folgt der Vergleich mit Schillers Erzählung; der Vergleichsschwerpunkt der nun folgenden Erarbeitung liegt auf der Morddarstellung.[1]
Dabei empfiehlt sich eine Konzentration auf den Ausschnitt S. 103, Z. 29– S. 104, Z. 23 der Erzählung von Heinrich Böll und die bereits in Baustein 3.4 intensiv analysierte Textstelle S. 17, Z. 4 – S. 18, Z. 18:

❐ *Vergleicht die Morddarstellung in Heinrich Bölls und Friedrich Schillers Erzählungen S. 103, Z. 29 – S. 104, Z. 23 und S. 17, Z. 4 – S. 18, Z. 18 in Bezug auf Unterschiede und Gemeinsamkeiten. Geht dabei von den mitgeteilten Fakten aus.*

Die Schüler müssten inzwischen fähig sein, angemessene Kriterien für die Untersuchung von Gemeinsamkeiten und Unterschieden zu finden und den Vergleich selbstständig in Partnerarbeit durchzuführen. Dabei sollten zunächst die jeweils mitgeteilten Fakten (über Täter, Opfer, Tatmotiv usw.) erfasst werden, bevor man sich den erzählerischen Mitteln zuwendet. Der Faktenvergleich kann zu folgendem Ergebnis führen, das auf einer Folie festgehalten bzw. präsentiert wird:

[1] Möglich ist selbstverständlich auch – wenn der Einstieg über die Literaturverfilmung erfolgt ist – zuerst ein Vergleich zwischen dem Schluss der Böll-Erzählung und Schlöndorffs Film. Für eine solche vergleichende Betrachtung hilfreich ist das oben erwähnte Buch von Wolfgang Gast und Barbara Deiker: Film und Literatur. Analysen, Materialien, Unterrichtsvorschläge 1. Frankfurt am Main: Diesterweg 1993, S. 46ff. Es enthält auch das Filmtranskript zu „Sequenz 49: Katharina erschießt Tötges“ als Kopiervorlage.

Vergleich der mitgeteilten Fakten

	Heinrich Böll: „Die verlorene Ehre der Katharina Blum“	**Friedrich Schiller: „Der Verbrecher aus verlorener Ehre“**
Täter	Katharina Blum – weiblicher Täter	Christian Wolf – männlicher Täter
Opfer	Werner Tötges – Zeitungsreporter	Robert – Jäger
Motiv	Hass auf den Menschen, der wesentlich mit zum Verlust ihrer Ehre beigetragen, ihr „Leben zerstört hat“ (S. 103, Z. 9); vgl. auch „ein richtiges Schwein“ (Z. 39)	Hass auf den Menschen, der wesentlich mit zum Verlust seiner Ehre beigetragen hat („der Mensch, den ich ... am grässlichsten hasste“ (S. 17, Z. 17f.)
Ort	Wohnung	Natur (Wald)
Zeit	morgens	mittags
Anlass	Verabredung zum Interview; Reden und Verhalten des Mannes: verbale Gewalt („Bumsen“), unzulässige Berührung („er ging mir an die Kledage“, S. 104, Z. 6f.)	Zufallsbegegnung bei der Jagd; die Flinte ist bereits schussbereit auf ein Wild gerichtet.
Tatwaffe	Pistole	Flinte
Tat (Mord/ Totschlag)	geplanter Mord (vgl. „Zeit genug, die Pistole zu entsichern und griffbereit in meiner Handtasche zu platzieren“, S. 103, Z. 32ff.)	Mord nach Kampf zwischen „Rache und Gewissen“ mit hohem Affektanteil
Verhalten nach der Tat	„Ohne Reue, ohne Bedauern“ (S. 105, Z. 14)	Selbstverurteilung

Durch die genaue Gegenüberstellung der „Fakten“ gewinnen die Jugendlichen einen tiefer gehenden Einblick in die literaturgeschichtlichen Zusammenhänge, lernen sie stoffgeschichtliche Aspekte (diachron) kennen.

Beim Vergleich der Erzählweise können sich die Schülerinnen und Schüler nötigenfalls auf die im Anhang der Textausgabe gegebenen „Hinweise“ (S. 115ff.) und ihre schriftlichen Unterlagen aus Baustein 3.4 stützen. Entscheidend für den Textvergleich ist die Feststellung, dass beide Erzähler die Täter selbst die Tat aus zeitlicher Distanz rekonstruieren, und zwar den Tathergang in der Ich-Form darstellen lassen und den Wechsel der Erzählform ähnlich begründen. Schiller: „Hier fängt eine neue Epoche in seinem Leben an; man höre ihn selbst, wie er nachher gegen seinen geistlichen Beistand und vor Gerichte bekannt hat." (S. 12, Z. 9ff.); Böll: „Man ist in der glücklichen Lage, diese Schilderung wörtlich zu zitieren, da Katharina alles schriftlich niederlegte und Blorna zur Verwendung beim Prozess überließ" (S. 103, Z. 2ff.). Die Darstellung des Mordes aus der Figurenperspektive soll nicht nur den Anschein der Authentizität des Erzählten vermitteln, sondern ist als Versuch zu werten jeweils den Straftäter zu verstehen und in seinem Selbstverständnis ernst zu nehmen.[1]

Abschließend wird der unterschiedliche gesellschaftspolitische Kontext erörtert, der zum Verlust der Ehre führt. Als Denkanstoß dient der Köpf-Text im Anhang der Textausgabe S. 70f., der am besten (ab Z. 28) vorgelesen wird. Wahrscheinlich ist eine zusätzliche Lehrerfrage notwendig, um das Unterrichtsgespräch über die ergebnissichernde Texterläuterung hinaus in die gewünschte Richtung zu lenken:

❒ *Inwiefern unterscheiden sich Schillers und Bölls Erzählungen grundlegend durch „den gesellschaftspolitischen Kontext, der für den Verlust der Ehre verantwortlich ist"?*

Mit der folgenden Erörterung wird ein gesellschaftskritischer Zusammenhang zwischen der historischen Wirklichkeit des 18. Jahrhunderts bzw. Schillers Erzählung „Der Verbrecher aus verlorener Ehre" und dem extratextuellen Kontext von Bölls „Katharina Blum" bzw. unserer Zeit in einer für die Jugendlichen relevanten Weise hergestellt. Während in Schillers Erzählung die durch absolutistische Herrschaft und durch ein sich emanzipierendes Bürgertum bestimmte Gesellschaft einer tief greifenden Kritik dahin gehend ausgesetzt wird, dass in ihr Gerechtigkeit nicht für alle gilt, die ungerechten sozialen Verhältnisse vielmehr Kriminalität gerade bei Angehörigen der benachteiligten Schichten produzieren, richtet sich das kritische Potenzial in Bölls „Katharina Blum" vor allem gegen eine bestimmte Art des Sensationsjournalismus des 20. Jahrhunderts und damit auch gegen die Medienindustrie unserer Zeit, in der menschliche Würde von kommerziellen und politisch-ideologischen Interessen bestimmter Gruppen missachtet wird.
Die Lernenden gewinnen also, wenn der Unterricht gelingt, ein kritisches Bewusstsein auch in Bezug auf gegenwärtige gesellschaftliche Missstände. Abdrängung Benachteiligter in die Kriminalität und Missachtung menschlicher Würde evozieren dann Widerstand und Veränderungswillen zum Besseren.
Mit der Erkenntnis dieses Zusammenhangs wird – wie wir hoffen – auch eine erzieherische Verhaltensdisposition im Sinne sozialen Lernens geschaffen: die Bereitschaft, für den Schutz der eigenen persönlichen Ehre sowie die der Mitmenschen aktiv einzutreten, damit jeder Mensch in unserer (Welt-)Gesellschaft als sittliche Person existieren kann.

---

[1] Vgl. Theo Zindler: Das Bild des Verbrechers in der Literatur, in: Hans Thiel (Hrsg.): Deutschunterricht in Jahrgangsstufe II. Exemplarische Kurse mit ausgewählten Texten. Frankfurt am Main, Berlin, München: Verlag Moritz Diesterweg 1980, S. 48.

Christoph Arens: Ehrenworte kosten wenig

Ehre Ein alter Begriff mit wandelnden Bedeutungen in der Vergangenheit

Ehrenworte kosten wenig

von Christoph Arens

BONN – Großes Indianerehrenwort! Wer als Jugendlicher die Bücher von Karl May verschlungen hat, weiß, was ein Ehrenwort bedeutet. Doch seit Altbundeskanzler Helmut Kohl sich auf sein Versprechen beruft, um die Quelle der Millionenspenden für die CDU zu verschleiern, ist das hehre Wort ins Gerede gekommen. Kohl ruiniere den Begriff Ehrenwort, wenn er damit Gesetzesverstöße legitimiere, kritisierte selbst sein alter Mitstreiter Norbert Blüm. „Sonst könnte sich jeder per Ehrenwort allen Nachforschungen entziehen."

Das hatte in der jüngeren Geschichte der Bundesrepublik schon einmal ein Politiker versucht: Schleswig-Holsteins Ministerpräsident Uwe Barschel verpfändete 1987 sein Ansehen dafür, nichts von der unlauteren Kampagne gegen seinen Konkurrrenten Björn Engholm gewusst zu haben. Eine Lüge mit fatalen Folgen.

Ein Blick ins Lexikon zeigt, dass der Begriff nicht immer solch eine tief greifende Bedeutung hatte. Bis ins 18. Jahrhundert war er allenfalls in seiner Bedeutung als „ehrendes Wort" oder als „höfliche Rede" geläufig. „Ehrenworte kosten wenig" lässt Zoomanns „Zitatenschatz der Weltliteratur" deshalb den Philosophen und Sprachwissenschaftler Johann Gottfried Herder sagen. Erst das heraufziehende bürgerliche Zeitalter maß dem Begriff eine größere Bedeutung für den Zusammenhalt der Gesellschaft bei. Denn „Ehre" – abgeleitet aus dem mittelhochdeutschen Wort für glänzendes, leuchtendes Metall – spielte in den zurückliegenden Jahrhunderten eine große Rolle – bis hin zum Duell, das die verletzte Selbstachtung wiederherstellen sollte. Bis zum Ende des 19. Jahrhunderts war Ehre geradezu eine zentrale Kategorie für die Stellung einer Person in der Gesellschaft. Erst im 20. Jahrhundert wird der Mensch eher durch die Personenwürde, die jedem unabhängig von seinem Verhalten zusteht, definiert. In der heutigen Gesellschaft bestimmen zunehmend Prestige und Statussymbole die Stellung des Einzelnen in der Gemeinschaft.

Fest steht, dass das Ehrenwort heute weder eine juristische noch im strengen Sinn eine ethische Kategorie ist. Dennoch sei es zwischenmenschlich immer noch von enormer Bedeutung, weil es eine Verpflichtung zu Treue und Verlässlichkeit einschließe, erläutert der Bamberger katholische Moraltheologe Volker Eid. Es sei ja sinnvoll, einem anderen Menschen zu versprechen, dass man ihn nicht bloßstellt und in einer Notsituation für ihn da ist. Allerdings: Ein Ehrenwort dürfe nicht zur Komplizenschaft führen, mahnen Eid und der Münchener Sozialethiker Alois Baumgartner. Wenn es um Illegales oder Unmoralisches gehe, habe ein Ehrenwort von vornherein keine Bedeutung. An die Adresse des Altkanzlers gerichtet, fordert Eid: Der Amtseid, den Kohl als Regierungschef geleistet habe, stehe weit höher als das persönliche Ehrenwort.

Aus: Unsere Kirche Nr. 7/13.-19.2.2000

Gerhard Köpf: Friedrich Schiller: Der Verbrecher aus verlorener Ehre (Strukturierungsschema)

URSACHE(N)	HANDLUNG(EN)	HANDLUNGSZIEL(E)	FOLGE(N)
1. Halbwaise, schlechte soziale Bedingungen, körperliche Deformation, Spott der Kameraden, „müßige Stunden"	„Frechheit" gegenüber erwachsenen Mädchen, Taten eines „losen Buben"	keine Angaben	Wolf „wollte ertrotzen, was ihm verweigert war; weil er missfiel, setzte er sich vor, zu gefallen"
2. Bequemlichkeit und Unwissenheit, Stolz und „Weichlichkeit"	Wolf verliebt sich in Hannchen	Anerkennung	Wilddieberei
3. Eifersucht und Neid gegenüber Robert	Wolf wird von Robert in flagranti beim Wildfrevel entdeckt	Anerkennung	Geldbuße und „Aufopferung seines ganzen kleinen Vermögens"
4. Hunger, Rachegedanken, Eifersucht, Leidenschaft, Feindschaft mit Robert	Wilddieberei	Anerkennung	1 Jahr Zuchthaus
5. Leidenschaft, Trotz	Heimkehr	„sich seiner Johanne zu zeigen"	Ablehnung durch die Gesellschaft
6. Not	Suche nach Arbeit	soziale Integration	mehrfache Abweisung
7. Wilddieberei	Bestrafung	Überleben	3 Jahre Festung
8. Rache, Hass, „Märtyrer des natürlichen Rechts"	Heimkehr und Begegnung mit dem Knaben	dem Kind eine Freude zu machen	Verachtung
9. Erbitterung	Begegnung mit Johanna	Verachtung von Johanna	totale Desintegration
10. Tod der Mutter, Verlust des Hauses, totale Verachtung	Wilddieberei	Vorsatz „Böses zu tun"	Leben eines outlaws
11. plötzliche Begegnung mit Robert, Kulmination des angestauten Hasses	Mord an Robert	zunächst Rache, dann das Bestreben, „für einen persönlichen Feind des Erschossenen, aber nicht für seinen Räuber gehalten" zu werden	psychische Verwirrung, Flucht, Rückkehr an den Tatort, erneute Flucht, Gewissensangst, Selbstmordgedanken
12. Umherirren	Begegnung mit einem Räuber	Integration	da ihm der Weg „zurück" in die Gesellschaft endgültig versperrt scheint, wird Wolf Hauptmann der Räuberbande
13. Räuberhauptmann	Raubzüge	keine Angaben	allmähliche Distanzierung von der Räuberbande
14. Schwermut löst Verzweiflung ab	Bittgesuche	Rehabilitierung	Flucht nach Preußen
15. allgemeiner Befehl zur strengeren Kontrolle von Durchreisenden	Begegnung mit Torschreiber und Oberamtmann	Wolf will passieren	„Böses Gewissen macht ihn zum Dummkopf"
16. plötzliche Flucht in eine Sackgasse	Verhaftung und erstes Verhör	Beteuerung der „Unschuld"	eine Nacht im Turm
17. Vorsatz des Oberamtmanns, Wolf mit „Anstand und Mäßigung zu begegnen", die bei Wolf „Vertrauen und Achtung" bewirken	Geständnis Wolfs	Bitte an den Oberamtmann, dem Fürsten die freiwillige Auslieferung zu berichten	Wolf wird hingerichtet

Gerhard Köpf: Friedrich Schiller, Der Verbrecher aus verlorener Ehre. Überlegungen zu einer kommunikationsorientierten Erzähltext-Analyse. In: Blätter für den Deutschlehrer, Heft 3, 1978, S. 69f.

Jacob Friedrich Abel: Lebens-Geschichte Fridrich Schwans. Geschichte eines Räubers (Der Mord)

Aber auch jetzt war es wieder nur sein eigenes, durch so lange Gewohnheit zur Fertigkeit gewordenes Laster, was ihn aufs Neue ins Verderben hinunterstürzte und ihn dadurch auf immer von dem Ziel entfernte, nach dem er so sehr sich sehnte, und dem er jetzt so nahe zu sein geglaubt hatte.

Wegen der ungezählten Freveltaten, die Schwan begangen hatte, und wegen seiner Flucht aus dem Gefängnis war längst ein Preis von 100 Gulden auf seinen Kopf gesetzt.

Niemand suchte mit mehr Begierde denselben zu verdienen; niemand wurde, wie er glaubte, zu dieser Absicht so sehr durch persönliche Feindschaft entflammt, als einer seiner Mitbürger, namens Hohenecker. Von Jugend auf waren sie Feinde, und stets wiederholte Beleidigungen hatten längst diese Feindschaft aufs Höchste gebracht. Einst an einem Sommertag, da er eben von seinem Vater auf seine letzte Bitte, die Müllerin zu heiraten, eine abschlägige Antwort erhalten, lag Schwan in einem benachbarten Walde in jener furchtbaren Stimmung, wo die Seele von Verdruss über fehlgeschlagene Hoffnungen, von Gewissensbissen und peinigender Angst übermannt, in Wut gegen sich selbst und in Wut gegen die ganze Menschheit, die vermeinte Quelle ihrer Leiden, entbrennt, und nur in der Qual ihre Feinde, nur im rauschenden Blute ihrer Mitmenschen Linderung hoffet.

Ein Hirsch sprang vorbei; er stand auf, ergriff seine Flinte und zielte um seinen Hunger und ohne Zweifel auch seinen Unmut und seine Wut zu befriedigen. Aber in dem Augenblick fiel ihm Hohenecker ins Aug, der neben dem Wald auf einer Wiese arbeitete. Die ganze Wut seiner Seele überfiel ihn bei diesem Anblick; er richtete die gegen das Tier gezückte Flinte gegen seinen Feind. Aber noch vermochte er nicht, die furchtbare Tat zu begehen. Alle Gräuel des Mords gingen dunkel und schnell, aber schreckend und furchtbar durch seine Seele. Er zog die Flinte zurück, um sie wieder gegen den Hirsch zu richten; aber sogleich übermannte ihn die Wut aufs Neue, er zielte wieder gegen seinen Feind und zog wieder zurück, viermal zielte er also aufs Neue und viermal zog er wieder zurück. Endlich bemeisterte sich eine gänzliche Verwirrung seiner Sinne, Kampf und Wut und Schrecken umnebelten seinen Geist, die Wut siegte, er schoss, und vollbracht war sein erster Mord.[1]

[...] In dem Augenblick, da die fürchterliche Tat getan war, verließ ihn jede Wut, und peinigende Angst und betäubender Schrecken traten an ihre Stelle. Er floh, sobald er seinen Feind fallen sah, ohne Bewusstsein, ohne Absicht, bloß um sich selbst und seinen eigenen quälenden Gedanken zu entfliehen, fort, bis er endlich von Müdigkeit bezwungen, mitten in einem Walde still stand. Und nun erst war er fähig, über seinen Zustand nachzudenken, nun erst stellten sich die schrecklichen Folgen seiner Handlung, die um Rache schreienden Kinder des Ermordeten, der Fluch und der Abscheu aller Menschen, die den Mörder verfolgen, und die furchtbaren und schrecklichen Strafen der Obrigkeit, seinem Gewissen vor [...].

Jacob Friedrich Abel: Lebens-Geschichte Fridrich Schwans. Geschichte eines Räubers. Aus: Ders.: Sammlung und Erklärung merkwürdiger Erscheinungen aus dem menschlichen Leben. Frankfurt und Leipzig, Zweiter Teil 1787.

[1] Auf diese Art hat Schwan selbst die Geschichte seines ersten Mords erzählt.

Richard Schmid: Schillers „Räuber“ – von einem Juristen betrachtet

Nicht weniger interessant ist der strafrechtliche [Aspekt]. Wie man aus den Vorreden Schillers zu den „Räubern“, aus seiner „Selbstkritik“ und der aus denselben Erlebnissen nicht viel später entstandenen Erzählung „Der Verbrecher aus verlorener Ehre“ erkennt – auch deren Held ist ein Räuberhauptmann –, ist Schiller nicht nur, wie frühere Dramatiker, von bestimmten menschlichen Tatmotiven, etwa Eifersucht oder Rache, ausgegangen; was ihn vor allem bewegte, war das Stadium vorher, das Zustandekommen, das Spiel und Gegenspiel von individuellen und sozialen Motiven. Immer wieder spricht er vom „Räderwerk“, von der „Mechanik des Laster-Entstehens“, von der „inneren Wirtschaft des Lasters“. Auch die körperlichen Bedingungen des Verbrechens und des Verbrechers interessieren ihn, den Mediziner, der übrigens einen entschiedenen Deterministen als Lehrer auf der Karlsschule hatte. Schiller spricht von dem „System der tierischen Haushaltung. Kochung und Scheidung, Puls und Nervenkraft müssten durcheinander geworfen sein, ehe die Natur einem Fieber oder Konvulsionen Raum gibt.“ Im „Verbrecher aus verlorener Ehre“ heißt es:
„Man hat das Erdreich des Vesuvs untersucht, sich die Entstehung seines Brandes zu erklären; warum schenkt man einer moralische Erscheinung weniger Aufmerksamkeit als einer physischen? Warum achtet man nicht in eben dem Grade auf die Beschaffenheit und Stellung der Dinge, welche einen solchen Menschen umgaben, bis der gesammelte Zunder in seinem Inwendigen Feuer fing? Den Träumer, der das Wunderbare liebt, reizt eben das Seltsame und Abenteuerliche einer solchen Erscheinung; der Freund der Wahrheit sucht eine Mutter zu diesen verlorenen Kindern. Er sucht sie in der *unveränderlichen* Struktur der menschlichen Seele und in den *veränderlichen* Bedingungen, welche sie von außen bestimmten, und in diesen beiden findet er sie gewiss. Ihn überrascht es nun nicht mehr, in dem nämlichen Beete, wo sonst überall heilsame Kräuter blühen, auch den giftigen Schierling gedeihen zu sehe, Weisheit und Torheit, Laster und Tugend in *einer* Wiege beisammen zu finden.
Wenn ich auch keinen der Vorteile hier in Anschlag bringe, welche die Seelenkunde aus einer solchen Behandlungsart der Geschichte zieht, so behält sie schon allein darum den Vorzug, weil sie den grausamen Hohn und die stolze Sicherheit ausrottet, womit gemeiniglich die ungeprüfte aufrecht stehende Tugend auf die gefallne herunterblickt; weil sie den sanften Geist der Duldung verbreitet, ohne welchen kein Flüchtling zurückkehrt, keine Aussöhnung des Gesetzes mit seinem Beleidiger stattfindet, kein angestecktes Glied der Gesellschaft von dem gänzlichen Brande gerettet wird.“
Mit diesen Sätzen hat Schiller das große moderne Problem der Kriminologie, nämlich des Verhältnis von ererbter Konstitution zu Einflüssen aus Umwelt und Gesellschaft als Verbrechensursachen, vorausformuliert, mit einer Klarheit und Genauigkeit, wie sie aus jener und den nachfolgenden Zeiten mir unbekannt ist. Ein solcher Versuch, das Verbrechen zu analysieren – und mit dieser unerhörten dramatischen Wucht –, das musste damals wie Sprengstoff wirken. Aber dieser Sachverhalt ist im Grunde genommen immer noch aktuell, wenn auch in gewandelten Formen. Heute erleben wir ihn so:
In großen Fällen von Gewaltkriminalität – seien es Sexualmorde, Raubmorde, politisch motivierte Gewalttaten –, die zur Sensation geworden oder gemacht worden sind, reagiert ein großer Teil der öffentlichen Meinung auf die Frage nach den psychischen und gesellschaftlichen Ursachen, also nach der Kausalität der Tat, nicht nur verständnislos, sondern geradezu feindselig. Das erleben beispielsweise die psychiatrischen Sachverständigen, wenn sie zum Ergebnis kommen, dass die Angeklagten nicht oder nur beschränkt zurechnungsfähig seien. Das erleben Verteidiger, wenn sie nach ihren Plädoyers Anträge stellen, die der Erwartung des Publikums nicht entsprechen. Jeder Versuch, die Verkettung, die zum Verbrechen führte, sichtbar, verstehbar zu machen, weckt Entrüstung und feindselige Haltung, wobei oft sehr heftige Emotionen zutage treten bei den Leuten, die den Prozess unmittelbar oder mithilfe der Medien verfolgt haben. Der Versuch zu verstehen ist für sie Sympathisantentum. Sie fordern, dass verdammt und gerichtet werde, und sie bedauern nur, dass nicht auch hingerichtet wird. Dafür gibt es eine atavistisch[1] religiöse Erklärung – sie wollen ein Opfer gebracht sehen. Und es gibt psychoanalytische Erklärungen: Für sie ist das Interesse am Prozess und am Urteil die willkommene Abfuhr eigener Schuldgefühle oder der gefahrlose Ersatz für eigene Aggressionsbedürfnisse. Kurz, sie brauchen den Verbrecher und das Verbrechen für ihren Gefühlshaushalt. Wie gesagt, sie wollen nicht verstehen, sondern sie wollen gerichtet haben, und nach André Malraux heißt juger: C'est ne pas entendre.[2]

[1] Merkmalen oder Verhaltensweisen aus einem früheren entwicklungsgeschichtlichen Stadium entsprechend
[2] verurteilen heißt nicht verstehen

Ganz so oder ähnlich liegt es bei den Prozessen gegen die politischen Terroristen von heute. Der merkwürdige Versuch, den Angeklagten die politische Motivation abzusprechen, hatte den Sinn, die psychischen Ursachen und Auslösungen zu leugnen oder zuzudecken, wie dies auch bei der allgemeinen Kriminalität immer noch herrschende Praxis ist. Vor allem ist es Praxis auf der Ebene, auf der politische und populäre Wirkung gesucht und gefunden wird; auf dieser Ebene verspricht die Her- und Darstellung von Feindfiguren immer noch den sichersten Erfolg – ein Rezept, das bei den Deutschen besonders wirksam zu sein scheint. Auf dieser instinktiven Erkenntnis – auf nichts anderem – beruhte Hitlers Erfolg bei den Massen.

Aus dem Komplex des politischen Terrorismus der Politik und überhaupt die Verantwortung von Staat und Gesellschaft ausscheiden zu wollen, macht die Justiz erst recht im negativen Sinn politisch – so wie in der Weimarer Zeit der „unpolitische“ Richter und die „unpolitische“ Reichswehr gerade durch diesen Anspruch, unpolitisch zu sein, politisch unaufrichtig und verhängnisvoll waren. [...]

Aber zurück zur allgemeinen Kriminalität und zu der alten Frage, ob und inwieweit die Bekämpfung des Verbrechens durch Verschärfung von Straf- und Prozessgesetzen möglich ist und Erfolg verspricht. Politiker richten sich mehr oder weniger gutgläubig nach der primitiv reagierenden öffentlichen Meinung, die angeblich an die Abschreckung durch schärfere Gesetze glaubt. Aber dieser Glaube an die Abschreckung ist weithin nur die rationale Form, mit der sich das primitive gefühlsmäßige Strafbedürfnis tarnt.

Denn immer noch ist die Haltung weit verbreitet und wirksam, die nicht deshalb strafen will, damit künftig nicht Unrecht getan werde, sondern weil Unrecht getan worden ist. Die Strafe sei ein Übel, das das Übel der Tat ausgleiche, ein Akt der ausgleichenden Gerechtigkeit. Noch einfacher gesagt: Strafe muss sein. [...]

Dagegen lässt sich schlecht argumentieren, denn es beruht mehr oder minder auf Glaubenssätzen oder Gefühlsreaktionen. Diese Auffassung hat tiefe Wurzeln und eine uralte Tradition. Es ist der Rache- und Vergeltungstrieb des Verletzten, den sich der Staat zu Eigen macht und den er übernimmt, um seine Ausübung rational zu machen, zu fixieren und die Exzesse[1] der Privatrache zu verhindern. Aber in diese Rache mischen sich noch jene anderen, oben erwähnten typischen Regungen, Triebe und Bedürfnisse, übrigens auch schlichte Jagdtriebe, die das leidenschaftliche Interesse an Kriminalsachen, an realen und fiktiven, erst erklärlich machen.

Diese Haltung – Strafe muss sein – gegenüber dem Verbrechen und dem Verbrecher wird neuerdings nur selten offen und ausdrücklich vertreten; gefühlsmäßig ist sie noch sehr stark. In der Regel weicht der Zeitgenosse, auch der Politiker im Gespräch und in der Rede auf den immerhin rationalen, weil auf Motivation abzielenden Zweck der Abschreckung aus. Aber die irrationale Einstellung zum Verbrechen bleibt unterirdisch wirksam, auch auf der politischen und amtlichen Ebene. Nach dem Attentat auf Generalbundesanwalt Buback haben Politiker und Juristen verlangt, dass für bestimmte, schwere, gemeingefährliche Gewalttaten, für die bisher das Strafgesetz Freiheitsstrafe ohne obere zeitliche Begrenzung androhte – das bedeutete ein Höchstmaß von 15 Jahren, denn 15 Jahre sind von jeher das Höchstmaß der so genannten zeitigen Freiheitsstrafe; danach gibt es nur noch die lebenslange Strafe –, dass also dieses Höchstmaß für solche Verbrechen auf zwanzig Jahre ausgedehnt werde. Dabei war nicht etwa der Mord gemeint, denn für den gilt ohnehin die lebenslange Strafe (übrigens auch für den Versuch des Mords; denn bei diesem Versuch *kann* nur, *muss* nicht die Strafe gemildert werden). Auch wurde verlangt, durch Gesetz festzulegen, dass solche Strafen voll verbüßt werden müssten. Nun konnte natürlich im Ernst nicht angenommen werden, dass

– erstens irgendein Täter von einer solchen Gesetzesänderung abgehalten würde, das Verbrechen zu begehen, das er bei 15 Jahren angedrohter Höchststrafe zu begehen bereit war, und

– zweitens war es auch undenkbar, dass eine Änderung des Strafgesetzes das in den Verfassungen des Bundes und der Länder festgelegte Gnadenrecht der Staatschefs oder Regierungen gerade für solche bedeutungsvollen Sachen hätte abschaffen können oder auch nur wollen.

Der Zweck dieser Anträge auf Gesetzesänderung war, vor der Allgemeinheit, die ohne Gesetzeskenntnis rein gefühlsmäßig auf Härte und Schärfe drängte, den Eindruck zu erwecken, als ob das Gesetz und die Justiz es bisher habe daran fehlen lassen. Das war politische Werbung, die sich ein verbreitetes Gefühl der Entrüstung zunutze machte, mit dem erwünschten Nebeneffekt, dass jeder, der die Änderung als überflüssig und wirkungslos ablehnte, gefühlsmäßig in die Nähe der Begünstiger und Sympathisanten gerückt wurde. Denn dass gegen die schwere allgemeine und politische Krimi-

[1] Ausschreitungen

nalität, von der wir hier reden, der Abschreckungseffekt der hohen Strafen entweder in den meisten Fällen gar nicht in Betracht kommt oder doch neben anderen Ursachen des Verbrechens eine ganz untergeordnete Rolle spielt – das ist für den Fachmann längst eine ausgemachte Sache. Der weiß, dass solche Verschärfungen allenfalls im Sinne der Brutalität der Tatausführung wirken. Schon die Bandenkriminalität des 18. und des frühen 19. Jahrhunderts, Raub, Brandschatzung, Mord, Hehlerei, beweist das. Die barbarische und willkürliche Verfolgung und Justiz, Folter, Todesstrafe mit besonders grausamem Vollzug, haben das Verbrechen nicht unterdrückt, sondern erstens die Verbrecher zu Organisation und Bandenbildung und zweitens zu besonders grausamen Mitteln der Tatausführung und des Kampfes gegen Polizei, Justiz und Bevölkerung bewogen. Zweifellos hatte diese Kriminalität ganz andere, nämlich soziale Ursachen, und sie verschwand ja auch mit dem Absolutismus und den Anfängen des Rechtsstaats im 19. Jahrhundert. Es hat sich außerdem ergeben – in England ist es statistisch ermittelt worden –, dass die Abschaffung der Todesstrafe für Diebstahl zur Verminderung der Zahl der Diebstähle geführt hat. Aber das Gleiche gilt ganz allgemein nicht nur für den Diebstahl. Jede einfache psychologische Erfahrung und Überlegung beweist es übrigens; allerdings ist Erfahrung und Überlegung dazu nötig. Die gefühlsmäßige Reaktion auf das Verbrechen ist ganz anders. Sie geht auf Vergeltung, Ausstoßung, Ächtung, Isolierung des Verbrechers. *Wie* der zum Verbrecher wurde, welche Verkettung und Vermischung von Schuld, Erbanlage, Schicksal und Umwelteinflüssen vorliegen – davon will die gefühlsmäßige Reaktion nichts wissen.

[...]

Abschreckung kann durchaus ein Motiv für die Nichtbegehung einer Tat schaffen. Aber die Wirksamkeit hängt ganz von der Art der Tat und des Täters ab. Es gibt gewisse Kategorien von Kriminalität, bei denen sie keine Wirkung hat und bei denen die Strafe eher ungünstig wirken wird, weil deren Vollzug manchen Menschen, vor allem Jugendliche, erst richtig und endgültig auf die Bahn des Verbrechens bringt.

Der große Strafrechtler und Kriminologe von Liszt hat schon vor bald hundert Jahren erkannt, dass, wenn man einen Jugendlichen, der gestohlen hat, laufen lässt, die Wahrscheinlichkeit, dass er wieder stiehlt, geringer ist, als wenn man ihn ins Gefängnis steckt. Auf gewisse Täter wirkt die Abschreckung deshalb nicht, weil sie sich für so schlau halten, dass sie ernstlich nicht mit der Entdeckung rechnen. [...]

Zwar hat die Bekämpfung des Verbrechens auch ihre rechtliche Seite: nämlich die Sicherung vor der Willkür und Grausamkeit, wie sie in früheren Jahrhunderten geübt wurde. Aber in erster Linie muss sich die Verbrechensbekämpfung mit den Verbrechensursachen und deren Bekämpfung befassen; allenfalls dort, wo sie nicht mehr bekämpft werden können, mit der Sicherung der Gesellschaft.

In: Merkur 31 (1977), H. 9. S. 831–833, 836–839 (Ausschnitte)

Dokumente zum historisch-strafrechtlichen Kontext des Kindsmordes

Auszug aus der Constitutio Criminalis Carolina (Artikel 131) aus dem Jahr 1532, die in den meisten deutschen Staaten noch im 18. Jahrhundert gültig war:

Item welches weib jre kind, das leben vnd glidmaß empfangen hett, hemlicher boshafftiger williger weiß ertödtet, die werden gewonlich lebendig begraben vnnd gepfelt, aber darinnen verzweiffelung zuuerhütten, mögen die selben übelthätterinn inn welchem gericht die bequenlicheyt des wassers dazu vorhanden ist, ertrenckt werden. Wo aber solche über offt geschehe, wollen wir die gemelten gewonheydt des vergrabens und pfelens, vmb mer forcht willen, solcher boßhafftigen weiber auch zulassen, oder aber das vor dem erdrencken die übelthätterin mit glühenden zangen gerissen werde, alles nach radt der rechtuerstendigen. [...]

Auszug aus dem Preußischen Edikt vom 8. Februar 1765:

SUMMARIA
des neuen Edicts gegen den Kinder-Mord

1. Alle, ausser Ehe, geschwaengerte Personen bleiben wegen ihrer Schwaengerung, von aller Strafe und Vorwurf frey.
   Sie muessen aber dagegen solche wenigstens einer ehrbaren Frau, welche selbst Kinder zur Welt gebracht hat, offenbaren und sich derselben Huelfe, bey der Niederkunft versichern. Kommt alsdann das Kind todt auf die Welt, oder es stirbt in – oder gleich nach der Geburth, so muß diese solches bey dreyjähriger Zuchthauß-Strafe, den Gerichten sofort vorzeigen. Sind hingegen zwey dergleichen Frauen bey der Niederkunft zugegen, so ist diese gerichtliche Vorzeigung nicht noethig und soll vielmehr der Vorfall, ausser gegen die Gerichte, welche danach fragen gegen jedermann verschwiegen bleiben.
2. Auf die Verheimlichung der Niederkunft dergleichen Personen ist, wenn das Kind am Leben bleibt, eine sechs- wenn es aber todt zur Welt kommt, oder in und kurz nach der Geburt verstirbt, eine zehenjahrige Zuchthauß-Strafe gesetzt; und der Vorwand zweiffelhafter, oder nicht beglaubter Schwangerschaft findet kein Gehoer.
3. Auf die der Schwangerschaft verdaechtige unverehelichte Weibs-Personen sollen Acht haben
   1) die Eltern und ins besondere die Muetter, wenn sie mit ihnen in einem Hause oder Ort wohnen, im gleichen diejenige, welche ihre Stelle vertreten;
   2) die naechste Verwandten, Dienst-Herrschaften und wenn diese durch persoehnliche Umstaende daran verhindert werden, die ueber das weibliche Gesinde gesetzte Domestiquen; und endlich bey Handwercks- und Bauers-Leuten, die Obrigkeiten.
4. Auf die Versaeumung dieser Aufsicht, ist
   1) gegen die sub. No. 1 benannte Personen, wie nicht weniger diejenigen, so mit denen Geschwaengerten Weibs-Persohnen zugehalten und denen die Geschwaengerte ihre Schwangerschaft entdecket und welche ihre heimliche Niederkunft nicht verhuetet, bey erkannter Lebens-Strafe, gegen die Geschwaengerte, eine fuenf- bey erkannter Leibes-Strafe eine dey- bey erkannter zehen- und sechsjaehriger Zuchthauß-Arbeit aber, eine repective zwey- und einjaehrig- Zuchthauß-
   2) gegen die uebrige sub. No. 2. aufgefuehrte Personen hingegen eine willkuehrliche Strafe festgesetzt und sollen die Dienst-Herrschaften und Obrigkeiten, im Contraventions-Fall, die Untersuchungs- und Unterhaltungs-Kosten der Inquisitin, in dem Zuchthaus tragen.
5. Vorsetzliche Kinder-Moerderinnen werden mit dem Schwerdt bestraft; und die Ausflucht, dass das Kind, Schwachheits halber nicht leben koennen, oder durch andere Ursachen dessen Tod befoerdert worden, kann, zu Verminderung diese Strafe, nicht helfen. Dahingegen aber auf
6. Staupenschlag und Lebenswierige Vestungs-Arbeit, alsdann erkannt werden soll;
   1) Wenn die Mutter zwar des Kinder-Mords ueberfuehrt, solchen aber nicht bekennen will und zweifelhaft ist, ob das Kind nicht schon vor der Geburth todt gewesen.
   2) Wenn die dem Kinde angethane Gewalt offenbar, die Mutter aber solche nicht an sich kommen lassen will und doch keine andere glaubwuerdige Ursach davon anzugeben vermag; und endlich
   3) wenn bey ermangelnder Ueberfuehrung des Kinder-Mords, die Mutter ihr neugebohrnes Kind vor denen Augen des Gerichts verbirget.

Aus: Wilhelm Wächtershäuser: Das Verbrechen des Kindesmordes im Zeitalter der Aufklärung. Eine rechtsgeschichtliche Untersuchung der dogmatischen, prozessualen und rechtssoziologischen Aspekte. Berlin 1973, S. 166 f.
(Quellen und Forschungen zur Stafrechtsgeschichte. Bd. 3.)

Dietrich Steinbach: Bänkelsang und Moritat

Der Bänkelsang, den es vereinzelt noch in den Zwanzigerjahren unseres Jahrhunderts gab, ist wahrscheinlich im späten 15. Jahrhundert entstanden. Die Bezeichnung „Moritat" für den Inhalt des Bänkelsangs ist viel später aufgekommen: Sie lässt sich jedenfalls erst im 19. Jahrhundert belegen. Ihre Bedeutung konnte allerdings bis jetzt noch nicht eindeutig geklärt werden. Die einen sagen, Moritat bedeute „Mordthat", andere leiten die Bezeichnung von den lateinischen Wörtern *mors, mori = Tod, sterben* oder *mores = Sitten* („Moral") ab.
Der Bänkelsang vereinigt in sich mehrere Fomen der Darstellung und Darbietung: Text (Literatur), Vortrag, Musik und Bild. Er ist also, wie wir heute sagen, ein „audiovisuelles Medium", das sich in dieser Hinsicht mit dem Fernseher vergleichen lässt. Die fahrenden Bänkelsänger (später Moritatensänger), die einiges mit Schaustellern, denen wir bis heute noch begegnen, gemeinsam haben, traten meistens auf Jahrmärkten und Kirchweihen auf. Sie besuchten also Veranstaltungen und Feste, die sehr viele Menschen als Zuschauer und Zuhörer zusammenführten und die auf den Marktplätzen der Städte abgehalten wurden. Auch in dieser Hinsicht lässt sich der Bänkelsang mit den ‚Massenmedien' und der massenhaft verbreiteten Literatur der Gegenwart vergleichen.
An einem Gerüst wurden weithin sichtbar Schilder oder Tafeln aufgehängt, auf denen die Szenen und Stationen der „Geschichte" abgebildet waren, die erzählt werden sollte. Die Schilder zeigten demnach eine Bilder-Reihe oder eine „Bilder-Geschichte" vor. Sie „wurden mit Ölfarbe auf Leinwand oder auf Wachstuch gemalt und am oberen wie am unteren Rand an runden Stäben befestigt, sodass sie dem Wetter standhalten und aufgerollt leicht transportiert werden konnten, obwohl sie durchschnittlich jeweils immerhin ein Format von 300 x 180 cm besaßen"[1].
Vor den Schildern stand auf einem Podest oder *Bänkel* der *Bänkelsänger* (Schildersänger, Moritatensänger), der vor und während der Darbietung von seiner Familie oder einer Bänkelsängertruppe unterstützt wurde. Ein Lied, das meist von der Frau des Bänkelsängers gesungen und von Drehorgelmusik begleitet wurde, sollte die Zuhörer im Voraus aufmerksam und gespannt machen auf die Geschichte, die der Bänkelsänger erzählte. In diesem Lied wurden deshalb die spannenden und entscheidenden Szenen oder Stationen der Geschichte herausgestellt. Danach erzählte der Bänkelsänger die Geschichte, indem er mit einem Zeigestock jeweils auf die entsprechenden Bilder auf den Schildern hinzeigte und damit den Zuschauern die wichtigen Szenen vorführte und verdeutlichte. Schon während seines Vortrags verkauften die Frau des Bänkelsängers, seine Kinder und Gehilfen die gedruckten Bänkelsängertexte (Moritatentexte).
Sie bestanden aus meistens aus dem Lied und der vom Bänkelsänger vorgetragenen Geschichte. Der Verkauf der gedruckten Texte stellte oft genug die einzige Einnahmequelle der Bänkelsänger dar, sodass die öffentliche Darbietung auch als Werbung für die Texte zu dienen hatte.
Wir können zugleich davon ausgehen, dass die Texte und Textheftchen nicht nur während und nach der Darbietung selbst, also an Ort und Stelle von der Bänkelsängertruppe verkauft wurden (Direktverkauf). Wie die damaligen Zeitungen wurden sie vielmehr auch im Straßen- und Hausierhandel von Straßenverkäufern, umherziehenden Musikanten und Landgängern vertrieben. Auf diesem Wege wurden sie so massenhaft verbreitet wie heute vergleichsweise die Heftchen- und Kiosk-Literatur. Allerdings wurden die Texte der Bänkelsänger, besonders die Lieder, auch mündlich weiter verbreitet und folglich auch verändert.
Die Themen, die von den Bänkelsängern behandelt und später unter dem Begriff „Moritat" zusammengefasst wurden, bezogen sich fast immer auf außerordentliche und ‚interessante' Geschehnisse, die der Neugierde des Publikums sicher sein konnten: Verbrechen, Schauprozesse, Hinrichtungen, Unglücksfälle, Naturkatastrophen, Liebestragödien, zeitgeschichtliche Ereignisse und Sensationen. Mit diesen Themen wollte der Bänkelsänger seine Zuhörer, Zuschauer und Leser belehren und erschrecken. Damit verband sich die Absicht, das Publikum auch zu unterhalten und zu informieren (aktuelle Berichterstattung). Der Bänkelsang hatte also drei Ziele und Aufgaben: Belehrung, Unterhaltung und Information.
Wenn wir der Geschichte des Bänkelsangs weiter nachgehen, so können wir seit etwa 1770 eine Wechselbeziehung zwischen dem Bänkelsang und der Dichtung, besonders der Balladen-Dichtung feststellen. Das heißt: Balladen-Dichter (z.B. Bürger) griffen Stoffe und Themen, zum Teil auch Darstellungsmittel der Bänkelsänger auf, und umgekehrt wurden Texte wieder von den Bänkelsängern verwertet.

[1] Ulrike Eichler: Bänkelsang und Moritat. In: Bänkelsang und Moritat. Staatsgalerie Stuttgart. Ausstellungskatalog 1975, S. 19.

Dietrich Steinbach: Bänkelsang und Moritat. In: Arbeitsreihen Deutsch 7/8. Ernst Klett Verlag, Stuttgart 1976, S. 12f.

Literaturverzeichnis

Bernd *Balzer:* Heinrich Böll, Die verlorene Ehre der Katharina Blum. Frankfurt am Main: Diesterweg 1990 (= Grundlagen und Gedanken zum Verständnis erzählender Literatur).

Anke *Bennholt-Thomsen*/Alfredo Guzzoni: Der „Asoziale“ in der Literatur um 1800. Königstein/Ts. 1979

Alwin *Binder*, Klaus Haberkamm, Cordula Kahrmann, Gunter Reiß, Heinrich Richartz, Manfred Schluchter, Günter Steinberg: Einführung in Metrik und Rhetorik. Frankfurt am Main: Scriptor, 5. Aufl. 1987 (= Monographien Literaturwissenschaft 11).

Julius W. *Braun* (Hrsg.): Schiller und Goethe im Urtheile ihrer Zeitgenossen. Zeitungskritiken, Berichte und Notizen Schiller und Goethe und deren Werke betreffend, aus den Jahren 1773–1812. Erste Abteilung: Schiller, Erster Band. Leipzig: Bernhard Schlicke (Balthasar Elischer) 1882.

Wolfgang *Braungart* (Hrsg.): Bänkelsang. Texte – Bilder – Kommentare. Stuttgart: Reclam 1995.

Harald *Caspers* u.a. (Hrsg.): Begegnungen. Lesebuch für Gymnasien, Bd. 4. Hannover: Hermann Schroedel, 3. Aufl., 1966.

Ute *Druvins:* Volksüberlieferung und Gesellschaftskritik in der Ballade. In: Walter Hinck (Hrsg.): Sturm und Drang. Durchgesehene Neuauflage. Königstein/Ts.: Athenäum 1989.

Duden: Etymologie. Herkunftswörterbuch der deutschen Sprache, Mannheim: Dudenverlag 1963 (= Der große Duden Band 7).

Rolf *Engelsing:* Analphabetentum und Lektüre. Zur Sozialgeschichte des Lesens in Deutschland zwischen feudalistischer und industrieller Zeit. Stuttgart: Metzler 1973.

Horst Joachim *Frank*: Handbuch der deutschen Strophenformen. Tübingen und Basel, 2., durchgesehene Auflage, 1993.

Winfried *Freund*: Die deutsche Kriminalnovelle von Schiller bis Hauptmann. Einzelanalysen unter sozialgeschichtlichen und didaktischen Aspekten. Paderborn: Verlag F. Schöningh, 2., erweiterte Aufl. 1980.

Gerhard *Fricke*/Mathias Schreiber, Geschichte der deutschen Literatur, 16. Auflage, Paderborn: Schöningh 1974.

Wolfgang *Gast*/ Barbara Deiker: Film und Literatur. Analysen, Materialien, Unterrichtsvorschläge, Frankfurt am Main: Diesterweg 1993.

Volker *Göhrum*/Eberhard Röhm: Zur Strafe. Angst, Schuld und Recht krimineller Jugendlicher. Lehrerheft. Stuttgart: Calwer Verlag, München: Kösel 1974.

Günter *Graf*: Literaturkritik. Eine Einführung am Beispiel von Heinrich Bölls „Die verlorene Ehre der Katharina Blum“. Lehrerheft. Frankfurt am Main: Hirschgraben 1988.

Franz *Hebel* (Hrsg.): Lesen, Darstellen, Begreifen. Lese- und Arbeitsbuch für den Literatur- und Sprachunterricht. Ausgabe A. 8. Schuljahr. Frankfurt am Main: Hirschgraben 1976.

Roswitha *Jacobsen*: Die Entscheidung zur Sittlichkeit. Friedrich Schiller: Der Verbrecher aus verlorener Ehre (1786). In: Winfried Freund (Hrsg.): Deutsche Novellen. Von der Klassik bis zur Gegenwart. München: Wilhelm Fink, 2., unveränderte Aufl., 1998. S. 15-25

Cordula *Kahrmann*, Gunter Reiß, Manfred Schluchter: Erzähltextanalyse. Eine Einführung mit Studien- und Übungstexten. Weinheim: Beltz Athenäum, 4. Aufl., 1996.

Rainer *Kawa*: Friedrich Schiller, Der Verbrecher aus verlorener Ehre. Frankfurt am Main: Diesterweg 1990 (= Grundlagen und Gedanken zum Verständnis erzählender Literatur).

Gerhard *Köpf*: Die Ballade. Probleme in Forschung und Didaktik. Kronberg/Ts. 1976.

Gerhard *Köpf*: Friedrich Schiller, Der Verbrecher aus verlorener Ehre. Geschichtlichkeit, Erzählstrategie und „republikanische Freiheit" des Lesers. München: Oldenbourg 1978.

Gerhard *Köpf*: Friedrich Schiller, Der Verbrecher aus verlorener Ehre. Überlegungen zu einer kommunikationsorientierten Erzähltext-Analyse. Blätter für den Deutschlehrer, Heft 3. Frankfurt/M., Berlin, München: Diesterweg 1978. S. 63-78

Herbert *Kraft*: Um Schiller betrogen. Pfullingen: Günther Neske 1978.

Friedrich *Kranz*: Wege zum Abituraufsatz. 3. Werkheft. Textauswertung und Begriffserläuterung. München: Oldenbourg, 7. Auflage. 1972.

Carsten *Küther*: Räuber und Gauner in Deutschland. Das organisierte Bandenwesen im 18. und frühen 19. Jahrhundert, Göttingen: Vandenhoeck und Ruprecht 1976 (= Kritische Studien zur Geschichtswissenschaft 20).

Kultusministerium des Landes Nordrhein-Westfalen (Hrsg.): Richtlinien und Lehrpläne für das Gymnasium – Sekundarstufe I – in Nordrhein-Westfalen. Deutsch. Frechen: Ritterbach 1993.

Bodo *Lecke*: Schillers „Verbrecher aus verlorener Ehre" – Zur Aktualisierung eines Klassikers. In: Bodo Lecke (Hrsg.): Projekte Deutschunterricht 9. Literatur der Klassik II – Lyrik/Epik/Ästhetik. Stuttgart: Metzler 1975.

Fritz *Martini*: Der Erzähler Friedrich Schiller. In: Bernhard Zeller (Hrsg.): Schiller. Reden zum Gedenkjahr 1959. Stuttgart 1961.

Donald *McKinley*: Social Class und Family Life. New York 1964.

Rolf *Michaelis*: Der gute Mensch von Gemmelbroich. In: Die Zeit, 2. August 1974.

Hans Heinrich *Muchow*: Sexualreife und Sozialstruktur der Jugend. Reinbek bei Hamburg: Rowohlt 1960

Thomas *Nipperdey*: Deutsche Geschichte 1800–1866. Bürgerwelt und starker Staat. München: C. H. Beck, 6., durchgesehene Auflage 1993.

Norbert *Oellers*: Schiller. Mit 8 Abbildungen. Stuttgart: Reclam 1993.

Klaus *Oettinger*: Schillers Erzählung „Der Verbrecher aus Infamie". Ein Beitrag zur Rechtsaufklärung in der Zeit. In: Jahrbuch der Deutschen Schillergesellschaft 16 (1972).

Otfried *Preußler*: Geschichten für Menschenkinder. Vortrag bei der Festveranstaltung der Sudetendeutschen Akademie der Wissenschaften und Künste am 3.12. 1993 in München, zitiert nach: E. Ammerer: Der Räuber Hotzenplotz und die psychischen Strukturen. In: Sylvia Zwettler-Otte (Hrsg.): Kinderbuch-Klassiker psychoanalytisch. München: Ernst Reinhardt 1994.

Gustav *Radbruch*/Heinrich Gwinner: Geschichte des Verbrechens. Versuch einer historischen Kriminologie. Frankfurt am Main 1990.

Hans Hermann *Rautenberg*, Almut Hoppe, Wilhelm Dehn: Literatur und Methode. Friedrich Schiller, Der Verbrecher aus verlorener Ehre. Eine Einführung in rezeptionsästhetische Betrachtungsweisen. Lehrerheft. Frankfurt am Main: Hischgraben 1982.

Friedrich *Schiller*: Der Verbrecher aus verlorener Ehre und andere Erzählungen. Mit einem Nachwort von Bernhard Zeller. Stuttgart: Reclam 1964.

Richard *Schmid*: Schillers „Räuber" von einem Juristen betrachtet. Merkur 31 (1977), Heft 9, S. 831–833, 836–839

Heinz *Schmidt* u.a. (Hrsg.): Das neue Kursbuch Religion 9/10. Arbeitsbuch für das 9./10. Schuljahr. Stuttgart: Calwer Verlag, Frankfurt am Main: Diesterweg 1988, S. 28–41

Unterrichtsmodell Friedrich Schiller. Die Räuber und andere Räubergeschichten. Erarbeitet von Barbara *Schubert-Felmy*, hrsg. von Johannes Diekhans. Paderborn: Schöningh 1999.

Dietrich *Steinbach*: Die historisch-kritische Sozialtheorie der Literatur. Stuttgart: Klett 1973 (= Literaturwissenschaft – Gesellschaftswissenschaft).

Dietrich *Steinbach*: Bänkelsang und Moritat. In: Arbeitsreihen Deutsch 7/8, Bearbeiter: Siegfried Hein, Gerhard Kluge, Dieter Schrey, Dietrich Steinbach, Hans Wetzel. Stuttgart: Klett 1976.

Hans Wilhelm *Störig*: Kleine Weltgeschichte der Philosophie. Frankfurt/M. 1987.

Willi *Stoeß*: Die Bearbeitungen des „Verbrechers aus verlorener Ehre". Phil. Dissertation, Breslau 1913.

Ulrike *Trumpke*: Balladendichtung um 1770. Ihre soziale und religiöse Thematik. Stuttgart 1975.

Wilhelm *Wächtershäuser*: Das Verbrechen des Kindesmordes im Zeitalter der Aufklärung. Eine rechtsgeschichtliche Untersuchung der dogmatischen, prozessualen und rechtssoziologischen Aspekte. Berlin 1973 (= Quellen und Forschungen zur Strafrechtsgeschichte Bd. 3).

Peter *Weiler*: Kreativitätstraining Mind Mapping. München: Südwest, 4. Aufl., 2000.

Benno von *Wiese*: Die deutsche Novelle von Goethe bis Kafka. Interpretationen, Band I. Düsseldorf: August Bagel 1964.

Zedlers Universallexikon, Band 8, 1734, Sp. 415.

Theo *Zindler*: Das Bild des Verbrechers in der Literatur. In: Hans Thiel (Hrsg.): Deutschunterricht in der Jahrgangsstufe 11. Exemplarische Kurse mit ausgewählten Texten. Frankfurt am Main, Berlin, München: Diesterweg 1980.